Weitere Titel des Autors:

Wenn Frauen morden
Falsche Fährten (auch als Hörbuch und E-Book erhältlich)

Über den Autor :
Stephan Harbort, geb. 1964, ist Kriminalhauptkommissar in Düsseldorf und ein anerkannter Serienmordexperte. Zudem arbeitet er unter anderem als Berater von Krimi-Serien und zahlreichen TV-Dokumentationen wie »Profiling« (BBC) und »Medical Detectives« (VOX).

Stephan Harbort

DER LIEBESPAAR-MÖRDER

Auf der Spur eines Serienkillers

BASTEI LÜBBE TASCHENBUCH
Band 60747

1. Auflage: August 2013

Dieser Titel ist auch als E-Book erschienen.

Vollständige Taschenbuchausgabe
Copyright © 2005 by Droste Verlag GmbH, Düsseldorf

Für diese Lizenzausgabe:
Copyright © 2013 by Bastei Lübbe GmbH & Co. KG, Köln
Umschlaggestaltung: © Sandra Taufer, München
unter Verwendung von Motiven von
© shutterstock/Konkolas, © shutterstock/C. Salisbury,
Satz: Droste Verlag
Gesetzt aus der Adobe Garamond
Druck und Verarbeitung: GGP Media GmbH, Pößneck
Printed in Germany
ISBN 978-3-404-60747-1

Sie finden uns im Internet unter
www.luebbe.de
Bitte beachten Sie auch: www.lesejury.de

*Für Margit und Wolfgang Harbort,
meine liebenswerten Eltern.
Ihr habt mir ein Zuhause gegeben,
um das mich die Welt beneidet.*

Vorwort

Serienmörder sind einerseits primitive »Sexmonster«, die Kinder, Jugendliche und Frauen wahllos attackieren, massakrieren, ihre Gräueltaten ritualisieren. Und die Polizei bekommt sie andererseits nicht zu fassen, weil es kühl kalkulierende und agierende Intelligenzbestien sind. Dieses Zerrbild wurde generiert und wird unterhalten von Urängsten und Unkenntnis. Wenn wenig oder nichts erklärt werden kann, entsteht eine Legende: Mythos Serienkiller. Ein schlichtes Sammelsurium von irrationalen und falschen Vorstellungen.

Tatsächlich haben Serientäter viele Gesichter. Sie sind polizeibekannte Kriminelle, vielfach aber auch unbescholtene Bürger: Klempner, Maurer, Schlosser, Hausfrauen, Taxifahrer, Polizeibeamte, Soldaten, Ärzte – Menschen wie du und ich. Jedermänner. Durchschnittstypen.

Und alle leben mitten unter uns, haben häufig Familien, Kinder, Freunde. Doch gelingt es den Tätern immer wieder, sich schlangengleich durch das allzu löchrige Netz der sozialen Selbstkontrolle zu winden. Obwohl sich die Täter in vielen Fällen im Kreise ihrer Lieben durch eigenes Tun verraten oder durch unübersehbare Indizien entlarvt werden, passiert nichts. Das soziale Umfeld der passionierten Menschenjäger bleibt stumm, nichts dringt nach außen. Kein Sterbenswörtchen. »Was nicht sein darf, das nicht sein kann.« Dieses beharrliche Verweigern und Verleugnen hat unzählige Menschenleben gekostet – eine stumme Anklage, eine unsägliche Tragödie.

Doch auch den Kriminalisten sind häufig die Hände gebunden. Sie wollen den Täter fassen, bekommen ihn aber nicht zu packen. Im statistischen Mittel gelingt der Fahndungserfolg erst nach dreieinhalb Jahren. Fünf Opfer sind pro Mordserie in dieser Zeit zu beklagen. Nicht in den USA, Russland oder Südafrika – hier in Deutschland. Wo liegen die Ursachen für dieses nicht zu leugnende Dilemma?

Gerade in diesem Deliktsbereich existieren charakteristische Aufdeckungsbarrieren, die es zu überwinden gilt. Zunächst: Der Tötung eines Menschen geht im Allgemeinen ein Konflikt voraus. In etwa achtzig Prozent der Fälle besteht zwischen Opfer und Täter eine für Kriminalisten nachvollziehbare und die Überführung des Mörders begünstigende Vorbeziehung. Die übliche Ermittlungsstrategie, den Täter im Familien-, Freundes- oder Bekanntenkreis oder im beruflichen Umfeld des Opfers zu vermuten, greift, hat sich in Tausenden von Fällen als erfolgreich erwiesen. Beim Mord in Serie hingegen liegen die Dinge anders: In acht von zehn Fällen besteht keine vordeliktische Täter-Opfer-Beziehung. Es muss nach dem »großen Unbekannten« gesucht werden. Ein kriminalistischer Kraftakt – mit ungewissem Ausgang.

Erschwerend kommt hinzu, dass Serientötungen in zwei Drittel der Fälle als solche gar nicht verifiziert werden. Die Hauptgründe sind: Viele Täter verändern bewusst oder intuitiv ihren *Modus Operandi* (= Tatbegehungsweise), variieren beispielsweise bei der Opferauswahl, der Tötungsart, benutzen unterschiedliche Tatmittel. Auch für erfahrene Todesermittler drängt sich bei derart gravierenden Fallkonstellationen und Tathandlungssequenzen die Hypothese auf, man habe es mit Einzeltaten und verschiedenen Verbrechern zu tun. Wertvolle Ermittlungshinweise bleiben so unberücksichtigt, spezielle Fahndungshilfsmittel ungenutzt. Bis vor Kurzem fehlte es ebenfalls an einem hilfreichen Auswertungsinstrument, um Tötungsdelikte als Bestandteil einer Serie erkennen zu können. Eine bundesweite Datenbank gab es nicht. Ein weiteres Manko: Mindestens jeder fünfte in Serie verübte Mord wird erst gar nicht als *Tötungsdelikt* erkannt. Die tatsächliche Todesursache wird übersehen, die auf ein Verbrechen hindeutenden Indizien verkannt. Die heimtückischen Patiententötungen in Krankenhäusern sind so gestrickt, genauso wie der Serienmord an älteren Menschen in Altenheimen.

Das folgende Kriminaldrama steht insbesondere für die Irrungen und Wirrungen bei der Fahndung nach einem multiplen Mörder, die facettenreichen und erheblichen Probleme und Irritationen, denen die Kriminalpolizei begegnen muss. Niemand schien vor dem »Untier«, dem »Unheimlichen«, dem »modernen Peter Kürten« sicher zu sein. Nicht nur die Bürger der nordrhein-westfälischen Landeshauptstadt reagierten verstört, die »Düsseldorfer Morde« schockierten Mitte der fünfziger Jahre eine ganze Nation und wurden zum Thema weltweiter Berichterstattung.

Nach wendungsreichen und spektakulären Ermittlungen gelang es der Kripo schließlich, einen Verdächtigen zu präsentieren. Und Ende des Jahres 1959 konnte dieser Mann endlich angeklagt werden. Der sechswöchige Prozess entwickelte sich zu einem echten Gerichtsthriller, über dessen Inhalt und Ausgang auch heute noch kontrovers diskutiert wird. Lüge und Wahrheit, Fiktion und Realität bildeten ein kaum zu durchdringendes Geflecht. Am Ende stand ein umstrittenes Urteil.

Die Düsseldorfer »Liebespaar-Morde« sind bis heute einzigartig geblieben – und mysteriös. Eine vergleichbare Mordserie hat sich in Deutschland bisher nicht ereignet. Der Täter kreierte überdies eine bis dahin vollkommen unbekannte Deliktsgattung: den todbringenden Angriff auf junge Menschen, die sich unter dem vermeintlichen Schutz der Einsamkeit in ihren Autos liebten. Das macht diese kaltblütigen Verbrechen besonders brutal und ruchlos. Auch deshalb erscheint es geboten, diese verhängnisvollen Ereignisse zu dokumentieren und näher zu beleuchten. Und vor alledem: Welcher Mensch war zu so etwas fähig?

Stephan Harbort
Düsseldorf, im Oktober 2004

»Was dem Außenstehenden wie blinde Vernichtungswut erscheint,
wie die Tollheit des Hundes, der sich in die Beute verbeißt,
ist in Wahrheit ein Zustand absoluter Gegenwart.
In höchster Erregung kennt der Geist nur noch das Jetzt,
keine Vergangenheit und keine Zukunft, keine Erinnerung und
keine Erwartung.
Überwach registriert er alles, was um ihn geschieht, jede Bewegung,
jeden Fluchtversuch, jeden Gegenangriff.
In der Aktion ist der Berserker weder benommen
noch blind oder taub.
Das Gegenteil ist der Fall. Der Täter ist extrem konzentriert,
seine Sinne sind geschärft, die Fasern zum Zerreißen gespannt.
Hand und Auge werden eins, verschmelzen in derselben Bewegung.
Wenn die Barrieren fallen, erfaßt und zerstört das Ich
die gesamte Welt.
Nichts hält den Mörder auf, triumphierend läßt er sich
selbst hinter sich.
Das alte Ich verlöscht, die Tat befreit von jahrelanger Angst
und bohrendem Haß.«
Wolfgang Sofsky, *Zeiten des Schreckens*

»Unter einem dünnen Lack von Zivilisation
steckt in jedem Menschen eine Rotte von Mördern.«
Siegmund Freud, *Das Unbehagen in der Kultur*

Die geschilderten Ereignisse sind authentisch. Als Quellen für die Rekonstruktion und Dokumentation dienten die Urteilsschrift des Schwurgerichts Düsseldorf (Aktenzeichen II 189/57 S 2 Ks 1/59), Tatortbefundberichte, Obduktionsprotokolle, forensische Gutachten, Prozessaufzeichnungen, glaubwürdige Presseberichte und Gedächtnisprotokolle persönlich geführter Interviews. Ich habe alle Ereignisorte aufgesucht, um mir vor Ort ein Bild zu machen. Die in wörtlicher Rede oder als Dialog wiedergegebenen Sequenzen wurden den genannten Quellen entnommen oder sinngemäß dargestellt. In seltenen Fällen habe ich mir literarische Freiheiten gestattet – ohne dabei den Wahrheitsgehalt im Kern zu verfälschen. Die Namen einiger Personen sind zum Schutz ihrer Persönlichkeitsrechte geändert worden.

Prolog

Was hab ich denn schon vom Leben gehabt! Malocht hab ich, mich abgemüht. Und der Lohn? Den haben die anderen kassiert. Diese Bonzen. Kapitalisten. Schmarotzer! Mir kann keiner das Wasser reichen – die schon gar nicht. Verrecken sollen sie, an ihrem Geld ersticken! Was MIR zusteht? Eine Traumvilla, ein Palast, ein Hollywood-Haus mit Schwimmbad, Park, Rennstall, Rolls-Royce und Mercedes. Mindestens. Und was ist? In den Knast haben sie mich gesteckt. Muss mich jetzt jeden Tag abstrampeln, muss mich rumkommandieren lassen. Man hat mir doch keine Chance gelassen! Bin immer nur getreten worden. Und niemand hat mir geholfen. NIEMAND! Was ich daraus gelernt hab? Mit ehrlichen Mitteln wird man niemals reich. Das Badezimmer ganz aus Marmor, die Wasserhähne vergoldet. JA! Wenn ich einen von denen in die Finger krieg, dann knall ich ihn ab! Ich hasse euch! Und die Weiber, sind nur scharf auf die Kohle. Verdammt! Sitzen in ihren Nobelkarossen und glotzen blöd. Und unsereins leidet wie ein Hund. Das wird jetzt anders. Ich komm raus. Jetzt bin ich dran. ICH! Ihr werdet mich kennenlernen. Ihr werdet mich fürchten. Ich werde euer Albtraum!

I. Februar 1953 – November 1956

1

Mittwoch, 7. Februar 1953, 22.51 Uhr.

Der Mann hielt sich die linke Hand vor den Mund, ihm war übel. Das nur noch schwache Licht seiner Taschenlampe fiel auf den weißbräunlichen Boden. Die Pistole steckte jetzt in seiner rechten Manteltasche. Er konnte den Anblick nicht mehr ertragen. Mit allem hatte er gerechnet – nur damit nicht. Erst jetzt war ihm voll bewusst geworden, was da wenige Augenblicke zuvor *tatsächlich* passiert war. Ohne dass er danach verlangt hätte, flammte die Erinnerung auf. Entsetzlich. »Komm doch endlich!«, schrie er angewidert. »Hast du denn immer noch nicht genug!«

Keine Antwort.

Ungeduldig drehte er sich um. Er sah, wie die Buglampe eines Schlepperkahns einen schwachen Lichtschein auf das schiefergraue Wasser des Rheins warf. Sonst war es stockdunkel, bitterkalt, es schneite. Er fröstelte. Die dicken, nassen Flocken dämpften wie ein Kissen das monotone Plätschern des Lastkahns, der flussaufwärts tuckerte. Für einige Augenblicke hatte er sich von dieser friedfertigen Szenerie einfangen lassen. Doch dann packte ihn wieder das Grauen. Er starrte auf den dunklen Wagen, an dem nur die Außenlampen brannten. Aus dem Radio tönte immer noch Tanzmusik. Die Insassen des Wagens konnte er nur schemenhaft erkennen, aber in Gedanken war er ganz nah bei ihnen, sah all das Blut. Jetzt wollte er nur noch weg. Und dann lief er einfach los.

Er stürmte auf das freie Feld zu, von wo sie erst vor wenigen Minuten gekommen waren. Nach etwa 200 Metern hörte er hinter sich den keuchenden Atem seines Freundes, dessen schneidende, hohe Stimme: »Bleib stehen, du Jammerlappen. Verdammt, bleib stehen!« Sekunden später wurde er eingeholt. Sein Kumpel sprach nicht zu ihm, er befahl: »Gib mir deine Knarre, mach schon!« Er gehorchte.

Jetzt stand sein Freund direkt vor ihm, in jeder Hand eine Pistole. »Willst dir wohl nicht die Finger schmutzig machen, willst mich die Dreckarbeit alleine machen lassen«, zischte der verächtlich. »Das könnte dir so passen. Aber so haben wir nicht gewettet. Mitgehangen, mitgefangen. Wenn du aus der Sache lebend rauskommen willst, gehst du jetzt schön zurück und knallst den Burschen ab. Hast du mich verstanden!«

Er antwortete nicht, schüttelte nur unmerklich den Kopf.

»Die nimmst du jetzt.« Sein Kumpane hielt ihm eine Pistole hin, flüsterte: »Mit der hab ich schon geschossen. Die kann ich sowieso nicht mehr benutzen, die kommt in die Fahndung der Bullen. Wir müssen doch nicht beide Knarren versauen.«

»Scheiße, ich kann das nicht.«

»Stell dich nicht so an«, bekam er als Antwort, »ich hab schon ein paar Leute kaltgemacht, das geht ganz leicht. Wenn man erst einen gekillt hat, spielt es keine Rolle mehr, ob man einen, zehn oder hundert umbringt.«

Er sträubte sich. Hühner klauen, wildern, einbrechen, dazu war er bereit gewesen. Jederzeit. Aber ein Menschenleben auslöschen? Jemanden töten? Seine Antwort war unmissverständlich: »Du spinnst doch!«

»Wie du willst. Dann muss ich dich eben umlegen. Mitwisser gibt's bei mir nicht. Entweder du bist für mich oder gegen mich. Also, was ist?«

Der Lauf einer Pistole war nun direkt auf seinen Kopf gerichtet. Panik ergriff ihn, denn *ihm* war alles zuzutrauen. »Das kannst du doch nicht machen! DAS KANNST DU DOCH NICHT MACHEN!«

»Bete, du Jammerlappen, bist doch so fromm. Vielleicht hilft's dir beim Abgang. Aber mach hin!«

Er sank auf die Knie, begann zu zittern. Den Schnee, der langsam durch seine Hosenbeine sickerte, spürte er nicht. Er starrte nur gebannt auf den Lauf der Pistole, die jeden Moment losgehen konnte. Er spürte, wie ein Gefühl von ihm Besitz ergriff, von dem er bisher nur gehört hatte – Todesangst. »Ich schwör's dir«, flehte er, »ich verpfeif dich nicht. Bestimmt nicht. Aber nicht das. Ich kann den Jungen nicht umbringen. Ich schaff's nicht.«

Sein Peiniger schwieg, schien zu überlegen. »Steh auf«, knurrte er schließlich. »Also los, du Hund, schwöre. Sprich mir nach: Ich schwöre beim Leben meiner Eltern ...«

»... beim Leben meiner Eltern ...«

»... und meiner Frau ...«

»... und bei allem, was mir heilig ist ...«

»... und bei allem, was mir heilig ist ...«

»... dass ich nie und zu niemandem darüber sprechen werde, was ich eben gesehen habe.«

Als er dem Mann, den er einmal für seinen Freund gehalten hatte, nun in die Augen sah, wurde ihm kalt ums Herz – ein hasserfüllter, erbarmungsloser Blick schien ihn förmlich zu durchbohren. Eingeschüchtert senkte er den Kopf. Er hatte nicht den Mut, die Kraft, all dem etwas entgegenzusetzen.

»Du hast doch wohl nicht im Ernst geglaubt, dass du so billig davonkommst, du Waschlappen. Hast mich im Stich gelassen. Du würdest mich doch bei der erstbesten Gelegenheit ans Messer liefern. Jetzt wird abgerechnet!«

Plötzlich bemerkte er das kalte, feuchte, kreisförmige Ende des Pistolenlaufs an seiner linken Schläfe. Er wollte aufspringen, sich wehren, sich auf seinen Widersacher stürzen, um das nackte Leben kämpfen. Doch er harrte aus. Wie betäubt. Regungslos. Dann hörte er noch, wie der Abzugshahn langsam nach hinten gezogen wurde.

2

Etwa zur selben Zeit, es war jetzt 23.10 Uhr, kauerte Ernst Littek immer noch auf dem Beifahrersitz eines schwarzen Opel-»Kapitän«, polizeiliches Kennzeichen R 233-499. Der Wagen stand einsam unter einer Baumgruppe am Rande der Rotterdamer Straße, einer stillen Allee, die am rechten Rheinufer aus dem Stadtteil Stockum in den Norden Düsseldorfs führte. Das Gesicht des 18-Jährigen war blutverschmiert, er hatte mehrere Kopfverletzungen erlitten. Es waren mittlerweile einige Minuten vergangen, in denen nichts weiter passiert war, und er hatte auch keine verdächtigen Geräusche mehr gehört. Sie mussten jetzt weit genug weg sein.

Littek hob vorsichtig den Kopf, blinzelte nach links. Zunächst sah er das viele Blut, das über das Armaturenbrett des Autos gespritzt war, dann den zusammengesackten, leblosen Körper seines Bekannten. Er hatte mit ansehen müssen, wie ihm eine Kugel in den Kopf geschossen worden war. Ohne Vorwarnung. Einfach so. Als der junge Mann versehentlich mit dem Arm an die Leiche stieß und der Kopf des Toten zur Seite sackte, brach er in hysterisches Schluchzen aus. Erst jetzt wurde ihm bewusst, was sich da ereignet, worauf er sich da eingelassen hatte. Und er musste damit rechnen, dass man ihm unangenehme Fragen stellen, dass man ihn gar ins Zuchthaus stecken würde. Littek packte die nackte Angst, er stürzte aus dem Wagen und rannte weg.

Nach ca. 800 Metern erreichte er das nächste Gehöft und trommelte mit beiden Fäusten gegen die Tür. Als geöffnet wurde, stammelte Littek nur bruchstückhaft und zusammenhanglos: »Überfall …«, »Wagen …«, »Geschossen …«. Er stand unter Schock. Der Bauer stellte keine Fragen, sondern alarmierte sofort die Polizei. Eine Streifenwagenbesatzung erschien eine Viertelstunde später und brachte den Verletzten ins nächste Krankenhaus.

Unterdessen war die Rufbereitschaft des 1. Kriminalkommissariats verständigt worden, zuständig unter anderem für »Todesermittlungsverfahren«. Eiligst wurde im Düsseldorfer Polizeipräsidium eine Mordkommission aufgestellt. Während eine Handvoll Ermittler wenig später den Tatort großräumig absperrte und nach Spuren suchte, wurde Littek noch in der Nacht ausführlich vernommen. Die Kriminalisten hofften auf möglichst authentische Angaben, und sie wollten vermeiden, dass der einzige Tatzeuge sich eventuell mit Dritten absprechen konnte. Denn schon zu diesem Zeitpunkt grübelten die Ermittler an dem ungewöhnlichen Umstand, dass nur eines der Opfer getötet worden war. Also konnte das vermeintliche Opfer auch einer der Täter sein – oder den Ermordeten in einen Hinterhalt gelockt haben. Diese Möglichkeiten mussten in Betracht gezogen werden, auch wenn es hierfür noch keine konkreten Anhaltspunkte gab.

Der Tote konnte schnell identifiziert werden. Es war Dr. Wilhelm Stürmann, wohnhaft gewesen in der niederrheinischen Kleinstadt Velbert. Der 42-jährige Jurist hatte als Rechtsschutz-Sekretär für den Deutschen Gewerkschaftsbund gearbeitet. Littek hatte Dr. Stürmann nach eigenen Angaben »erst einige Tage« vor der Tat in einer Kneipe in Neuss kennengelernt. Der inzwischen sichergestellte Wagen war von jenem Mann, der ehemals als Staatsanwalt selbst Verbrecher gejagt hatte, bei einer Verleihfirma in Velbert gemietet worden. Warum Dr. Stürmann nicht seinen eigenen Wagen benutzt hatte, blieb zunächst fraglich.

Littek, noch im blutbesudelten blauen Hemd, versicherte in seiner Vernehmung, dass er den Toten nur als »Dr. Martin« gekannt habe, Kosename »Teddy«. Mit weicher und leiser Stimme erklärte der noch recht jugendlich wirkende Hilfsarbeiter, man sei für den Abend am Graf-Adolf-Platz in Düsseldorf verabredet gewesen und mit dem Wagen des Opfers über die Rotterdamer Straße in Richtung Kaiserswerth gefahren. Am Ende der Rotterdamer Straße habe Dr. Stürmann den Wagen angehalten, dann aber, da man sich dort durch einen bereits parkenden Wagen »gestört fühlte«, gewendet und sei ein Stück in Richtung Düsseldorf zurückgefahren.

Den unmittelbaren Tathergang schilderte er so: »Das Radio lief, wir hörten Musik. Ich sah, wie ein Auto vom Schwimmstadion her an uns vorbeifuhr, 50 Meter weiter wendete und mit abgeblendeten Scheinwerfern stehen blieb. Es müsste ein Volkswagen gewesen sein, hellgrau. Daraufhin kamen über den Promenadenweg zwei Männer näher. Ich habe aber nicht weiter darauf geachtet. Plötzlich stand ein Mann neben der linken vorderen Tür und schrie etwas, was sich wie ›Aufmachen!‹ anhörte. Der Mann trug eine Maske, die Nase und Mund verdeckte. Im selben Augenblick wurde die Tür aufgerissen, dann fiel der Schuss. Einen Moment lang erstarrte Teddy und fiel dann auf meine Beine. Da kam auch schon von rechts der andere Mann und stieg durch die rechte hintere Tür in den Wagen. Auch der hatte eine Pistole. Ich weiß nicht mehr genau, ob er ›Hände hoch!‹ gerufen hat. Ich habe nur sofort geschrien: ›Nicht schießen, nicht schießen!‹ Dann sagte der eine Mann zu mir: ›Bücken Sie sich nach vorne, ich schieße nicht.‹ Ich bückte mich nach vorn und bekam in diesem Augenblick Schläge auf den Kopf. Ich war davon benommen, aber nicht bewusstlos, und habe mich nicht mehr bewegt. Der Mann, der Teddy erschossen hatte, brüllte dann den anderen an: ›Los, mach ihn kalt!‹ Ich bin hoch und rief: ›Lasst mich leben! Lasst mich leben, ich verrate nichts!‹ Dann bekam ich drei oder vier Schläge über den Schädel und fiel nach vorn. Dieses Mal wurde ich für kurze Zeit bewusstlos. Nach ein paar Sekunden war ich wieder da. Ich war überrascht, dass ich noch lebte. Und dann flüsterte mir eine Stimme ins Ohr: ›Stell dich tot!‹ Das habe ich auch gemacht. Ich war wie gelähmt.«

Die Vernehmung musste unterbrochen werden. Littek hatte unverkennbar erhebliche Mühe, sich zu konzentrieren, das Unfassbare in Worte zu kleiden. Ihm versagte die Stimme. Mit starrem Blick saß er gedankenverloren auf einem Holzstuhl, den mit einem dicken Mullverband umwickelten Kopf in beide Hände gestützt. Erst Minuten später hatte er sich wieder gefangen.

»Ich hockte halb auf dem Wagensitz«, fuhr er fort, »halb kniend, spürte ich ein schweres Gewicht auf meinem Rücken. Obwohl ich nichts erkennen konnte, wusste ich, dass es Teddy war, der auf mir lag. Dann wurde die Last plötzlich von meinem Rücken entfernt und Sekunden später griff jemand in meine Taschen. Ich konnte es nicht sehen, aber ich hatte das Gefühl, es war der Mann, der auf Teddy geschossen hatte. Die Hand hörte mit dem Tasten auf, zog meine Brieftasche heraus, und dann lastete wieder Teddys Körper auf mir. Dann hat sich einer der Männer auf den Fahrersitz gesetzt und versucht, den Wagen anzulassen. Das dauerte aber nur einige Augenblicke. Das Letzte, was ich gehört habe, war, dass gesagt wurde: ›Komm doch endlich. Hast du denn immer noch nicht genug?‹ Danach war nur noch Stille.«

Während der Zeuge die Tatabläufe detailreich schilderte, wusste er über die Täter nur wenig zu sagen. Littek konnte die »mit melierten Tüchern maskierten« Männer lediglich vage beschreiben: »Beide waren ungefähr 1,70 Meter groß, beide hatten auffallend schmale Schultern.« Zudem sollte der Todesschütze »dunkles, wirres Haar« gehabt haben.

Für die Ermittler der Mordkommission war das Motiv eindeutig: »Habgier«. Die Täter hatten die Brieftaschen der Opfer geraubt und insgesamt 160 Mark erbeutet. Das passte. Rätselhaft blieben jedoch bestimmte Verhaltensweisen, die widersprüchlich erschienen, die Fragen provozierten. Zunächst konnte man sich nicht schlüssig erklären, warum die Mörder sich überhaupt maskiert hatten – wenn doch die Tötung der Opfer von vornherein geplant gewesen war. Auf diese Intention deutete jedenfalls die sofortige Schussabgabe hin, zumal ohne Vorwarnung und ohne, dass der Schütze sich hätte bedroht fühlen müssen. Zunächst gab es keine einleuchtende Begründung dafür, warum versucht worden war, den Wagen Dr. Stürmanns zu starten. War das eigentliche Ziel der Tat eventuell gar nicht erreicht worden, nämlich den Opel-»Kapitän« zu rauben, um damit andere Verbrechen begehen zu können? Oder sollte der Wagen nur weggefahren werden, um ihn und die Insassen beiseitezuschaffen? Hatten die Täter sich so lediglich einen Zeitvorsprung verschaffen wollen? Und vor alledem: Warum hatte man Dr. Stürmann kaltblütig erschossen, Ernst Littek, der den Tätern später durchaus gefährlich werden konnte, indes verschont? Das ergab keinen Sinn.

Die Todesursache wurde der Kripo noch am frühen Donnerstagabend mitgeteilt, ein Gerichtsmediziner der Universität Düsseldorf hatte herausgefunden: »Der aus einer Entfernung von höchstens 30 Zentimetern auf das Opfer abgegebene Schuss hat dessen Unterkiefer links durchschlagen, die Zunge verletzt, zwei Halswirbel zertrümmert, das Rückenmark leicht verletzt und wahrscheinlich eine sofortige Lähmung des Getroffenen bewirkt. Durch das Einatmen größerer Mengen Blut in die Lunge starb das Opfer an den Folgen des Schusses etwa fünf bis zehn Minuten, nachdem er getroffen worden war.« Dr. Stürmann war demnach einen grausigen Tod gestorben, an seinem eigenen Blut qualvoll erstickt.

Fahndungsrelevante Hinweise erbrachten erste Ergebnisse der Untersuchungen des Tatortes. Etwa zwei Meter schräg links vor der linken vorderen Wagentür hatte man eine leere Patronenhülse gefunden. Im Wagen waren die Ermittler auch fündig geworden – sie hatten das Projektil sichergestellt, das an der rechten Schläfe des Opfers wieder ausgetreten war. Dieses Geschoss stammte aus einem recht ungewöhnlichen Pistolentyp, einer »Parabellum 08« (für 1908, das erste Herstellungsjahr), Kaliber 9 Millimeter. Es handelte sich um eine sechsschüssige Mehrladepistole mit einer Gesamtlänge von 22 Zentimetern und einem Gewicht von achthundertfünfzig Gramm, die vornehmlich von der deutschen Armee im Ersten Weltkrieg verwendet worden war. Mitte der dreißiger Jahre hatte die Wehrmacht diesen Waffentyp ausrangiert und durch modernere Pistolen ersetzt.

Neben diversen Fußspuren, die allesamt vermessen und fotografiert worden waren, hatten die Beamten auf dem Rücksitz des Wagens auch die Aktentasche Dr. Stürmanns gefunden. Merkwürdigerweise war sie von den Tätern erst gar nicht geöffnet worden, obwohl sie weiteres Raubgut hätte beinhalten können. Die Fahnder vermuteten deshalb, dass die Tasche entweder einfach übersehen oder als wenig lukrativ eingestuft worden war. Letzteres erschien am plausibelsten, da die Täter sich die Zeit genommen hatten, um zumindest die Kleidung der Opfer gründlich zu durchsuchen. Auch glaubte man herausgefunden zu haben, warum es den Tätern nicht gelungen war, den Wagen zu starten. Höchstwahrscheinlich hatten sie nicht gewusst oder nicht erkannt, dass der Anlasser sich bei diesem speziellen Modell am Boden befand.

Die ermittelten Fakten mussten jetzt kriminalpsychologisch bewertet und eingeordnet werden. Aus der Tatsache, dass einer der Täter unvermittelt und ohne Not geschossen hatte und beide Männer vom Zeugen Littek als »schmalschultrig« beschrieben worden waren, schloss man, es könne sich um »unerfahrene Täter« handeln, wahrscheinlich »Jugendliche«. Gleichwohl sollte die Auswahl des Tatortes »nicht zufällig« erfolgt sein. Niemand in Reihen der Mordkommission wollte annehmen, dass dieses »merkwürdige Zusammentreffen« zu solch ungewöhnlicher Zeit an derart abgelegener Stelle einfach so passiert sein sollte, zumal Minusgrade geherrscht hatten und dichtes Schneetreiben. Besonders interessiert waren die Fahnder naturgemäß an den Insassen des hellgrauen Volkswagens, der nur 50 Meter vom Wagen Dr. Stürmanns entfernt gestanden hatte, dessen polizeiliches Kennzeichen Ernst Littek jedoch nicht hatte ablesen können. Es konnte nicht ausgeschlossen werden, dass diese Zeugen etwas gesehen oder gehört hatten. Oder waren es gar die Täter gewesen? Oder deren Helfershelfer? Allerdings verfügte man nicht über einen einzigen Erfolg versprechenden Hinweis auf die Identität dieser »wichtigen Zeugen«. Wie so oft war die Kripo also auch in diesem Fall auf die Mithilfe der Bevölkerung angewiesen.

Am 9. Februar meldeten die Düsseldorfer Tageszeitungen schlagzeilenträchtig und in fettgedruckten Lettern das Verbrechen: »**Raubmord am Rheinstadion**«, »**Rechtsanwalt in seinem Auto erschossen**«, »**Mord im parkenden ›Kapitän‹**«. Am Ende eines jeden Artikels wurden die Leser aufgefordert, bei der Aufklärung behilflich zu sein: »Wer hat Wahrnehmungen oder Beobachtungen gemacht, die für die Aufklärung der Tat von Interesse sein könnten? – Das 1. Kriminalkommissariat, Telefon 10 25, Nebenstelle 84 11, und jede andere Polizeidienststelle nehmen Angaben und Hinweise entgegen.« Die »blut- und gelddurstigen Mordgesellen« durften nicht ungeschoren davonkommen.

Die Ermittlungen nahmen urplötzlich eine überraschende Wende, als Kripobeamte in der Wohnung Dr. Stürmanns in seinem Kalender des Jahres 1952 immer wieder auf einen Namen stießen, der dort gar nicht hätte vermerkt sein dürfen: »Ernst«. Und dieser Name fand sich auch im Adressbuch des Opfers, mit einer dazugehörigen Neusser Telefonnummer. Als man diese Nummer anwählte, meldete sich eine Frau mit dem Namen »Littek«. Der Rest war Routine. Der Anschluss gehörte den Eltern des bislang einzigen Zeugen. Ernst Littek hatte also bei seiner Vernehmung gelogen, die schon länger andauernde Beziehung zu Dr. Stürmann verschwiegen. Wohlweislich? Um sich nicht verdächtig zu machen?

Wenig glaubhaft erschienen nun auch Litteks Behauptungen, man habe »nur eine Spritztour gemacht« und lediglich im Auto gesessen und »Musik gehört und geredet«. Warum hatten die Männer sich nicht in der Wohnung von Dr. Stürmann getroffen? Was hatte die beiden Männer, die immerhin vierundzwanzig Jahre voneinander trennten und in sozialen Verhältnissen lebten, die unterschiedlicher nicht sein konnten, zusammengeführt – und zusammengehalten? Hatte Littek seinen Bekannten vielleicht zum Tatort gelotst, um ihn dort umbringen zu lassen? Waren ihm die vergleichsweise harmlosen Kopfverletzungen von seinen Komplizen nur beigebracht worden, um keinen Verdacht zu erregen? Sollten die Ermittler auf eine falsche Fährte gelockt werden?

Zu diesen Vermutungen passte die nahezu zeitgleich gewonnene Erkenntnis, dass die rechte hintere Tür des Opel-»Kapitän« sich gar nicht oder nur mühsam öffnen ließ. Das jedenfalls hatten der Mitinhaber und der Monteur der Autoverleihfirma behauptet, als man sie befragt hatte. Genau dieser Umstand war zuvor schon zwei Kriminalbeamten aufgefallen, als sie den Wagen untersucht hatten. Doch war dieser Marginalie bisher keine besondere Bedeutung beigemessen, sie in den ersten turbulenten Stunden nach der Tat als gering eingeschätzt worden. Dieses winzige Detail, so mutmaßten die Ermittler nun aber, konnte Littek zum Verhängnis werden. Denn der hatte behauptet, dass einer der Täter eben durch diese Tür in den Wagen eingedrungen sei, und zwar »ohne Probleme«. Littek verheimlichte den Ermittlern offenbar etwas, und man war mittlerweile davon überzeugt, dass der junge Mann ihnen eine »Räuberpistole« aufgetischt hatte.

Bevor die Ermittler Littek nochmals vernehmen würden, wollten sie mehr über ihn in Erfahrung bringen. Allerdings kam dabei nicht viel heraus. Littek wohnte noch bei seinen Eltern in Neuss-Holzheim, hielt sich mit Gelegenheitsjobs über Wasser, galt allgemein als »netter Junge«, der lediglich durch seine nach hinten gekämmten, schulterlangen blonden Haare auffiel. Sein polizeiliches Führungszeugnis war makellos.

Am 13. Februar schellte es frühmorgens in der Königsberger Str. 37 in Neuss. Ernestine Littek fuhr der Schreck in die Glieder: Kripo. Und was die Beamten ihr eröffneten, wollte sie nicht glauben – ihr Ernst stand unter »Mordverdacht«. Littek wurde wenig später ins Düsseldorfer Präsidium gefahren, er sollte dort vernommen werden. Unterdessen suchten die Fahnder im Zimmer des Verdächtigen und der übrigen Wohnung nach Dingen, die beweisen sollten, dass er nicht Opfer, sondern Täter war.

Um 8.32 Uhr wurde Littek im Zimmer 318 des Präsidiums vorgeführt, auf einem knarrenden Holzstuhl saß er nun zwei Kriminalbeamten gegenüber. Während Horst Flossbach, ein älterer und überaus erfahrener Kriminalhauptmeister, die Vernehmung durchführte, beschränkte sich sein wesentlich jüngerer Kollege darauf, das Gesagte in die Schreibmaschine zu tippen.

Nachdem Littek den Tatablauf nochmals ausführlich geschildert hatte, begann Flossbach gezielt Fragen zu stellen.

»Herr Littek, wann genau und wo haben Sie Dr. Stürmann kennengelernt?«

»Das war einige Tage, bevor das passiert ist. An einem Samstagabend, in einer Kneipe in Neuss, nicht weit von meiner Wohnung. Die heißt ›Faßschänke‹.«

Flossbach hatte das erste Vernehmungsprotokoll Litteks vor sich liegen, blätterte darin, las einige Zeilen. Dann hakte er nach: »Und da sind Sie absolut sicher?«

»Natürlich, Herr Kommissar.«

»Und er hat sich dann als Dr. Martin vorgestellt?«

»Ja, genau.« Littek verschränkte die Arme vor der Brust.

»Können Sie mir vielleicht erklären, warum er Ihnen nicht seinen richtigen Namen genannt hat?«

Littek zögerte. Schließlich antwortete er leise: »Nein, kann ich nicht.«

»Herr Littek, dann versuchen Sie mir mal wenigstens *das* zu erklären: Wir haben in der Wohnung von Dr. Stürmann einen Kalender gefunden. Was glauben Sie denn, welchen Namen wir dort gefunden haben?«

»Woher soll *ich* das denn wissen!« Littek schlug die Beine übereinander.

»Dr. Stürmann hatte zu einem gewissen *Ernst* Kontakt. Und in seinem Notizbuch haben wir die dazu passende Telefonnummer gefunden.« Flossbach fixierte jetzt den jungen Mann unablässig, zog die buschigen Augenbrauen zusammen. »Es ist die Nummer *Ihrer* Eltern. Ist das nicht komisch?«

»Was soll das denn!« Littek begann ungestüm zu gestikulieren. »Ist doch normal. Ich habe ihm meine Nummer gegeben, und er hat sie sich notiert. Wir wollten uns doch noch mal treffen. Ist das jetzt neuerdings verboten?«

Flossbachs Miene verfinsterte sich. Tonlos erwiderte er: »Das Dumme daran ist nur, dass wir diese Eintragungen in einem Kalender vom vergangenen Jahr gefunden haben, also 1952. Da wollen Sie Dr. Stürmann doch noch gar nicht gekannt haben!« Flossbach stand auf. »Herr Littek«, fuhr er energisch fort, »das sieht überhaupt nicht gut aus für Sie. Sie lügen! Sie lügen das Blaue vom Himmel herunter. Raus jetzt mit der Wahrheit!« Flossbach setzte sich wieder.

Littek senkte den Kopf, legte die Hände in den Schoß, sein Körper erschlaffte förmlich. »Was soll ich denn sagen?«, stammelte er hilflos.

»Die Wahrheit, mein Junge, die Wahrheit!«

Littek atmete mehrmals tief durch. »Sie haben gewonnen«, begann er zögerlich, »ich habe gelogen. Den Dr. Stürmann habe ich schon eine ganze Zeit lang getroffen. Ich habe ihn tatsächlich in der ›Faßschänke‹ kennengelernt, das war ungefähr Mitte Juli letzten Jahres. Wir haben uns immer wieder mal verabredet. Er hat mich dann mit seinem Wagen abgeholt. Aber ich habe wirklich geglaubt, dass er Dr. Martin heißt. Mir hat er erzählt, dass er Rechtsanwalt ist und schwere Jungs verteidigt.«

»Warum haben Sie uns das denn nicht gleich gesagt?«

Schweigen.

»Herr Littek! Warum haben Sie uns davon nichts erzählt!«

Littek senkte den Kopf, sagte nichts, er rang mit sich, dann aber platzte es aus ihm heraus: »Was wollen Sie denn noch!«

»Ich will wissen, warum Sie uns immer noch etwas verschweigen.« Flossbach schlug mit der flachen Hand auf den Tisch. »Das ergibt doch keinen Sinn. Sie lernen einen Mann kennen, der gut und gerne auch Ihr Vater hätte sein können und erzählen hier wahrheitswidrig, Sie hätten Dr. Stürmann nur kurz gekannt. Und wenn ich Sie dann frage, warum Sie uns diese Beziehung verheimlicht haben, fällt Ihnen dazu nichts mehr ein. Ist doch komisch, oder?«

Wieder keine Antwort.

»Also noch einmal: Was gibt es da zu verschweigen?«

Littek blieb sich treu und starrte nur auf den Boden.

»Herr Littek«, Flossbach erhob die Stimme, »wir treiben hier keine Spielchen. Da ist jemand brutal und kaltblütig ermordet worden, und wir wollen diese Sache aufklären. Und wir werden das Ding aufklären! Und wir haben das Gefühl, dass Sie da mit drinstecken. Haben Sie Dr. Stürmann an dem Abend an den Rhein gelockt? Wieviel hat man Ihnen dafür geboten?«

»Schwachsinn! Alles Schwachsinn!« Littek schlug die Hände vor das Gesicht und begann zu schluchzen. »Lasst mich doch endlich in Ruhe«, stotterte er mit tränenerstickter Stimme.

Flossbach spürte, dass der Widerstand gebrochen, dass er der Wahrheit jetzt sehr nahe war. Er wechselte die Tonart. Mit verbindlich-väterlicher Stimme setzte er nach: »Das hat doch keinen Sinn, so kommen wir nicht weiter. Sie bringen sich noch in Teufels Küche. Also: Warum haben Sie uns nichts davon erzählt?«

Littek ließ sich Zeit, es vergingen einige Sekunden. Er wischte sich die Tränen aus dem Gesicht. Dann kam die Antwort: »Herr Kommissar, Sie kennen doch den Schwulenparagraph!«

Flossbach nickte.

Gemeint war Paragraf 175 des Strafgesetzbuches. Dort hieß es damals: »Ein Mann, der mit einem anderen Mann Unzucht treibt oder sich zur Unzucht mißbrauchen läßt, wird mit Gefängnis bestraft.« Demnach waren »alle homosexuellen Handlungen« verboten. Für »schwere Unzucht« drohten gar bis zu »zehn Jahre Zuchthaus«. Und ein solcher Fall lag hier vor, Littek war noch keine einundzwanzig. Also deshalb der Mietwagen, der Tarnname, die konspirativen Treffen. Niemand durfte davon erfahren – die Polizei schon gar nicht.

Flossbach hatte es geahnt. Aber das allein wäre nicht genug gewesen. Er brauchte einen unwiderlegbaren Beweis. Den hatte er jetzt. Nichtsdestotrotz war die Mordtheorie damit nicht vom Tisch. Wieder begann er zu bohren.

»Herr Littek, wir müssen da noch ein paar Dinge klären.«

Der junge Mann schaute ihn unverwandt an. »Was denn noch? Ich habe doch alles gesagt.«

Flossbach blätterte wieder im Vernehmungsprotokoll. »Ich lese hier«, begann er, »dass Sie angegeben haben, Sie wären von zwei Männern überfallen worden.«

»Ja.«

»Und der zweite Mann ist erst in den Wagen eingestiegen, als der andere bereits auf Dr. Stürmann geschossen hatte.« Flossbach blickte herüber, wartete auf eine Antwort.

Littek nickte.

»Können Sie mir noch mal sagen, durch welche Tür der Mann in den Wagen eingestiegen ist?«

Die Antwort kam prompt: »Hinten, von rechts.«

»Um jeden Zweifel auszuschließen: von vorne oder von hinten aus gesehen rechts?«

Littek dachte kurz nach. »Ich saß auf dem Beifahrersitz, und der Typ kam plötzlich durch die hintere rechte Tür. Er war dann genau hinter mir. Es muss die rechte Tür gewesen sein, bestimmt.«

Flossbach rümpfte die Nase, räusperte sich. »Herr Littek, wir hatten uns doch darauf verständigt, dass Sie uns nur noch die Wahrheit sagen wollen.«

»Jawohl, Herr Kommissar.« Littek wirkte jetzt wieder verschüchtert, fahrig. Er fuhr sich mit der rechten Hand mehrmals verlegen durch seine Haare.

»Wie erklären Sie sich dann, dass genau diese Tür sich nur schwer, meistens aber gar nicht öffnen lässt.«

»Das verstehe ich nicht.«

»Wir haben das überprüft, es stimmt. Und *Sie* wollen uns weismachen, der Mann ist ohne Probleme da reingekommen. Einfach so?«

Littek machte einen Katzenbuckel, schüttelte den Kopf.

»Mein lieber Junge, es ist jetzt an der Zeit reinen Tisch zu machen!« Flossbach stand auf und baute sich vor Littek auf. »Die Geschichte klingt einfach zu phantastisch: zwei maskierte Männer, zwei Pistolen, aber ein Toter. Ihnen hat man nur eins über den Schädel gegeben. Die hätten Sie doch auch aus dem Weg räumen müssen. Sie haben doch alles gesehen. Raus mit der Sprache! Ich will jetzt Namen hören!«

»Was denn für Namen?« Littek gab sich ahnungslos.

»Mit wem haben Sie das Ding gedreht?«

»Ich? ICH?«

»Genau Sie! Hatten wohl Ärger mit Dr. Stürmann oder war er Ihnen einfach nur lästig geworden? Hatten *Sie* die Idee, ihn umzubringen? Wollten Sie an sein Geld? Oder haben Sie ihn erpresst? Und er wollte nichts rausrücken? Sie wussten doch, dass Dr. Stürmann vermögend war!«

Keine Reaktion.

»Sie haben den Lockvogel gespielt. Sie haben vorgeschlagen, zur Rotterdamer Straße zu fahren. Sie haben mit ihren Komplizen eine Zeit ausgemacht. Dann ist die Sache aber nicht so gelaufen, wie Sie sich das vorgestellt hatten. Sie wollten auch noch den Wagen haben und später verhökern oder ausschlachten. Aber Ihre feinen Kumpels haben den Wagen einfach nicht ans Laufen gebracht.«

»Moment mal!«, hakte Littek energisch ein »Ich weiß doch, wie man den Wagen startet. Ich hätte es denen doch sagen können. Und wenn ich mit denen unter einer Decke stecken würde, hätte ich das doch wohl auch gemacht. Oder?« Littek schaute seinen Kontrahenten erwartungsvoll an, er hatte sich mit einem Mal aus der verbalen Umklammerung befreit.

Flossbach setzte sich wieder. Der Junge hatte recht. Und Flossbach hatte sein Pulver für dieses Mal verschossen. Einen erneuten Vorstoß konnte er nun nicht mehr wagen, Littek würde sich nicht noch einmal aus der Reserve locken lassen. Die Chance war vertan.

Die Sache mit der Wagentür musste nochmals untersucht werden, man brauchte Gewissheit. Hatte Littek vielleicht doch gelogen, den zweiten Täter nur erfunden? Auch in weiteren Verhören war er von seiner ursprünglichen Aussage partout nicht abgerückt. Ein Gutachten sollte nun klären, was es mit der ominösen Tür auf sich hatte.

Dr. Hans Sawatzki, der Kraftfahrzeugsachverständige, stellte schließlich fest, dass sich in dem Schloss »ein bestimmter Fehler« befand. Die Folge: »Je nach Lage des gebrochenen Teiles wird ein Öffnen der Tür zeitweise verhindert, zu anderen Zeitpunkten aber bei Anwendung eines bestimmten Druckes möglich.« Demnach konnte Ernst Littek durchaus die Wahrheit gesagt haben. Und weil auch bei der Durchsuchung in der Wohnung des Verdächtigen nichts Belastendes gefunden worden war, erkaltete diese anfangs »heiße Spur«.

Hoffnung keimte wieder auf, als sich ein 68-jähriger Rentner bei der Kripo meldete, der am 7. Februar um kurz nach 23 Uhr seinen Hund ausgeführt und dabei in der Nähe des Tatortes »zwei komische Gestalten« beobachtet hatte – allerdings nur für wenige Augenblicke. Die Beschreibung war dementsprechend: »Es waren Männer, beide etwa gleich groß, dunkel gekleidet.« Und dem älteren Herrn war aufgefallen, dass »die es eilig hatten«. Immerhin verfügten die Fahnder der Mordkommission »Rheinstadion« nun über eine Aussage, die Ernst Litteks Tatversion zu stützen schien.

Die weiteren Ermittlungen gestalteten sich jedoch zäh. Vergleichsfälle, an die man hätte anknüpfen können, hatte es in der jüngeren Vergangenheit nicht gegeben. Insgesamt dreiundzwanzig »polizeibekannte« Männer aus Düsseldorf und Umgebung waren überprüft worden. Nur fünf konnten kein wasserdichtes Alibi vorweisen. Allerdings stellte sich schnell heraus, dass sie es nicht gewesen sein konnten: Entweder waren sie viel zu groß, viel zu dick oder schieden wegen ihrer Schuhgröße als Verdächtige aus.

Auch der Appell an die Bevölkerung, die Insassen des hellgrauen Volkswagens mögen sich bei der Kripo melden, hatte nichts gebracht. Ein 45-jähriger Mann war zwar im Präsidium erschienen und hatte behauptet, »die Mörder gesehen« zu haben, doch besaß der Zeuge keinen hellgrauen Volkswagen, sondern nur ein Fahrrad. Und obendrein war er als dubioser »Hinweisgeber« bereits »mehrfach in Erscheinung getreten«.

Nach einem zweiten Aufruf an die Mitbürger, »kürzlich gefundene Pistolen oder Pistolenteile« der Polizei zu übergeben, hatten tatsächlich drei Waffen den Weg ins Präsidium gefunden: eine »Walther PPK«, eine »Walther P 38« und eine belgische Selbstladepistole »FN-HP M 35«. Die »Walther PPK« schied als mögliche Tatwaffe aus, mit dieser Pistole konnten nur Projektile des Kalibers 7,65 Millimeter verfeuert werden. Und nachdem die übrigen Waffen beim Bundeskriminalamt »beschossen« und mit dem Projektil der »Parabellum 08« verglichen worden waren, stand man wieder mit leeren Händen da.

Nachdem insgesamt zweieinhalb Monate intensiv ermittelt und insgesamt einhundertsechzehn Spuren und Hinweisen hinterhergejagt worden war, musste die Kommission aufgelöst werden. Es gab keine »erfolgversprechenden Ermittlungsansätze« mehr, die einen derart hohen Aufwand hätten rechtfertigen können. Niemand ahnte zu diesem Zeitpunkt, dass man den Auftakt zu einer Serie mysteriöser und grausamer Gewaltverbrechen erlebt hatte, die in der deutschen Kriminalgeschichte einzigartig bleiben sollten – bis zum heutigen Tag.

3

Das Brachland am »Theveser Feld« gehörte nicht zu den bevorzugten Wohngegenden im Norden Düsseldorfs. Dort hausten Vertriebene, Obdachlose und Verarmte, die nicht einmal so viel besaßen, um die Miete für eine vernünftige Wohnung bezahlen zu können. Die meisten Menschen lebten in schlichten Hütten, die mit bloßen Händen aus zusammengesuchtem Baumaterial notdürftig errichtet worden waren. So hatten diejenigen, die am Rande der Gesellschaft blieben, wenigstens ein Dach über dem Kopf.

Dennoch konnte es sich durchaus lohnen, dieses unwirtliche Gelände abzusuchen; nicht wegen der alten Eimer, ausrangierten Autoreifen oder wegen des übrigen Gerümpels, das in den Gräben allmählich verrottete. Ein lukratives Geschäft versprachen die Eisenträger, die es dort zu finden gab. Aber die lagen nicht einfach offen herum, man musste nach diesen verborgenen Schätzen suchen.

Helmut Bolland wusste das alles ganz genau. Er war ein »Schürrer«, sammelte Schrott und handelte damit. Aber an diesem sonnigen Spätherbsttag hatte er kein Glück. Alles, was der Mann unter einem wild wuchernden Brombeerstrauch fand, waren Teile einer angerosteten Pistole, fein säuberlich eingepackt in gelbe Folie. Die nahm der 63-Jährige mit nach Hause. Er hoffte, mit der später zusammengesetzten Waffe wenigstens ein paar Mark verdienen zu können.

Bolland fiel zunächst auf, dass die Pistolenteile stark eingefettet waren, offenbar hatte ihr letzter Eigentümer sie nicht einfach achtlos in der Brombeerhecke entsorgt, sondern aus irgendeinem Grund dort deponiert. Dann sah Bolland sich die Einzelteile genauer an. Er erkannte, dass es sich um eine alte, abgegriffene »Parabellum 08« handelte, die eine Reihe markanter Merkmale und Schäden aufwies: An der linken Griffschale war unterhalb des Sicherungsflügels eine Ecke abgesprungen. Die

Deckplatte enthielt auf einer Fläche von vielleicht zwei Quadratzentimetern deutlich sichtbare Eindrücke. Augenscheinlich war hier mit einem harten und spitzen Gegenstand gearbeitet worden. Ähnliche Beschädigungen fanden sich an der rechten Seite des Gabelstückes, außen in Höhe des Auswerfers. Und unterhalb des Handhabengelenkes war eine auffällige Beschädigung der Brünierung nicht zu übersehen. Auch die Herstellungsnummer war noch ablesbar: 8877. Allerdings gelang es Bolland nicht, die Waffe vollständig zusammenzusetzen, es fehlten der Schlagbolzen und die Führungsgabel. Die Pistole war damit unbrauchbar.

Und aus dem erhofften Geschäft wurde auch nichts. Bolland musste sich von seinem Sohn daran erinnern lassen, dass alle gefundenen Schusswaffen bei der Polizei abzugeben waren. Obwohl bereits zehn Monate seit der Ermordung Dr. Stürmanns vergangen waren, galt diese Verfügung noch immer. Und aus diesem Grund wollte Bolland die Waffe auch nicht an einen Bekannten verkaufen, der sich beharrlich um die Pistole bemühte. Der Mann bot erst 10 Mark, dann einen Kasten Bier, schließlich sogar 50 Mark – für eine alte, verrostete, gebrauchsunfähige Waffe. Bolland wunderte sich darüber, aber er gab nicht nach.

Am 19. Oktober erschien Bolland auf dem 12. Polizeirevier und präsentierte den Beamten seinen Fund. Die »Parabellum 08« wurde einen Tag später zum kriminaltechnischen Labor des Landeskriminalamtes geschickt. Sie sollte dort »schußwaffenerkennungsdienstlich behandelt« werden, um herauszufinden, ob diese Waffe bereits bei einem anderen Verbrechen benutzt worden war – eine Routineangelegenheit. Doch der Beamte, der die von Bolland gefundene Pistole »beschießen« sollte, um ein einwandfreies Geschoss zur Identifizierung herzustellen, tat nichts dergleichen. Stattdessen legte er die »08« beiseite und vermerkte lapidar: »Nicht beschießbar, da Führungsgabel an der Pistole fehlt.« Auf den naheliegenden Gedanken, ersatzweise die Führungsgabel einer anderen 08-Pistole zu benutzen, kam er nicht.

So wurde das »Asservat 109/53« unverrichteter Dinge ins Polizeipräsidium zurückgeschickt, in einen Karton zu den anderen vom Düsseldorfer Publikum abgelieferten Schusswaffen gelegt und in der Asservatenkammer verwahrt. Die Polizei hatte sich somit selbst ihr einziges Beweismittel entzogen, das sie auf die Spur der Täter hätte führen können. Damit nicht genug, ein weiteres Ärgernis spielte den Mördern Dr. Stürmanns in die Hände: Derjenige, der von diesem Pistolenfund unbedingt hätte erfahren müssen, wurde erst gar nicht unterrichtet – der Leiter der Mordkommission »Rheinstadion«.

4

$4\ C_3H_5(ONO_2)_3\ (l) \longrightarrow 12\ CO_2\ (g) + 10\ H_2O\ (g) + 5\ N_2\ (g) + 2\ NO$

Er war fest davon überzeugt, dass es ihm bald gelingen würde, auch mit dieser Formel zu arbeiten, sie für seine hochfliegenden Pläne zu missbrauchen. Begierig las er weiter: *Die große Sprengwirkung beruht auf der Bildung ausschließlich gasförmiger Zersetzungsprodukte beim Zerfall des Nitroglycerins und der damit verbundenen Volumenzunahme. Dabei ist kein weiterer Sauerstoff zur Oxidation der Nitroglycerinbestandteile notwendig, da dieser bereits im Nitroglycerinmolekül enthalten ist.* Einige Zeilen später wurde es besonders interessant: *Zusammensetzung des Dynamits: 75 % Nitroglycerin, 24,5 % Kieselgur, 0,5 % Natriumcarbonat.*

Er plante das perfekte Verbrechen. Unablässig brütete er über Möglichkeiten und Methoden. In der Landes- und Stadtbibliothek Düsseldorf hatte er sich reichlich Literatur besorgt; natürlich unter falschem Namen, niemand sollte ihm auf die Schliche kommen können. Nun lag das ganze Material vor ihm ausgebreitet: *Handatlas und Lehrbuch der Anatomie des Menschen – Narkose – Grundlage der Narkose in Theorie und Praxis – Die Schmerzverhütung bei chirurgischen Eingriffen – Genuß und Betäubung durch chemische Mittel.*

Bevor er sich intensiv mit einer Substanz befasste, studierte er zunächst die »Wirkungen auf den Menschen«. Geeignet erschienen ihm jedoch nur solche Mittel, die einen Menschen binnen kurzer Zeit wehrlos machten – oder töten konnten. Er versuchte sich bestimmte Passagen einzuprägen: *Die giftige Wirkung der Blausäure beruht auf der Wirkung des Cyanidions CN. Dieses kann durch das Einatmen des Gases in den Körper gelangen. Es gibt aber auch die Möglichkeit, daß Cyanide oral, also über den Mund, aufgenommen werden, und im Magen unter Einfluß der Magensäure das Cyanidion freigesetzt wird. (…) Die Folge ist eine sehr schnelle innere Erstickung auf zellulärer Ebene.* Dann stieß er auf einen Hinweis, der ihn elektrisierte, der seine destruktive Phantasie beflügelte: *Eine Resorption ist auch über die Haut möglich!!* **Kontaktgift!!**

Ihn faszinierte besonders die Vielfalt, die Variabilität. Naturwissenschaftliche Lehrbücher verstand er als Inspiration und Anleitung zum Verbrechen. Er verbrachte Stunden, Tage, Wochen und Monate damit, sich ungeheuerliche Szenarien auszumalen und zu überlegen, wie sie meisterhaft und vor allem fehlerlos durchzuführen waren, welche Mittel er dazu benötigte. Und immer wieder ertappte er sich dabei, wie ihm einzelne zuvor in einem der Bücher gelesene Sätze in den Sinn kamen und ihn auf eine diffuse Art erregten: *Verlust des Sprachvermögens. Aussetzen der Atmung und des Pulses. Blaurot aufgetriebenes Gesicht, mit geöffnetem Mund.*

5

1. November 1955, Allerheiligen, 10.35 Uhr.

Als Johanna Mehnert zur Andacht niederkniete, murmelte sie nicht das Vaterunser, sondern ein Stoßgebet für ihren Wilfried. Sie hatte ein ungutes Gefühl, eine dunkle Vorahnung. Ihr Sohn war in der vergangenen Nacht nicht nach Hause gekommen. Kein Lebenszeichen. Nichts. Die mütterlichen Instinkte schlugen Alarm, weil so etwas zum ersten Mal überhaupt passierte.

Auf dem Heimweg drängte sie ihren Mann Heinz zur Eile. Der 56-jährige Bäckermeister versuchte zu beruhigen. »Der Junge wird bestimmt schon zu Hause warten«, tröstete er. »In seinem Alter schlägt man schon mal über die Stränge. Als ich sechsundzwanzig war …«

Sie unterbrach ihn abrupt. »Aber Wilfried ist noch nie eine Nacht weggeblieben. Noch nie. Er hätte bestimmt angerufen. Er weiß doch, dass wir uns sonst Sorgen machen. Da muss etwas passiert sein!«

»Was soll denn schon passiert sein? Der Junge weiß sich zu helfen, er ist doch kein Kind mehr.« Mehnert gab sich alle Mühe, aber er klang nicht sonderlich überzeugend.

Und seine Frau wollte sich nicht beschwichtigen lassen. Es war etwas höchst Ungewöhnliches passiert, und alle Gründe und Erklärungen, die ihr dazu einfielen, missfielen ihr. »Vielleicht steht der Wagen jetzt vor der Tür«, versuchte sie sich und ihrem Mann wieder ein wenig Mut zu machen.

Die letzten Meter, ehe sie in die Glockenstraße einbogen, rannten die Eltern beinahe. Doch keine Spur von dem hellblauen Ford M 15, mit dem Wilfried am Abend zuvor noch einmal in die Düsseldorfer Altstadt gefahren war. Und in der Wohnung war er auch nicht. Als nach anderthalb Stunden und unzähligen Telefonaten das Schicksal ihres Sohnes nach wie vor ungewiss war, machte Johanna Mehnert sich auf den Weg. »Ich gehe zur

Kripo. Du bleibst hier, falls er sich doch noch meldet«, beschied sie ihren Mann.

Wenig später saß die 53-Jährige einem Beamten in der Kriminalwache des Polizeipräsidiums gegenüber. »Helfen Sie mir! Mein Sohn ist verschwunden! Ich habe das furchtbare Gefühl, dass ein Verbrechen dahintersteckt!« Johanna Mehnert war außer sich.

Doch der Kripomann lächelte. Dass besorgte Mütter oder Väter das vermeintliche Verschwinden ihrer Töchter oder Söhne anzeigten, war nichts Außergewöhnliches. Und dass die Vermissten schon nach kurzer Zeit unversehrt und putzmunter wieder auftauchten, war der Regelfall.

»Immer mit der Ruhe, Frau Mehnert. Wir wollen nicht gleich den Teufel an die Wand malen. Seit wann ist Ihr Sohn denn verschwunden?«

»Seit gestern Abend. Er hat meinen Mann und mich nach dem Theater noch nach Hause gebracht. Dann haben wir ihm unseren Wagen geliehen, er wollte noch in die Altstadt in ein Nachtlokal. Er war mit einem jungen Mädchen zusammen ...«

Der Beamte unterbrach sie. »Und wer hat die beiden zuletzt gesehen?«

»Der Wirt vom ›Csikós‹. Das ist so ein Künstlerlokal, wo Wilfried manchmal verkehrt. Er sah die beiden in den Wagen meines Sohnes steigen und davonfahren.«

»Na ist doch klar«, ereiferte sich der Kripobeamte, »sie werden eine Spritztour unternommen haben. Das soll ja schon mal vorkommen, gerade in dem Alter. Meinen Sie nicht auch?«

»Vielleicht. Aber Liesel ist ein anständiges Mädchen. Die beiden wollen bald heiraten.«

»Dann ist es ja noch wahrscheinlicher, dass sie mal ein bisschen allein sein wollten. Sie waren doch auch mal jung.« Der Kommissar grinste. »Warten Sie es ab, Ihr Sohn ist bald wieder da!«

Aber Johanna Mehnert wollte sich nicht einfach so abfertigen lassen, die Sache war zu ernst. »Jetzt hören Sie mir mal zu!«, fuhr sie den Beamten an. »Ich kenne meinen Sohn. Besser als Sie. Und wenn ich Ihnen sage, dass so was überhaupt noch nicht vorgekommen ist, dann kommen Sie mir nicht mit irgendwelchen Geschichten, die mit meinem Wilfried nicht das Geringste zu tun haben ...«

Bevor sie sich in Rage reden konnte, wurde sie unterbrochen. »Schon gut! Kommen Sie bitte mit, wir nehmen jetzt eine Anzeige auf.«

Es war der 2. November, als gegen 22.15 Uhr im Hause Mehnert das Telefon schrillte. Heinz Mehnert hob ab und meldete sich mit Namen. Zunächst blieb es still. Dann aber sagte eine merkwürdig verstellte männliche Stimme: »Verdammtes Pack! Recht so! Ihr habt es nicht anders verdient! Es ist gut, dass das Schwein kaputt ist!« Konsterniert legte Mehnert den Hörer wieder auf die Gabel. »Wer war das denn so spät?«, fragte seine Frau. Mehnert überlegte einen Moment. Schließlich antwortete er: »Ach, nichts, vermutlich falsch verbunden.«

Am 9. November wurde im *Landes-Kriminalblatt,* einem periodisch erscheinenden Fahndungsjournal des nordrhein-westfälischen Landeskriminalamtes, in der Rubrik »Vermißte, unbekannte Personen und unbekannte Tote« folgende Mitteilung abgedruckt:

»1. **Mehnert,** Wilfried, Franz Wilhelm, Bäckermeister, 14. 4. 29 Hamborn, zuletzt Düsseldorf, seit dem 1. 11. 55. B e s c h r e i b u n g : 1,90 m, schlank, ovale Kopfform, hellblondes dichtes zurückgekämmtes Haar, ovales blasses Gesicht, hohe Stirn, blaue Augen, helle bogenförmige Augenbrauen, geradlinige Nase, schmale Lippen, im Oberkiefer Brücke mit 2 Goldzähnen, große gepflegte Hände, leicht nach vorn gebeugte lässig wirkende Haltung. B e s o n d e r e K e n n z e i c h e n : Am Unterleib rechts und mittig zwei größere Operationswunden.

B e k l e i d u n g: Brauner Filzhut, Kamelhaarmantel, unigrauer Anzug, graue Weste mit grün-blauen Karos, gestreiftes Seidentuch (quergestreift gold, braun und grau), schwarze Schuhe, Marke ›Balli‹. Trägt am rechten Mittelfinger goldenen Ring mit kleinen grünen und blauen Steinen, goldene Armbanduhr mit Lederarmband, außerdem ein silbernes Kettchen mit holländischer Münze.
2. **Ingensandt,** Lieselotte (wird Liesel gerufen), Magdalena Ruth, kaufmännische Angestellte, 25. 10. 33 Menden, zuletzt Brilon (in Düsseldorf zuletzt mit M e h n e r t (1.) gesehen), seit dem 1. 11. 55.
B e s c h r e i b u n g: 1,68 m, schlank, schmales Gesicht, hellblondes schulterlanges Haar (zum Pferdeschwanz gebunden), blau-grüne Augen, geradlinige Nase (Stupsnase), schmale Lippen, kleiner Mund.
B e s o n d e r e K e n n z e i c h e n: hat leichte Rückgratverkrümmung. B e k l e i d u n g: weißes Petticoatkleid mit rosafarbenen Rosen, weiße Pumps (spitz zulaufend), schwarzer Wollmantel. Trägt silberfarbenen Armreif linke Hand, goldenes Collier, goldener Fingerring linke Hand (Gravur: ›10. 08. 55 Wilfried‹).
Die Gesuchten wurden letztmals in einem Ford M 15, polizeiliches Kennzeichen BR 781-378, hellblau, Limousine, Baujahr 1955, gesehen.«

Zu dieser Zeit waren bereits sämtliche Wachen und Streifenwagenbesatzungen im Düsseldorfer Stadtgebiet über das Verschwinden informiert. Routinemäßig überprüfte die Kripo nun bundesweit alle Fälle mit »unbekannten Toten«, allerdings ohne Erfolg. Auch im Verwandten- und Bekanntenkreis der Gesuchten herrschte Ratlosigkeit, niemand hatte sie nach dem 31. Oktober gesehen, niemand hatte eine Nachricht erhalten.

Eine Woche nach Beginn der Fahndung begann das 1. Kriminalkommissariat sich für den Fall zu interessieren. Die Todesermittler vermuteten einen »kriminellen Hintergrund«. Wenn Lieselotte Ingensandt und Wilfried Mehnert tatsächlich Opfer eines »Kapitalverbrechens« geworden waren, war Eile geboten. Denn der Täter hatte mittlerweile einen enormen Zeitvorsprung und jedes weitere Zögern konnte zur Folge haben, dass Beweismittel vernichtet wurden. Aber auch ein Unglücksfall oder ein gemeinsamer Selbstmord konnten nicht ausgeschlossen werden. Zunächst mussten die Fahnder also »in alle Richtungen« ermitteln, wurde der neugierig gewordenen Presse mitgeteilt. Unerwähnt blieb indes eine weitere Vermutung der Kripo, Mehnert könnte seine Verlobte nach einem Streit getötet und sich danach mit dem Wagen der Eltern ins Ausland abgesetzt haben. Ein Verbrechen aus Leidenschaft?

Tatsächlich deuteten eine Reihe von Umständen zunächst auf eine »Beziehungstat« hin: das spurlose Verschwinden der Gesuchten *und* des Wagens, vor allem aber der Lebenswandel von Wilfried Mehnert, der nicht recht zu einem soliden Bäckermeister passen wollte. Schnell hatten die Ermittler nämlich herausgefunden, dass Mehnert sich nach Feierabend zu einem der elegantesten Lebemänner, Partygänger und Schürzenjäger Düsseldorfs mauserte. Er ging allerdings nie allein aus. Fast immer umringten ihn drei Freunde, sämtlich teils wesentlich älter und nicht annähernd so elegant gekleidet wie der gut aussehende, junge Beau, der nur maßgeschneiderte Anzüge trug und einen teuren Wagen fuhr. Aber die drei Männer bildeten genau den Rahmen, den Mehnert brauchte. Sie hörten ihm zu, lachten, wenn er scherzte, widersprachen nicht, stellten keine unangenehmen Fragen. Mehnert bezahlte dafür, hielt seine Freunde aus. Er hatte stets Geld bei sich, ungewöhnlich viel für jemanden aus seinem Berufsstand.

Regelmäßig fuhr das ungleiche Quartett spätabends zuerst dorthin zum Essen, wo es elegant und teuer war. Danach amüsierte man sich in Düsseldorfer Nacht- und Szenelokalen, in denen getanzt wurde und zahlreiche Frauen verkehrten, die auch zum Tanz aufgefordert werden wollten. Mehnert selbst hielt sich zurück. Er saß am liebsten an einem Tisch inmitten seiner Freunde, plauderte ausgelassen, lauschte der Musik – und überlegte, welche Frau er wohl ansprechen könnte.

Erst in den Morgenstunden stand er auf, wenn er ein Mädchen entdeckt hatte, das nach seinem Geschmack war. Mühelos gelang es ihm, die Damen anzusprechen. Nach einer Weile bezahlte er für sich und seine Kumpels die Rechnung, gab ein großzügiges Trinkgeld. Dann hakte er sich bei seiner Bekanntschaft unter und verschwand mit ihr.

Nachdem einige seiner Freundinnen vernommen worden waren, glaubten die Ermittler auch zu wissen, wohin er gefahren war – zur abgelegenen Rotterdamer Straße, einer der beliebtesten »Liebhaberstraßen« Düsseldorfs. Stets hatte er den Wagen auf einem einsamen Parkplatz in der Nähe des Restaurants »Schnellenburg« abgestellt. Die jungen Frauen wussten nur Gutes über ihn zu berichten: »Er war ausgesprochen höflich, liebenswürdig und charmant«, »Gut erzogen, Kavalier alter Schule« oder »Er war jemand, dem man auf Anhieb vertrauen konnte«.

Im Frühjahr 1955, berichteten seine Freunde schließlich, habe »das mit einem Schlag aufgehört«. Mehnert lernte zu dieser Zeit auf einem Schützenfest im sauerländischen Brilon Lieselotte Ingensandt kennen. »Die Natürlichkeit des Mädchens hat ihn bezaubert, es war Liebe auf den ersten Blick«, erklärte seine Mutter, die immer noch verzweifelt hoffte, ihren Sohn bald wieder in die Arme schließen zu können. Lieselotte, eine ausgesprochen hübsche und bodenständige junge Frau, die in einem großen Möbelgeschäft arbeitete, war »genauso beeindruckt«. Das wiederum erzählte ihre besorgte und deprimierte Mutter zwei Kriminalbeamten in Brilon. Schnell wurden Lieselotte und Wilfried ein Paar, er besuchte sie in der Woche, sie fuhr zu ihm nach Düsseldorf an den Wochenenden. Kurz vor ihrem Verschwinden hatte das Liebespaar seinen Eltern sogar eröffnet, bald heiraten zu wollen.

Zwischen den Vermissten hatte es offenbar keinerlei Missstimmungen oder Zerwürfnisse gegeben, Seitensprünge schon gar nicht. Dass Mehnert seine Verlobte ermordet haben könnte, wurde somit immer unwahrscheinlicher. Gegen diese Hypothese sprachen auch die Erkenntnisse, die man unterdessen im Künstlerlokal »Csikós«, stadtbekannt durch seine beliebte Zigeunerkapelle, gewonnen hatte. »Ich erinnere mich genau«, erzählte einer der Kellner, »wie die beiden nebeneinander gesessen haben. Sie tranken Tokaier und lachten. Wenn es je ein glückliches Liebespaar gegeben hat, dann waren sie es an jenem Abend!« Der Wirt hatte eigens für das Paar die »Fürstenloge« frei gehalten und nun in seiner Vernehmung ausgesagt: »Ich kannte sie sehr gut, sie waren häufig bei mir zu Gast. An diesem Abend hatten sie noch Hunger und bestellten zwei Portionen Gulasch. Sie waren verliebt und küssten sich. Lieselotte hatte ein neues Kleid an, das sie sich extra für diesen Abend gekauft hatte. Kurz bevor sie gegangen sind, hat Wilfried noch ihre Initialen an die Wand gemalt.«

Das letzte Lebenszeichen der frisch Verliebten: »W.M. L.I.«, von einem Herz umschlossen, darüber »31.10.55«.

Doch irgendjemand musste ein Motiv gehabt haben – wenn das Paar ermordet worden war. Die Ermittler spekulierten jetzt, der Täter könnte ein »Intimfeind« Mehnerts gewesen sein. Der gesamte Freundes- und Bekanntenkreis wurde durchleuchtet, überprüft, verhört. Aber überall gab es die gleichen Antworten: Mehnert war »sehr beliebt«, »sehr verträglich«, »sehr verläßlich«, ein »stiller, aber immer freundlicher Kamerad«. Feinde hatte er nicht. Wieder eine Sackgasse. Die Fahnder traten auf der Stelle.

Bewegung in die Ermittlungen kam erst einige Tage später, als die Eltern Mehnert nochmals zu den Lebensgewohnheiten ihres Sohnes gehört wurden. Denn seine Mutter behauptete: »Der Junge hat nie viel Geld gehabt. Er hatte doch kein eigenes Einkommen, wir haben ihm nur ein Taschengeld gegeben.« Auch der Vater zeigte sich erstaunt: »Mein Sohn soll immer einige hundert Mark in der Tasche gehabt haben? Das glaube ich nicht. Von uns kann er das Geld aber nicht bekommen haben, er ist immer ziemlich knapp gehalten worden. Wilfried sollte lernen, mit Geld vernünftig umzugehen.«

Das war schon merkwürdig: Während Freunde und Bekannte Mehnerts übereinstimmend und unabhängig voneinander bekundeten, dass ihm »das Geld recht locker in der Tasche saß«, behaupteten seine Eltern beharrlich und glaubhaft das Gegenteil. Von wem hatte Mehnert das Geld dann bekommen? Und wofür? Mehnert musste demnach über eine ergiebige Geldquelle verfügt haben, von der selbst seine Eltern und Freunde nichts wussten. Vermutlich hatte er nach Einschätzung der Kripo auch regelmäßig im Milieu verkehrt, sich mit zwielichtigen Gestalten abgegeben – und dubiose, aber profitable Geschäfte gemacht?

Dutzende Kleinganoven und Szenegrößen wurden kassiert und nachdrücklich befragt. Aber niemand kannte Wilfried Mehnert. Und das Vorzeigen eines Fotos des Gesuchten wurde stets mit einem gelangweilten Kopfschütteln quittiert. Es war wie verhext.

Nach zweieinhalbwöchigen Ermittlungen war das Ergebnis ausgesprochen mager: kein Hinweis, keine Spur, kein Motiv. Auch drei »Fahndungswellen« waren erfolglos abgeebbt: die Vermisstenfahndung, eine weitere Vermisstenfahndung »mit der Einrechnung eines Verbrechens« und eine Sachfahndung nach dem hellblauen Ford M 15. Doch die Opfer blieben verschwunden, der Wagen auch. Nur so viel stand zur Überzeugung der Fahnder fest: Irgendjemand aus dem »sozialen Umfeld« des Paares musste gelogen haben. Nur wer?

6

Ludwig Rotstein war hundemüde. Das nun bevorstehende Verhör bereitete dem 45-jährigen Kommissar Kopfzerbrechen. Was sollte er die bemitleidenswerte Frau noch fragen, wo doch alles gesagt schien. Plötzlich klopfte es.

»Herein!«

Eine ältere Dame stieß die Tür auf. »Herr Rotstein?«

»Jawohl, Kriminaloberkommissar Rotstein. Und Sie sind Frau Mehnert, wir haben heute Morgen miteinander telefoniert. Setzen Sie sich doch bitte.«

Die Anstrengungen und Entbehrungen der vergangenen Wochen hatten in Johanna Mehnerts Gesicht deutliche Spuren hinterlassen: blass, verhärmt, hohlwangig. Die 54-Jährige wirkte übermüdet.

Rotstein tippte das, was er sagen würde, in die Maschine, dann begann er behutsam zu fragen: »Wir kommen einfach nicht weiter, Frau Mehnert. Irgendwo ist der Wurm drin. Wir haben weiß Gott alles getan. Aber wir kommen nicht dahinter, wo Ihr Sohn das viele Geld her hatte.«

Rotstein stand auf.

»Wir haben unsere Leute ausgeschickt«, fuhr er fort, »Dutzende von Beamten haben jeden Freund, jeden Zufallsbekannten Ihres Sohnes unter die Lupe genommen. Nichts, einfach nichts. Sie müssen uns helfen. Sie müssen doch wissen, woher Wilfried das Geld hatte!«

Keine Reaktion. Johanna Mehnert schwieg.

»Dann fangen wir noch mal von vorn an.« Rotstein setzte sich wieder. »Ihr Sohn trug Oberhemden, das Stück zu 70 Mark. Sie müssen sich doch Gedanken gemacht haben. Einer hat sie schließlich bezahlt.«

»Ja.« Johanna Mehnert seufzte. »Einer hat sie bezahlt. Ich.«

»Und die Anzüge, und die Krawatten, und die Maßschuhe? Wer hat *das* bezahlt?«

Johanna Mehnert kämpfte mit den Tränen, das Sprechen fiel ihr schwer. In all ihrem Leid wirkte sie jetzt noch älter, noch blasser, total erschöpft. »Ich muss es Ihnen sagen«, setzte sie wieder an, »mein Mann hat mir immer Vorwürfe gemacht. Heinz hat gesagt, ich soll unseren Sohn nicht so verhätscheln.« Tränen schossen der Frau über ihre Wangen.

»Lassen Sie sich Zeit, Frau Mehnert.«

Schweigen. Eine Zeit lang wurde überhaupt nicht gesprochen.

»Er war doch mein Einziger«, erklärte Johanna Mehnert schließlich, »und da habe ich ihm eben alles gegeben, was ich auf die Seite bringen konnte. Nur mein Mann durfte es nicht wissen.«

»Endlich ist es heraus.« Rotstein fixierte die Frau noch einen kurzen Moment, bevor er auf der Maschine weiterschrieb. Er war jetzt überzeugt und erleichtert, endlich zum Kern dieser unseligen Angelegenheit vorgedrungen zu sein.

Johanna Mehnert las das Protokoll und unterschrieb es. »Schicken Sie bitte gleich Ihren Mann herein«, bat Rotstein die Frau, als er ihr die Hand reichte. Johanna Mehnert nickte nur kurz, die Sache war ihr überaus peinlich.

Rotstein überlegte. Erst jetzt fiel ihm auf, dass die Summen, von denen Johanna Mehnert gesprochen hatte, zu gering waren, um die finanziellen Eskapaden ihres Sohnes vollends erklären zu können. Er hatte wesentlich mehr ausgegeben, als seine Mutter ihm zugesteckt haben wollte. Nicht nur Rotstein glaubte, dass die Herkunft der beträchtlichen Geldmittel in den Dunstkreis des Täters führen werde – oder unmittelbar zu ihm.

»Darf ich hereinkommen?« Heinz Mehnert stand in der Tür.

Rotstein zeigte auf den Stuhl vor seinem Schreibtisch. »Setzen Sie sich bitte.« Der Kommissar spannte ein neues Blatt Papier in die Maschine, tippte einige Zeilen und wandte sich dann Mehnert zu. »Es tut mir leid, aber ich muss Sie immer wieder dasselbe fragen. Aber wo hatte Ihr Sohn das viele Geld her?«

»Das habe ich doch schon so oft erzählt. Ich weiß es nicht. Von uns hat er es nicht bekommen, so viel haben wir ihm nicht gegeben. Wir verstehen das doch auch nicht.«

»Ihr Sohn hat, wie Sie selbst sagen, von Ihnen zwischen 200 und 300 Mark Lohn bekommen«, gab Rotstein mit scharfem Unterton zurück. »Das war aber nur ein Bruchteil des Geldes, das er ausgegeben hat. Die eleganten, teuren Anzüge, die er trug. Und dann die vielen Freunde, die hohen Zechen. Er hat ja grundsätzlich für die anderen bezahlt!«

Mehnert verzog den Mund. Auch er hatte in den letzten Wochen unter der quälenden Ungewissheit gelitten, neun Kilo abgenommen, sich förmlich in seiner Backstube verkrochen. »Wir sind auf Ihre Mithilfe angewiesen, Herr Mehnert. Wenn Sie etwas wissen, dann sagen Sie es uns! Sie helfen damit auch Ihrem Sohn!«

Gerade als Rotstein den Mann mit der Aussage seiner Frau konfrontieren wollte, begann Mehnert kaum hörbar zu sprechen. »Ich glaube, ich muss Ihnen etwas sagen, Herr Kommissar.« Mehnert verstummte, rang mit sich, suchte nach Worten. Sekunden später bekannte er sich: »*Ich* habe ihm das Geld gegeben. Vielleicht verstehen Sie das nicht.«

Rotstein erwiderte: »Ich muss das auch nicht begreifen, ich möchte nur erfahren, was wirklich gewesen ist.«

»Ich habe doch nur einen Sohn.« Mehnert putzte sich die Nase. »Und er ist so flott, so tüchtig, ich bin stolz auf ihn. Er hat immer viel Sorgfalt auf sein Äußeres verwandt. Und da habe ich ihm eben manchmal einen Hunderter zugesteckt. Wissen Sie, es hat mir Spaß gemacht. Kein Mensch hat doch gemerkt, dass der elegante junge Mann ein Bäcker ist. Ich wollte, dass er es besser hat als ich.«

Rotstein war erleichtert. Jetzt ergab alles einen Sinn. »Und Ihrer Frau haben Sie nichts davon erzählt.«

Mehnert nickte. »Johanna hat mir immer vorgeworfen, dass ich Wilfried zu sehr verwöhnen würde. Sie hatte ja recht. Aber ich konnte halt nicht anders. Da habe ich ihm eben das Geld gegeben, ohne dass meine Frau etwas davon mitbekam.«

Das Rätsel war endlich gelöst. Wochenlang war in eine falsche Richtung ermittelt worden, weil zwei Menschen sich voreinander geniert hatten und nicht preisgeben wollten, ihre erzieherischen Grundsätze missachtet zu haben.

Damit stand die Kripo wieder bei Null.

Wenig später erhielten die Ermittler eine Meldung, die sie dazu veranlasste, die Nachforschungen auf das notwendige Mindestmaß zu beschränken. Denn: Die Kollegen in Brilon hatten unter den Papieren von Lieselotte Ingensandt einen Liebesbrief entdeckt, in dem Wilfried Mehnert unter anderem schrieb: »Ich sehne mich danach, endlich einmal selbständig und nicht immer nur abhängig von meinen Eltern zu sein. Lass uns doch eine längere Reise unternehmen, nur Du und Ich!«

Das vermeintliche Verbrechen entpuppte sich als Luftnummer. Nichts deutete mehr auf einen Mord hin. »Sie werden sich höchstwahrscheinlich irgendwo im Ausland aufhalten. Über kurz oder lang werden sie sich wieder melden«, wurde den Eltern schließlich erklärt.

Nur Johanna und Heinz Mehnert waren damit nicht einverstanden. Ihnen war nämlich aufgefallen, dass ihr Sohn gar keine Kleidung mitgenommen hatte, »nicht einmal eine Zahnbürste«. Nach den vorherigen Irrungen und Wirrungen in diesem Fall wollten die Fahnder nicht noch einmal vorgeführt werden. Und sie waren überzeugt, »alles getan« zu haben. So blieb das letzte Lebenszeichen der Vermissten vorerst ein Herz mit ihren Initialen an der Wand eines Restaurants.

7

Am 28. November, montags, exakt vier Wochen nach dem Verschwinden von Lieselotte Ingensandt und Wilfried Mehnert, verließ in den späten Nachmittagsstunden ein mit Schutt beladener Lastwagen das Düsseldorfer Stadtgebiet. Am Steuer saß der Fuhrunternehmer Hermann Rosell. Die Ladung war für eines der achtzehn riesigen Baggerlöcher bestimmt, die wie Krater am nördlichen Rand der Landeshauptstadt lagen. Der 44-Jährige hatte den Auftrag erhalten, jenes Baggerloch mit Schutt zu füllen, das sich im Wald von Kalkum befand, ganz in der Nähe des ehemaligen Militärflugplatzes Düsseldorf-Lohausen. Das Baggerloch konnte nur über eine Rollbahn erreicht werden, über die im Krieg Jagdflugzeuge vom Flughafen in den Wald gebracht worden waren.

Nachdem Rosell die Ladung in das Baggerloch gekippt hatte, stutzte er: Da blinkte etwas, in der Mitte des aufgewühlten Wassers. Rosell kniff die Augen zusammen und versuchte zu erkennen, was die Sonnenstrahlen reflektiert hatten. Es musste großflächig sein, dunkelfarbig, ganz dicht unter der Wasseroberfläche liegen. Mehr war nicht auszumachen. Rosell hätte auch Feierabend machen und diese Belanglosigkeit sofort wieder vergessen können. Aber der Mann war neugierig geworden. Er nahm einen dicken Stein und schleuderte ihn dorthin, wo er eben noch etwas gesehen zu haben glaubte. Nichts. Daneben. Rosell griff nach einem zweiten Stein und warf. Treffer. Es klang metallisch und hohl. Er schnappte sich noch vier oder fünf Steine und schmiss sie unterschiedlich weit ins Wasser, um herauszufinden, wie groß das Ding war. Er überlegte kurz. Dann war er überzeugt – es musste das Dach eines Autowracks sein, und er hatte die glänzenden Chromverzierungen gesehen.

Rosell rechnete hoch, wie viel ein ausgeschlachteter Wagen bringen würde. Dann machte er sich daran, das Wrack mithilfe eines Schleppseils und seines schweren Lastwagens zu bergen. Als

Rosell den Wagen langsam aus dem Wasser herauszog und die ersten Konturen sichtbar wurden, war er völlig überrascht. Das Auto war fast fabrikneu, offenbar ein Ford, hellblau. Als der zweitürige Wagen schließlich am Ufer stand, sah Rosell, dass die Fensterscheiben vorne links und hinten rechts zertrümmert waren. Seine nächste Entdeckung aber ließ ihn erstarren: Auf dem Rücksitz lagen zwei Leichen!

Rosell lief zur Oberförsterei und alarmierte von dort aus die Polizei. Eine halbe Stunde später trafen vier Wagen der Düsseldorfer Kripo am Baggerloch ein. Die Beamten inspizierten das Auto und seine Insassen. Es war ein grauenhafter Anblick, der auch hart gesottene Kriminalisten schaudern ließ: Die Leiche der Frau lag schräg auf der Sitzbank, der tote Körper des Mannes war über sie gebeugt. Die Leichen wiesen keine gröberen Verletzungen auf. Nur der Mann hatte sichtbare Wunden über der Nase und an einem Auge.

Schnell keimte der Verdacht auf, es könne sich um das vermisste Liebespaar handeln. Alter und Aussehen schienen mit den bekannten Personenbeschreibungen übereinzustimmen. Und genauso schnell kam die Bestätigung, nachdem man das polizeiliche Kennzeichen überprüft hatte – in den amtlichen Unterlagen war Heinz Mehnert als Eigentümer vermerkt. Letzte Zweifel wurden durch die Gravur eines Ringes beseitigt, der an der linken Hand der weiblichen Leiche steckte: »10.08.55 Wilfried«.

Der erste Eindruck sprach für einen Unglücksfall. Man vermutete, dass Mehnert in der Dunkelheit den Wagen unwissentlich zu nahe am Ufer des Baggerlochs geparkt hatte und schließlich die sechs Meter tiefe Böschung hinuntergerutscht war. Weil Lieselotte Ingensandt und Wilfried Mehnert auf dem Rücksitz gesessen hatten, war ihnen keine Möglichkeit geblieben, rechtzeitig die Bremsen zu erreichen. Vermutlich hatten beide noch verzweifelt versucht, sich zu befreien und dabei die Fensterscheiben zerschlagen, waren dann aber ertrunken. Die Gesichtsverletzungen bei Mehnert führten die Kriminalisten auf die Steinwürfe des Zeugen Rosell zurück – drei dicke Steine hatten das Wagendach durchschlagen.

Am nächsten Tag meldete der *Mittag:* »Totes Brautpaar im Baggerloch«. Zur Ursache der Tragödie hieß es: »Es ist nicht zu vermuten, daß sie freiwillig den Tod auf diese grauenvolle Weise gesucht haben. Vielleicht stand der Wagen am Rande und rutschte ab. Die Kriminalpolizei steht vor einer schwierigen Aufgabe. Parkte der Wagen vielleicht am Baggerloch und setzte sich plötzlich – weil eventuell die Bremsen nicht fest genug angezogen waren – in Bewegung? Der Tod dieses Brautpaares wirft einige erregende Fragen auf!«

Als der Artikel erschien, war er bereits von den aktuellen Ereignissen überholt worden. Das Ergebnis der unterdessen erfolgten Obduktion lag vor, und es war eindeutig: »Fremdverschulden«. Also kein Unfall, sondern ein »Tötungsdelikt«.

Der Befund: Der männliche Leichnam wies Verletzungen an beiden Kinnseiten, über der Nase, unterhalb des rechten Auges, auf dem Hinterkopf und an den Kopfseiten auf, hervorgerufen »durch Faustschläge« und einen »stumpfen Gegenstand«, vermutlich »ein Werkzeug«. Ein ähnliches Verletzungsmuster wurde bei dem weiblichen Opfer festgestellt, insgesamt zählten die Rechtsmediziner »sechs schwere Schädelverletzungen mit demselben Gegenstand«. Die Schläge waren mit »enormer Wucht« geführt worden und hatten die Opfer »bewegungsunfähig« gemacht. Allerdings mussten die Opfer »in Tötungsabsicht« malträtiert worden sein, bevor der Wagen im Baggerloch versenkt worden war – man hatte Wasser in ihren Lungen gefunden. Demnach ein »Ertrinkungstod«. Doch auch die Kopfverletzungen waren bei beiden Opfern »so erheblich«, dass sie »unweigerlich zum Tod geführt hätten«. Wann genau Lieselotte Ingensandt und Wilfried Mehnert Opfer dieser »brachialen Gewalt« geworden waren, wussten die Obduzenten nicht mit letzter Gewissheit zu sagen, doch wurde unterstellt: »Die Ereignisse dürften zwischen 20 und 25 Minuten vor Todeseintritt stattgefunden haben.«

In Erstaunen versetzte die Mitglieder der achtköpfigen Mordkommission die Tatsache, dass bei den Opfern »keine Abwehrverletzungen« nachzuweisen waren. Das Paar hatte sich offenbar überhaupt nicht gewehrt. Das war eigenartig.

Die Ermittlungen gestalteten sich äußerst schwierig. Mittlerweile waren mehr als vier Wochen vergangen, und am Tatort konnten keine »verwertbaren Spuren« gefunden werden, das Wasser hatte sie einfach weggespült. Zudem rätselten die Ermittler, warum das Paar umgebracht worden war. Habgier erschien wenig plausibel, da weder Uhren noch Schmuckstücke geraubt worden waren. Und in der Brieftasche von Mehnert fanden die Ermittler 24 Mark und 15 Pfennig Hartgeld, im Portemonnaie seiner Verlobten waren es dreiunddreißig Pfennig. Scheingeld war indes nicht mehr vorhanden gewesen, das konnten die Opfer allerdings auch zuvor beim Besuch des Restaurants ausgegeben haben.

Die Kriminalisten waren davon überzeugt, dass die Opfer am Baggerloch überrascht und dort getötet worden waren. Der Mörder – es wurde heftig und kontrovers darüber diskutiert, dass es durchaus auch zwei oder mehr gewesen sein konnten – musste sich zudem im nördlichen Stadtgebiet bestens ausgekannt haben. Denn in der Tatnacht war es sehr neblig und dunkel gewesen. Die Kiesgrube aber lag abseits von öffentlichen Straßen; jemand, der mit diesem Gebiet nicht vertraut war, hätte das Baggerloch bei *diesen* Witterungsbedingungen niemals finden können. Der Täter musste den Wagen schließlich rückwärts die Böschung hinuntergeschoben haben, da das Auto mit der Front nach vorne wieder herausgezogen worden war.

Der Presse gegenüber gaben sich die Ermittler zunächst recht wortkarg. Horst Lemper, der Leiter der Mordkommission, sprach von einem »rätselhaften und einmaligen Mordfall«. Zur Begründung sagte der 48-jährige Hauptkommissar: »Dieser

Doppelmord ist ein wirklich einzigartiger Fall. Es gibt in der jahrzehntelangen Praxis unserer Beamten und in der bekannten Kriminalliteratur nichts Ähnliches.« Um die Bevölkerung zu mobilisieren und »das Hinweisaufkommen zu erhöhen«, wurde durch den Polizeipräsidenten eine Belohnung in Höhe von 3000 Mark ausgesetzt.

Ein (fast) perfekter Mord. Das Verbrechen wäre höchstwahrscheinlich niemals aufgedeckt worden, wenn nicht der Wasserspiegel der Kiesgrube nach einer ungewöhnlich langen Trockenperiode um 30 bis 35 Zentimeter gesunken wäre. Es hätte nur noch einige Tage gedauert, bis das Baggerloch endgültig zugeschüttet worden wäre. Allen Beteiligten war klar, dass man es mit einem äußerst kaltblütigen und gewaltbereiten Täter zu tun bekam, der sehr sorgfältig und spurenarm agierte, dessen abgründige Passion vollends mysteriös blieb. Die Ausgangsposition der Düsseldorfer Kripo bei diesem »Doppelmord ohne Spur« konnte schlechter nicht sein.

Das änderte sich aber schon bald. Als die Kraftfahrzeugsachverständigen ihre Gutachten vorstellten, musste man in Reihen der Ermittler umdenken und die ersten Annahmen revidieren. Die Experten hatten den Wagen und den Fundort genauestens untersucht und dabei festgestellt, dass dieser nicht rückwärts in das Baggerloch gerollt, sondern mit dem Kühler zuerst hineingerutscht war. Durch das Nachwerfen der etwa 4000 Kubikmeter Schuttmasse in den Wochen zuvor hatte sich das Auto auf dem Grund der Kiesgrube um einhundertachtzig Grad gedreht. Der Wagen war im ersten Gang die Böschung hinunter ins Wasser gefahren oder geschoben worden.

Zudem war der Wagen kurz vor dem Sturz in den Baggersee beschädigt worden, und zwar am vorderen linken Kotflügel. Entweder resultierte der Schaden aus einem Unfall oder das Auto musste irgendetwas gestreift haben. Außerdem fehlte die zirka einen Meter lange verchromte Karosserie-Zierleiste der rechten Seite. Und es war festgestellt worden, dass die Opfer keinesfalls – wie ursprünglich angenommen – im Auto lebensgefährlich verletzt worden waren, sondern an einem anderen Ort. Andernfalls hätten sich im hinteren Bereich des Wagens entsprechende Blutspuren befinden müssen. Wilfried Mehnert hatte die Schläge auf den Vorderkopf erhalten, der Kopf seiner Verlobten wies hingegen nur Frakturen im hinteren Bereich auf.

Nach alledem musste zunächst Mehnert attackiert worden sein, und als Lieselotte Ingensandt angesichts dessen hatte flüchten wollen, war sie am Ärmel zurückgehalten und von hinten niedergeschlagen worden. Dazu passten auch die Reißspuren am linken Ärmel der Frau. Danach waren die Opfer in den Wagen gepackt worden. Kriminaltechniker hatten auf dem Boden des Autos handtellergroße Blutspuren gefunden, die geronnen waren – ein Beweis dafür, dass zwischen den Schlägen und dem Sturz ins Wasser »eine gewisse Zeit« vergangen sein musste.

Nur *dieser* Tatverlauf ließ sich mit dem »objektiven Befund« vereinbaren. Als Tatort kamen nur solche Örtlichkeiten infrage, die im Umkreis einer dreißigminütigen Autofahrt vom Kalkumer Baggerloch entfernt lagen. Diese Annahme stützte eine entsprechende Weg-Zeit-Berechnung, die auf Zeugenaussagen und rechtsmedizinischen Befunden fußte. Vermutlich war das Paar seinem Mörder in der Nähe des Restaurants »Schnellenburg« begegnet und auch schon dort von ihm attackiert worden. Denn in dieser Gegend hatte Mehnert häufig seinen Wagen abgestellt, wenn er mit einer Freundin intim geworden war.

Mit diesen Erkenntnissen wandte sich die Kripo an die Presse und erhoffte sich weitere Hinweise. In allen Düsseldorfer Tageszeitungen wurden die Bürger aufgerufen mitzuhelfen, den »Baggersee-Mord« aufzuklären. So schrieb die *Neue Ruhr Zeitung*:

> **»Zeugen gesucht!**
> Um die Aufklärung des Falles möglichst schnell voranzutreiben, bittet die Polizei 1. alle Gäste, die in der Nacht zum Allerheiligentag bei ›Csikós‹ zu Gast waren, 2. Personen, die

auf der Straße eine verbogene Karosserie-Zierleiste irgendwo gefunden haben, 3. Personen, die über Lieselotte Ingensandt und Wilfried Mehnert oder deren Umgang etwas Näheres wissen, sich bei der Polizei zu melden. Wilfried Mehnert soll sehr oft ausgegangen sein und dabei viele Leute kennengelernt haben. – Der Polizeipräsident hat die Belohnung für Hinweise, die zur Ergreifung des Täters führen, auf 5000 D-Mark erhöht.«

Die exakte Tatzeit ließ sich zunächst nicht feststellen, obwohl beide Opfer noch ihre Armbanduhren trugen. Denn die Uhr von Lieselotte Ingensandt war schon einige Zeit vor dem Mord kaputt gewesen, die junge Frau hatte den Aufzug überdreht. Und Mehnerts Uhr war wasserdicht und hatte auch noch unter Wasser weitergetickt, bis sie abgelaufen war.

So mussten die Leichen ein weiteres Mal von Rechtsmedizinern untersucht werden, um den für die Ermittlungen eminent wichtigen Todeszeitpunkt bestimmen oder eingrenzen zu können. Professor Klaus Böhmer öffnete die Mägen der Toten und schloss aus »dem wenig fortgeschrittenen Verdauungsprozess«, dass die beiden »etwa eine halbe Stunde bis eine Stunde vor ihrem Tod« noch etwas gegessen hatten. Der »Csikós«-Wirt bestätigte schließlich, dass die Opfer vor Verlassen des Restaurants gegen 23.45 Uhr noch zwei Portionen Gulasch bestellt hatten. »Der Tod kann folglich nur zwischen 0.15 Uhr und 0.45 Uhr eingetreten sein«, teilte Professor Böhmer der Kripo mit.

Die Mordkommission war damit einen wesentlichen Schritt vorangekommen und nachdem man den Freundes- und Bekanntenkreis von Lieselotte Ingensandt gründlich »ausgeforscht« hatte, glaubte man erste Umrisse eines Motivs zu erblicken. Bei den Befragungen war nämlich herausgekommen, dass die junge Frau mit dem untadeligen Ruf vor eineinhalb Jahren bei Bekannten in Düsseldorf-Lintorf zu Besuch gewesen war und während einer Karnevalsfeier einen 22-Jährigen kennengelernt hatte. Der hatte Lieselotte später gemeinsam mit einem Freund mehrfach in Brilon besucht. Bevor sie Wilfried Mehnert begegnet war, hatte zwischen ihr und den beiden Männern ein »inniges, allerdings nicht intimes Verhältnis« bestanden, wie ihre Mutter versicherte.

Lieselotte Ingensandt war demnach eine kontaktfreudige, aufgeschlossene und lebenslustige Frau, »männlichen Bekanntschaften nicht abgeneigt«. Die Ermittler vermuteten nun, dass es noch weitere Beziehungen gegeben haben musste. Und da aufgrund der »körperlichen und sonstigen Beschaffenheit« der Leiche Lieselottes ein »Sittlichkeitsverbrechen« kategorisch ausgeschlossen werden konnte, die »erhebliche Gewaltanwendung« indes die Vermutung einer »Eifersuchtstat« nährte, hofften die Kriminalisten alsbald im Dunstkreis des Opfers auf jenen Mann zu stoßen, der urplötzlich hinter Wilfried Mehnert hatte zurückstehen müssen – und deshalb zum zweifachen Mörder geworden war.

»Ich fahre mit Liesel nur noch kurz in die Altstadt, wir sind in einer Stunde wieder zurück.« Die letzten Worte ihres Sohnes gingen Johanna Mehnert nicht mehr aus dem Kopf. Ihrem Mann erging es ähnlich. Beide waren unversehens und unfreiwillig zu Hauptdarstellern eines unsäglichen Familiendramas geworden. Die einunddreißig Tage der quälenden Ungewissheit, als Wilfried und Lieselotte noch vermisst wurden, waren für ihre Eltern nahezu unerträglich gewesen. Die Eltern Mehnert hatten engen Kontakt zur Kripo gehabt. Beharrlich war die Suche vorangetrieben worden. Herumgekommen war dabei allerdings wenig Handfestes, eigentlich nichts. Jeden Tag dieselbe Enttäuschung: »Wir haben noch kein Lebenszeichen.« Oder: »Nein, wir haben sie noch nicht gefunden.« Sie hatten unverdrossen gebangt, gehofft, gelitten, auch versucht, sich auf das Schlimmste vorzubereiten. Und doch hatte sie die Todesnachricht getroffen wie ein Keulenschlag.

Aber die niederschmetternde Bestätigung der schlimmsten Befürchtungen war auch eine schmerzhafte Voraussetzung gewesen, um mit der Trauerarbeit beginnen, um sie meistern zu können. Das Leben musste weitergehen. Irgendwie.

Hunderte Menschen säumten am 5. Dezember den Vorplatz und die Wege zwischen den anderen Gräbern, als Wilfried Mehnert auf dem Heerdter Waldfriedhof beigesetzt wurde. Die Beerdigung konnte erst so spät angesetzt werden, da die Kripo die Leiche aufgrund diverser rechtsmedizinischer Untersuchungen zuvor noch nicht hatte, freigeben können. Genauso war auch mit dem Leichnam von Lieselotte Ingensandt verfahren worden, die einen Tag vor ihrem Verlobten in Brilon beigesetzt worden war.

Wilfried Mehnert war im »Automobilclub«, dem er angehörte, außerordentlich beliebt gewesen. Sechs seiner Freunde, alle in langen Mänteln und mit schwarzem Zylinder, trugen den Sarg, hielten entgeistert die Totenwache. Die Gruft war durch unzählige Kranz- und Blumenspenden in ein leuchtendes Blumenmeer verwandelt worden. Mit einem weißen Fliederstrauß nahmen die Eltern Abschied von ihrem Sohn.

Doch zur Ruhe kommen konnten sie nicht. Das Martyrium hatte lediglich ein neues Gesicht aufgesetzt, eine hässliche Fratze. Solange der Täter nicht gefasst war, würden sie keinen Frieden finden. Aus dem Albtraum war ein Trauma geworden, das ungeklärte Verbrechen an Wilfried war jetzt der fruchtbare Nährboden für unerwünschte und ungeheuerliche Phantasien, die Mutter, Vater, Verwandte und Freunde heimsuchten. Einige Fragen waren beantwortet worden, doch dafür hatten sich neue aufgedrängt: *Warum ist das überhaupt passiert? Warum gerade Wilfried? Hätten wir es vielleicht verhindern können? Hat er gelitten?* Und besonders: *Wer hat ihn umgebracht?*

Die Mordkommission »Baggerloch« verfolgte mit gewissenhafter Pedanterie jede Fährte, auch wenn sie noch so absurd erschien. Täglich um 8 Uhr starteten mehrere Dienstwagen vom Präsidium aus in Richtung Stockum, Unterrath, Lohausen, Kaiserswerth, Tiefenbroich, Lintorf, Kalkum, Wittlaer. Die Beamten befragten Tausende von Bewohnern der kleinen Ortschaften in der Umgebung des Restaurants »Schnellenburg«, des Baggerlochs, entlang der möglichen Strecken, die der Täter gefahren sein konnte, und sie zeigten überall dort Fotos der Getöteten, wo sie Halt gemacht haben oder gesehen worden sein konnten. Doch ernteten die Fahnder nur Kopfschütteln und Antworten, die wenig oder nichts besagten. Niemand wusste etwas, niemand hatte etwas gesehen, niemand hatte etwas gehört.

In Reihen der mittlerweile 32-köpfigen Kommission wurde auch die Möglichkeit erörtert, dass der immer noch unaufgeklärte Überfall auf Dr. Stürmann und seinen jungen Freund und der Doppelmord von denselben Tätern verübt worden sein könnten. Man verwarf diese Hypothese schließlich, weil schon die Motive sich gravierend unterschieden. Während der Überfall aus dem Frühjahr 1953 »zweifelsfrei aus Habgier« passiert sein sollte und die Mörder als »junge Burschen mit wenig Erfahrung« eingeschätzt wurden, vermutete man im aktuellen Fall »einen tatauslösenden persönlichen Bezug zwischen Täter und Opfern«. Das passte einfach nicht.

Die Beamten sahen ihre Familien in den folgenden Wochen kaum noch, die Lichter in der dritten Etage des Polizeipräsidiums gingen nun auch nachts nicht mehr aus. Sämtliche »alten Bekannten«, denen auch eine solche Tat zuzutrauen war, wurden überprüft und verhört. Aber kein Krimineller konnte mit der Tat in Verbindung gebracht werden. Auch im Freundes- und Bekanntenkreis von Lieselotte Ingensandt gab es niemanden, den man aus gutem Grund hätte verdächtigen können. Insgesamt 83 Spuren wurden verfolgt – und jede führte nach wenigen Schritten ins Dunkel. Die Düsseldorfer Kripo jagte ein »Phantom«, das keine Spuren hinterließ, das sich auch innerhalb seines sozialen Umfelds höchst unauffällig und unverdächtig verhalten musste. Der Kripo waren die Hände gebunden. Was blieb, war die zwiespältige Hoffnung, dass der Mörder endlich einen Fehler machen würde – schlimmstenfalls bei seiner nächsten Tat.

8

Er war beileibe kein eifriger Zeitungsleser. Doch das hatte sich grundlegend geändert, nachdem *es* passiert war. Jeden Artikel über den »Baggersee-Mord« hatte er sorgfältig ausgeschnitten und all jene Passagen mit einem roten Filzstift angestrichen, die ihm besonders wichtig erschienen. Auch an diesem Tag blätterte er wieder in seinem Journal des Grauens, und es bereitete ihm eine diabolische Freude. Leise begann er zu lesen.

»Brautpaar tot im Baggerloch. Hellblauer Ford mit zwei Leichen unter dem Wasserspiegel verborgen. Wagen des vermißten Bäckers verunglückt?« *Verdammt! Perfekter Plan. Und dann so ein Mist. Konnte doch keiner damit rechnen, dass es nicht mehr regnet. Im November!*

»Kein Unglücksfall! Kein Selbstmord! 3000 Mark Belohnung! Brautpaar im Baggerloch wurde ermordet. (...) Ärztliche Untersuchung ergab: Schläge auf die Köpfe und dann im bewußtlosen Zustand ertrunken.« *Musste ja rauskommen, die sind ja nicht total blöd.* »Da die Zahl der Vermißten, die wieder zum Vorschein kommen, im allgemeinen sehr hoch ist, hatte die Polizei auch in diesem Falle vermutet, daß sich die Abwesenheit des jungen Paares verhältnismäßig harmlos aufklären würde.« *Genial. MEIN Plan.* »Rätselhafter Fall war ein beinahe perfektes Verbrechen.« *Was heißt hier beinahe! Schmierfinken!*

»Nicht nur der Chef der Düsseldorfer Kriminalpolizei und der Leiter der Mordkommission, sondern auch der Polizeipräsident waren gestern bis tief in die Nacht im Polizeipräsidium beschäftigt. Ein auf der Polizeischule Hiltrup befindlicher Oberbeamter der Düsseldorfer Kripo wurde auf Anordnung des Innenministers telefonisch zurückbeordert und ist der Mordkommission zugeteilt worden.« *Welch seltene Ehre! Der Herr Innenminister. Der Herr Polizeipräsident. Der Herr Oberbeamter. Die können doch aufbieten, wen sie wollen.* »Die Düsseldorfer Kriminalpolizei steht vor ihrem schwersten Mordfall der Nachkriegszeit.« *Wie wahr! Und an mir werdet ihr euch die Zähne ausbeißen!*

»Das haben die Mörder verloren!
Die bisherigen Ergebnisse der schwierigen Ermittlungen zu dem Doppelmord an Wilfried Mehnert und Lieselotte Ingensandt sind in einem Bericht auf der Titelseite des heutigen *Mittag* wiedergegeben worden. Unser Bild zeigt (v. l. n. r.) Kriminalrat Dr. Wehner, Chef der Düsseldorfer Kriminalpolizei, Hauptkommissar Lemper und Polizeipräsident Dr. Klein. Hauptkommissar Lemper zeigt gerade eine von Sachverständigen verbogene Zierleiste der Tür eines Kraftwagens. Von dem Ford M 15, in dem die Leichen der beiden Ermordeten im Baggerloch bei Kalkum gefunden wurden, fehlt an der rechten Tür eine solche einen Meter lange, zwei Zentimeter breite und sechs Millimeter hohe Chromzierleiste.«
Verloren? Ihr Ahnungslosen. Bin doch kein Anfänger! Ihr wisst wohl nicht, mit wem ihr es zu tun habt! Die findet ihr nie, meine Herren.

»Das Geheimnis des Baggerlochs. Tod eines jungen Brautpaares noch ungeklärt. (…) Die Düsseldorfer Mordkommission spricht von einem ›einzig dastehenden Mordfall‹, wie es ihn in der Kriminalgeschichte noch nicht gegeben hat.« *Blödsinn! Wenn ihr nur wüsstet.* »Die Suche nach dem Motiv allein stellt die Kriminalpolizei vor ein Rätsel.« *Dabei ist es doch ganz einfach, ihr Schlaumeier. Denkt doch mal nach!*

»Neue Spuren im Düsseldorfer Mordfall. Am Steuer des Ford saß der Mörder. (…) Fahrt des Grauens. (…) Der Doppelmord geschah nicht im Wagen, sondern außerhalb. Es hätten sonst Blutspuren vorhanden sein müssen.« *Fahrt des Grauens. Gefällt mir.* »Motiv Eifersucht. (…) Eifersucht könnte das Motiv der Tat gewesen sein. Denn Lieselotte Ingensandt war ein bildhübsches Mädchen, das überall auffiel.« *Eifersucht? Dass ich nicht lache. Wollen mich wohl reinlegen, die sauberen Herren von der Schmiere. Glaub ich nicht. So dämlich können die doch gar nicht sein.*

»Das Geheimnis des Baggerlochs. Tod eines jungen Brautpaares noch ungeklärt. (...) Auffällig waren seine hohen Ausgaben und seine elegante Kleidung. Wilfried Mehnert war ein Freund der Düsseldorfer Altstadt. Er war Stammgast in guten, teuren Lokalen. Fast immer erschien er hier mit Freunden, die er ebenso ›freihielt‹ wie die Musikkapellen.« *Hab ich doch richtig geguckt. Wer so einen Wagen fährt. Mieser Bonze. Schmarotzer. Das hast du jetzt davon! Und die feine Dame. Musste mit weg. Hätte ja noch mal den Mund aufmachen können. Jetzt nicht mehr!*

»Vier wichtige Fragen.
Zur Aufklärung des Verbrechens benötigt die Mordkommission Antworten auf folgende Fragen: 1. Wer kann Auskunft geben über den Bekanntenkreis von Lieselotte Ingensandt in Düsseldorf und Umgebung? 2. Wer kennt die Gewohnheiten von Wilfried Mehnert beim Besuch von Gaststätten, alleine und zusammen mit Lieselotte Ingensandt? 3. Wer war in der Nacht zum Allerheiligentag Gast in dem Altstadtrestaurant Csikós? 4. Wo wurde die besagte Zierleiste der rechten Wagentür gefunden?«
Anfänger. Amateure. Die wissen nichts. Gar nichts.

»Der Doppelmord hat auf jeden Fall, von einer oder – was wahrscheinlicher ist – von zwei Tätern ausgeführt, in der Stadt, auf dem Weg nach Kalkum oder vor dem Baggerloch stattgefunden. Vieles spricht dafür, daß der oder die Mörder die bewußtlos hinten im Wagen liegenden Opfer noch ein Stück gefahren haben. Mehnert liebte nämlich den neuen Wagen sehr und wäre den holprigen Weg zum Baggerloch kaum gefahren.«
Feiner Pinkel! Aber das viele Geld hat dir nichts genützt. Du hast bekommen, was du verdienst – den Tod!

»Tiefes Geheimnis um das tote Brautpaar. Düsseldorf: Doppelmord ohne Spur. (...) Auf der Suche nach den Mördern tappt die Kripo – die 5000 DM für die Aufklärung ausgesetzt hat – noch im Dunkeln. (…) **Rätselhaft: Der Bäckermeister Mehnert ist ein Hüne von 1,90 Meter Größe. Seine Fäuste waren das Zupacken gewohnt. Aber im Ford hat er keine Hand zur Gegenwehr erhoben. Die furchtbaren Schläge müssen ihn sofort betäubt haben.**« *Der Waschlappen! Dämlich geglotzt hat er. Hat wohl nicht damit gerechnet, dass ich ihm gleich eine verpasse. Pah!*

»Wilfried Mehnert beigesetzt. Die Opfer der Doppelmorde beerdigt.« *Das war nicht die letzte Beerdigung. Wartet es nur ab!*

9

Mittwoch, 8. Februar 1956, 0.27 Uhr.

Ursula Holtkamp war auf dem Weg nach Hause, sie hatte zuvor auf die Kinder einer befreundeten Familie aufgepasst, die im Nachbarort wohnte. Die 23-Jährige fror, es war eine sternenklare, bitterkalte Nacht. Ihr Mann hatte angeboten, sie mit dem Wagen abzuholen. Doch Ursula Holtkamp hatte abgelehnt – wie immer. Sie kannte den Weg, jeden Strauch, jeden Baum, jeden Acker. Und es war in dieser Gegend noch nie etwas passiert.

Die junge Frau marschierte über einen Feldweg, als sie etwa 350 Meter vom letzten Gehöft der 250-Seelen-Gemeinde Lank-Ilverich entfernt die Silhouette eines Autos erkannte. Der dunkle Wagen stand auf einem Kommunikationsweg, nur wenige Meter von einer Strohmiete entfernt. Ursula Holtkamp wunderte sich, das war höchst ungewöhnlich. Noch nie hatte sie dort ein Auto stehen sehen; schon gar nicht zu dieser Tageszeit. Sie vermutete, dass es sich bei den Insassen um ein Liebespaar handeln könnte, das sich auf dem Feld jetzt irgendwo die Beine vertrat. Denn so viel konnte sie erkennen: Der Wagen war offenbar leer. Ihr wollte nur nicht einleuchten, warum die Leute so etwas bei klirrender Kälte taten.

Sie beäugte das Auto unablässig und hoffte darauf, dass die merkwürdige Situation sich irgendwie aufklären, dass sie ein Stimmengewirr oder Schritte hören würde, dass die jungen Leute schließlich in den Wagen einsteigen und davonfahren würden. Aber es blieb still. Unheimlich still. Ursula Holtkamp war nicht ganz wohl zumute. Irgendetwas stimmte nicht. Aber sie hatte keine konkrete Vorstellung, sie plagte nur ein diffuses Gefühl – ein Hauch von Angst.

Bis zu ihrer Wohnung waren es vielleicht noch 600 Meter. Der Gang der jungen Frau wirkte jetzt hastig. Am liebsten wäre sie gerannt. Aber weil sie nicht wusste, wovor sie eigentlich davonlaufen sollte, kam ihr der Gedanke dann doch lächerlich vor. Als die Frau schließlich an dem Auto in etwa zehn Metern Entfernung vorbeilief, stockte ihr der Atem. Sie glaubte etwas gesehen zu haben – die schnelle, flüchtige Bewegung eines Menschen, irgendwo zwischen Wagen und Strohhaufen. Sie verharrte augenblicklich und starrte gebannt in die Dunkelheit. Plötzlich ein Geräusch; so, als wenn sich etwas bewegt hätte. Augenblicke später konnte sie ihn für einen Moment sehen. Es musste ein dunkel gekleideter Mann sein, der jetzt vermutlich hinter dem Heuhaufen verschwunden war. Genau hatte sie ihn nicht ausmachen können, weil sie zunächst in eine andere Richtung geschaut hatte. Ihr wurde heiß und kalt.

Ursula Holtkamp kniff die Augen zusammen, um mehr erkennen zu können. Doch jetzt sah sie nur noch die Umrisse des großen Heuhaufens, hinter dem sie die dunkle Gestalt vermutete. Instinktiv ging sie einige Schritte zurück. Ihr Puls raste, das Herz schlug ihr bis zum Hals. Sie hatte das beklemmende Gefühl, als würde sie beobachtet, als drohe Gefahr. Sekundenlang ließ sie genau jene Stelle nicht mehr aus den Augen, an der sie den unheimlichen Kerl zuletzt gesehen hatte. Sie wollte vorbereitet sein, wenn *sie* gemeint war, falls er sie angreifen würde. Schauerliche Bilder schossen der Frau durch den Kopf. Sie atmete so hastig, als würde sie spurten. Aber sie stand immer noch da und wagte nicht, sich zu bewegen. Sie war starr vor Angst. Als nach einiger Zeit jedoch immer noch nichts zu sehen und nichts zu hören war, überlegte sie kurz: Vielleicht hatte der Mann sie noch gar nicht bemerkt. Dieser Gedanke überzeugte die mittlerweile vollkommen verängstigte Frau, machte ihr neuen Mut.

Die ersten Schritte waren bedächtig, zögerlich. Dann rannte sie einfach los, ohne sich noch einmal umzuschauen. Als sie nicht mehr konnte und glaubte, in Sicherheit zu sein, stoppte sie und drehte sich um. Das Auto und die Strohmiete konnte sie nun kaum mehr ausmachen. Sie blieb für einige Sekunden stehen und hoffte, dass etwas passieren würde. Irgendetwas. Ursula Holtkamp wollte wissen, was da vor sich ging. Doch es blieb still, nichts rührte sich. Was der Frau eben noch immense Furcht eingeflößt hatte, erschien ihr nun harmlos, sogar friedfertig. Sie musste lachen. Alles hatte wieder seine Ordnung, und Ursula Holtkamp hatte überreagiert. So erklärte sie sich schließlich all das, was sie kurz zuvor erlebt hatte oder glaubte, erlebt zu haben. Ein Verbrechen? Hier in dieser Gegend? Undenkbar. Unmöglich. Beruhigt ging Ursula Holtkamp nach Hause.

Zehn Minuten später schlugen haushohe Flammen aus dem Strohschober.

Noch am selben Tag erschien gegen 10.30 Uhr Julius Dreyfuß im 2. Kriminalkommissariat des Düsseldorfer Polizeipräsidiums. Der 54-Jährige war Vorsitzender des Landesverbandes der jüdischen Gemeinden und teilte mit: »Mein Wagen ist mitsamt dem Fahrer verschwunden. Der Fahrer heißt Peter Seiffert, er ist als Kraftfahrer bei uns angestellt. Gestern sollte er den Wagen nach der Tagesfahrt in der Garage abstellen, die ist in Büderich. Er ist sehr zuverlässig. Bisher hat er sich immer jeden Morgen um 9 Uhr bei mir gemeldet. Nur heute nicht. Wir haben in der Garage nachgesehen, die ist leer. Ich habe auch bei Seifferts Wirtin angerufen, er hat ein möbliertes Zimmer in der Wetterstraße 24. Die Frau hat mir gesagt, dass er die vergangene Nacht nicht nach Hause gekommen ist. Ich vermute, daß irgendetwas passiert sein muss.«

Bei dem Wagen handelte es sich um einen viertürigen schwarzen Mercedes 170 S, Baujahr 1949/50, polizeiliches Kennzeichen R 209-448. Unverzüglich wurden sämtliche Streifenwagenbesatzungen im Stadtgebiet angewiesen, nach dem Gesuchten und dem verschwundenen Wagen »im Rahmen der Streife« zu fahnden. Ein größerer Aufwand erschien zunächst nicht gerechtfertigt, solche oder ähnliche Dinge wurden nahezu täglich bei der Polizei angezeigt.

Und tatsächlich, noch am selben Tag tauchte der Wagen wieder auf. Gegen 16 Uhr rief eine ältere Frau bei der Polizei an und teilte mit, dass ein »fremdes Auto« vor ihrem Haus in der Karl-Anton-Straße 27 stehe, und zwar »mit brennendem Licht«. Ein Dora-Wagen wurde losgeschickt, und die Beamten fanden das Auto. Es war leer und unverschlossen, Schlüssel und Fahrzeugpapiere konnten jedoch nicht gefunden werden. Aber das »Spurenbild« in dem schwarzen Mercedes deutete daraufhin, dass dort etwas Grausiges passiert sein musste: Blutspritzer an den linken Scheiben, ausgedehnte Blutflecken auf beiden Vordersitzen und starke Blutverschmierungen auf den hinteren Polstern. Über die Blutlachen war eine Wolldecke gelegt worden. Der Wagen wurde an Ort und Stelle versiegelt, sichergestellt und zu weiteren Untersuchungen ins Präsidium gebracht.

Zweifelsfrei handelte es sich um jenes Auto, das Peter Seiffert tags zuvor in einer linksrheinisch gelegenen Garage eigentlich hätte abstellen sollen. Aber was es mit den »ausgedehnten Blutspuren« auf sich hatte, blieb rätselhaft. Stammten sie von Seiffert? Von seinem Begleiter – der vielleicht sein Opfer geworden war? Oder umgekehrt? Oder von beiden? Und war es überhaupt Menschenblut?

Nur einige Minuten nachdem der gesuchte Wagen gefunden worden war, stand eine gebeugte kleine Frau im Wachraum des 10. Polizeireviers. Die ältere Dame mit den aschgrauen, nach hinten gekämmten Haaren war außer sich: »Ich heiße Hannelore Kortmann. Und meine Tochter Helga ist umgebracht worden!«

Keiner der anwesenden Beamten wollte die etwas kauzig wirkende 62-Jährige ernst nehmen, sie wurde zunächst gar nicht beachtet.

»Haben Sie nicht verstanden! Man hat sie ermordet!« Hannelore Kortmann trommelte mit den Fingern auf den Wachtisch. »Hört mir denn hier niemand zu!«

»Beruhigen Sie sich doch!« Ein jüngerer Beamter, der von einem älteren Kollegen ein Zeichen bekommen hatte, erbarmte sich und täuschte Interesse vor.

Aber Hannelore Kortmann wollte sich nicht beruhigen lassen. »Was muss denn noch passieren«, entrüstete sie sich, »bevor Sie Ihren ...«

»Also, Ihre Tochter ist umgebracht worden«, unterbrach der Beamte. »Von wem denn?« Der Mann lächelte.

»Woher soll ich das denn wissen!«

»Dann erzählen Sie doch einfach, *was* Sie wissen.« Der Beamte lächelte immer noch.

»Helga ist gestern zum Tanzen gewesen. Danach ist sie nicht nach Hause gekommen. Meine Tochter ist noch nie nach Mitternacht weggeblieben. Sie ist doch erst dreiundzwanzig. Ich weiß es genau, man hat sie umgebracht.« Hannelore Kortmann standen Tränen in den Augen.

»Woher wissen Sie das denn so genau?«

Die ältere Frau zögerte. »Ich habe es geträumt«, fuhr sie fort »ein Mann mit einem Messer ist hinter ihr hergerannt, und dann hat *er* sie ...« Hannelore Kortmann versagte die Stimme. Sie musste sich setzen und zog ein Taschentuch aus der Manteltasche. Dann schnäuzte sie sich kräftig die Nase.

Der Beamte lächelte jetzt nicht mehr. Ihm tat die ältere

Dame leid, auch wenn sie maßlos zu übertreiben schien. »Das war doch nur ein Traum, Frau Kortmann. Wann ist Ihre Tochter denn gestern Abend weggegangen?«

Hannelore Kortmann überlegte kurz. »So gegen 18.30 Uhr. Sie ist von einem jungen Mann abgeholt worden. Mit einem schwarzen Mercedes.«

Der Beamte dachte nach. Ihm fiel spontan eine Meldung wieder ein, die er kurz zuvor über Funk mitbekommen hatte. »Wissen Sie den Namen?«

»Peter. Sie nannte ihn Peter.«

»Peter Seiffert?«

»Das weiß ich nicht. Helga kannte ihn erst seit ein paar Tagen. Ich weiß nur, dass sie ihn immer Peter genannt hat. Meinen Sie etwa, er hat sie …« Hannelore Kortmann verstummte. Sie wagte nicht auszusprechen, was sie befürchtete, was nicht ausgesprochen werden durfte.

Der Beamte zögerte mit der Antwort. Aber er war jetzt fest davon überzeugt, dass es zwischen dem Verschwinden von Helga Kortmann und dem anderen Vermisstenfall einen Zusammenhang geben musste. »Frau Kortmann«, fragte er die Frau, »haben Sie ein Foto von Ihrer Tochter?«

Hannelore Kortmann nahm ihr Portemonnaie zur Hand und legte schließlich ein Bild auf den Wachtisch.

»Gut, kommen Sie bitte mit, wir machen jetzt ein Protokoll.«

Das 1. Kriminalkommissariat übernahm die Ermittlungen, als feststand, dass Peter Seiffert Helga Kortmann tatsächlich tags zuvor mit dem schwarzen Mercedes zu Hause gegen 18.30 Uhr abgeholt hatte. Letzte Zweifel waren vom Bruder Helga Kortmanns zerstreut worden, dem der schwarze Mercedes gezeigt worden war und der spontan erklärt hatte: »Das ist der Wagen, mit dem meine Schwester abgeholt worden ist. Ich hatte noch aus dem Fenster geschaut, als die beiden eingestiegen sind.« Alle Umstände deuteten auf ein Verbrechen hin. Fraglich war nicht mehr, *ob,* sondern wie viele Opfer zu beklagen sein würden. Also: Mord oder Doppelmord?

Schnell fanden die Ermittler heraus, dass Seiffert seine Freundin erst eine Woche zuvor in der »Tanzstube« in Düsseldorf-Flingern kennengelernt hatte. Der 26-Jährige war von einer Bekannten seiner Freundin, die sich an diesem Samstagabend mit Helga Kortmann und ihm mehrmals kurz unterhalten hatte, auf einem Foto identifiziert worden. Über die attraktive 23-jährige Stenotypistin und ihren neuen Freund war nichts Nachteiliges bekannt, sie waren allseits beliebt, pflegten einen größeren Freundes- und Bekanntenkreis.

Die Spur des Paares verlor sich bei »Wilke«, einem Lokal im linksrheinisch gelegenen Stadtteil Oberkassel. Iris Krug, die »beste Freundin« von Helga Kortmann, berichtete, dass sie die Gesuchten noch kurz vor 22 Uhr »innig umschlungen« am Tresen habe stehen sehen. Sie habe nur kurz in ihrer Stammkneipe vorbeigeschaut und »das junge Glück nicht stören« wollen. Alle weiteren Bemühungen, mehr Licht ins Dunkel zu bringen, liefen ins Leere.

Ungewöhnlich erschien den Fahndern der Umstand, dass der schwarze Mercedes nach dem vermuteten Verbrechen in der Karl-Anton-Straße abgestellt worden war, keine 500 Meter von der Anschrift Karlstraße 88 entfernt. Dort wohnte Helga Kortmann. Niemand konnte sich erklären, warum das Auto gerade dort geparkt worden war. Zufall? Methode?

Ungeachtet dessen wurde noch am späten Abend eine Pressekonferenz einberufen, man wollte die Bürger Düsseldorfs über die Medien sensibilisieren und mobilisieren. So titelte am nächsten Morgen der *Mittag:* »Geheimnisvolles Verbrechen im Auto«. Der Artikel, die Vermissten in Großaufnahme zeigend, schloss schließlich mit einem Fahndungsaufruf:

»Polizei bittet um Mithilfe.
Fieberhaft wurde noch in den Nachtstunden die Fahndung nach den beiden offiziell zunächst nur vermißten Personen

eingeleitet. Erst wenn sie – tot oder lebendig – gefunden worden sind, wird sich der Schleier des Geheimnisses, der über diesem Verbrechen liegt, ein wenig oder ganz lüften lassen.
Wer sah die beiden jungen Leute am Dienstagabend? Die Polizei bittet die Bevölkerung um Mithilfe bei der Suche nach den Vermißten. Sie werden wie folgt beschrieben:
Seiffert: 1,83 Meter groß, schlank, blond, Haar nach hinten gekämmt, blaue Augen, schmales eingefallenes Gesicht, vorstehende Backenknochen, unreiner Teint; Bekleidung: Popelinjacke mit Samtkragen.
Kortmann: 1,64 Meter groß, untersetzt, dunkelblondes Haar, kurz geschnitten, blaue Augen, auffallend rotes Gesicht, ›Himmelfahrtsnase‹.«

Persönlichkeitsprofil und Lebensgewohnheiten der Vermissten waren für die Ermittler von großer Bedeutung, um besser einschätzen zu können, welches Opferrisiko für Helga Kortmann und Peter Seiffert bestanden hatte. Denn die Kripo unterstellte, dass das Paar »nicht zufällig, sondern gezielt ausgewählt worden war«. Falls es gelingen sollte, jene Kriterien herauszufiltern, nach denen der Täter gerade *sie* als profitable Opfer ausgewählt hatte, würde dies wiederum Rückschlüsse auf Charakterstruktur und Vorgehensweise des Mörders zulassen. Ein solches mentales Phantombild würde helfen, den Kreis der Verdächtigen wesentlich enger zu ziehen.

Bei ihren Freundinnen und Kolleginnen war Helga Kortmann überaus beliebt, da sie »immer hilfsbereit« und »sehr fleißig« war. Wenn sie abends nach Hause kam, half sie meist der Mutter bei der Hausarbeit. »Alle ihre Sachen hielt sie selbst in Ordnung«, erzählte Hannelore Kortmann. »Sie wollte ihre herzkranke Mutter nicht belasten.« Es kam selten vor, dass sie in der Woche spätabends das Haus verließ. Tat sie es dennoch, ging sie immer in Begleitung einer Freundin, mal ins Theater, mal ins Kino. An Wochenenden verabredete sie sich meistens mit einer

Arbeitskollegin in einem Tanzlokal, und dabei hatte sie Peter Seiffert kennengelernt.

Von diesem Erlebnis hatte sie auch ihrer Mutter erzählt: »Ich habe einen netten jungen Mann getroffen, aber mich nicht verabredet.« Aber Peter Seiffert hatte an dem Abend gut zugehört. Er hatte nämlich aufgeschnappt, dass Helga am Montag zu einem bestimmten Zahnarzt musste. Als sie von der Behandlung zurückgekommen war, hatte Peter vor der Praxistür gestanden. »Aber sie hatte zu starke Zahnschmerzen, um sich zu verabreden«, erklärte ihre Mutter der Kripo.

Peter Seiffert war nach Ansicht seiner Freunde und Arbeitskollegen »ein ordentlicher Junge aus guter Familie«. Einer seiner Brüder war Arzt, der zweite Verwaltungsbeamter, der dritte Regierungsangestellter. Die Eltern waren bei einem Verkehrsunfall drei Jahre zuvor ums Leben gekommen. Ein Freund berichtete über seine letzte Begegnung mit Seiffert: »Er war sehr aufgekratzt, hat mir von der jungen Dame erzählt. Er wusste nur ihren Vornamen: Helga. Er wollte sie unbedingt wiedersehen.«

Zweifelsfrei hatten die Vermissten einen einwandfreien Leumund, und es ergaben sich auch keinerlei Anhaltspunkte dafür, dass sie insbesondere im Umgang mit fremden Menschen vertrauensselig, unvorsichtig oder leichtfertig gewesen wären. Daraus schlussfolgerten die Ermittler, dass der Täter seine Opfer wahllos und zufällig oder nach Kriterien ausgesucht hatte, die bisher verborgen geblieben waren.

10

Vom Rhein her wehte ein kräftiger und eisiger Wind über die Wiesen, Weiden und Äcker. Paul Bachert fluchte. Er musste kräftig in die Pedalen treten und kam doch nur mäßig voran. Der 36-Jährige war auf dem Weg in die Gemeinde Strümp, um dort die Post auszutragen.

Hinter dem Dorf Lank-Ilverich kam er auf freies Feld. Bachert ließ das letzte Gehöft, das dem Bauern Henrichsen gehörte, hinter sich und während er sich mühsam vorwärtsarbeitete, steuerte er auf einen offenbar abgebrannten Strohhaufen zu. Den hatte er schon gestern gesehen, sich aber nichts dabei gedacht. Der Wind peitschte die Asche und die Strohreste auseinander.

Als Bachert die Stelle passierte, flog ihm plötzlich etwas ins rechte Auge, vielleicht ein Staubkorn oder ein winziger Ascherest. Er musste anhalten, um beide Hände frei zu haben. Als er seinen Kopf nach links neigte, um sich mit der rechten Hand das Körnchen aus dem Auge zu reiben, erspähte er zufällig etwas, das ihn zunächst zweifeln und dann das Weiterfahren ganz vergessen ließ. Wahrscheinlich hatte er sich nur getäuscht und seine Phantasie ihm einen üblen Streich gespielt. Aber mit einem Mal ergab das Feuer, das er sich bis dahin nicht hatte erklären können, einen Sinn. Eine grauenhafte Vorstellung nistete sich beharrlich in seinem Bewusstsein ein – und ließ ihn nicht mehr los. Deshalb musste Bachert nachsehen, er brauchte Gewissheit.

Er schluckte, atmete einmal tief durch, ließ das Fahrrad fallen und stapfte bedächtig zu den Überresten der Strohmiete. Ihm war unheimlich zumute. Erst als er neben dem abgebrannten Strohberg an der Stelle stand, wo er eben etwas gesehen hatte, das dort niemals hätte liegen dürfen, traute er sich, wieder hinzuschauen. Kein Zweifel – es war eine menschliche Hand, die dort zusammengekrümmt unter nicht vollständig verkohlten Strohresten hervorragte. Und als er die Stelle genauer betrachtete, stockte ihm der Atem. Bachert erkannte die Überreste zweier Menschen, die bis zur Unkenntlichkeit verbrannt waren.

Dem Mann wurde übel. Obwohl kein Grund zur Eile bestand, machte er schleunigst kehrt, schnappte sich sein Rad und fuhr so schnell er konnte in Richtung des nächsten Polizeipostens. Vollkommen außer Atem stürmte Bachert ins Büro des Dorfpolizisten in Lank-Latum: »Hinter dem Hof vom Henrichsen, wo das Stroh verbrannt ist, da liegen zwei verkohlte Leichen!«

Schnell kam der Polizeiapparat auf Touren. Der Beamte des Polizeipostens Lank-Latum besichtigte die Fundstelle und verständigte unverzüglich seine Kollegen im Polizeipräsidium Mönchen-Gladbach. Die Ermittler des dortigen 1. Kriminalkommissariats vermuteten einen Zusammenhang mit der aktuellen Vermisstensache in der Landeshauptstadt, es wurde telefoniert. Bald darauf erschienen auch Beamte der Düsseldorfer Kripo am Ort des Geschehens.

Da der vermutete Tatort im Zuständigkeitsbereich des Kreises Kempen-Krefeld lag und dortige »Todesermittlungsverfahren« erlassgemäß durch die »Kriminalhauptstelle« Mönchen-Gladbach zu bearbeiten waren, die Opfer jedoch aus Düsseldorf stammten und dort letztmals gesehen worden waren, wurde eine »gemeinsame Mordkommission« aus Kriminalbeamten beider Polizeipräsidien gebildet.

Obwohl die Leichen bis zur Unkenntlichkeit verkohlt waren, konnten sie schnell mithilfe einer Armbanduhr, eines Schlüsselbundes und eines Schuhreparaturscheins identifiziert werden: Helga Kortmanns Bruder erkannte die an dem Strohschober gefundene Armbanduhr auf Anhieb als Eigentum seiner Schwester wieder. Das Schlüsselbund passte zu allen Türen der Wohnung von Peter Seiffert, und den Schuhreparaturschein hatte ihm am 23. Januar sein Schuhmacher gegeben. Um letzte Gewissheit zu erhalten, wurde eine odontologische Untersuchung veranlasst. Schließlich erklärte der Zahnarzt, der Helga Kortmann nur wenige Tage vor ihrem Tod behandelt hatte: »Es sind zweifelsfrei ihre Zähne.«

Noch in den Abendstunden des 9. Februar wurden beide Leichen im Institut für Gerichtsmedizin in Düsseldorf obduziert. Beiden Opfern waren »mit stumpfer Gewalt erhebliche Kopfverletzungen« beigebracht worden. Als Todesursache wurden jeweils »Verletzungen durch mehrere Hiebe auf den Schädel bei Durchtrennung der Schädeldecke an mehreren Stellen« festgestellt. Demnach war das Paar nicht in den Flammen ums Leben gekommen, sondern vorher. Der exakte Todeszeitpunkt konnte allerdings nicht mitgeteilt werden.

Die Pathologen machten bei der Leiche Peter Seifferts dann eine überraschende Entdeckung, die für die Ermittlungen von großer Bedeutung sein konnte: In den Weichteilen vor der Wirbelsäule steckte ein stark deformiertes Projektil. Allerdings blieb rätselhaft, wo das »nicht tödliche« Geschoss in den Körper eingedrungen war, eine Einschussöffnung konnte nicht gefunden werden.

Im Zuge weiterer Untersuchungen wurde an der Leiche von Helga Kortmann trotz stärkster Verkohlung auch die »Vorrichtung einer Drosselung« gefunden. Der Frau war offenbar zunächst ein Wollschal um Hals und Mund geschlungen und mit einem Einweckgummiring befestigt worden. Zudem fanden sich an beiden Händen »Spuren einer Fesselung«, der Täter hatte hierfür eine »zweifach gedrehte Sisalschnur« benutzt.

Ferner hatten die Ermittler am Tatort einen in der Asche ausgeglühten Wagenheber gefunden, der aber »nicht sicher« als Tatwerkzeug identifiziert werden konnte. Wertgegenstände wie Uhren und Ringe waren nicht geraubt worden. Abgesehen von sieben 10-, zwei 5- und vier 1-Pfennigstücken waren Metallgeld und Reste von Papiergeld am Brandort nicht gefunden worden, obwohl andere angebrannte Papierreste bei den Leichen gelegen hatten.

Eine penible Untersuchung des Mercedes ergab, dass der weitaus größere Teil der Blutspuren im Wagen von Peter Seiffert stammte, der die Blutgruppe A hatte. Aufgrund der Tatsache, dass vor allem die Rücksitze blutbesudelt waren, mussten die Fahnder eine ihrer Grundannahmen revidieren: Die Opfer waren nicht am Fundort attackiert worden, vielmehr musste der Täter mit den lebensgefährlich Verletzten noch eine längere Strecke bis zu dem Strohschober gefahren sein. Nur wo der Täter dem Paar zuvor aufgelauert hatte, blieb ungewiss.

Ein Projektil war in Peter Seifferts Körper gefunden worden, der Täter hatte also mindestens einmal auf sein Opfer gefeuert. Allerdings war das Geschoss für weitergehende Untersuchungen nur »bedingt geeignet«. Ein Waffensachverständiger des Landeskriminalamtes stellte fest: »Kleinkaliberpatrone, 22 kurz, lang oder extra lang, 6 Züge, Rechtsdrall, nähere Bestimmung nicht möglich.« Der Schuss konnte nach Einschätzung des Experten aus »einem Kleinkalibergewehr, einer KK-Pistole oder jeder anderen Schusswaffe mit Einstecklauf« abgegeben worden sein. Um dennoch Waffenart und Munitionstyp herausfinden zu können, musste die passende Hülse gefunden werden. Zehn Beamte wurden losgeschickt, die gesamte Asche der verbrannten Strohmiete zu sieben – annähernd 64 Quadratmeter Boden. Eine Sisyphusarbeit, denn der Täter konnte die Hülse auch mitgenommen haben.

Dass der Mörder sich derart intensiv mit der Beseitigung der Spuren beschäftigt hatte und dass er nach der Tat mit dem Mercedes nach Düsseldorf zurückgefahren war und den Wagen im Innenstadtbereich, unweit des Hauptbahnhofs abgestellt hatte, zeugte nach Auffassung der Kriminalisten von »kühler Überlegung, planmäßiger Vorgehensweise und ungewöhnlicher Kaltblütigkeit«.

Neben den kriminaltechnischen und rechtsmedizinischen Untersuchungen mussten zunächst möglichst schnell und möglichst alle Personen ausfindig gemacht und befragt werden, die das Paar in der Mordnacht gesehen oder »tatrelevante Beobachtungen« gemacht haben konnten. Dazu zählte natürlich auch der Bauer, auf dessen Acker die Leichen gefunden worden waren.

Und Horst Henrichsen wusste Bedeutsames zu berichten: »Ich bin so gegen 0.30 Uhr noch mal auf der Toilette gewesen, und da habe ich bemerkt, wie der Strohhaufen lichterloh gebrannt hat. Dann bin ich sofort hingelaufen, habe aber nichts Verdächtiges gesehen. Ich habe mir gedacht, dass da junge Leute gezündelt haben, das kommt immer wieder mal vor.«

Die Kripo war einen wichtigen Schritt vorangekommen, die Tatzeit konnte jetzt näher eingegrenzt werden. Helga Kortmann und Peter Seiffert waren letztmals in Düsseldorf-Oberkassel gegen 22 Uhr gesehen worden, und der Bauer Henrichsen hatte zweieinhalb Stunden später seinen Strohschober in Flammen aufgehen sehen. Während dieser Zeitspanne, nach Auffassung der Kripo »wahrscheinlich zwischen 23.30 Uhr und Mitternacht«, mussten die Opfer ihrem Mörder begegnet sein. Den Tatort vermutete man an der Rheinfront zwischen Düsseldorf und Kaiserswerth oder linksrheinisch in der Region zwischen Oberkassel und Lank. Alle infrage kommenden »Liebesparkplätze« wurden inspiziert – jedoch ohne brauchbares Ergebnis.

Nachdem zunächst lediglich ein Projektil gefunden wurde, aber keine dazu passende Verletzung bei Peter Seiffert hatte festgestellt werden können, brachte nun eine Röntgenuntersuchung Licht ins Dunkel. Demnach war das Geschoss links der Kinnspitze eingedrungen, am linken Unterkieferast abgeprallt und schließlich in den Weichteilen vor der Wirbelsäule stecken geblieben. Der Obduzent Dr. Heinz Otten erinnerte sich an eine von ihm einige Jahre zuvor begutachtete Schussverletzung, die frappierende Übereinstimmungen erkennen ließ: Das Opfer hatte auch einen »relativen Nahschuß« erhalten, das Projektil ebenfalls den Unterkiefer links durchschlagen. Dr. Wilhelm Stürmann war an dieser Verletzung gestorben, am 7. Februar 1953, gegen 23 Uhr. Er war zusammen mit seinem Freund Ernst Littek auf einem »Liebesparkplatz« von zwei unbekannten Männern überfallen worden. Dr. Otten wies die Kripo auf diese »eklatanten« Ähnlichkeiten hin und vermutete »denselben Täter«.

Gleichwohl erkannten die Fahnder mehr Unterschiede als Übereinstimmungen. Im Fall Dr. Stürmann ging man von einem »klassischen Raubmord« aus; die »Liebespaar-Morde« hingegen sollten einen »sexuell-sadistischen Hintergrund« haben. Und es waren unterschiedliche Waffen benutzt worden. Dass es bei zwei Verbrechen ein vergleichbares Verletzungsmuster gab, war lediglich ein »schwaches Indiz«. Die Experten der Kripo glaubten an einen »bedeutungslosen Zufall«.

Die Ermittler waren jedoch davon überzeugt, dass sowohl Lieselotte Ingensandt und Wilfried Mehnert als auch Helga Kortmann und Peter Seiffert durch denselben Täter getötet worden waren. Es gab zwar »keinen gerichtsfesten Beweis«, aber zahlreiche Indizien. In einem internen Bericht hieß es zu den Tatumständen und dem nunmehr unterstellten Motiv:

»Tatsachen und Schlüsse aus beiden Fällen drängen folgende Parallelen auf:
1. Opfer: Liebespärchen in einem Pkw.
2. Tatzeit: Um Mitternacht.
3. Tatausführung: Mehrere Schläge mit einem Werkzeug auf den Kopf. Der Vergleich der starken Verletzungen an Kopfhaut und Schädeldach zeigt nach Lage und Art der Verletzungen bei den weiblichen Leichen besonders starke Ähnlichkeit. Es ist anzunehmen, daß die männlichen Opfer zuerst getötet wurden.
4. Verhalten nach der Tat: Sofortige Beseitigung der Opfer, Wagen und der Spuren. Die Unterschiedlichkeit des Vorgehens in beiden Fällen ist durch Witterungsverhältnisse zu erklären.
5. Mutmaßliches Motiv: Sexuelle Abartigkeit, die ihre Befriedigung erzielt in der Beobachtung der Wirkung, die das Töten des männlichen Opfers auf die Frau hat? Notzuchtverbrechen an den weiblichen Opfern bei Kortmann nicht nachzuweisen, bei Ingensandt nicht erfolgt.

Nachfolgende Entwendung von (nur) Bargeld möglich, daher auch Raubmotiv nicht ausgeschlossen. (Aber Schmuck und Wertgegenstände bei den Leichen.)
Möglich: Beide Motive nebeneinander.
6. Täter: Möglicherweise Alleintäter. Für Tatgehilfen spricht im Falle Ingensandt-Mehnert die zur Nachtzeit von Verkehrsverbindungen entfernt gelegene Fundstelle;
im Falle Kortmann-Seiffert das Transportieren von zwei Leichen aus dem PKW in den Strohschober und – in beiden Fällen – das Verbringen der Opfer in den Wagen.«

Allerdings hatten die Ermittler im Zuge der Rekonstruktionen des Tatgeschehens auch Begehungselemente erkannt, die der Serienmörder-Hypothese durchaus zu widersprechen schienen:

»Unterschiede in der Tatausführung ergeben sich aus der Tatsache, daß im Falle Kortmann-Seiffert das weibliche Opfer gedrosselt oder gewürgt und ihm ein Schal über die Mundpartie gebunden wurde; ferner liegen Anzeichen vor, wonach mutmaßlich eines der Opfer gefesselt gewesen ist. (Die ungenauen Feststellungen sind eine Folge der starken Verkohlungen der Leichen.) Diese Unstimmigkeiten verlieren an Gewicht gegenüber der Feststellung, daß der oder die Täter beide Taten mit starker Intensität ausgeführt und sich nachweislich über einen längeren Zeitraum mit den zusammengeschlagenen Opfern befaßt haben müssen. In Würdigung dieser Erkenntnisse ist daher mit Fortsetzung der Doppelmorde zu rechnen.«

11

Ingrid Kruse hatte Helga Kortmann nicht nur gut gekannt, sie war sogar ihre beste Freundin gewesen. Und sie hatte bereits bei der Kripo ausgesagt. Deshalb wunderte sich die 25-Jährige, als sie nochmals im Polizeipräsidium erscheinen sollte. »Wir haben da noch ein paar Fragen«, war ihr lapidar am Telefon erklärt worden. Jetzt saß sie in der dritten Etage des Präsidiums einem älteren Beamten gegenüber, der sich als Kriminalhauptmeister Frowein vorgestellt hatte.

»Freundinnen erzählen sich doch unter vier Augen so allerlei«, begann Frowein freundlich das Gespräch. »Hat Ihnen Helga denn nichts von einem gewissen Matthias Roeder erzählt?«

Ingrid Kruse war erstaunt. »Woher kennen Sie den denn?«

»*Ich* kenne den Mann nicht, aber Helgas Mutter hat davon gesprochen, dass ihre Tochter kurz vor ihrem Tod vor Peter Seiffert einen Mann mit diesem Namen kennengelernt hat.«

Ingrid Kruse nickte. »Stimmt. Ich war auch dabei, als sich die beiden angefreundet haben. Das war ein sehr netter Mann, ausgesprochen charmant, mit guten Manieren.«

»Wissen Sie auch, wo der Mann wohnt?«

»Ich glaube, in Grafenberg.«

Frowein stopfte seine Pfeife. »Und wie alt ist er?«

»Genau weiß ich es nicht. Der müsste aber so um die dreißig gewesen sein ...« Die junge Frau unterbrach sich erschrocken. »Meinen Sie etwa ...«

»Das weiß ich nicht. Aber wir müssen uns mal mit dem Herrn unterhalten, und zwar möglichst schnell. Also, Frau Kruse, wenn Sie etwas über diesen Mann wissen, sollten Sie es uns unbedingt sagen!«

Schweigen.

»Was wollen Sie denn wissen, Herr Kommissar? Ich kenne den Kerl doch gar nicht.«

Frowein nahm die Pfeife in den Mund. »Das scheint ein ganz

komischer Fisch zu sein«, setzte der 55-Jährige wieder an, »entweder hat er Ihnen einen falschen Namen genannt, oder der Mann ist gar nicht von hier. Es gibt nämlich in ganz Düsseldorf keinen Matthias Roeder, schon gar nicht in Grafenberg.«

»Natürlich wohnt der in Düsseldorf.« Ingrid Kruse erinnerte sich an den Wagen des ominösen Fremden. »Sein Auto hatte doch eine Düsseldorfer Nummer!«

»Also einen Wagen hatte der auch. Was denn für einen?«

»Einen Volkswagen. Fast neu und himmelblau.«

Frowein legte die Pfeife rechts neben sich in einen Aschenbecher und griff nach einem Stift. »Und die Nummer?«

Ingrid Kruse dachte nach. »Weiß ich nicht«, antwortete sie kurze Zeit später. »Ich weiß nur, dass es ein Düsseldorfer Schild war, bestimmt.«

Frowein notierte etwas. Dann fragte er: »Haben Sie vielleicht irgendetwas Besonderes an dem Wagen bemerkt?«

»Nein, *ich* nicht.«

Frowein reagierte sofort. »*Wer* denn?«

Ingrid Kruse war den Tränen nahe, ihre Stimme versagte für einen Moment. »Helga«, stammelte die Frau, »sie hätte es Ihnen bestimmt sagen können …« Ingrid Kruse wurde die Endgültigkeit ihrer Worte erst Sekunden später bewusst, sie vergrub ihr Gesicht in den Händen und begann leise zu schluchzen.

Nach einer Weile nahm Frowein den Faden wieder auf. »Frau Kruse, ist Helga mit dem Herrn denn mal weggefahren?«

»Ja, ein paar mal.« Ingrid Kruse hatte sich wieder gefangen.

»Und wann hat sie sich zum letzten Mal mit ihm getroffen?«

»Das war einen Tag vor ihrem Verschwinden.«

»Warum haben Sie das nicht schon viel früher gesagt?« Frowein war fassungslos. »Das hätten Sie doch sagen müssen!«

»Aber mich hat doch niemand danach gefragt«, entgegnete Ingrid Kruse leise. »Und außerdem hat der Mann einen tadellosen Eindruck gemacht. *Dem* hätte ich doch so was nicht zugetraut. Niemals!«

»Können Sie den Mann beschreiben?«

Ingrid Kruse überlegte. »Groß und schlank«, begann sie, »er trug eine dunkle Hornbrille. Und er hatte so eine Hakennase.« Die Frau zeichnete mit ihrer rechten Hand eine deutliche Krümmung über ihrer eigenen Nase.

»Augen und Haare, wie waren die?«

»Blaue Augen, bin mir aber nicht mehr ganz sicher. Die Haare waren blond und kurz, links gescheitelt.«

»Hat er sein Alter genannt?«

»Nein, aber ich schätze ihn auf etwa dreißig, vielleicht auch ein bißchen älter.«

»Irgendeine Besonderheit?«

»Oh ja!« Ingrid Kruse fiel spontan wieder etwas ein, was ihr schon bei dem ersten Zusammentreffen mit diesem Mann aufgefallen war. »An einem Ohrläppchen fehlte ein ziemliches Stück«, erzählte sie aufgekratzt, ›ich meine, es wäre das linke Ohr gewesen. Das sah schon ein bisschen komisch aus.«

Frowein notierte. »Noch etwas?«

Ingrid Kruse schüttelte den Kopf.

»Hat er seinen Beruf genannt?«

»Vertreter. Hat aber nicht gesagt, was er verkauft.«

»Wissen Sie, wo der Mann sich häufiger aufhält? In einem Lokal vielleicht? Oder in einem Sportverein?«

Ingrid Kruse schüttelte wieder nur den Kopf. Sie hatte alles gesagt.

»Ein himmelblauer Volkswagen und ein fehlendes Ohrläppchen!« Horst Lemper, der Leiter der Ermittlungen, schlug mit der flachen Hand auf den Tisch und schaute erwartungsvoll in die müden Gesichter seiner Kollegen, die er, wie jeden Morgen, zur Dienstbesprechung um sich geschart hatte. »Der Kerl muss doch zu finden sein!« Niemand wollte widersprechen, hier und da wurde genickt. Die Kriminalisten waren sich einig – endlich eine »heiße Spur«.

Nicht nur der »tatzeitnahe Kontakt« zu Helga Kortmann nährte den Verdacht, dass der Mann, der sich als Matthias Roeder ausgab, etwas mit dem Doppelmord zu tun haben könnte. Das Bild der Toten war in allen Düsseldorfer Tageszeitungen und an vielen Litfasssäulen mehrfach abgedruckt worden – aber ihr Bekannter hatte sich trotz nicht zu übersehender und nicht zu überlesender Appelle nicht bei der Polizei gemeldet. Und er hatte Helga Kortmann und Ingrid Kruse nicht seinen richtigen Namen genannt. Hatte dieser Mann eine Legende gestrickt, um sich Handlungsspielraum zu verschaffen? Hatte er sich zunächst das Vertrauen Helga Kortmanns erschlichen, um sie und Peter Seiffert später mühelos in einen Hinterhalt locken zu können? Und wenn es *so* gewesen sein sollte, dann hatte der Mörder seine Masche wahrscheinlich zuvor schon einmal erfolgreich angewandt: bei Lieselotte Ingensandt und Wilfried Mehnert. Schließlich vermutete die Kripo auch in diesem Fall, dass es zwischen dem weiblichen Opfer und dem Täter Tage oder Wochen vor der Tat bereits einen Kontakt oder eine Beziehung gegeben haben könnte.

Das mutmaßliche Motiv: »perverser Haß auf Liebespaare«. Man glaubte sich auf der Spur eines »Psychopathen«, dem es »abartige Freude« bereitete, seine Verbrechen von langer Hand zu planen, sich mit den Opfern vertraut zu machen, sie in eine tödliche Falle zu locken und dort schließlich »rasend vor Wut« niederzumachen. Diese Hypothese passte auch zu den »erheblichen Verletzungsbildern« und den zumindest im ersten Fall festgestellten »fehlenden Abwehrverletzungen«. Vermutlich waren beide Paare vollkommen arglos gewesen und hatten nicht mit einem Angriff gerechnet.

Zwölf Beamte wurden schließlich eingeteilt, um den Gesuchten ausfindig zu machen. Das Straßenverkehrsamt stellte eine Liste von Personen zusammen, auf die in den vergangenen drei Jahren ein blauer Volkswagen jüngeren Baujahrs zugelassen worden war. Da die Ermittler möglichst ökonomisch vorgehen wollten, wurden zunächst nur solche Fahrzeughalter herausgefiltert, die zwischen fünfundzwanzig und vierzig Jahre alt waren. Dann wurde überprüft, ob sie bereits »Kunden« gewesen und insbesondere wegen eines »Sittendeliktes« auffällig geworden waren. Die Fahnder hofften nun darauf, dass man dabei auf das Bild eines Mannes stoßen würde, das eine Anomalie des linken Ohrs erkennen ließ oder dass in den »erkennungsdienstlichen Unterlagen« ein solches »besonderes Kennzeichen« vermerkt war. Die Fahnder witterten Morgenluft, sie wähnten sich »ganz nah am Täter«.

12

»Meldet Euch schnellstens bei der Polizei!« Diese Aufforderung war am 17. Februar in allen Düsseldorfer Tageszeitungen zu lesen. Die Begründung folgte nur einige Zeilen später: »Die Kriminalpolizei ist überzeugt, daß schon mehrere Liebespärchen in Fahrzeugen an einsamen Stellen der Stadt überfallen wurden, die Männer aber aus Schamgründen den Vorfall nicht der Polizei meldeten. Gerade aber diese Angaben können für die Polizei von ungeheurer Wichtigkeit sein. Es ist daher unbedingt notwendig, daß die Betreffenden jetzt vorsprechen. Absolute Verschwiegenheit ist zugesichert. Auf Wunsch kann sogar die Anonymität gewahrt bleiben.

Es ist wahrscheinlich, daß sich der Täter in irgendeiner Form mit Blut bespritzt hat. Die Kriminalpolizei fordert vor allem die Wäschereien auf, achtzugeben. Anzeigen in den Kinos und Plakate werden die Bevölkerung in diesen Tagen nachdrücklich auf den zweiten scheußlichen Doppelmord innerhalb weniger Monate in Düsseldorf hinweisen. Auf die Bevölkerung kommt es an, ob das bzw. die Verbrechen aufgeklärt und der Täter seiner gerechten Strafe zugeführt wird.«

Horst Lemper, Chef der Mordkommission, hatte sich für

eine »Medienoffensive« entschieden, weil nicht nur er der Auffassung war, dass der Täter schon vor den Morden mehrfach versucht haben könnte, an Liebespaare heranzukommen – ihm dies jedoch nicht gelungen war. Aber vielleicht war er dabei beobachtet worden. Vielleicht kannte jemand das Gesicht jenes Mannes, den die Zeitungen unterdessen den »Liebespaar-Mörder« nannten. Und vielleicht würde er oder sie sich bei der Polizei melden und eine profitable Beschreibung des Gesuchten liefern. Lemper ließ also einen Ermittlungsabschnitt »Liebespärchen« einrichten. Sieben Beamte sollten fortan versuchen, sich auf diesem Wege dem großen Unbekannten zu nähern.

Obwohl die Ermittler davon überzeugt waren, dass der Mörder sich im Bereich der Tatorte und Leichenfundorte ausgekannt haben musste und demzufolge ein »örtlicher Täter« zu suchen sei, wurde die Fahndung auf die gesamte Bundesrepublik erweitert. Niemand konnte ausschließen, dass der Gesuchte früher schon ähnliche Scheußlichkeiten verübt hatte. Irgendwo. Irgendwann.

Um »weitere Zusammenhänge« erkennen zu können, formulierte man einen Fragenkatalog, der im *Bundeskriminalblatt* abgedruckt wurde:

»(...)

1. Wo sind ähnliche Verbrechen oder Versuche dazu bekanntgeworden?
2. Wo sind weitere Liebespärchen – eventuell Personen, die als Liebespärchen bisher nicht erkannt wurden – als vermißt gemeldet?
3. Wo sind Kleinkaliberschußwaffen zur (versuchten) Tötung oder anderen Delikten verwandt worden? Örtliche Überprüfungen!
4. Wo sind Spanner, die nachweislich sehr aggressiv gegen ihre Opfer geworden sind, aufgetreten?
5. Wo sind Fälle von Sittlichkeitsdelikten an Frauen in Gegenwart und unter Bedrohung des männlichen Begleiters oder entsprechende Taten bekanntgeworden?«

13

21. Februar 1956, 6.12 Uhr.

Als geöffnet wurde, schaute Friedhelm Köhler dem Mann nicht in die Augen, sondern inspizierte zunächst dessen linkes Ohr. Der Kriminaloberkommissar leitete die Ermittlungsgruppe von zwölf Beamten, die nach jenem Mann suchte, dem das linke Ohrläppchen fehlte und der einen himmelblauen Volkswagen besaß – und der sich Helga Kortmann gegenüber als »Matthias Roeder« ausgegeben hatte. Köhler nickte seinen Kollegen, die sich hinter ihm postiert hatten, vielsagend zu. Der Verdächtige wurde sofort kassiert und ins Präsidium gebracht, seine Wohnung durchsucht.

Eine knappe Stunde später begann das Verhör. Köhler und seinem Assistenten saß ein schmächtiger Mann gegenüber, hohlwangig, die blonden, kurz geschnittenen Haare akkurat nach links gescheitelt, Hornbrille, dunkler Anzug. Und wenn man genau hinsah, war zu erkennen, dass am linken Ohr des Verdächtigen ein Stückchen fehlte. Der Mann wirkte keineswegs nervös. Er saß einfach nur da und beobachtete aufmerksam die Beamten.

»Familienname?«

»Stahlschmidt.«

»Vorname?«

»Joachim Eduard.«

»Wann und wo sind Sie geboren?«

»Am 29. September 1925 in Minden. Das liegt in Westfalen.«

»Sie wohnen Kölner Landstraße 287?«

Stahlschmidt nickte.

»Familienstand?«

»Ich bin verheiratet. Meine Frau heißt Vera, geborene Hempel.«

»Kinder?«

»Nein.«

»Beruf?«

»Er ist allein da draußen im Nichts, und sein Lächeln und seine blank geputzten Schuhe sind seine einzigen Waffen. Und wenn sein Lächeln nicht mehr erwidert wird – geht die Welt unter.« Stahlschmidt lächelte vielmeinend.

»Was soll das?« Köhler verzog das Gesicht, als hätte er gerade in eine Zitrone gebissen. »Machen Sie keine Zicken!«

»Arthur Miller.« Stahlschmidt erwartete eine Reaktion. Aber Köhler ließ sich nicht aus der Reserve locken. »Tod eines Handlungsreisenden. Sollten Sie mal lesen!«

»Sie sind also Handelsvertreter?«

»Ja.«

Köhler setzte seine Brille auf und begann abermals sein Konzeptpapier zu studieren. Er hatte sich einige wesentliche Aspekte notiert: *Zweimal in Erscheinung getreten. Versicherungsbetrug Juni 1953. Geldstrafe. Sexuelle Beleidigung Mai 1954. Erkennungsdienstlich behandelt am 26.05.1954. Lichtbild 138/54. Opfer in Lokal Wilke (Helga Kortmann!!) angesprochen. Ursula Wagner. 28. Verkäuferin. St. stellte sich mit richtigem Namen vor! Spritztour mit Wagen R 209-561. 23.30 Uhr. Tatort Strandbad Lörick. Liebesparkplatz!!! St. verlangte Geschlechtsverkehr. Opfer wies ihn zurück. St. beleidigte Opfer: verdammte Hure, Miststück, billiges Flittchen, mach die Beine breit. Keine Gewaltanwendung. Keine Bedrohung. Opfer mußte aussteigen. St. entfernte sich. Opfer erstattete Anzeige. Identifizierung über Kennzeichen. Verfahren eingestellt.*

»Herr Stahlschmidt. Kennen Sie eine Frau Helga Kortmann?«

»Nein.«

»Und eine Frau Ingrid Kruse?«

»Nein, kenne ich auch nicht.«

»Das ist aber komisch.« Köhlers Stimme wurde frostig. »Frau Kruse kennt Sie aber ziemlich gut!«

Stahlschmidt sagte zunächst nichts. Dann fragte er mit spöttischem Unterton: »Woher sollte ich die Dame denn kennen?«

»Ich stelle hier die Fragen!« Köhler schaute den Verdächtigen unverwandt an. »Bitte nicht auf diese Tour, Stahlschmidt. Oder sollte ich besser *Herr Roeder* sagen. Matthias Roeder.«

Schweigen.

Köhler setzte neu an: »Frau Kruse hat uns erzählt, dass Sie kürzlich die Bekanntschaft eines netten Herrn gemacht habe. Matthias Roeder. Und dieser Herr Roeder hat sich auch mit Frau Kortmann getroffen, sie ist mit ihm ein paar Mal mit einem himmelblauen Volkswagen unterwegs gewesen. *Sie* fahren doch *auch* so ein Auto, nicht wahr?«

Stahlschmidt nickte. »Aber ...«

»Kein aber!« Köhler ließ den Mann erst gar nicht zu Wort kommen. »Und dieser saubere Herr Roeder sah genauso aus wie Sie!«

»Da muss eine Verwechslung vorliegen.«

»Mein lieber Stahlschmidt«, Köhlers Stimme wurde leiser, »was meinen Sie denn, wie viele Männer es in Düsseldorf gibt, die einen himmelblauen Volkswagen fahren – und denen ein Stück des linken Ohrläppchens fehlt! Frau Kruse konnte sich nämlich noch sehr genau daran erinnern.«

»Und wenn schon!« Stahlschmidt wurde es zu bunt. »Ist es neuerdings verboten, sich mit einer Frau zu verabreden oder sich mit ihr zu treffen?«

Köhler stand auf. »Kennen Sie die Helga Kortmann? Haben *Sie* sich mit ihr getroffen?«

»Was ist denn schon dabei! Ist doch nichts weiter gewesen ...«

»Nichts weiter gewesen?« Köhler machte eine wegwerfende Handbewegung. »Helga Kortmann ist *tot*. Sie ist ermordet worden! Und wissen Sie, was ich glaube?«

Stahlschmidt schüttelte den Kopf.

»*Sie* haben sie umgebracht, mein Lieber!« Köhler redete sich in Rage. Jeder Satz, den er dem Verdächtigen entgegenschleuderte, wirkte wie ein Totschläger: »Sie haben sich mit ihr verabredet! Und dann hat sie nicht gewollt! Das kennen Sie ja! Das kennen Sie nur zu gut! Und dann hat sie auch noch von ihrem neuen Freund erzählt! Und das konnten Sie nicht ertragen! Denn Sie wollten sie unbedingt haben! Und Sie wollten sie für sich ganz allein haben! Und wenn Sie die Frau nicht haben konnten, dann sollte sie überhaupt niemand haben dürfen. Und dafür hassten Sie ihren Freund! Und Helga auch! Die verdammte Hure! Und *darum* haben Sie beide in eine Falle gelockt! Und dann haben Sie beide kaltblütig umgebracht, erst ihn, dann sie! Und das hat Ihnen auch noch Spaß gemacht! *Endlich* konnten Sie es ihnen heimzahlen! Sie verfluchter Schweinehund! Und jetzt will ich die ganze Geschichte hören!«

Stahlschmidt schüttelte wieder den Kopf. Doch diesmal nicht so energisch. Er war perplex. Der Auftritt des Beamten hatte ihn sichtlich beeindruckt. Und es klang alles irgendwie plausibel. »Ich gebe zu«, begann er schließlich nach einer Weile leise zu erzählen, »dass ich sie gekannt habe. Aber nur beim Vornamen. Ja, ich habe mich auch einige Male mit ihr getroffen. Und es stimmt auch, dass wir mit meinem Wagen mal eine Spritztour gemacht haben. Aber ich habe sie doch nicht umgebracht. Niemals! Zu so was wäre ich doch gar nicht fähig!«

»Und wozu das Getue mit dem falschen Namen?« Köhler schaute den Verdächtigen herausfordernd an. »Warum haben Sie Helga nicht gesagt, wie Sie wirklich heißen?«

Stahlschmidt überlegte einen Moment. Dann sagte er leise: »Ich gebe es auf …«

Gerade als Köhler nachsetzen wollte, klingelte das Telefon. Der Kommissar griff unwillig nach dem Hörer. »Fritz, bitte unterbrich die Vernehmung«, hörte er seinen Chef sagen, »komm sofort in den Besprechungsraum. Du wirst staunen, mein Lieber!« Köhler legte auf und verließ sofort das Dienstzimmer, während sein Assistent den Verdächtigen in der Zwischenzeit nicht aus den Augen ließ.

Auf einem Tisch im Besprechungsraum der Mordkommission lagen ausgebreitet einige Kleidungsstücke: ein dunkelblaues Oberhemd, eine graue Anzughose, ein dunkelgraues Jackett.

»Schau dir die Klamotten doch mal etwas genauer an.« Horst Lemper setzte ein breites Grinsen auf. »Ich glaube, unser Freund hat keine großen Chancen mehr. Sieht nicht gut für ihn aus.«

Friedhelm Köhler trat näher an den Tisch heran und inspizierte die Kleidung. Auch er sah die rostbraunen Flecken und Spritzer an beiden Hosenbeinen, auf dem Hemd, am rechten Ärmel des Jacketts. »Müsste Blut sein«, grummelte er.

»Der muss sich ziemlich sicher gefühlt haben«, sagte Lemper. »Lässt die Klamotten einfach so herumliegen.«

Köhler betrachtete das Oberhemd genauer. »Wo habt ihr die Sachen gefunden?«

»Lag alles im Kofferraum seines Wagens. Der ist wahrscheinlich noch nicht dazu gekommen, die Sachen in die Reinigung zu geben oder zu entsorgen. Vielleicht hat er es aber auch einfach vergessen.«

Köhler schmunzelte.

Lemper fuhr fort: »Und? Wie macht er sich so?«

»Kann ich noch nicht genau sagen«, antwortete Köhler. »Streitet bisher alles ab. Es gab da aber einen Moment, da dachte ich, er würde jetzt zusammenklappen. Scheint aber ein hartnäckiger Bursche zu sein. Aber jetzt haben wir etwas!«

Nachdem Köhler sich mit seinem Assistenten kurz abgesprochen hatte, wurde das Verhör fortgesetzt.

»Sieht nicht gut aus für Sie, Stahlschmidt. Sieht *überhaupt* nicht gut aus für Sie!« Köhler setzte ein strenges Gesicht auf – und schwieg.

Stahlschmidt sah den Kommissar mit fragenden Augen an. Sekunden später erwiderte er: »Darf man auch erfahren, warum?«

»Noch einmal, Stahlschmidt: *Ich* stelle hier die Fragen. Kapiert?«

»Jawohl, Herr Kommissar.« Stahlschmidt schlug die Hacken zusammen – und lächelte süffisant.

»Sie hatten noch eine letzte Aussprache mit Helga«, begann Köhler erneut zu attackieren. »Und dabei haben Sie erfahren, dass sie sich zu einem anderen Mann hingezogen fühlte. Dann haben Sie spitzbekommen, dass Helga sich mit dem Mann treffen würde. Und Sie wussten auch, wo. Sie brauchten also nur noch zu warten. Und Sie haben gewartet. Als sie dann herausgekommen sind …«

»Schwachsinn!« Stahlschmidt ruderte mit den Armen.

»Halten Sie den Mund, mein Lieber! Sie hören sich jetzt an, was ich Ihnen zu sagen habe!« Köhler fixierte den Verdächtigen entschlossen und grimmig. Er wartete noch einen Moment. Stahlschmidt hatte offenbar verstanden. Köhler erhob wieder die Stimme: »Als die beiden herausgekommen sind, Arm in Arm, schmusend, sich küssend, da haben Sie eine richtige Hasskappe geschoben. *Das* konnten Sie nicht ertragen! Und dann sind Sie einfach hinterhergefahren. Und als der Wagen gehalten hat und Ihnen die Gelegenheit günstig erschien, haben Sie den beiden einen Besuch abgestattet. Sie haben nicht lange gefackelt!«

»Das ist doch nicht wahr«, begann Stahlschmidt sich wieder zu wehren, »Helga bedeutete mir doch gar nicht so viel. Sie war doch nur eines von den Mädchen, die ich hier und da aufgegabelt habe.« Der Mann sprach hastig. »Und noch eins, Herr Kommissar«, eiferte er sich, »*Sie* haben nicht einen einzigen Beweis!«

»Das warten wir mal in Ruhe ab.« Köhler gab nicht nach. »Als Sie die dunkle Stelle erreicht hatten, wo Helga und Peter ihr Schäferstündchen abhalten wollten, da haben Sie sich an den Wagen von hinten herangeschlichen. Kein Problem, bei der Dunkelheit. Und dann haben Sie die Wagentür aufgerissen. Und dann haben Sie die beiden erschlagen wie räudige Hunde!«

Köhler wartete einen Augenblick. Er hatte den auf Peter Seiffert abgegebenen Schuss absichtlich nicht erwähnt, sich eine verräterische Reaktion des Verdächtigen erhofft. Doch der blieb stumm. »Dann haben Sie die Leichen zur Strohmiete gefahren und dort entsorgt. Der Rest war doch ein Kinderspiel. Schluss jetzt, raus mit der Sprache!«

Stahlschmidt hob bittend die Hände. »Herr Kommissar«, flehte er jetzt, »glauben Sie mir, ich habe mit der Sache nichts zu tun.«

Köhler erkannte, dass dem Verdächtigen *so* nicht beizukommen war. Er musste die Strategie wechseln. »Gut. Dann gehen wir die Sache noch mal durch«, begann er mit verständnisvoller Stimme. »Am besten ist es, wenn Sie mir die Geschichte von vorn an erzählen. Also: Wann und wo haben Sie Helga Kortmann kennengelernt?«

Stahlschmidt riss sich zusammen. »Vor ungefähr zwei Wochen war das, im ›Musikdorf‹. Das Tanzlokal in der Altstadt. Kennen Sie doch bestimmt.«

Köhler nickte.

»Ich war sofort scharf auf sie. Sie hatte so etwas …«

»War es schwer für Sie, an das Mädchen heranzukommen?«

»Nein.« Stahlschmidt lächelte verlegen. »Ich habe da so meine Methoden, Herr Kommissar. Wenn ich mich erst mal an so ein junges Ding heranmache …«

Köhler machte eine Handbewegung, ermunterte den Verdächtigen, weiter zu erzählen.

»Ich wusste nur, dass sie Helga hieß. Sie hat mir auch eine Menge über ihre Mutter und ihren Bruder erzählt. Ihren Familiennamen hat sie mir aber nicht gesagt.«

»Den haben Sie dann aus der Zeitung erfahren …«

»Ja, aber …« Stahlschmidt versuchte abzuwehren.

»Erzählen Sie einfach weiter!«

»Wir sind ein paar Mal zusammen ausgegangen.«

»Auch rausgefahren mit Ihrem Wagen?«

»Ja.« Stahlschmidt vergrub die Hände in den Hosentaschen. »Auf *Ihren* Vorschlag natürlich.«

»Was ist denn daran so merkwürdig? Dafür habe ich doch all die Bekanntschaften angefangen.«

»Merkwürdig ist«, erwiderte Köhler, »dass Sie sich an Frauen herangemacht und ihnen nicht Ihren Namen gesagt haben. Offensichtlich wollten Sie etwas verbergen und inkognito bleiben. Und jetzt erklären Sie mir mal freundlicherweise, warum!«

Stahlschmidt wurde unruhig, presste die Lippen zusammen, wippte mit dem Oberkörper hin und her. Köhler beobachtete den Mann sehr genau und spürte, dass er etwas preisgeben wollte, dass er jetzt der Wahrheit sehr nahe war. Deshalb überließ er Stahlschmidt zunächst sich selbst.

»Haben Sie mal eine Zigarette für mich?«

Köhler wusste, dass der Mann sonst nicht rauchte. Und er wusste aus Erfahrung, dass sich nun etwas anbahnte, dass Menschen in außergewöhnlichen Situationen ungewöhnliche Dinge taten. Schon oft war eine schlichte Zigarette zum Bindeglied zwischen Jäger und Gejagtem geworden – eine stille Übereinkunft, die schließlich in die Kapitulation des Verdächtigen gemündet hatte. Köhler selbst rauchte zwar nicht, aber für *solche* Momente hatte er als gewiefter Kriminalist immer eine Schachtel bereitliegen. Der Kommissar griff in die Schublade seines Schreibtischs, zog eine Packung »HB« hervor, legte sie auf den Tisch und ein paar Streichhölzer dazu. »Bedienen Sie sich.«

»Danke, Herr Kommissar.« Stahlschmidt zündete sich eine Zigarette an und machte ein paar hastige Züge. Dann sagte er: »Ist ja auch egal. Also, ich habe hin und wieder auch noch andere Namen benutzt. Ich wollte nicht, dass die mich wieder drankriegen. Sie wissen schon!«

Köhler gab sich unwissend.

»Ist gerade mal ein Jahr her, die Sache mit der Uschi. Hat alles prima angefangen, dann wollte sie auf einmal nicht mehr. Ein Wort gab das andere. Habe sie aber nicht angerührt. Ehrenwort! Angezeigt hat sie mich auch noch. Und meine Frau hat alles mitgekriegt. Deshalb habe ich auch immer einen anderen Namen benutzt. Marianne sollte doch nichts davon erfahren. Ich liebe meine Frau. Ich liebe meine Frau wirklich! Aber wenn ich diese jungen hübschen Dinger sehe, dann kann ich einfach nicht anders. Ich muss dann eine haben.«

»Es sind also viele gewesen?«

Stahlschmidt nickte.

»Und Helga Kortmann war eine von denen.«

»Ja.«

»Wann haben Sie Helga das letzte Mal gesehen?«

Stahlschmidt dachte nach. »Es war Montag«, antwortete er schließlich.

»Hatten Sie Streit?«

»Wir haben uns nie gestritten. Ehrlich gesagt hatte ich am Montag die feste Absicht, sie zum letzten Mal zu sehen.«

»Montag war der Tag vor dem Mord.« Köhler wurde wieder energischer. »Haben Sie an diesem Abend auch Peter Seiffert gesehen? Haben Sie vielleicht beobachtet, wie er Helga nach Hause brachte?«

»Sie irren sich, Herr Kommissar.« Stahlschmidts Stimme klang jetzt weinerlich. »Ich habe mit der Geschichte nichts zu tun. Ich gebe ja zu, es sprechen einige Dinge gegen mich, und ich habe mich auch selbst verdächtig gemacht. Ich hätte viel früher zur Polizei gehen und alles sagen sollen. Aber ich hatte eine solche Angst, dass meine Frau mich dann verlassen würde. Das wollte ich nicht riskieren.«

Köhler hatte sich von der »sanften Tour« mehr versprochen. Herausgekommen war dabei jedoch nur ein Geständnis, das ihn nicht weiterbrachte. Er musste den Druck erhöhen, und es wurde jetzt Zeit, seinen letzten Trumpf auszuspielen. Mit scharfem Ton fragte er: »Mein lieber Mann, was glauben Sie denn, was wir in *Ihrem* Wagen gefunden haben?«

Stahlschmidt lächelte nur gequält.

»An *Ihrer* Hose, an *Ihrem* Hemd, an *Ihrem* Jackett – jede Menge Blut!« Köhler kannte das Untersuchungsergebnis noch nicht, aber er nahm es einfach vorweg – auch wenn diese List illegal und eine solche Vorgehensweise eine »verbotene Vernehmungsmethode« war. Der Kommissar behauptete dann lautstark: »Es ist das Blut von Helga Kortmann und Peter Seiffert! Es ist aus, mein Lieber. Das Spiel ist aus!«

Stahlschmidt war vollkommen überrascht. Er brauchte eine ganze Weile, um sich zu sammeln. »Aber Herr Kommissar«, entgegnete er energisch, »das Blut ist doch von *mir*. Vor zwei Tagen bekam ich plötzlich während der Fahrt furchtbares Nasenbluten. Das kommt bei mir häufiger vor. Ich hatte kein Taschentuch zur Hand und konnte auch nicht sofort anhalten, da war zu viel Verkehr. Deshalb ist alles auf meine Klamotten getropft, auch auf die Hose. Ich verstehe das nicht! Das kann doch nicht sein!«

Köhler musste einsehen, dass er das Spiel nicht zu weit treiben durfte. Trotzdem unternahm er noch einen letzten Versuch: »Und warum haben Sie heute Morgen vor Angst regelrecht gezittert, als wir Sie abholen kamen? Sie hatten doch gar keinen Grund – angeblich!«

Stahlschmidt gab nicht nach. »Begreifen Sie das denn nicht!«, erklärte er vollkommen aufgebracht. »Ich habe doch die vielen Geschichten mit den jungen Mädchen gehabt. Vielleicht war irgendetwas passiert, vielleicht hat wieder eine gequatscht. Und dann kommen Sie zu dritt, und neben mir steht meine Frau, die von alledem keine Ahnung hat. Ist doch klar, dass ich nervös bin. Das müssen Sie doch verstehen, Herr Kommissar!«

Köhler war mit seinem Kriminalisten-Latein am Ende. Weitere Versuche, den Mann zu einem Geständnis zu bewegen, würden *jetzt* scheitern müssen. Stahlschmidt war zu wehrhaft, zu beharrlich, hatte jede Attacke pariert, sich immer wieder herausreden können. Jetzt blieb nur noch eine Möglichkeit: »Herr Stahlschmidt, Sie sind vorläufig festgenommen«, eröffnete Köhler dem Mann betont sachlich. »Sie stehen unter dem dringenden Tatverdacht, Helga Kortmann und Peter Seiffert am 7. Februar ermordet zu haben. Sie werden morgen dem Haftrichter vorgeführt.«

Stahlschmidt senkte resignierend den Kopf, faltete die Hände – und schwieg. Wenig später wurde er in eine Zelle des Präsidiums gesteckt. Gespannt erwartete das Team der Mordkommission jetzt das Untersuchungsergebnis des Landeskriminalamtes, das für den nächsten Tag angekündigt worden war.

14

Es gab genau eine Meldung, die bei der Düsseldorfer Polizei in diesen Tagen hektische Betriebsamkeit auslösen würde: »Liebespaar vermißt.« Seit dem Verschwinden von Helga Kortmann und Peter Seiffert hatte es das nicht mehr gegeben. Manchmal sind keine Nachrichten eben auch gute Nachrichten.

Doch es sollte anders kommen. Am 24. Februar erschien um 9.10 Uhr Karl Appelt im Präsidium und erzählte eine Geschichte, die die Düsseldorfer Kripo schlagartig in Alarmbereitschaft versetzte: »Meine Frau und ich waren gestern Abend mit meinem Sohn Harald und seiner Frau zum Essen verabredet. Die beiden wohnen in Berlin und machen eine Rundreise durch Deutschland. Sie sind mit dem Auto unterwegs. In Düsseldorf wollten sie Zwischenstation machen, und da haben wir sie natürlich eingeladen. Sie wollten gestern zu uns kommen, um 19 Uhr zum Abendessen. Harald hat noch gestern Mittag angerufen und erzählt, dass sie gut in Düsseldorf angekommen wären und vorher in die Stadt wollten. Er hat noch gefragt, ob es uns recht wäre, wenn sie etwas früher kämen. Aber es kam niemand. Mein Sohn hat sich seitdem auch nicht mehr gemeldet. Ich kenne meinen Sohn. Er ist sehr verlässlich. Und wenn er seinen Eltern sagt, er kommt zu einer bestimmten Zeit, dann kommt er auch. Wir haben natürlich auch von diesen schrecklichen Morden gehört, und wir machen uns große Sorgen.«

Sofort lief eine Großfahndung an. Gesucht wurde nach einem silbergrauen Mercedes 3500 »Bluna«, Baujahr 1951, polizeiliches Kennzeichen KB 348-203 – und dessen Insassen. In Reihen der Mordkommission befürchtete man das Schlimmste. Hinweise auf einen Verkehrs- oder Unglücksfall gab es nicht, eine Selbstmordabsicht des Paares war nicht erkennbar. Hatte der »Liebespaar-Mörder« wieder zugeschlagen? Oder gab es einen »Nachahmungstäter«, der die Ermittler auf eine falsche Fährte locken wollte und der nur nicht wusste, dass die Kripo in Joachim Stahlschmidt bereits den »Düsseldorfer Mörder« gefasst zu haben glaubte?

Noch am selben Tag sollte sich das Schicksal der Gesuchten aufklären, als gegen 18.30 Uhr Manfred Schuster auf dem 6. Polizeirevier erschien. Der 65-jährige Rentner berichtete aufgeregt: »Ich bin eben mit meinem Hund am Aaper Wald spazieren gewesen. Da stand am Straßenrand ein silbergrauer Mercedes. Habe mir erst nichts dabei gedacht. Kommt ja häufiger mal vor, dass da ein Wagen steht. Aber dann habe ich gesehen, dass das linke Fenster heruntergekurbelt war, obwohl es doch so kalt war. Das kam mir so komisch vor. Da bin ich hin und habe geguckt. Und dann habe ich die beiden gesehen: ein Mann und eine Frau. Überall war Blut im Auto. Furchtbar!«

Zwanzig Minuten später erschienen die Experten des 1. Kriminalkommissariats am Ort des Geschehens. Ihnen bot sich folgendes Bild: Der Wagen parkte am rechten Rand des Bauernhäuser Weg, einer abgelegenen Verbindungsstraße am nördlichen Rand des Düsseldorfer Stadtwalds, etwa 500 Meter vom nächsten Gehöft entfernt. Der Zündschlüssel steckte. Schnell stellte sich heraus, dass es sich tatsächlich um Harald und Marga Appelt handelte. Die Ermittler fanden ihre Personalpapiere. Soweit sich dies beurteilen ließ, schien dem Paar nichts geraubt worden zu sein: Schmuck und Ringe waren genauso vorhanden wie ihre Brieftaschen. Insgesamt zählten die Kriminalisten 435 Mark und 57 Pfennig Bargeld.

Der »regelgerecht bekleidete« Leichnam von Harald Appelt befand sich auf dem Fahrersitz, der Oberkörper war leicht nach links geneigt, der Kopf ebenfalls, an der linken Schulter teilweise aufliegend. Seine Frau wurde auf dem Beifahrersitz gefunden, zusammengesunken, den Kopf an die Scheibe gelehnt. Auch hier waren »keine Manipulationen der Bekleidung« festzustellen. Das Blutspurenbild ließ zweifelsfrei erkennen, dass die Verletzungshandlungen innerhalb des Wagens passiert sein mussten.

Bei Harald Appelt wurde an der rechten Schläfenseite zwei Zentimeter oberhalb des Ohres eine Einschussverletzung »mit deutlich runder Stanzmarke und Eintrocknungen« erkannt. Von diesem Einschuss lief am vorderen Rand der Ohrmuschel »eine breite eingetrocknete Blutrinnspur nach dem rechten Kieferwinkel«. Im rechten Gehörgang und an der Ohrmuschel war ebenfalls »eingekrustetes Blut«. Ein »1,4 Zentimeter breiter, eng begrenzter und gleichmäßiger Schmauchhof« ließ einen »aufgesetzten Pistolenschuss« vermuten.

Auch Marga Appelt hatte offenbar eine Schussverletzung erlitten. Über dem linken Stirnhöcker war eine 1,5 Zentimeter große, »unregelmäßig begrenzte Öffnung mit zackigen, zerfetzten Rändern im Schädeldach und in der Kopfschwarte« vorhanden. Aus dieser Wunde traten Knochensplitter heraus. Demnach hatte Marga Appelt das Projektil mitten in die Stirn getroffen.

Die vermeintliche Tatwaffe wurde im Fußraum des Wagens gefunden. Unweit davon lagen zwei Geschosshülsen. Es handelte sich um eine Pistole »Walther PPK«, Kaliber 7,65 Millimeter, Seriennummer 116760. Die Waffe war entsichert, das Magazin leer.

Beide Opfer mussten »absolute Nahschüsse« erhalten haben. Denn im Anfangsteil der Schusskanäle waren durch Pulvergase hervorgerufene »deutliche Schwärzungen« erkennbar, und die Kopfhaut war »mehrstrahlig aufgeplatzt«.

Der Tatortbefund ließ noch keine abschließende Bewertung zu. Warum sich diese Bluttat ereignet hatte, blieb zunächst offen. Nur *wer* geschossen hatte, ließ sich mit Gewissheit sagen. Eine »Schußhanduntersuchung« hatte lediglich bei Harald Appelt den Nachweis von Schmauchspuren ergeben. Der 33-Jährige musste demnach die tödlichen Schüsse abgegeben haben. Die Ermittler vermuteten einen »gemeinsamen oder erweiterten Suizid«. Also hatte Harald Appelt seine Frau entweder gegen ihren Willen getötet und danach sich selbst gerichtet oder das Paar hatte sich dazu entschieden, gemeinsam aus dem Leben zu scheiden.

Auch das Ergebnis der Obduktionen bestätigte die Annahme der Kripo. Neben den »tödlichen Schußverletzungen« konnten »keine Hinweise auf Fremdeinwirkung« gefunden werden. Und eine Untersuchung der Pistole ergab, dass die Projektile »zweifelsfrei« mit dieser Waffe verfeuert worden waren.

Der Grund für dieses Drama offenbarte sich zwei Tage nach dem Auffinden der Leichen, als den Familien der Getöteten zwei Briefe zugestellt wurden. In dem Schreiben an seine Eltern, datiert vom und abgestempelt am 24. Februar in Düsseldorf, berichtete Harald Appelt von einer unheilbaren Krebserkrankung seiner Frau. Er habe schon vor Monaten davon erfahren, aber seine Eltern damit nicht belasten wollen. Die bittere Konsequenz: »Ohne Marga kann und will ich nicht leben! Ich hoffe auf Euer Verständnis. In Liebe, Harry.« Warum das Paar die Einladung zum Abendessen angenommen und sich noch wenige Stunden vor ihrem Tod bei den Eltern gemeldet hatte, blieb ungewiss. Vermutlich war es ein spontaner Entschluss gewesen, allem ein Ende zu setzen. Die Ermittlungen wurden schließlich eingestellt, der Fall zu den Akten gelegt.

15

Mit eintägiger Verspätung erreichte die Mordkommission am 26. Februar das Gutachten des Landeskriminalamtes. Bei der Untersuchung der Blutspuren an der Kleidung von Joachim Stahlschmidt war ausschließlich die seltene Blutgruppe »B negativ« festgestellt worden. Doch keinem der Doppelmord-Opfer konnte dieser Befund zugeordnet werden. Allein der Verdächtige hatte diese Blutgruppe. Da auch bei der Durchsuchung seiner Wohnung kein weiteres Beweismaterial gefunden worden war, musste Stahlschmidt aus der Untersuchungshaft entlassen werden – der »dringende Tatverdacht« war nach Auffassung des Amtsgerichts »nicht mehr begründbar«. Deshalb hatte der Mann nicht als unschuldig zu gelten, aber der Kripo war ein probates Mittel entzogen worden, um sich mit ihm besonders intensiv befassen zu können. So wurde Stahlschmidt ein Fall für die Akte »überprüfte Verdächtige« – bis auf Weiteres.

Am selben Tag erschien Ursula Holtkamp bei der Mordkommission. Die junge Frau hatte von dem Doppelmord in Lank-Ilverich erst kurz zuvor durch Nachbarn erfahren. Sie war mit ihrer Familie frühmorgens am 9. Februar nach Dänemark abgereist und hatte deshalb zunächst nichts mitbekommen. Schlagartig war ihr nun aber bewusst geworden, dass sie in der Nacht zum 8. Februar dem mysteriösen Mörder begegnet sein musste, als sie kurz nach Mitternacht die Strohmiete und den dunklen Wagen passiert hatte.

Ursula Holtkamp erzählte den Beamten, was sie erlebt hatte. Die Fahnder witterten Morgenluft. Erstmals bestand die Möglichkeit, sich den mutmaßlichen Serienmörder beschreiben zu lassen. Und dass *er* es gewesen sein musste, daran zweifelte niemand. Allerdings blieb die Täterbeschreibung der Zeugin sehr vage: »Zwischen 1,70 Meter und 1,80 Meter groß, dunkle Haare, schlank, dunkle Kleidung.« Genauer hatte Ursula Holtkamp den Mann nicht erkennen können. Überdies waren alle Angaben mit einem »wahrscheinlich« oder »vielleicht« behaftet. Damit blieb das Profil des Gesuchten weiterhin unscharf. Und dass die Zeugin nur *einen* Mann gesehen hatte, musste nicht auch zwangsläufig bedeuten, dass sonst niemand am Tatort gewesen war. Vielleicht hatte der zweite Täter die Frau rechtzeitig gehört oder gesehen, oder er war von seinem Komplizen früh genug gewarnt worden und hatte sich versteckt gehalten. Wieder war man einer Spur ins Nichts gefolgt.

Obwohl von dem Mörder bisher ausschließlich Liebespaare attackiert worden waren, hatte das Grauen nicht nur die Opfer selbst gepackt und überwältigt. Denn sie hatten alle Eltern, Geschwister, Verwandte, Freunde, Bekannte – und auch sie wurden unversehens mitgerissen in den dunklen Schlund der Verzweiflung. Obwohl die Verantwortlichen im Düsseldorfer Polizeipräsidium Gegenteiliges predigten, niemand war mehr sicher, nichts schien undenkbar – so jedenfalls dachten und empfanden viele Bürger. Das Sicherheitsgefühl der Bevölkerung war empfindlich gestört, die hässlichen Morde des »Untiers« avancierten zum Stadtgespräch. Düsseldorf glich einem Ameisenhaufen, in dem eine »Bestie« scheinbar wahllos und nach Belieben herumtrampelte.

Das »deutsche Paris« befand sich gleichermaßen in einem medialen Ausnahmezustand, die »ungeheuerlichen Morde« wurden bald auch von überregionalen Blättern fachmännisch ausgeschlachtet. Während die Kripo angeblich »verzweifelt« nach einem »blutgierigen Mörder« fahndete, erkannten findige Reporter diverser Boulevard-Zeitungen und bunter Illustrierten zielsicher »mörderische Schatten über dem Karneval« und gingen ungeniert auf Leserfang. »Mörder jagen Liebespaare«, »Der Unheimliche von Düsseldorf« oder »Das Untier und die Liebespaare« – selbstverständlich und ausnahmslos »exklusive« und reichlich bebilderte Fortsetzungsklamotten hatten Hochkonjunktur.

Wer sich besonders in Acht zu nehmen hatte, lag auf der Hand: »In Gefahr sind blonde, sympathische junge Menschen, gefährdet sind schlanke, große Männer und lustige, lächelnde Frauen.« Die Begründung: »Alle vier Opfer verkörpern einen ganz bestimmten Typ. Alle vier haben das gleiche sorglose, jetzt gespenstisch wirkende Lächeln auf den Fahndungsplakaten ...« Dass der Mörder seine Opfer in der Dunkelheit höchstwahrscheinlich gar nicht genau hatte erkennen können und seine Entscheidung, die Paare zu attackieren, von ganz anderen Kriterien geprägt gewesen sein dürfte, wurde geflissentlich übersehen. Was nicht ins mediale Bild passte, wurde passend gemacht.

Während das Opferprofil scharf gestellt werden konnte, blieb »das unmenschliche Scheusal« mysteriös, sphinxhaft: »Die Menschen sehen ihm ins Gesicht, aber sie wissen nicht, daß er ein Monster ist. Er sieht aus wie jeder andere. Er ist vielleicht groß, vielleicht klein, vielleicht jung, vielleicht alt. Wie er genau aussieht, weiß niemand.« Dafür wusste man aber, was er tat: »Der Mörder geht durch Düsseldorf, gemächlich, gelangweilt, gleichgültig. Er geht an den Passanten vorbei, er sitzt in der Straßenbahn, er steht an der Kinokasse ...«

Weil einige Journalisten einfach die vermeintlich besseren Kriminalisten waren, wurde dramaturgisch passend schließlich das »eigentliche Mordmotiv« präsentiert: »Das Morden allein befriedigt ihn nicht. In seiner scheußlichen, unfaßbaren, unbegreiflichen Abartigkeit macht er nicht einmal vor den Toten halt.« Damit sich die Leserschaft auch richtig gruseln konnte, wurden kurzerhand noch postmortale Misshandlungen dazugedichtet: »Er verletzt sie hinter den Ohren. Alle Leichen weisen an dieser Stelle seltsame Verwundungen auf, die sich nicht ohne Weiteres aufklären ließen.«

Und die Prognosen waren durchweg düster. »Solange er nicht gefaßt ist, wird jeder Autofahrer, der nachts mit seiner Begleiterin unterwegs ist, von dem unheimlichen Totschläger bedroht!«, stand in fetten Lettern zu lesen. Oder: »Tag und Nacht stehen die Wagen der Düsseldorfer Mordkommission alarmbereit. Jede einlaufende Meldung löst eine neue Großfahndung aus. Was früher ein Autodiebstahl war, kann heute ein Anzeichen dafür sein, daß der Mörder neue Opfer gefunden hat.« Und vor alledem: »Der Mann im Dunkeln, der furchtbarste, der gemeinste, der entsetzlichste Mörder unserer Zeit, wird weiter morden, wenn man ihn nicht faßt ...«

Die offenkundige Erfolglosigkeit der Kripo und vermeintliche Parallelen zu einem viele Jahre zurückliegenden »Jahrhundert-Fall« riefen nicht nur bei älteren Bewohnern Düsseldorfs überwunden geglaubte Urängste wach. Was viele besorgte Bürger dachten und befürchteten, war in einem Artikel der *Neue Ruhr Zeitung* nachzulesen:

»Erinnerung an Kürten

Wird Düsseldorf von einer neuen Mordserie heimgesucht? – Diese Frage muß sich förmlich aufdrängen, seitdem feststeht, daß innerhalb von vier Monaten vier junge Menschen auf bestialische Weise das Opfer eines noch unbekannten Verbrechers geworden sind. Und die Parallele zu dem Fall Peter Kürten, dessen Taten von Februar 1929 bis zu seiner Festnahme am 24. Mai 1930 Düsseldorf und darüber hinaus ganz Deutschland in eine Psychose der Angst versetzten, wird allzu offenbar.

Peter Kürten, der in dem nachfolgenden Prozeß vom Staatsanwalt ›König der Sexualverbrecher‹ genannt wurde, wurde am 22. April 1931 wegen neunfachen Mordes in Tateinheit begangen mit drei Sittlichkeitsverbrechen neunmal zum Tode und wegen siebenfachen Mordversuchs zu fünfzehn Jahren Zuchthaus verurteilt. Am 2. Juli 1931 starb er im Hofe des Kölner Gefängnisses ›Klingelpütz‹ unter dem Fallbeil des Henkers.

Seine Untaten, denen eines Großmanns, Haarmanns und Denkes – den berüchtigten Massenmördern der zwanziger

Jahre – vergleichbar, entsprangen einer verirrten Sexualität. Sie galten kleinen Mädchen, Frauen und nur in vereinzelten Fällen Männern. Die letzten Morde, die Düsseldorf erst jetzt nach dem zweiten Doppelmord innerhalb von vier Monaten erschüttern, wurden an Liebespaaren ausgeführt. Es steht nicht fest, ob sie von ein und demselben Täter ausgeführt wurden. Aber besteht nicht die Möglichkeit, daß es einen hemmungslosen Sexualmörder gibt, der ahnungslosen Liebespaaren auflauert, wenn sie in einem Wagen an einsamer Stelle parken und der zuschlägt, wenn sich ihm die Gelegenheit dazu bietet?
Über ein Jahr lang war damals die Polizei hinter Kürten her. Alles war erfolglos. Trotz schärfster Sicherungsmaßnahmen gelang es ihm immer wieder, ein neues Opfer zu finden. Erst durch die aktive Mitarbeit der Bevölkerung, vor allem der eines seiner glücklicherweise mit dem Leben davongekommenen Opfers, gelang es endlich, Kürten zu stellen und festzunehmen. Eine Anzahl von Menschen, die mit Kürten in Berührung gekommen waren, hatten Hemmungen, ihre Erlebnisse der Polizei zu melden.
Soll Düsseldorf zum zweitenmal als Schauplatz einer gräßlichen Verbrechensserie mehr berüchtigt als berühmt werden? Die Polizei arbeitet auf Hochtouren. Die Mithilfe der Bevölkerung könnte von großem Nutzen sein.«

Dieser Serienkiller war anders. Er nahm sich viel Zeit für seine Verbrechen, und die Ermittler gingen davon aus, dass es ihm »einen Genuss besonderer Art« bereitete, andere Menschen zu Tode zu quälen. Er kannte offenbar keine Scheu im Umgang mit Leichen, schien sich von ihnen nur ungern zu trennen. Gegen seine »abartige Veranlagung« sprach auch nicht die mittlerweile bestehende Vermutung, dass alle Opfer beraubt worden waren. Denn auch dabei ließ er planvolles und vorsichtiges Handeln erkennen: Schmuck, Uhren und Ringe, die ihn später einmal hätten verraten können, ließ er liegen. Er nahm nur Geldscheine. Aus seinem Handlungsmuster konnte die Kripo schon ein recht exaktes Verhaltensprofil schlussfolgern – aber sie wusste dennoch nicht, wer er war.

Um das zu ändern, wurde die Mordkommission nochmals aufgestockt, achtundsechzig Beamte arbeiteten jetzt schichtweise an diesem Fall. Und die Bevölkerung wurde nun in einem bis dahin nicht gekannten Ausmaß an der Fahndung beteiligt. Nach einer Rekonstruktion des letzten Doppelmordes hatten die Fahnder eine Reihe von Ermittlungsansätzen erkannt, die alle zum Täter führen konnten – wenn sich ein Zeuge entsprechend erinnern und bei der Polizei melden würde. Um die Bevölkerung flächendeckend erreichen und mobilisieren zu können, wurde ein Fragenkatalog entwickelt und als Fahndungsaufruf im gesamten Stadtgebiet insgesamt zweihundertfünfzigtausend Mal verteilt und plakatiert:

»Mörder am Werk!
15 000 DM Belohnung!
(...)
Mitbürger!
- Wer hat am Mittwoch, 8. Februar, Personen gesehen oder beobachtet, deren Kleidung Blutwischer oder Blutspritzer enthielt? Diese Blutspritzer können sich am Hut, am Hemdkragen, am Schlips, am Mantel oder an Handschuhen befunden haben.
- In welchem Haushalt hat sich in der Nacht zum Mittwoch oder am Mittwoch jemand Blutspuren von den Händen gewaschen?
- Der oder die Täter sind mit dem Stroh des abgebrannten Strohschobers in Berührung gekommen. Wem ist jemand aufgefallen, der am Mittwochmorgen oder im Laufe des Mittwochs an seiner Kleidung Stroh- oder Heureste anhaften hatte?

- Wer hat sonst nicht vorhanden gewesene oder verdächtige Stroh- oder Heureste an irgendeiner Stelle, außerhalb oder innerhalb von Behausungen bemerkt?
- Es ist mit Sicherheit anzunehmen, daß der getötete Seiffert mit einem Kleinkalibergeschoß, 22 mm lang, erschossen oder angeschossen wurde. Der Täter hatte also eine Schußwaffe für Kleinkalibergeschosse im Besitz. Diese Schußwaffe ist entweder eine übliche Kleinkaliberwaffe, ein Gewehr oder eine Pistole. Es kann sich aber auch um eine Pistole normalen Kalibers mit Einstecklauf handeln. Möglicherweise hat der Täter sich eine Pistole für Kleinkalibergeschosse auch ausgeliehen. Wer von allen Besitzern solcher Waffen war in der Nacht von Dienstag auf Mittwoch nicht zu Hause? Wer hatte seine Waffe verliehen?
- Der Wagen des getöteten Seiffert, ein schwarzer viertüriger Mercedes 170 S mit dem Kennzeichen R 209-448, hat am 8. Februar vor dem Hause Karl-Anton-Str. 27 gestanden. Die Zeit, als der Wagen abgestellt wurde, liegt nach 0.30 Uhr am Mittwoch. Wer hat diesen Wagen in der Nacht beobachtet, als er geparkt wurde?
- Der Mercedes stand bis 22 Uhr vor dem Lokal »Wilke«, Oberkassel, Luegallee, Ecke Oberkasseler Str. Helga Kortmann und Peter Seiffert haben sich zu dieser Zeit im Lokal aufgehalten. Wer hat das Paar wieder in den Wagen einsteigen sehen? Wohin oder in welche Richtung sind sie gefahren? Wer hat nach 22 Uhr den schwarzen Mercedes oder einen anderen Wagen in Oberkassel, Heerdt, Lörick, Büderich oder auf der Straße oder einem Weg in Richtung Lank-Ilverich oder zurück beobachtet?

(…)«

Auch der Ermittlungsabschnitt »Liebespaare« forcierte die Öffentlichkeitsfahndung, in jeder Düsseldorfer Tageszeitung wurde ein entsprechender Appell platziert:

»Auch der kleinste Hinweis hilft der Polizei weiter – jede Meldung wichtig!
Die Mordkommission wäre dankbar, wenn alle Paare, die rechts- oder linksrheinisch in Düsseldorf oder in der Nähe Düsseldorfs einsam geparkt haben, alle Beobachtungen mitteilen würden, auch wenn sie keine Belästigungen zum Inhalt hatten. Jede Person, die in der Nähe eines einsam parkenden Paars überhaupt nur gesehen worden ist, sollte gemeldet werden, auch wenn keine oder nur eine ungenaue Personenbeschreibung abgegeben werden kann.«

Die »Großjagd auf Doppelmörder« war eröffnet. Diese für damalige Verhältnisse ungewöhnlichen Fahndungsmaßnahmen fanden in der Bevölkerung ein ebenso ungewöhnliches Echo. So erinnerte sich der Wirt eines Altstadtlokals: »Bei dem Strohhaufen-Mord muss ich immer an einen Mann denken, der mir vor zwei Jahren in angeheitertem Zustand erklärte, für ihn gäbe es nichts Schöneres, als sich an Wagen mit Liebespärchen heranzuschleichen und sie zu belauschen.« Nur konnte der Hinweisgeber weder den Namen des Mannes nennen noch ihn beschreiben.

Mehrere Zeugen berichteten unabhängig voneinander, dass sie den Strohschober auch in der Mordnacht gegen 0.40 Uhr hatten brennen sehen. Doch niemand hatte darüber hinaus etwas gesehen oder gehört. Einer der Zeugen, ein 52-jähriger Frührentner, wollte die Belohnung gleich bei der Polizei kassieren. Die Beamten mussten viel Geduld aufbringen, um dem Mann plausibel zu machen, dass die Feststellung der Tatzeit zwar nützlich sei, aber noch längst nicht die Ergreifung des Täters bedeute.

Im Laufe weniger Tage erreichten die Kripo insgesamt achthundertdrei Hinweise, darunter waren allerdings nur wenige brauchbare. Einige davon führten schließlich zur Ergreifung lang gesuchter Verbrecher – aber keiner zum »Liebespaar-Mörder«. Dafür wurden das Polizeipräsidium und die Redaktionen der Zeitungen mit Leserbriefen überflutet. Viele Schreiber wiesen erbittert darauf hin, dass für die Aufklärung des Falles Jahn – der ranghohe Beamte des Verfassungsschutzes war in die DDR übergelaufen – eine Belohnung von 500 000 Mark ausgelobt und später nie ausgezahlt worden war. Andere Zeitungsleser beschweren sich über die »lächerliche Summe von 15 000 Mark, die in keinem Verhältnis zu dem Wert von vier Menschenleben steht, wenn man bedenkt, daß für den Überläufer Jahn 500 000 Mark ausgesetzt waren«. Am häufigsten aber wurde die »sofortige Wiedereinführung« der Todesstrafe gefordert.

Das »Jahrhundert-Verbrechen« rief naturgemäß auch zahlreiche Alles- und Besserwisser, Schwätzer und Denunzianten auf den Plan. Im Brennpunkt unbegründeter Verdächtigungen und böswilliger Verleumdungen fand sich unverhofft Otto Schuster wieder. Der 56-Jährige war der Wirt des Altstadtlokals »Csikós«. Und dort waren Lieselotte Ingensandt und Wilfried Mehnert letztmals lebend gesehen worden, und gerüchteweise hieß es, auch Helga Kortmann und Peter Seiffert hätten dort verkehrt. Natürlich: Otto Schuster war der Mörder. Oder er deckte ihn. Oder er machte mit ihm gemeinsame Sache.

Um den Makel des mutmaßlichen Serienkillers loszuwerden und die Rufmörder mundtot zu machen, startete Schuster eine Gegenoffensive. Er veröffentlichte in der *Rheinischen Post* diese Anzeige:

»**Hohe Belohnung!**
Im Falle des vollen Erfolges verspreche ich **1000.- DM** ›**Eintausend Mark**‹ demjenigen, der mir den oder die Urheber der in Umlauf gesetzten Gerüchte,
1. Ich sei der gesuchte Doppelmörder,
2. mein Restaurant ›Csikós‹ sei pol. geschlossen
so namhaft macht, daß ich diese Person gerichtlich belangen kann.
Zuschriften, auch vertraulichen Inhalts, erbeten an Otto Schuster, ›**Csikós-Wirt**‹, Düsseldorf, Andreasstraße 9.«

Der Gescholtene hatte mit seiner Kampagne schließlich doppelten Erfolg: Die Gerüchte verstummten, und er brauchte die Belohnung nicht zu berappen.

In diesen Tagen erreichte die Kripo auch ein anonymer Brief, eingeworfen in einem Kölner Postamt, in dem behauptet wurde: »Ich kenne die Stelle, an der Peter Seiffert und Helga Kortmann ermordet wurden. Es muß da eine graue Mauer stehen. Ganz in der Nähe ist ein kleiner Wasserfall.«

Beigelegt worden war eine Landkarte, die »den Weg des Mörders« mit einem dicken Strich kennzeichnete. Und die Beschreibung des Täters wurde gleich mitgeliefert: »Er ist fünfunddreißig bis vierzig Jahre alt, mittelgroß und blond. Er spricht nur gebrochen deutsch und wohnt in einem kleinen Dorf südwestlich von Düsseldorf.«

Der Brief ließ keinen Absender erkennen und war unleserlich unterschrieben worden. Aber am Ende der Mitteilung stand eine Kölner Rufnummer. Weil nicht ohne Weiteres ausgeschlossen werden konnte, dass es sich um einen ernstzunehmenden Hinweis handelte, wurde die Telefonnummer aus Köln angewählt. Es meldete sich eine ältere Frau, die sich zu dem Brief bekannte und ohne Umschweife erläuterte, wie sie an die brisanten Informationen gelangt war: »Ich habe mich mit den Mordfällen von Düsseldorf sehr genau befasst. Und ich beschäftige mich seit Jahren mit übersinnlichen Experimenten. Wie mir immer wieder bestätigt wird, besitze ich hellseherische Fähigkeiten. Vielleicht könnte ich Ihnen weiterhelfen.«

Die Amateurdetektivin mit dem »zweiten Gesicht« war in Köln als »Forelle« durchaus populär. Denn die lokale Regenbogenpresse hatte der 62-Jährigen unbesehen diverse »spektakuläre Fahndungserfolge« angedichtet. Mit bürgerlichem Namen hieß die verwitwete Hausfrau Rotraud Schindler und war auch bei der Kripo »bestens bekannt«. Die selbst ernannte Expertin für Paragnosie hatte in den vergangenen Jahren immer dann »ein weiteres Opfer gesehen«, wenn kurz zuvor Schwerstverbrechen in der Presse ausgebreitet worden waren. Und auch die Düsseldorfer Kriminalisten wurden entsprechend vorgewarnt: »Das nächste Opfer ist ein junges blondes Mädchen von zweiundzwanzig Jahren. Ich weiß nicht, wie das Mädchen heißt. Aber ich weiß ganz bestimmt, dass es in allergrößter Gefahr schwebt!« Damit hatte sich die »Nebenspur 538« schnell erledigt.

Der Ermittlungsabschnitt »Liebespaare« trat ebenfalls auf der Stelle. Denn die in Zeitungsappellen angesprochenen Männer und Frauen waren überwiegend mit Geliebten unterwegs gewesen, deren Existenz und Namen sie ohne Not nicht preisgeben wollten. Nur vier Zeugen meldeten sich, die Verdächtiges beobachtet hatten oder glaubten, Anrüchiges oder Seltsames mitbekommen zu haben. Ein junges Paar berichtete, dass es im linksrheinischen Büderich auf einem Parkplatz »begafft und belauscht« worden war. Der Unbekannte hatte ungeniert in den Wagen geglotzt, als sich die Insassen näher gekommen waren. Allerdings gab es keine Beschreibung des Mannes, weil »es so dunkel gewesen und alles so schnell gegangen war«. Die Zeugen hatten »nur einen Schatten« gesehen und jemanden weglaufen hören.

Ein anderes Paar erklärte, dass es mit seinem Auto unweit des Kalkumer Schlosses in einer Nebenstraße gestanden hätte. Kurz vor Mitternacht habe sich von hinten ein anderer Wagen genähert und mehrere Minuten mit eingeschaltetem Licht etwa 20 Meter entfernt gestanden. Dann sei »ein lauter Knall« zu hören gewesen, und der Wagen habe sich »mit quietschenden Reifen« schnell entfernt. »Wir dachten sofort, da hat jemand auf uns geschossen!«, wurde zu Protokoll gegeben.

Der Wagen wurde wenig später untersucht, allerdings ohne handfestes Ergebnis. Es fanden sich keinerlei Beschädigungen, die zu einer Schussabgabe hätten passen können. Auch am behaupteten Abstellort wurde weder ein Projektil noch eine Hülse gefunden. Vermutlich hatten die Zeugen nur eine Fehlzündung gehört und im Sinne der »schlimmen Morde« interpretiert.

16

Die gewaltigen Anstrengungen der Mordkommission verpufften ausnahmslos wirkungslos. Eine ganze Reihe von »Spannern« war in die Mangel genommen worden; die hatten teilweise auch »gesungen«, aber niemand war mit den Morden in Verbindung zu bringen. Der Kreis der »potentiell Verdächtigen« war damit größer und nicht kleiner geworden. Es fehlte ein Täterprofil. Die Fahnder glaubten einschätzen zu können, wie und warum der Täter mordete, aber sie hatten kaum eine Vorstellung davon, nach welchen gesicherten Kriterien sie Verdächtige von Unverdächtigen unterscheiden sollten. Also wollte man sich nun insbesondere mit Persönlichkeit und Lebensweg solcher Verbrecher näher befassen, die in der Vergangenheit wegen »ähnlich gelagerte(r) Delikte« verurteilt worden waren. Konkret gesucht wurde nach Tätern, die Liebespaare körperlich attackiert oder getötet hatten und dabei von speziellen Bedürfnissen angetrieben worden waren: »Mordlust« oder »Haß«.

Doch alle kriminalistischen und kriminologischen Erfahrungen versagten, Vergleichbares hatte sich bis dahin in Deutschland nicht ereignet. Dafür stieß man auf den Autor des Bestsellers »Todeszelle 2455«. Caryl Whitier Chessman, am 27. Mai 1921 in St. Joseph, Michigan (USA), geboren, galt zu dieser Zeit als einer der berüchtigsten, gerissensten und intelligentesten Verbrecher der Vereinigten Staaten. Er war der Kopf der »Rotlicht-Banditen«, die im Frühjahr 1947 insbesondere junge Bewohner von Los Angeles terrorisiert und »in Angst und Schrecken versetzt« hatten. Von der Bande waren im Schutz der Dunkelheit in Ausfallstraßen ausnahmslos Liebespaare überfallen, beraubt und die Frauen vergewaltigt oder sonst missbraucht worden. Der *Modus Operandi* der Gang war immer gleich: Hatten die Täter geeignete Opfer ausgesucht, wurde das auf dem Dach ihres Wagens fest montierte rote Blinklicht eingeschaltet und eine Polizeikontrolle vorgetäuscht. Sobald die Opfer angehalten hatten, war der Mann niedergeschlagen und die Frau sexuell attackiert worden.

»Das Rätsel in der neuzeitlichen Geschichte des Verbrechens« war am 25. Juni 1948 von einem Schwurgericht in Los Angeles im »Case of the People of the State of California versus Caryl Chessman« zweimal zum Tode verurteilt worden. Chessman, der nie einen ordentlichen Beruf erlernt oder ausgeübt hatte, sollte in der Gaskammer sterben. Doch dieser Mann hatte es immer wieder verstanden, durch juristische Kniffe seine Hinrichtung aufzuschieben. Mittlerweile war er über die Grenzen Amerikas hinaus zu einem Politikum geworden.

In seinen Memoiren schrieb der Todgeweihte auch darüber, was er bei seinen Verbrechen empfunden hatte und warum es dazu gekommen war. Für die Düsseldorfer Kriminalisten eine lohnenswerte Lektüre, da sie bei ihrem »Liebespaar-Mörder« die gleichen Motive vermuteten. »Du stellst, wie erklärt wurde«, war zu lesen, »ein besonderes soziales Problem dar: das Problem der aggressiven psychopathischen Person, den kriminellen Psychopathen, oder, wie ihn die Fachleute derzeit nennen: den Soziopathen.

In- und außerhalb der Haft widerstrebt er auf listige oder gewaltsame Weise jeder Unterordnung und höhnt versteckt oder offen jeder Bemühung, ihn zu heilen. Gut und Böse haben für ihn anscheinend keine moralische Bedeutung. Es ist seine Spezialität, Gott, den Teufel, die Welt, die Gesellschaft und alle seine Mitmenschen zu verhöhnen.

Auch wenn er geistig und physisch über dem Durchschnitt steht, hat er dennoch nie einen Sinn für soziale Verantwortung entwickelt. In seinem persönlichen Umgang ist er zumeist kalt und undurchdringlich. Er ist bekannt dafür, nach allem zu schnappen, was er sich wünscht. Bei Gefängnismeutereien ist er zumeist der Rädelsführer. Und sobald er aus der Haft entlassen ist, kehrt er unverzüglich zu seiner dramatischen Art, alles zu schnappen, zurück.

Feindschaft ist für ihn so unentbehrlich wie die Luft zum Atmen. Unkritisch und böse, in einer psychologischen Hölle wie in einem Dschungel verstrickt, sieht er in der Gesellschaft den unversöhnlichen Feind; sie ist seiner Meinung nach eine Gesellschaft von Trotteln, großmäuligen Anschaffern, scheinheiligen Richtern und Uniformierten, die Zellentüren aufsperren und knurren: ›Dort hinüber!‹. Für diese Art von Gesetzesbrechern ist das Verbrechen ein furchtbares Niemandsland, ein verlockendes und bedrohliches Reich, wo man zornig kämpfend, von zahlreichen Speeren durchbohrt, untergehen kann.«

Horst Lemper hatte die Suche nach Vergleichsfällen zur Chefsache gemacht. Doch keine Fachdienststelle hatte sich auf das Fernschreiben »594/56« gemeldet, und in der deutschsprachigen kriminalistisch-kriminologischen Literatur wurden keine artgleichen Kriminalfälle beschrieben. Chessman blieb schließlich der einzige Verbrecher, der bei Tatausführung *und* Motiv die unterstellten Gemeinsamkeiten erkennen ließ. Und gerade deshalb war er so wichtig.

Der Kriminalhauptkommissar ging nämlich von der Überlegung aus, dass Verbrecher, die ähnliche Motive verfolgten und gleichartige Bedürfnisse befriedigten, auch Übereinstimmungen in ihren Lebensläufen haben konnten. Das erschien ihm plausibel. Aus den ihm zur Verfügung stehenden Unterlagen filterte Lemper bestimmte Persönlichkeits- und Verhaltensmerkmale heraus, die vielleicht sogar für eine Täterschablone hilfreich sein konnten. Der 54-Jährige hatte keine Vorstellung davon, wie erfolgreich seine Methode tatsächlich sein würde. Stichwortartig notierte er:

»Caryl Chessman
 – unauffälliges Kind
 – schwere Hirnhautentzündung als 8jähriger
 – unstetes Familienleben (häufiger Umzug)
 – schlechte schulische Leistungen (aber: musikalisch, intelligent)

- wächst in ärmlichen Verhältnissen auf
  (Vater arbeitslos, Mutter chronisch krank)
- erste Straftat als 15jähriger (Überfall auf Metzgerei)
- distanziertes Verhältnis zum Vater
- danach Autodiebstähle und Raubüberfälle
  (Spirituosengeschäft, Supermärkte, später <u>Bordelle</u>)
- mehrere Haftstrafen (entweicht mehrmals)
- Heirat 1940 (19 J.)
- Bandenbildung <u>(Anführer!)</u> ab 1941 (Autodiebstähle, Raubüberfälle auf Tankstellen, Geldfälschung)
- nach Verbüßung einer längeren Haftstrafe ab 1947 Raubüberfälle auf Wettbüros <u>mit Schußwaffe!</u>
- im selben Jahr Inhaftierung, Scheidung (fühlte sich von seiner Frau hintergangen und ausgenutzt – Motiv für spätere Vergewaltigungen?)
- ab 1948 »Rotlicht-Bande« (bis zu diesem Zeitpunkt <u>keine Sittendelikte</u>)
- zur Tatzeit 26 Jahre
- <u>kein Tötungsdelikt«</u>

Beachtlich erschienen Lemper auch die Selbsteinschätzungen Chessmans, die der damaligen kriminologischen Lehrmeinung des »delinquente nato« (des »geborenen Verbrechers«) widersprachen. »Und dennoch«, schrieb der Todeskandidat, »bist du einmal ein scheues, intelligentes, sensitives Kind gewesen – geliebt, erwünscht, musikalisch begabt, in einem guten Heim und einer gesunden kleinbürgerlichen Umgebung aufgewachsen. Demnach bist du nicht bereits schlecht auf die Welt gekommen. Dennoch hast du dich schlecht entwickelt – nach Meinung mancher: unverbesserlich schlecht. Du wurdest ein Berufsverbrecher, ein Staatsfeind. Warum?«

Die düsteren Familienverhältnisse hatten Chessman früh gelehrt, die menschliche Gesellschaft zu hassen und sie später für die vermeintlichen Erniedrigungen und Benachteiligungen beharrlich und gnadenlos zu bestrafen. Seinem unnahbaren Vater hatte man »keine Chance gegeben«, ihm auch nicht. Und deshalb hatte er sich schließlich Opfer mit Symbolcharakter ausgesucht, Menschen, die stellvertretend für all das standen, wonach er vergeblich verlangte: junge Liebespaare in »teuren Kutschen«. Er glaubte zerstören zu müssen, um nicht selbst zerstört zu werden. Je länger Lemper über diesem Fall grübelte, desto überzeugter war er, dass es Parallelen zum »Düsseldorfer Mörder« geben musste – er wusste nur nicht, welche es waren.

Und noch ein Aspekt gab Lemper zu denken. Chessmans Buch war verfilmt und auch in Düsseldorf gezeigt worden. Im Herbst 1955 war die deutsche Fassung von »Cell 2455 Death Row« in allen Kinos zu sehen gewesen. Vielleicht hatte der »Liebespaar-Mörder« sich von diesem Film inspirieren lassen. Vielleicht war ihm schlagartig bewusst geworden, *wie* er seinen tiefen Groll endlich loswerden konnte: in die Fußstapfen eines berühmt-berüchtigten Jahrhundert-Gangsters treten – und diesen an Grausamkeit und Kaltblütigkeit noch übertreffen. Und er wollte ein perfekter Verbrecher sein, über den jedermann sprach, vor dem sich alle fürchteten.

Lemper hatte sich einige Fragen beantworten können. Das Profil des Gesuchten hatte erste Konturen bekommen. Nur auf die dringendste Frage wusste der Kriminalist keine befriedigende Antwort: Wie viel von Chessman steckte auch in jenem Mann, der unbarmherzig und gnadenlos das Leben junger Liebespaare auslöschte?

17

Er hielt seine Tochter behutsam in den Armen. Sie war jetzt anderthalb Jahre alt. Sonja schlief. Vorsichtig legte er sie ins Bett. Dann gab er ihr noch einen Kuss.

Am Vormittag hatte er ein Schreiben an eine Versicherung aufgesetzt, jetzt kramte er in einem Karton und suchte nach einem Briefumschlag. Dabei fiel ihm wieder etwas in die Hände, über das er sich immer schon geärgert, es dennoch all die Jahre aufbewahrt hatte – der Bericht seiner ehemaligen Schule an das Städtische Jugendamt. Amüsiert und verbittert zugleich begann er zu lesen: »*E. hält sich in der Schule sehr sauber, er ist höflich und stolz auf das, was er macht. Aber seine Großmutter beklagt sich bitter darüber, daß er sich zu nachtschlafender Zeit herumtreibt. Er ist widerspenstig und hat sich öfter zu Tätlichkeiten seiner Großmutter gegenüber hinreißen lassen. Auch in der Schule zeigte er im Laufe der Zeit Ungehorsam, und zwar in schon krankhaft anmutenden Ausmaßen. Mit einem höhnischen Lachen tut er genau das, was verboten ist. E. erwies sich den Mitschülern gegenüber als unkameradschaftlich und tückisch. Er stiehlt und lügt und scheint außergewöhnlich raffiniert zu sein. Die Großmutter ist eine alte, kränkliche Frau, die den Jungen nicht zu bändigen weiß. Aber sie liebt ihn abgöttisch. Man sollte die Entwicklung von E. noch abwarten, bevor man ihn der Großmutter nimmt.*«

Er vergaß den Briefumschlag, mit verächtlicher Miene stopfte er das Schreiben wieder in den Karton. Wenig später ging er mit einer Scheibe Wurst in der Hand in den Keller und zog dort mit einer Spritze eine kleine Menge Zyankali auf. Dann lockte er seinen Hund zu sich hin, und als das Tier sich über die Wurst hermachte, injizierte er blitzschnell das Gift. Seine Augen begannen zu leuchten, als er den kurzen Todeskampf seines Hundes beobachtete.

18

»Ich war mit meinem Freund im Habichtswald, ganz in der Nähe vom Brasselbergturm. Wir wollten dort ein Picknick machen und ein wenig schmusen. Plötzlich kam ein Mann aus dem Dickicht. Er stürzte sich sofort auf Jan. Bevor ich überhaupt merkte, was vor sich ging, war es schon passiert. Der Mann schoß Jan in den Hals. Mein Freund brach zusammen, er blutete heftig aus dem Hals. Ich bückte mich über ihn. Dann sah ich, wie der Mann auch auf mich anlegte. Ich begann zu schreien. Der Mann sprang auf mich zu und schlug mich mit den Fäusten ins Gesicht und in den Unterleib. Er brüllte immer wieder ›Verdammte Hure, du hast es nicht besser verdient!‹. Dann ist er über einen abgesägten Baumstumpf gestolpert und hat dabei seine Pistole verloren. Ich bin losgerannt und habe laut um Hilfe gerufen.«

Stephanie Seeling hatte der Kripo geschildert, wie sie überfallen und ihr Freund getötet worden war. Horst Lemper saß an seinem Schreibtisch, rauchte und dachte über das Gelesene nach. Hinter ihm hing das Bild des Bundespräsidenten. Der Aschenbecher war mittlerweile zu klein geworden für die vielen Zigarettenstummel. Er legte das Vernehmungsprotokoll zur Seite. Die Kripo in Kassel hatte Unterlagen aus dem Verfahren »10 KLs 12/48« nach Düsseldorf geschickt. Denn dort war es den Ermittlern im Sommer 1948 gelungen, eine Reihe von Verbrechen an Liebespaaren aufzuklären. Die Kasseler Todesermittler hatten sich erst jetzt auf das Fernschreiben ihrer Düsseldorfer Kollegen gemeldet.

Die Parallelen zu den Morden in Düsseldorf waren unübersehbar: Der Täter hatte junge Liebespaare in zwei Fällen attackiert, jeweils zunächst auf den Mann geschossen, dann das weibliche Opfer körperlich misshandelt. In beiden Fällen waren die Frauen nur deshalb mit dem Leben davongekommen, weil sie hatten flüchten können oder der Täter durch zufällig auftauchende Wanderer gestört worden war. Und der »Mörder vom

Habichtswald« hatte aus genau jenem Motiv getötet, das die Ermittler auch bei dem »Liebespaar-Mörder« vermuteten.

Oskar van der Floet, ein 22-jähriger vagabundierender Holländer, hatte sich kurz nach seiner Festnahme auch zu seinen Beweggründen geäußert. Lemper nahm das Protokoll zur Hand und begann zu lesen: »*Ich habe die Trennung von meiner Freundin nie vergessen können. Sie war zierlich, schlank und hatte lange schwarze Haare. Sie ist einfach mit einem anderen Kerl durchgebrannt. Ich habe sie dafür gehaßt. Und den Kerl habe ich auch gehaßt. Irgendwann habe ich dann alle Menschen gehaßt, die sich lieben.*

Ich habe mich an die Pärchen herangepirscht, den Mann habe ich sofort beschossen. Mein Haß war einfach übermächtig, ich mußte es tun. Die waren so glücklich, und ich war so unglücklich. Immer wenn sich ein Paar vergnügte, kam der Haß. Ein Kuß oder eine Umarmung, das genügte schon, um mich wütend werden zu lassen. Ich konnte das einfach nicht ertragen. Immer die Gedanken an meine Freundin und die Schmach, die Enttäuschung. Dann habe ich meine Pistole aus dem Versteck im Wald geholt und habe mich auf die Suche gemacht.«

Eigentlich hätte van der Floet als Verdächtiger gar nicht in Betracht kommen dürfen. Denn er war im Frühjahr 1949 als »alliierter Staatsbürger« von einem amerikanischen Militärgericht zum Tode verurteilt worden. Aber man hatte das Urteil nicht vollstreckt, sondern in eine Haftstrafe umgewandelt. Und als Horst Lemper jetzt aus den Akten erfuhr, dass dieser Mann im Zuge einer amerikanischen Entlassungsaktion irrtümlich auf freien Fuß gesetzt worden war, gab es plötzlich einen neuen Hauptverdächtigen. Denn niemand wusste, was mit van der Floet nach seiner Entlassung passiert war und wo er sich aufhielt.

Im Einwohnermelderegister Düsseldorfs war van der Floet nicht verzeichnet, das hatten Lempers Kollegen bereits herausgefunden. Doch vielleicht hielt er sich schon längere Zeit in der Region auf und hatte nun dort weitergemacht, wo er im Sommer 1948 im Kasseler »Habichtswald« notgedrungen hatte aufhören müssen. Wahrscheinlich war die Mordmethode von ihm nun verfeinert worden, er hatte dazugelernt. Er wollte keine Ausnahme mehr machen und *alle* Opfer gnadenlos niedermachen, weil sie ihn *diesmal* später nicht wiedererkennen sollten – so wie die 23-jährige Verkäuferin Stephanie Seeling, als sie ihn zufällig aus einer Kneipe hatte kommen sehen und die Polizei alarmiert worden war.

Lemper legte das Bild »Kassel-56/48« in die Mitte seines Schreibtisches. Es zeigte Oskar van der Floet: kurz geschnittene, nach rechts gescheitelte blonde Haare, ausdruckslose Augen, leicht abstehende Ohren, schmale Lippen, dezent nach links gebogene Nase, schmächtige Statur, die Hände an der Hosennaht, der beige Anzug an Armen und Beinen viel zu lang und viel zu weit. *Bist DU unser Mann?* Lemper nahm das Foto in die rechte Hand und betrachtete es genauer. Aber auch jetzt fand er keine Antwort.

19

Dass es jetzt einen Verdächtigen Nummer 1 gab, nach dem bundesweit gefahndet wurde, bedeutete nicht, dass andere Ermittlungsansätze vernachlässigt werden durften. Seit Monaten war eine Arbeitsgruppe damit befasst, die »Unzuchtskartei« nach »Sittentätern« zu durchforsten, die infrage kommen konnten. Eine mühselige Angelegenheit: Es stellte sich nämlich heraus, dass jeder zehnte der üblichen Verdächtigen bereits verstorben war, die Tat mehr als zwanzig oder dreißig Jahre zurücklag oder der Überprüfte zu den Tatzeiten nachweislich inhaftiert gewesen war. Sie alle mussten aussortiert werden. Übrig blieben etwa zwanzig Prozent, die als »überprüfungsbedürftig« eingestuft wurden.

Diese Männer wurden zwei Kategorien zugeordnet: »verdächtig« und »bedingt verdächtig«. In die erste Abteilung gehörte, wer mindestens ein Merkmal des Fahndungsrasters erfüllte:

»Person ist <u>vorrangig zu überprüfen:</u>
– Straftat zum Nachteil eines Liebespaars
– vorbestraft wegen Tötungsdelikt (auch Versuch)
– gewalttätig
– wohnt oder ist aufhältig im Bereich der (vermuteten) Tatorte oder Leichenfundorte
– hat dort zu einem früheren Zeitpunkt gewohnt
– Arbeitsstelle im Bereich der Tatorte oder Leichenfundorte
– hat dort zu einem früheren Zeitpunkt gearbeitet
– hat frühere Straftat (nicht nur Sittendelikt!) im Bereich der Tatorte oder Leichenfundorte verübt
– besitzt Fahrerlaubnis.«

Nach Abschluss dieser Ermittlungen stand ein Name ganz oben auf der »Hitliste«: Ernst Armknecht. Der 29-Jährige war wegen »Kindesschändung« und »Bestialität« vorbestraft. Konkret hatte der Mann drei Jahre zuvor ein neun Jahre altes Mädchen aus der Nachbarschaft in seine Wohnung gelockt und dort missbraucht. Der aus Berlin stammende und in Potsdam geborene Verdächtige war mit einer Bewährungsstrafe davongekommen. Überdies hatte er als 19-Jähriger auf einem Bauernhof Kühe und Schweine missbraucht, indem er »an den Geschlechtsteilen der Tiere manipulierte«. Dafür waren sechzig Arbeitsstunden verhängt worden.

Zum Hauptverdächtigen avancierte der ledige Anstreicher, als die Ermittler feststellten, dass er in Kalkum in der Unterdorfstraße 24 wohnte, nur knapp einen Kilometer Luftlinie vom Kalkumer Baggerloch entfernt. Dort waren am 28. November 1955 die Leichen von Lieselotte Ingensandt und Wilfried Mehnert geborgen worden. Zudem erfüllte Armknecht ein Fahndungskriterium, das zunächst gar nicht berücksichtigt worden war: Es stellte sich nämlich heraus, dass er Stammgast im Lokal »Wilke« war. Und genau dort waren Helga Kortmann und Peter Seiffert am 7. März 1956 letztmals lebend gesehen worden. Außerdem besaß Armknecht einen Führerschein und fuhr einen dunkelblauen Opel »Blitz«, Baujahr 1949.

Damit hatte die Kripo nachgewiesen, dass Armknecht der einzige »polizeibekannte Sittentäter« Düsseldorfs war, der zwei »tatrelevante« Örtlichkeiten kennen musste und in der Lage gewesen wäre, die Leichen an die Ablageorte zu fahren. Das waren aber lediglich Indizien, die nicht »monokausal« auf eine Täterschaft Armknechts zurückgeführt werden konnten. Es gab also auch andere genauso plausible Erklärungsmöglichkeiten.

Folglich musste Armknecht dazu befragt werden, wo er sich zu den Tatzeiten aufgehalten hatte. Sollte er kein hieb- und stichfestes Alibi vorweisen können, wollten die Ermittler ihn sofort »vorläufig festnehmen« und seine Wohnung und seinen Wagen nach Beweismitteln durchsuchen.

Am 1. März wurde Armknecht frühmorgens von zwei Kriminalbeamten ohne Vorwarnung abgeholt und ins Präsidium gebracht. Entgegen der allgemeinen Erwartung konnte der Verdächtige jede Frage ohne erkennbares Zögern oder Anzeichen der Verunsicherung beantworten. Sein Alibi: »In der Nacht vom 31.10. auf den 1.11.1955 bin ich zu Hause gewesen und habe geschlafen. Ich lebe allein, und ich hatte keinen Besuch. Es gibt also niemanden, der das bezeugen könnte. (…) Am 7. Februar 1956 war ich bei meiner Mutter. Sie wohnt in Köln. Nachmittags bin ich zu ihr gefahren. Weil ich zuviel Bier getrunken hatte, habe ich dort übernachtet.«

Nachdem Armknecht ausgesagt hatte, seine Mutter habe keinen Fernsprechanschluss, telefonierten die Düsseldorfer Todesermittler noch während des Verhörs mit ihren Kollegen in Köln. Gudrun Armknecht sollte unverzüglich zu den Angaben ihres Sohnes befragt werden, bevor eine Absprache stattfinden konnte. Und was die 59-Jährige mitzuteilen hatte, ließ die Ermittler hellhörig werden: Sie konnte zur fraglichen Zeit gar nicht zu Hause gewesen sein, weil sie ihre Schwester in Berlin besucht hatte. Ihr Sohn hatte sich also im Datum geirrt – oder gelogen.

Armknecht wurde zunächst nicht mit der Aussage seiner Mutter konfrontiert, sondern gebeten, sich die Angelegenheit nochmals ins Gedächtnis zurückzurufen. Um möglichen Erinnerungsfehlern vorzubeugen, gab man ihm einen Kalender an die Hand. Doch das Ergebnis blieb dasselbe. »Das war der Dienstag in der Zeit um Karneval. Ich bin bei meiner Mutter gewesen«, versicherte er.

Eine halbe Stunde später durchsuchten sechs Kriminalbeamte die Zwei-Zimmer-Wohnung des jetzt Festgenommenen, dessen Keller, seinen Wagen. In einem Stapel alter Zeitungen, der im Schlaf- und Wohnraum neben dem Sofa lag, fanden die Ermittler die Ausgabe des *Mittag* vom 30. November 1955. Die Zeitung war so gefaltet, dass die fett gedruckte Schlagzeile nicht zu übersehen war: **»Brautpaar im Baggerloch wurde ermordet. Ärztliche Untersuchung ergab: Wuchtige Schläge auf die Köpfe und dann im bewußtlosen Zustand ertrunken«.** Die Ermittler werteten dies als weiteres Indiz – und wurden wenig später abermals fündig. Beim Durchblättern des *Mittag* vom 11./12.2.1956 stießen die Beamten auf einen Artikel, der mit einem roten Filzstift angestrichen worden war. Die Überschrift lautete: **»Mutter Kortmanns Alptraum in der Mordnacht. Einzelheiten der Ermittlungen im Mordfall Seiffert/Kortmann«.**

Im Wagen Armknechts machten die Fahnder schließlich eine weitere Entdeckung, die den Verdächtigen schwer belasten konnte: Die Polsterbezüge der Rücksitze waren mit einer rotbräunlichen Substanz behaftet, die sich tropfenartig verteilt und zwei größere Lachen gebildet hatte. »Nach äußerlichem Anschein und Verteilungsbild dürfte es sich höchstwahrscheinlich um Blut handeln«, notierten die Beamten in ihrem »Tatortbefundbericht«.

Friedhelm Köhler las die Mitteilungen seiner Kollegen und das Protokoll des ersten Verhörs besonders aufmerksam und machte sich auf einem Blatt Papier Notizen. Er hatte von Horst Lemper den Auftrag bekommen, den Verdächtigen zu vernehmen. Köhler galt als besonders gewieft und erfahren. Der Kriminaloberkommissar hatte im Zuge der Ermittlungen schon Joachim Stahlschmidt verhört, den man schließlich hatte laufen lassen müssen. Ihm zur Seite gestellt wurde Hans-Gerd Bode, ein ambitionierter junger Kriminalobermeister. Der 26-Jährige arbeitete seit zwei Jahren im 1. Kriminalkommissariat. Köhler würde das Verhör führen, Bode das Gesagte dokumentieren. Die beiden waren mittlerweile ein eingespieltes Team.

Die vorab festgelegte Marschroute sah vor, Armknecht zunächst zu seinem nachweislich falschen Alibi und den in seiner Wohnung gefundenen Zeitungsartikeln zu befragen. Die Blutspuren im Wagen des Verdächtigen sollten noch keine Rolle spielen, das Gutachten war erst für den nächsten Tag in Aussicht gestellt worden.

Köhler hatte sich auch die Unterlagen der erkennungsdienstlichen Behandlung besorgt. Das machte er immer so. Er wollte sich auf diese Weise auf den Mann einstimmen, sich ein möglichst komplettes Bild von seinem Widersacher machen. Der Kommissar begann zu lesen: »(…)

Scheinbares Alter: 25 – 27 Jahre
Größe: 178 cm ohne Schuhe –
182 cm mit Schuhen
Gestalt: schlank, muskulös
Kopfform: oval, hohe Form
Gesichtsform: länglich, hervorstehende Backenknochen, eingefallene Wangen
Haare: mittelblond, glatt nach hinten gekämmt, ohne Scheitel, lang
Bart: glattrasiert
Augen: blaugrau

Augenbrauen: dunkelblond, zusammengewachsen, dicht, schmal
Stirn: zurückweichend, hoch
Kinn: zurückweichend, breit mit Grübchen
Spricht: Schrift- und Plattdeutsch
(...)«

Um 10.35 Uhr wurde Ernst Armknecht vorgeführt. Köhler blätterte ca. zehn Minuten lang in den Unterlagen, nahm den Kopf dabei immer wieder mal hoch und fixierte den Verdächtigen. Währenddessen wurde nicht gesprochen, nur das Rascheln des Papiers war gelegentlich zu hören. Köhler wollte den Mann, den er verdächtigte, ein kaltblütiger Serienmörder zu sein, auf die Folter spannen, nervös machen. Und er schien mit dieser Masche Erfolg zu haben: Während Armknecht zunächst nahezu bewegungslos auf seinem Stuhl verharrt hatte, begann er bald hörbar mit den Fingern zu knacken. Immer wenn sich die Blicke der Männer begegneten, glaubte Köhler in den Augen des Mannes Emotionen erhaschen zu können, die sehr hilfreich sein konnten – Unsicherheit und Angst.

»Herr Armknecht«, begann Köhler unvermittelt das Verhör, »erklären Sie uns doch zunächst mal, wo Sie in der Nacht vom 7. auf den 8. Februar gewesen sind.«

»Das habe ich doch schon ...«

Köhler unterbrach den Mann barsch: »Dann erzählen Sie es eben *noch* einmal!«

»Also gut.« Armknecht machte eine beschwichtigende Geste. »Ich war bei meiner Mutter in Köln, habe sie besucht. Wir haben über ihren Urlaub gesprochen, den sie in den nächsten Monaten machen wollte. Der Abend ist darüber lang geworden, und ich habe mir ein paar Gläser Kölsch genehmigt. Weil ich grundsätzlich nicht Auto fahre, wenn ich Alkohol getrunken habe, bin ich über Nacht geblieben.«

Der Kommissar schaute den Mann unverwandt an. Köhler

versuchte dem Verdächtigen klarzumachen, dass er ihm nicht glaubte. Er spekulierte darauf, dass Armknecht schnell einlenken und mit der Wahrheit herausrücken würde. Das tat er aber nicht.

»Wir haben da ein Problem.« Köhler runzelte die Stirn. »Könnte es nicht sein, dass Sie sich vielleicht geirrt haben?«

»Nein.«

»Sind Sie *absolut* sicher, dass Sie bei Ihrer Mutter gewesen sind?«

»Jawohl.«

»Sie lügen! Sie lügen uns ins Gesicht!« Köhler stand abrupt auf. Bisher war dem Verdächtigen aus taktischen Gründen noch nicht gesagt worden, dass seine Mutter das Alibi nicht bestätigt hatte. Köhler spürte, dass der richtige Augenblick jetzt kurz bevorstand. Der Kommissar wurde lauter: »SIE LÜGEN!«

Armknecht verschränkte die Arme vor der Brust. Etwas verlegen und mit leiser Stimme fragte er: »Wie kommen Sie denn darauf?«

»Ihre Mutter ist doch eine anständige Frau, nicht wahr?«

Der Verdächtige starrte den Kommissar irritiert an, gab aber bald zu verstehen, dass er zustimmte.

»Ihre Mutter würde doch bei der Polizei nicht die Unwahrheit sagen, nicht wahr?«

Armknecht nickte.

»Und jetzt hören Sie mir mal genau zu: *Ihre* Mutter hat *uns* gesagt, dass *Sie* am 7. Februar *nicht* bei ihr gewesen sind!«

Armknecht blieb stumm.

»Haben Sie mich verstanden?« Köhler machte einen Schritt auf den Mann zu. »Haben Sie mich verstanden!«

»Ich habe schon kapiert ...«

»Und?«

»Ja, ich habe nicht ganz die Wahrheit gesagt ...«

»Nicht *ganz?*« Köhler nahm wieder hinter seinem Schreibtisch Platz.

»Ich war in Köln, nur nicht bei meiner Mutter. Ich habe einen Spaziergang gemacht.«

»Einen *Spaziergang?*« Köhler rümpfte die Nase.

»Bin halt so rumgelaufen …«

»In Köln? Nachts? Rumgelaufen? Was hatten Sie denn da zu suchen?«

Armknecht fuhr sich mit der rechten Hand durch die Haare. Er wirkte jetzt fahrig – und schwieg.

»Mein lieber Mann, jetzt aber mal heraus mit der Sprache.« Köhler wurde energischer. »Wo sind Sie *wirklich* gewesen, und *was* haben Sie da gemacht?«

Minutenlang blieb es still. Armknecht starrte mit weit aufgerissenen Augen ins Leere. Dann sagte er mit zittriger Stimme: »Ich habe mich in der Stadt herumgetrieben und geschaut, ob ich eine günstige Stelle finden könnte … Das kann ich nicht erklären, aber es reizt mich unheimlich, wenn ich andere Menschen heimlich beobachten kann.«

»*Menschen?* Sie meinen wohl Frauen!«

»Genau.«

»Und warum in *Köln?*«

»In Düsseldorf«, erwiderte Armknecht spontan, »bin ich schon ein paar Mal aufgefallen. Deshalb bin ich nach Köln gefahren, da kennt mich doch keiner.«

»Verstehe.« Köhler hakte nach: »Besondere Vorlieben?«

Armknecht senkte den Blick.

»Schluss jetzt mit dem albernen Versteckspiel!«

»Junge Dinger …« Der Mann sprach, ohne den Kopf hochzunehmen.

»*Wie* jung?«

»Sollten schon fraulich sein …«

»Haben Sie auch mal Liebespaare beobachtet?«

Armknecht schüttelte energisch den Kopf. »Das ist nichts für mich. Kommt für mich nicht in Frage.«

»Kommt für Sie also nicht in Frage.« Köhler griff nach einer

Zeitung auf seinem Schreibtisch und präsentierte sie dem Mann. »Lesen Sie doch mal bitte die Schlagzeile laut vor.«

Armknecht rückte mit seinem Stuhl näher an den Tisch heran und begann zu lesen. Stockend. Bruchstückhaft. »Brautpaar im Baggerloch ... wurde ermordet ... Ärztliche Untersuchung ergab ...«

»Das reicht schon.« Köhler legte die Zeitung zurück auf den Tisch und drehte sie so, dass Armknecht den Artikel nicht übersehen konnte. »Das kommt Ihnen doch bekannt vor, nicht wahr?«

»Natürlich, hab davon gehört.«

»Und *gelesen,* Herr Armknecht. Die Zeitung haben wir in Ihrer Wohnung gefunden ...«

»Und wenn schon!«

»Und wenn schon?« Köhler schnappte sich eine andere Ausgabe des *Mittag* und knallte sie auf den Tisch. »Und *die* haben Sie auch aufgehoben.«

Armknecht widmete dem Blatt nur einen flüchtigen Blick.

»Sehen Sie das?« Köhler zeigte auf die roten Anstreichungen. »Das waren doch *Sie,* nicht wahr?«

»Vielleicht ...«

»Würden Sie uns auch erklären, warum Sie sich so brennend für diese Morde interessiert haben?«

»Och, nur so.«

»Mein lieber Armknecht, lassen Sie die Fisimatenten.« Köhler wurde ruppig. »Das bringt doch nichts ein. Damit kommen Sie nicht durch! Was verbergen Sie vor uns?«

»Nichts.« Armknecht hatte jetzt genug. Nach kurzem Zögern beschied er den Kommissar: »Bringen Sie mich in die Zelle zurück. Ich sage hier gar nichts mehr!«

Das Gutachten des Instituts für Gerichtliche Medizin der Universität Düsseldorf machte den Ermittlern neuen Mut und nährte die Vermutung, dass man den »Düsseldorfer Mörder«

endlich gefasst hatte. Denn: Bei den Substanzen auf den Sitzbezügen in Armknechts Wagen handelte es sich zweifelsfrei um menschliches Blut, und zwar ausschließlich der Blutgruppe 0. Etwa 38 Prozent der Bevölkerung wies diese Blutgruppe auf. Nicht zuletzt auch Helga Kortmann. Ihr Blut war auf dem Rücksitz jenes Wagens gefunden worden, der am 8. Februar 1956 verlassen in der Düsseldorfer Innenstadt gestanden hatte. Damit war zwar nicht bewiesen worden, dass Helga Kortmann im Wagen des Verdächtigen gelegen haben musste – aber die übereinstimmende Blutgruppe war für die Fahnder ein »wichtiges Indiz«, dass es *so* gewesen sein könnte.

Nahezu zeitgleich erreichte die Mordkommission die Nachricht aus den Niederlanden, dass Oskar van der Floet bei einem Verkehrsunfall in der Nähe von Maastricht am 23. Dezember 1954 ums Leben gekommen war. Der »Mörder vom Habichtswald« schied demnach als Verdächtiger aus. Dies wiederum machte Ernst Armknecht als »heißen Kandidaten« umso interessanter.

Horst Lemper und das Gros seiner Kollegen zweifelten nicht daran, dass Armknecht die Morde an den Liebespaaren begangen hatte oder zumindest daran beteiligt gewesen war. Es waren zu viele Indizien, die allesamt in Richtung *dieses* Mannes wiesen. Allerdings waren sich die Ermittler auch darüber im Klaren, dass ein Geständnis nötig sein würde, um Armknecht zu überführen. Denn es gab nicht ein einziges Beweismittel, das den Verdächtigen »unmittelbar mit den Taten in Verbindung bringen konnte«.

Es war nun an Friedhelm Köhler und seinem Assistenten, sie sollten Armknecht »weichklopfen«. Doch nach den zwiespältigen Erfahrungen des ersten Verhörs war ungewiss, ob der Verdächtige überhaupt etwas aussagen würde. Köhler und Bode mussten also behutsam vorgehen und versuchen, zunächst das Vertrauen des Mannes zu gewinnen. Und erst dann würde es sich entscheiden.

Die Ausgangsposition war dieselbe wie am Tag zuvor. Köhler saß hinter seinem schlichten Schreibtisch, sein Kollege Bode hockte seitlich versetzt hinter einer mechanischen Schreibmaschine, neben sich ein Stapel Papier. Zwischen beiden saß Ernst Armknecht auf einem Holzstuhl, etwa in der Mitte des spartanisch eingerichteten Vernehmungszimmers. Der Verdächtige sah müde aus. Zwei Tage und zwei Nächte in einer winzigen Zelle des Polizeipräsidiums hatten ihm offenbar zugesetzt.

»Herr Armknecht, wir wollen uns noch mal mit Ihnen unterhalten«, eröffnete Köhler das Verhör. »Gestern haben Sie uns erzählt, dass Sie gerne Frauen beobachten. Seit wann machen Sie das und was empfinden Sie dabei?«

»Verzeihen Sie, Herr Kommissar. Ich wüsste nicht, warum ich mit *Ihnen* darüber sprechen sollte.«

Köhler gab sich väterlich. »Wir wissen doch beide sehr genau, dass mit Ihnen etwas nicht stimmt. Es bringt doch nichts, wenn Sie sich in Ihrem Schneckenhaus verschanzen.«

Armknecht pfiff durch die Zähne. Dann amüsierte er sich: »*Sie* wollen mir *helfen? SIE?*« Der Mann lachte einmal laut auf.

»Ernst, so kommen wir nicht weiter.« Köhler blieb bei seiner Taktik. Seine Ansprache wurde nun persönlich. »Du bist bisher vor deinen Problemen immer weggelaufen. Aber jeder Mensch kommt irgendwann mal an einen Punkt in seinem Leben, wo er Farbe bekennen, wo er Verantwortung übernehmen muss. Das ist doch so, nicht wahr?«

Armknecht zeigte keine Reaktion. Doch Körperhaltung und Mimik ließen erkennen, dass er gespannt und aufmerksam zuhörte.

»Wir sind uns also einig?«

Keine Antwort.

»Wir glauben«, fuhr Köhler mit leiser Stimme fort, »dass du an einem solchen Punkt angekommen bist. Du hast *jetzt* die Möglichkeit, dich von all dem zu befreien. Denk an die Verantwortung, die du auch den Opfern gegenüber hast …«

»Moment mal!«

Köhler sprach einfach weiter, er wollte Armknecht nicht zu Wort kommen lassen. Nicht jetzt. »Denk an den seelischen Schmerz der Mütter, Väter, Brüder und Schwestern, die keinen Seelenfrieden finden können, solange die Tat nicht gesühnt ist. Kein Mensch hat *so etwas* verdient. Diese Menschen brauchen Hilfe. Und *du* kannst Ihnen helfen – *und* dir selbst. Also …«

»Herr Kommissar«, antwortete Armknecht nach kurzem Nachdenken, »ich habe mit den Morden nichts zu tun. Ich schwöre es!«

»Und wie kommt dann das Blut in deinen Wagen?«

»Was denn für Blut?«

»Wir haben in deinem Wagen reichlich Blutspuren gefunden. Und weißt du was?«

Armknecht schüttelte den Kopf.

»Es ist *dieselbe* Blutgruppe, die auch Helga Kortmann hatte.« Köhler griff nach einem braunen Briefumschlag und zog einige Bilder hervor. Sie stammten vom Acker in Lank-Ilverich und zeigten die entsetzlich zugerichteten sterblichen Überreste Helga Kortmanns. Der Kommissar stand auf, ging um den Tisch herum und baute sich vor dem Verdächtigen auf. Dann hielt er ihm die Bilder vor, eins nach dem anderen. »Was hast du ihr angetan?« Köhler wurde lauter. »Warum hast du ihr *das* angetan?«

Armknecht wich mit dem Oberkörper angewidert zurück. »Das war ich nicht«, wehrte er sich mit brüchiger Stimme.

»Jetzt ist aber Schluss!« Köhler schrie: »Du wohnst doch Unterdorfstraße in Kalkum!«

Armknecht nickte kurz.

»Das sind nur 1000 Meter vom Kalkumer Baggerloch entfernt. Das kennst du doch auch!«

»Ja.«

»Und genau dort hat man die Leichen von Lieselotte Ingesandt und Wilfried Mehnert gefunden. Das weißt du doch auch!«

»Ja.«

»Und du gehst regelmäßig zu ›Wilke‹ in Oberkassel!«
»Ja.«
»Und genau dort hat man Helga Kortmann und Peter Seiffert zuletzt gesehen, bevor sie umgebracht worden sind. Das weißt du doch auch!«
»Ja.« Armknecht war jetzt vollkommen eingeschüchtert.
»Du hast doch Zeitungsartikel gesammelt, in denen über die Morde berichtet wurde, nicht wahr!«
Armknecht machte ein angedeutetes Kopfnicken.
»Und wir finden in deinem Wagen Blutspuren, die zu dem zweiten Mord passen. Stimmt doch, oder!«
Armknecht starrte auf den Boden, der Blick war leer. Er antwortete nicht mehr.
»Und jetzt machen wir reinen Tisch! Raus mit der Sprache!«
Köhler ließ dem Mann jetzt Zeit. Er spürte, dass er ihn beeindruckt hatte, dass es nicht mehr weit sein würde bis zu einem Geständnis. Armknecht saß einfach nur da, wirkte wie betäubt. Minuten vergingen, in denen nicht gesprochen wurde. Die Spannung war mit Händen zu greifen.
Endlich murmelte Armknecht etwas.
»Würdest du das bitte wiederholen.« Köhler gab sich äußerlich gelassen und ruhig, doch er hatte Mühe, seine Euphorie zu bändigen.
Wieder ließ Armknecht einige Minuten verstreichen. Er war vollkommen apathisch. Schließlich sagte er mit belegter Stimme einen bedeutungsvollen Satz: »Fast glaube ich selbst, dass ich es gewesen bin.«
»Und jetzt mal von vorn.« Köhler wollte Armknecht eine Hilfestellung geben, ihn in die Nähe des ersten Doppelmordes führen. »Wo hast du Lieselotte und Wilfried aufgegabelt?«
Armknecht grübelte, wirkte geistesabwesend. »Dann muss das Blut von mir sein …«
»Ernst, denk doch mal nach: Du hast die Blutgruppe AB, und im Wagen haben wir 0 gefunden. Das kann doch nicht sein.«

»Stimmt. Das kann nicht sein.«

»Alle Indizien sprechen eine deutliche Sprache«, ergänzte Köhler. »Sie weisen alle auf dich. Das kann doch kein Zufall sein. Ernst, lass es jetzt raus, mach dem grausamen Spiel ein Ende!«

»Aber ich kann doch nicht etwas gestehen, was ich nicht gemacht habe.« Armknecht schaute dem Kommissar erstmals wieder in die Augen. »Das kann ich nicht!«

»Dann bekommen Sie jetzt ausreichend Gelegenheit, darüber nachzudenken!« Köhler war bedient – und ließ Armknecht wieder in seine Zelle bringen.

Auch in den nächsten Tagen gelang es der Kripo nicht, Armknecht ein Geständnis zu entlocken. Mittlerweile hatte der »dringend Tatverdächtige« eine »Ausrede« präsentiert: »Das Blut in meinem Wagen kann weder von mir noch von einem anderen Menschen stammen. Ich vermute, es ist Vaginalblut der Dackelhündin meiner Nachbarn.« Auf den Hund wollte er eine Woche lang aufgepasst haben, weil die Familie in Urlaub gewesen war. Schnell stellte sich heraus, dass Armknecht tatsächlich die Wahrheit gesagt hatte. Und weil er sich von dieser Version partout nicht mehr abbringen lassen wollte, wurden die Ermittler misstrauisch.

So verlockend das Ergebnis der Blutuntersuchung auch war, es musste nochmals überprüft werden. Die Fahnder ließen einer Dackelhündin Blut abnehmen, deklarierten es als das eines Verdächtigen und schickten es zur Blutgruppenbestimmung in die Gerichtsmedizin.

Das Untersuchungsergebnis war überraschend – und alarmierend. »Das Blut muss bei der Entnahme verunreinigt worden sein. Dem Verdächtigen sollte nochmals Blut abgenommen werden«, wurde mitgeteilt. Dass es sich gar nicht um menschliches Blut gehandelt hatte, war von den Experten überhaupt nicht bemerkt worden.

Horst Lemper wandte sich in dieser delikaten Angelegenheit

an den Leiter der Kripo. Dr. Bernd Wehner, seit achtzehn Monaten »Leiter K« in Düsseldorf, bat den Chef des Gerichtsmedizinischen Instituts, die Bezüge aus Armknechts Wagen herauszugeben. Sie sollten im Bundeskriminalamt nochmals untersucht werden. Aber Professor Böhmer weigerte sich beharrlich.

Erst als Dr. Wehner mit »staatsanwaltschaftlichen Ermittlungen« drohte, wurden die Beweismittel »K-1049/56-204-D« doch herausgegeben. Die Abteilung »Kriminaltechnik« des Bundeskriminalamtes stellte bald fest, dass es keineswegs Menschenblut war, das da an den Polstern haftete. Aber weil die Behörde nicht über die erforderlichen »spezifischen Antiseren« verfügte, wurden die besser ausgerüsteten Rechtsmediziner der amerikanischen Militärpolizei in Frankfurt am Main um Amtshilfe ersucht. Das Ergebnis: Hundeblut! Und zwar ausschließlich Hundeblut.

Ernst Armknecht hatte demnach die Wahrheit gesagt, die Gerichtsmediziner bei der Untersuchung »geschlampt«. Als Erklärung für den verhängnisvollen und peinlichen Irrtum gab Professor Böhmer schließlich an, das bei den Untersuchungen verwendete Serum sei vom Hersteller als Anti-Menschenserum deklariert worden, habe allerdings auch auf Hundeblut reagiert. Am 12. März, knapp zwei Wochen nach der Festnahme Ernst Armknechts, wurde die Untersuchungshaft durch das Amtsgericht Düsseldorf aufgehoben. Dass er sich zu den Tatzeiten nicht – wie von ihm behauptet – in seiner Wohnung und in Köln aufgehalten hatte, konnte Armknecht nicht nachgewiesen werden. Und zwei Zeitungsartikel genügten nicht, um den 29-Jährigen weiterhin belangen zu können. Die »Hauptspur 31« war damit »kalt« und wurde als »vorerst erledigt« zu den Akten gelegt. Wieder standen die wackeren Todesermittler mit leeren Händen da.

Bis Ende April waren schließlich 2263 Hinweise aus der Bevölkerung eingegangen, 602 Personen hatte die Kripo überprüft, 22 Verdächtige waren festgenommen und später wieder freigelassen worden. Die Fahndung schleppte sich dahin. Es gab wenig Neues zu vermelden, und die Zeitungsberichte wurden allmählich kleiner. Bald las man gar nichts mehr über die »Liebespaar-Morde«, und auch die Bürger Düsseldorfs schienen den Schrecken vergangener Tage und Wochen vergessen zu haben. An den »Lover-Lanes« herrschte wieder reger Betrieb, das Frühlingswetter lockte viele Pärchen hinaus in die Wälder. Mitunter fuhren mehrere Wagen zusammen und parkten an entlegenen Stellen, weil die jungen Leute glaubten, so vor Belästigungen oder Überfällen sicher zu sein.

»So kann es nicht weitergehen!«, echauffierte sich der Bürgermeister von Ilverich in der *Rheinischen Post*. »Düsseldorfer Autofahrer kommen nachts hier heraus, parken und benehmen sich ziemlich ungeniert. Sie haben sogar schon Frauen aus unserem Dorf belästigt!« Die vormals »grausamen Morde« hatten ihre Bedrohlichkeit eingebüßt, auch wenn der »moderne Peter Kürten« noch immer nicht gefasst war. Und kaum jemand nahm noch Notiz von den mitunter arg ramponierten Fahndungsplakaten, die immer noch stumm mahnten: **»Mörder gesucht!«**

20

4. Mai 1956, 22.35 Uhr.

Es war stockdunkel. Manfred Holt nahm ein Streichholz in die Hand und entzündete es. »Lass doch!«, fuhr ihn seine Freundin an. Bettina Flachskamp hatte Angst, dass man sie würde entdecken können. Die 22-Jährige hatte nämlich etwas gehört. Ein Knacken. So, als wenn jemand auf einen Ast getreten wäre. Und sie glaubte ein Flüstern vernommen zu haben. Holt pustete die Flamme aus. Doch auch der 24-Jährige hatte nichts Verdächtiges erkennen können. Gebannt starrten sie in die Dunkelheit.

Die jungen Leute hatten sich wie immer ein von außen schwer einsehbares Areal im Meererbuscher Wald ausgesucht, um ungestört zu bleiben. Das Gelände befand sich etwa 30 Meter von der Bundesstraße 9 entfernt. Von dort aus waren es knapp anderthalb Kilometer bis nach Osterath, einer linksrheinisch gelegenen kleinen Ortschaft nahe Düsseldorf.

»Hast du das auch gehört?«, flüsterte Bettina Flachskamp. Holt nickte. Kein Zweifel. Es mussten Schritte sein, die sich von der Straße her näherten. Und dann ging alles sehr schnell.

21

Horst Lemper kannte jede dieser Schlagzeilen, die er wie einen Schlag ins Gesicht empfand, die ihn auch in seinen Träumen verfolgten: »Noch keine Spur der Täter« – »Mordkommission tappt noch im dunkeln« – »Düsseldorfer Liebespaar-Mörder noch nicht gefaßt« – »Die Düsseldorfer Liebespaarmorde werden in absehbarer Zeit nicht aufgeklärt werden können« – »Was macht die Kripo?« – »Mordkommission ratlos« – »Wer wird das nächste Opfer?«.

Ein halbes Jahr war mittlerweile seit dem ersten Doppelmord vergangen. Und er konnte immer noch keinen Erfolg vorweisen. Seine Vorgesetzten drängten, die Presse quengelte, Kollegen anderer Dienststellen und Behörden stichelten. Für Lemper hatte es kaum ein freies Wochenende gegeben, täglich war er zwischen zwölf und vierzehn Stunden im Dienst gewesen. Sein Familienleben hatte sich im Wesentlichen auf die kurz bemessene Zeit des Frühstücks reduziert – wenn überhaupt. Und auch dann lautete die meist gestellte Frage: »Wann schnappt ihr den denn endlich?«

Täglich hatte Lemper nicht nur alle eingehenden Hinweise und Berichte zu lesen, sondern auch Ermittlungsaufträge zu vergeben und Strategien zu durchdenken. Knapp siebzig Beamte hingen an seinen Lippen, wenn er frühmorgens um 7 Uhr und spätabends um 22 Uhr die obligatorischen Dienstbesprechungen abhielt. Nur selten ließ er sich vertreten oder entschuldigen. Fast jeden Tag gab es Meldungen, die hektische Betriebsamkeit auslösten: Irgendwo an der Peripherie Düsseldorfs brannte wieder mal ein Heuschober, eine Frau oder ein junges Pärchen waren nicht nach Hause gekommen oder seine Kollegen hatten einen Sittenstrolch festgenommen. *Er* war immer gefragt, von ihm erwartete man einfach, dass er auf alles eine Antwort wusste.

Dauerstress und chronischer Schlafmangel forderten schließlich ihren Tribut. Horst Lemper erlitt während einer außerordentlichen Besprechung mit dem Leiter der Kripo und dem zuständigen Staatsanwalt einen Schwächeanfall. Der Polizeiarzt diagnostizierte schließlich einen »gravierenden Erschöpfungszustand« und verordnete einen zehnwöchigen Aufenthalt in einem Sanatorium. Lempers Posten übernahm auf Weisung des Kripo-Chefs »bis auf Weiteres« Kriminalhauptkommissar Franz Pöllinger. Der 49-Jährige war stellvertretender Leiter des 1. Kriminalkommissariats und von Beginn an dabei gewesen.

22

Eine Dienstanweisung schrieb vor, dass dem Leiter der Mordkommission »alle Straftaten im Zusammenhang mit Liebespaaren in geeigneter Weise bekannt zu machen« seien. Franz Pöllinger saß an seinem Schreibtisch und las das Vernehmungsprotokoll einer jungen Frau: *»Ich bin mit meinem Freund gestern Abend im Wald bei Osterath gewesen. Dort sind wir von zwei Männern überfallen worden. Der eine Kerl hat meinem Freund mit der Taschenlampe ins Gesicht geleuchtet und gesagt: ›Brieftasche* *raus, und keine Zicken!‹ Ich bin vor lauter Angst sofort weggelaufen. Dann habe ich noch gehört, wie der Mann mit der Taschenlampe gesagt hat: ›Los, hinterher, mach die Schlampe kalt.‹ Ich hatte Todesangst und bin um mein Leben gerannt. Der Mann hat mich kurze Zeit später eingeholt, weil ich in der Dunkelheit über einen Baumstumpf gestürzt bin. Das war kurz vor einem Bach. Ich habe laut geschrien. Als der Mann über mir war, hat er gesagt: ›Sei still, ich tu dir ja nichts.‹ Ich habe gedacht, der will nur, daß ich aufhöre zu schreien. Dann habe ich die Pistole in seiner Hand gesehen. Plötzlich war von der Straße her ein Mofa zu hören. Es kam näher. Der Mann ist dann einfach weggelaufen.«*

Bei dem Opfer dieses »versuchten Raubüberfalls« handelte es sich um die 22-jährige Bettina Flachskamp aus dem linksrheinischen Örtchen Strümp. Tatzeit: 4. Mai 1956, 22.35 Uhr. Auch ihr Freund hatte eine Aussage gemacht: »*(...) Das ging alles sehr schnell. Der eine Mann hat mir ständig mit einer Taschenlampe ins Gesicht geleuchtet. Ich konnte kaum etwas erkennen, weil ich geblendet wurde. Er wollte meine Brieftasche haben. Ich hatte aber keine dabei, auch kein Geld. Der Mann stand die ganze Zeit vor mir, während der andere hinter meiner Freundin hergelaufen ist. Der Kerl hat mit mir kein Wort gesprochen, er stand einfach nur da und hielt seine Pistole in Richtung meines Kopfes. Es hat nicht lange gedauert, vielleicht zwei oder drei Minuten, da kam der andere Mann angerannt und rief: ›Weg hier, da kommt einer!‹ Und dann sind die beiden Männer verschwunden.«*

Pöllinger erkannte mehrere Parallelen zu den Doppelmorden: Überfallen worden war im Schutz der Dunkelheit ein Liebespärchen an abgelegener Stelle, und die Tat hatte sich nur dreieinhalb Kilometer von jener Strohmiete entfernt ereignet, unter der die Leichen von Helga Kortmann und Peter Seiffert gefunden worden waren. Allerdings hatten die maskierten Täter die Opfer mit Schusswaffen lediglich bedroht, und als Motiv vermutete der Kriminalist »eindeutig Raub, ohne Sexualaspekt«. Weil überdies ein Auto keine Rolle gespielt hatte, verwarf Pöllinger die Hypothese, der Raubüberfall könne mit den Morden in Zusammenhang stehen.

Mittlerweile trat die Kommission auf der Stelle. Die »örtlichen Sittentäter« waren allesamt erfolglos überprüft worden, aus der Bevölkerung kamen nur noch sporadisch ernst zu nehmende Hinweise, sämtliche »Hauptspuren« hatten ins Nichts geführt. Pöllinger musste nach neuen Wegen suchen, um dem Täter auf die Schliche zu kommen. Er vermutete, dass der Gesuchte bereits überprüft und aktenkundig gemacht worden war – entweder im Zuge der aktuellen Ermittlungen oder früher. In irgendeiner Akte, in irgendeiner Kartei stand der Name des Mörders. Nur war es den Fahndern bisher nicht gelungen, *sein* Profil so zu verfeinern, um ihn aus der grauen Masse der »üblichen Verdächtigen« herauszupicken.

Pöllinger bildete deshalb eine Arbeitsgruppe, die den Tatverlauf beider Doppelmorde nochmals rekonstruieren sollte. Das Ziel: Neben den Merkmalen, die das Fahndungsraster »Sittentäter« bereits vorsah, sollten weitere Persönlichkeits- und Verhaltensmerkmale gefunden werden. Nach einwöchiger Analyse des Aktenmaterials lag ein Ergebnis vor:

»Täterprognose
- zwischen 20 und 30 Jahre alt (dem Alter der Opfer entsprechend)
- lebt allein (Tatzeiten zur Nachtzeit; würde sich sonst innerhalb einer Familie oder einer Beziehung verdächtig machen)
- berufstätig (Täter agiert nachts; arbeitet wahrscheinlich tagsüber)
- routinierter Autofahrer mit Ortskenntnissen (Nachtfahrten in unwegsamem Gelände)
- geringes oder mittleres Einkommen (Berufstätigkeit; Haß auf gut situierte Liebespaare – Auto als Prestigeobjekt – ; vermutlich sozial unterprivilegiert)

- intelligent (planvolles Vorgehen; läßt keine Gegenstände liegen, die ihn später identifizieren könnten; kaum verwertbare Spuren; Leichenbeseitigung)
- sozial unauffällig (keine Hinweise aus seinem Umfeld)
- geschieden oder Beziehung kürzlich beendet (Haß auf Liebespaare könnte aus vorheriger Verbindung herrühren, die als besonders negativ empfunden wurde).«

Diese Merkmale waren bei den bisherigen Ermittlungen nicht berücksichtigt worden. Pöllinger verfügte nun, dass sämtliche bereits durchgeführten »personenbezogenen Überprüfungen« wiederholt werden mussten. Anfangs war man überzeugt gewesen, den Täter »bald fassen« zu können – jetzt hoffte man nur noch. Die Enttäuschungen und Turbulenzen der jüngeren Vergangenheit hatten die Ermittler bescheiden werden lassen.

23

10. Juni 1956, 19.05 Uhr.

Das Waldgebiet von Meererbusch unweit von Düsseldorf gehörte zum Revier des Oberjägers Erich Spath. Der 58-Jährige machte seinen Rundgang. Er stapfte schon eine ganze Weile durch das tropfende Farnkraut, die Hände tief in die Taschen seines grünen Lodenmantels vergraben. Bei jedem Schritt schlenkerte der Schaft seiner umgehängten Drillingsbüchse an die Hüfte.

Am äußersten Waldzipfel erregte etwas seine Neugier: Der Förster erkannte eine Stelle, an der das Gras niedergedrückt war. Auf den ersten Blick hielt er es für eine Wildschweinfährte. Doch dann erspähte er im feuchten Moos den Abdruck eines Reifens. Es konnte nur ein Motorradreifen sein, ein Auto würde zwischen den dicht zusammenstehenden Bäumen keinen Platz finden. Der Mann fluchte leise: »Verdammte Bande – was haben die nur mit ihren Motorrädern im Wald zu suchen!«

Spath folgte der Fährte. Kurz vor einer breiten Schneise entdeckte er einen Mann, der ein Motorrad vor sich herschob, es dann aber plötzlich zu Boden warf und mit einem Arm voll Gras und Farnkraut tarnte. Der Förster lud seine Drillingsbüchse durch – für alle Fälle. Als er wieder aufblickte, war der Fremde nicht mehr zu sehen, wie vom Erdboden verschluckt. Der erfahrene Forstmann wunderte sich, wie der Fremde so schnell und so leicht hatte verschwinden können. Spath pirschte sich behutsam in die Richtung, in der er den Mann jetzt vermutete.

Plötzlich stutzte er: Am Ende des Waldes, dort, wo die Schneise einen Feldweg kreuzte, stand ein Auto. Spath überlegte, ob der Mann mit dem Motorrad etwas mit den Insassen des Wagens zu tun haben könnte. Offenbar nicht – denn im Auto saß augenscheinlich ein Pärchen, und die jungen Leute verhielten sich so, als wären sie allein und unbeobachtet. Schlagartig erinnerte sich Spath an die Aufforderung eines Kriminalbeamten der Mordkommission: *Falls in Ihrem Revier mal ein Verdächtiger auftauchen sollte, der Liebespaare belauscht, dann halten Sie ihn um Gottes willen auf.*

Der Förster überlegte. Sollte er den Mann weiter verfolgen oder das Pärchen warnen? Er räusperte sich laut, trat absichtlich auf einen Ast, es knackte hörbar unter seinem Fuß. Betont langsam schritt er auf das Auto zu. Spath wollte den Leuten genügend Zeit lassen.

Der Fahrer kurbelte das Fenster herunter, steckte verlegen seinen Kopf heraus: »Was ist denn?«

Spath drückte den Kopf zurück ins Wageninnere. »Sprechen Sie leise«, mahnte er. »Wie lange parken Sie hier schon?«

Der Junge Mann wurde unwirsch: »Vielleicht zehn Minuten. Wieso? Ist das vielleicht auch schon verboten?«

»Das spielt jetzt keine Rolle.« Spath wurde ungeduldig. Er befürchtete, dass die Situation schnell eskalieren könnte – oder der mysteriöse Fremde nicht mehr zu finden sein würde. Er fragte den Fahrer des Wagens: »Haben Sie in den letzten zehn Minuten einen Mann mit schmutziggrünem Overall gesehen – ungefähr fünfundzwanzig bis dreißig Jahre alt, schlank und etwa 1,75 Meter groß?«

»Nein«, antwortete der Mann gedehnt. Auch seine Begleiterin schüttelte den Kopf. »Ist das ein Wilderer?«, fragte sie interessiert.

»Wenn es nur ein Wilderer wäre …«, murmelte Spath stirnrunzelnd. »Fahren Sie bitte sofort weiter und melden sich auf der nächsten Polizeiwache.« Der Wagen wurde gestartet und rollte davon. Spath wandte sich wieder in Richtung des Ortes, an dem er den Mann zuletzt gesehen hatte. Er musterte aufmerksam das Unterholz und spähte ins Dickicht.

Plötzlich ein Knacken! Mit einem Satz suchte Spath hinter einer Buche Deckung. Der Fremde? Oder ein Tier? Spath hob einen Ast vom Boden auf und bog ihn durch, bis er krachend splitterte. Wenn es ein Tier war, würde es erschreckt flüchten, überlegte er. Doch im Unterholz rührte sich nichts. Es musste also der Fremde sein!

Spath sprang aus der Deckung, der Lauf seines gesicherten Drillings zeigte drohend ins Unterholz. »Kommen Sie heraus und legen Sie die Hände auf den Kopf!«, befahl er.

Stille.

»Ich sage es nicht noch einmal. Kommen Sie heraus und legen Sie die Hände auf den Kopf!«

Wie ein riesiger Pilz wuchs mit einem Mal eine Gestalt aus dem Gestrüpp. Ein junger Mann im Overall, etwas blass um die Nase. Er wirkte überrascht und erschrocken zugleich. Der Mann bewegte sich geschmeidig, sein Gesicht wirkte Vertrauen erweckend. Spath war ernüchtert, ein wenig enttäuscht. *So sieht doch kein Mörder aus!*, dachte er.

»Was machen Sie hier?«

Der Mann überlegte kurz. »Ich gehe spazieren.«

»Raus mit der Sprache!«

Der Fremde zog ironisch die Mundwinkel zusammen: »Sie halten mich wohl für einen Wilderer?«

»Kann schon sein ...«

»Dann müsste ich aber eine Waffe haben«, erwiderte der Mann. »Wollen Sie mich nicht untersuchen?«

»Später, junger Mann, alles zu seiner Zeit«, antwortete Spath barsch. »Erst mal bringe ich Sie auf die Polizeiwache. Wenn Sie nichts ausgefressen haben, dann haben Sie ja auch nichts zu befürchten.«

Spath zog seine Pistole aus der Tasche und hängte sich die Drillingsbüchse wieder um die Schulter. Dann winkte er mit dem Kopf zur Straße nach Osterath. »Hier lang!« Und damit der Fremde nicht auf falsche Gedanken kam, fügte er sehr amtlich hinzu: »Sollten Sie einen Fluchtversuch unternehmen, so sehe ich mich genötigt, von der Schusswaffe Gebrauch zu machen.«

Erst auf dem Feldweg erlaubte Spath dem Mann, seine hinter dem Kopf verschränkten Arme zu lösen. Trotz erhöhter Wachsamkeit entging dem Förster ein Versuch des Fremden, einen Gegenstand unauffällig aus der Hosentasche zu schieben, ohne dabei die Hand in die Tasche zu stecken. Aber das Ding war sperrig, es blieb am Rand der Tasche hängen. Noch ehe der Gefangene danach schnappen konnte, griff Spath zu. Es war ein mit Patronen gefülltes Pistolenmagazin.

»Woher haben Sie das?«

»Gefunden«, antwortete der Mann kurz angebunden.

An der Bundesstraße 9 hielt Spath einen Motorradfahrer an: »Schicken Sie mir bitte einen Streifenwagen aus Osterath. Sagen Sie auf der Polizei, Förster Spath hätte einen Verdächtigen festgenommen.« Der Motorradfahrer nickte und fuhr los.

Zehn Minuten später traf ein Streifenwagen ein. Spath erzählte den Beamten, was passiert war. »Wahrscheinlich ist das Motorrad gestohlen«, mutmaßte er. »Außerdem hat der Kerl

versucht, ganz unauffällig dieses Magazin fallen zu lassen.«
Spath übergab das Magazin.

»Das ist alles nicht wahr!«, echauffierte sich der Mann. »Der Förster will mir nur etwas in die Schuhe schieben!«

Die Polizisten ließen Handschellen um die Gelenke des Verdächtigen schnappen und durchsuchten seine Taschen. Doch eine Waffe trug der Mann nicht bei sich. »Das besprechen wir in Ruhe auf der Wache«, erklärte einer der Beamten. Der Verdächtige wurde abgeführt.

24

Die beiden Dorfpolizisten waren nochmals in den Wald gefahren – und dort auch fündig geworden. Der Förster sollte mit seiner Vermutung recht behalten. Sechs Meter von der Stelle entfernt, an der Spath den Verdächtigen aufgespürt hatte, war im Unterholz eine Pistole gefunden worden. Die Feststellung der Personalien hatte unterdessen ergeben: Der Mann hieß Erwin Reichenstein, geboren am 7. Juni 1928 in Düsseldorf, wohnhaft Knechtstedenstraße 37, Düsseldorf.

Noch am selben Abend wurde Reichenstein auf Weisung der Mordkommission ins Düsseldorfer Präsidium gebracht. Franz Pöllinger zog eine erste Bilanz: Der 28-Jährige war unter dubiosen Umständen im Wald festgenommen worden. Er hatte zudem ein Motorrad versteckt, das vier Wochen vorher gestohlen worden war. Und der Mann hatte sich an ein Liebespaar herangepirscht, es offenbar belauscht – und dabei eine geladene 9-mm-Pistole mitgeführt. Pöllinger war überzeugt, dass sie es mit einem Mann zu tun hatten, der keineswegs in die Kategorie »harmloser Wilderer« einzuordnen war. Hatte Reichenstein sich an die jungen Leute herangeschlichen, um sie zu überfallen – und zu ermorden?

Um mehr über den Mann zu erfahren, wurde auch seine kriminelle Vergangenheit ausgelotet. Das Vorstrafenregister wies drei Einträge aus:

»a) Am 28. 7. 1948 wurde R. durch das Schöffengericht Hannover zu 3 Wochen Gefängnis unter Anrechnung der Untersuchungshaft wegen eines Vergehens gegen das Währungsgesetz verurteilt (21 Ms 80/48 StA Hannover), weil er Rentenmarkscheine im Nennwert von 7500,– RM unerlaubt aus dem sowjetischen Besatzungsgebiet in die britische Besatzungszone eingeführt hatte.

b) Durch Urteil des Schöffengerichts Düsseldorf vom 6. 11. 1951 (12 Ms 96/51) wurde er wegen fortgesetzten gemeinschaftlichen schweren Diebstahls, begangen in Tateinheit mit dem Vergehen der Störung der Totenruhe, zu neun Monaten Gefängnis unter Anrechnung der Untersuchungshaft verurteilt. R. war mit einem Bekannten in der Zeit von März bis Juli 1951 wiederholt über die Umzäunung des Nordfriedhofs in Düsseldorf gestiegen und hatte von Gräbern Metallteile, unter anderem Grabketten, entwendet. Die Strafe verbüßte R. bis zum 17. 4. 1952.

c) Am 7. 1. 1954 wurde R. durch das Amtsgericht Düsseldorf wegen unbefugten Waffenbesitzes mit einer Geldstrafe von 100,– DM, ersatzweise für je 5,– DM ein Tag Gefängnis, bestraft (52 Ds 226/53), weil er unerlaubt im Besitz von 3 Kleinkalibergewehren und einer Pistole gewesen war. Die Strafe hat R. in mehreren Teilbeträgen bis März 1955 bezahlt.«

Allerdings lasen sich diese amtlichen Mitteilungen wie die eines typischen Gelegenheitskriminellen, der verbrecherische Habitus eines Serienkillers war nicht auszumachen. Und auch sonst passte dieser Mann nur bedingt in jene Schablone X, die den »Liebespaar-Mörder« beschreiben und charakterisieren sollte: Reichenstein malochte als Metallarbeiter, war verheiratet, hatte zwei kleine Kinder.

Doch Pöllinger hatte Blut geleckt; allein die Tatsache, dass Reichenstein sich mit einer durchgeladenen Pistole an ein Liebespaar in einem Auto herangemacht hatte, genügte ihm, um diesen Mann ins Visier zu nehmen. Für den nächsten Tag ordnete der Kommissar eine intensive Absuche des Waldgebietes bei Meerebusch und eine Durchsuchung des Reichenstein'schen Wohnsitzes an. Und tatsächlich stießen die Ermittler im Wald, in der 3-Zimmer-Wohnung des Verdächtigen und im Keller des Hauses auf Dinge, die ganz und gar nicht zu dem behaupteten »rechtschaffenen Bürger« passen wollten.

Pöllinger war geradezu euphorisch. »Wenn das der Liebespaar-Mörder ist, werden wir es ja bald wissen«, frohlockte er in einer Dienstbesprechung. Doch schon bei der ersten Vernehmung erlebten die Fahnder eine herbe Enttäuschung – Reichenstein stritt einfach alles ab. Motorrad und Pistole wollte er »nie zuvor« gesehen haben. Und das Magazin in seinem Hosenbund hatte er »kurz vorher im Wald gefunden«.

Dass die Kripo ihn mit den Doppelmorden in Verbindung brachte, wurde Reichenstein verschwiegen. Man hatte noch nicht genug in der Hand, um ihn festnageln zu können. Und ohne handfeste Beweise würde ihm nicht beizukommen sein. Erstmals wich der Verdächtige einen Schritt zurück, als die Mordkommission die Aussage eines Zeugen präsentieren konnte, der bestätigte, dass die im Wald gefundene Pistole Reichenstein gehört hatte. Jetzt gab er folgende Darstellung: Er sei in den Forst von Meerebusch gefahren, weil er dort vor Jahren eine Pistole versteckt habe. Von wem er diese Pistole habe, daran könne er sich nicht mehr erinnern. Er habe die Pistole lediglich nach Hause bringen wollen. Dabei sei er zufällig auf den Wagen mit dem Liebespaar gestoßen. Und er habe sich an das Auto nur herangeschlichen, um nachzusehen, was der Wagen da zu suchen habe. Das Motorrad und die Zeltplane habe er gefunden. Er habe das Motorrad später zur Polizei bringen wollen.

Die vernehmenden Kriminalbeamten erkannten zeitig, dass ihnen ein außergewöhnlicher Gegner gegenübersaß: intelligent, wachsam, beharrlich, verschlagen, vorsichtig, angriffslustig. Der muskulöse, drahtige passionierte Judo-Kämpfer wusste auch Worte wie Totschläger zu gebrauchen – wenn es ihm passend und notwendig erschien. Dann drohte er mit einem hämischen Grinsen: »Diese Frage möchte ich Ihnen lieber beantworten, wenn wir uns einmal draußen begegnen.«

Verblüffend war zudem die gewandte Ausdrucksweise, seine gewählten Formulierungen, juristisch durchaus beachtliche Winkelzüge und auch die Unverfrorenheit, mit der Reichenstein die Beamten düpierte: »Herr Kommissar, ich protestiere gegen diese Art der Fragestellung! Das ist psychologische Beeinflussung. Sie wissen selbst, dass das unzulässig ist.«

Oder: »Ich bestehe darauf, dass meine Aussage sofort mit der Schreibmaschine mitgeschrieben wird. Das steht mir gesetzlich zu.«

Oder: »Ich weiß genau, worauf Sie hinauswollen. Aber den Gefallen tue ich Ihnen nicht. Ich werde Sie für diese unverschämte Unterstellung noch einmal zur Rechenschaft ziehen!«

Und immer wieder: »Sie wollen mir wohl etwas in die Schuhe schieben?«

Reichenstein war erstaunlich gut über die Rechte eines Untersuchungsgefangenen informiert. Bei jedem Verhör verlangte er Papier und Bleistift, um jedes Wort seiner Aussage mitschreiben zu können. Sein Misstrauen der Kripo gegenüber trug pedantische und pathologische Züge.

Obwohl Reichenstein keine Antwort schuldig blieb, konnte er eines nicht: eine plausible Erklärung dafür geben, warum er mit geladener Pistole im Wald, genau 24 Meter vor einem parkenden Wagen mit einem Liebespärchen, gestanden hatte. Sein lapidarer und immer gleicher Kommentar: »Das geht doch wohl niemanden etwas an, das ist meine Privatsache.«

Mittlerweile hatte man Reichenstein durch permanentes Nachfragen unmissverständlich zu verstehen gegeben, dass es nicht mehr nur noch um Jagdvergehen und Waffendelikte ging. Ohne konkret darauf angesprochen worden zu sein, versuchte er dennoch vorzubeugen: »Das passt ja alles wunderbar zusammen«, erklärte er. »Aber Sie irren sich, wenn Sie meinen, dass ich ein so brutaler Kerl bin. Bedenken Sie doch nur: Wenn ich ein so kaltblütiger Mörder wäre, dann hätte ich bestimmt den Oberjäger Spath erschossen, statt mich von ihm festnehmen zu lassen.«

Eine Überlegung, die nicht ohne Weiteres von der Hand zu weisen war. Franz Pöllinger aber war anderer Auffassung. In einem internen Vermerk schrieb er seine Sicht der Dinge nieder: »(…) Reichenstein mußte damit rechnen, bei einer Schießerei mit Spath den kürzeren zu ziehen. Denn obwohl Reichenstein ein ausgezeichneter Schütze ist, hätte er im Wald mit einer Pistole gegen das Gewehr Spaths auf verlorenem Posten gestanden. Wahrscheinlich wäre sein erster Pistolenschuß von etwa 15 Metern danebengegangen, und Spath wäre ihm im weiteren Verlauf des Schußwechsels mit einem Gewehr überlegen gewesen. Reichenstein ist aber viel zu vorsichtig, um ein solches Risiko einzugehen.

Ferner mußte er damit rechnen, daß die Insassen des Wagens seinen ersten Schuß hören würden. Er hätte darum kaum unbemerkt entkommen können, jedenfalls nicht, ohne das im Wald gefundene Beweismaterial zurückzulassen. Auf einigen der Beweismittel befanden sich noch seine Fingerspuren, die bald zu seiner Identifizierung geführt hätten. So dürfte Reichenstein das kleinere Übel gewählt haben. Er hat die Pistole 6 Meter weit ins Unterholz geworfen und sich wahrscheinlich darauf verlassen, daß der Förster ihn nach erfolgloser Taschendurchsuchung laufen lassen würde. Aber daß er noch ein Pistolenmagazin bei sich trug, dürfte Reichenstein in diesem Moment vergessen haben. Sonst hätte er es mit der Pistole weggeworfen.«

25

Am 16. Juni hatte es bereits eine »sensationelle Enthüllung« gegeben, natürlich in *Bild:* »**Liebespaar-Mörder gefaßt**«. Ein namentlich nicht genannter Kripobeamter war mit den Worten zitiert worden: »Es ist mit sehr großer Wahrscheinlichkeit damit zu rechnen, daß es sich bei dem festgenommenen Arbeiter E. R. um den lang gesuchten Liebespaar-Mörder handelt.« Irgendjemand musste Interna ausgeplaudert haben. Denn diese Prognose hatte der Chefermittler höchstpersönlich formuliert, und die Presse war bis zu diesem Zeitpunkt offiziell noch gar nicht über diesen Verdacht informiert worden. Jetzt waren die Ermittler gehörig unter Druck geraten, die Bürger Düsseldorfs wollten aufgeklärt werden – und verlangten endlich nach jemandem, dem sie all ihre Wut und Verachtung entgegenschleudern konnten.

Doch den Fahndern war es nicht gelungen, neue Beweismittel zu finden oder den Verdächtigen zu einem Geständnis zu bewegen. Das Ergebnis der nahezu pausenlos durchgeführten Verhöre war mager. Am 22. Juni fand schließlich im Präsidium eine Pressekonferenz statt. Franz Pöllinger und seine Kollegen mussten Farbe bekennen. Um weiteren Irritationen vorzubeugen, hatte Pöllinger ein Bulletin vorbereitet, das jedem Journalisten ausgehändigt wurde. Demnach stand die Kripo vor folgender Situation:

»(…) Auf der einen Seite die bekannten beiden Doppelmorde. Sie stellen noch nie dagewesene Verbrechen eigener Art dar. Nicht zuletzt, weil sie kaum auswertbare Spuren hinterlassen haben. Im Fall Ingensandt/Mehnert lagen die Ermordeten in ihrem Pkw vier Wochen lang im Baggerloch. Im Fall Kortmann/Seiffert hüllte der unmittelbar nach der Tat einsetzende Schnee den Fundort der Leichen und alle Wege, die zu ihm führten, in eine weiße Schneedecke. In beiden Fällen fehlt die eindeutige Feststellung des Tatortes. Während die Aufklärung von derartigen Verbrechen manchmal auf Grund der Wechselbeziehung zwischen Tat und Täter möglich ist, scheidet hier die Tat zur Auswertung aus.

Der festgenommene Erwin Reichenstein gestaltet seine Vernehmung durch Schweigen und Leugnen äußerst schwierig. Sein Verhalten macht ihn durchaus besonders verdächtig. Hat er nichts oder nur unbedeutende Handlungen zu verbergen, dann ist es unbegreiflich, daß er in dieser Situation in Kenntnis der gegen ihn erhobenen Vorwürfe nicht alles klarlegt.

Der Sachverhalt, der sich nach der Inhaftnahme des Erwin Reichenstein ergab, ist bis jetzt (am 22.6.1956) folgender:

Nach intensivem Leugnen mußte Reichenstein zugeben, daß er vor seiner Festnahme durch den Förster Sp. eine 9-mm-Pistole, Marke P 38, im Waldboden versteckt hatte. Die Pistole mit zwei Magazinen und 16 Schuß wurde gefunden.

Die Haussuchung bei R. brachte eine Kleinkaliberbüchse, eine Luftpistole, Teile für den Zusammenbau von zwei Maschinenpistolen und eine große Menge zum Teil äußerst gefährlicher Chemikalien zum Vorschein.

Im tiefsten Walddickicht wurden sein Fahrrad und seine Aktentasche u. a. mit einem 5,6-mm-Gewehrlauf und Munition gefunden. Durch intensive Suche war es der Kripo ferner möglich, an einer besonders verborgenen Stelle im Wald eine im Waldboden vergrabene große Milchkanne zu finden. Sie beinhaltete u. a. eine Selbstladepistole, 9 mm, mit eingeschobenem gefülltem Magazin, den Schaft einer Kleinkaliberbüchse und zahlreiche verschiedene Munition. Diese Waffen gehören nachweisbar dem E. R.

In der Nähe der Festnahmestelle wurde ein fahrbereites Motorrad gefunden, das der verdächtige R. zu tarnen sich bemühte. Das Motorrad war etwa vier Wochen zuvor in Düsseldorf bei einem Einbruch gestohlen worden. Nicht weit hiervon wurde eine Zeltplane gefunden, die zum Abdecken eines Motorrades diente. Diese Zeltplane war vor etwa 14 Tagen in Düsseldorf-Büderich gestohlen worden.

Reichenstein äußert sich zum Gesamtvorgang soweit, daß er haltlose Ausführungen macht und alle gegen ihn sprechenden Momente auf unglückselige Zusammenkettung von Zufällen zurückführt. Er lügt und erschwert hartnäckig die Aufklärung. Ob er dies tut, weil er glaubt, daß allein diese Methode seine etwaige Überführung als Täter der Doppelmorde unmöglich machen kann, werden erst die nächsten Wochen erweisen.«

Am 6. November 1956 stand Erwin Reichenstein vor Gericht. Er wurde zu sechs Monaten Gefängnis verurteilt – wegen »Diebstahls, unerlaubten Waffenbesitzes und Hausfriedensbruchs«. Reichenstein gab sich äußerlich gelassen. Und er lächelte nur spöttisch, als ihn der Richter mit den Worten charakterisierte: »Der Angeklagte ist eine undurchsichtige Persönlichkeit, die ohne Gefühlsregung zu allem fähig ist.«

Als der Verurteilte in seine Zelle abgeführt wurde, lächelte er noch immer. Die erste Runde war nämlich an ihn gegangen. Die Kripo hatte ihm lediglich die Bagatelldelikte nachweisen können, die sich um die im Meererbusch gefundenen Dinge rankten. Die Staatsanwaltschaft hatte wohlweislich auf eine Anklage der Liebespaar-Morde verzichtet. Man hegte lediglich einen Verdacht und hatte nicht mehr als einige schwache Indizien.

Noch am Tag der Urteilsverkündung schrieb er seiner Frau:
»Mein liebes Frauchen, meine lieben Racker.
Herzlich grüßt Euch und in der Hoffnung, daß Ihr Lieben gesund seid, Euer Pappi. Daß Eure Post mich nicht erreicht, werdet Ihr wohl wissen. Ich denke mir aber, daß Ihr zurechtkommt und Ihr Euch bei der lieben Oma Martha wohlfühlt. Meine Mutter hat mir kürzlich Wäsche gebracht und gebrauchte mitgenommen. Da ich hier ganz ohne Kalender auskommen muß, so erlaubt mir, nachträglich noch herzliche Wünsche für Dich, liebes Häschen und auch für Oma Martha zum Geburtstag. Um mich braucht Ihr Lieben Euch nicht zu sorgen. Es wird sich al-

les zum Guten aufklären und dann ist Euer Pappi bald wieder bei Euch. Herzlichen Gruß und viel Küßchen

Euer lieber Pappi.

P. S.: Ich hoffe, unsere beiden Racker machen sich gut und sind schön brav. Euer Brief mit Bild war der letzte den ich erhielt (im September).

Viele Grüße an Oma u. Opa.«

Nicht nur in Kreisen der Ermittler fragte man sich: Schreibt *so* ein gefühlsarmer und kaltblütiger Serienkiller? Und auch die Düsseldorfer Tageszeitungen gaben sich skeptisch: »Falscher ›Liebespaar-Mörder‹ wandert ins Gefängnis« – »Reichenstein kein Doppelmörder« – »Morde an Liebespärchen weiter ungeklärt«.

Der Kripo blieben jetzt nur sechs Monate Zeit, bis Reichenstein wieder frei sein würde. »Dann kann er in aller Seelenruhe die noch vorhandenen Spuren beseitigen. Und wir kriegen den Kerl nie dran«, befürchtete Franz Pöllinger. Kripo-Chef Dr. Wehner forderte indes scharf und kategorisch: »Dazu darf es nie kommen!«

Auch das nordrhein-westfälische Innenministerium hatte den Verlauf der Ermittlungen mit Argusaugen verfolgt. Jahrelang war ermittelt worden. Aber außer einer Reihe von Verdächtigungen war dabei nichts herumgekommen. Ein kümmerliches Ergebnis, das einer Blamage gleichkam. Die »Liebespaar-Morde« waren mittlerweile auch zu einem Politikum geworden, das insbesondere zu Wahlkampfzeiten nach Lust und Laune instrumentalisiert werden konnte. Der Innenminister sah schließlich »Handlungsbedarf« und ordnete eine Neuorganisation der Mordkommission an. Mit frischen Kräften sollte das Unmögliche doch noch möglich gemacht werden.

Der glücklose Franz Pöllinger wurde geschasst. Dr. Wehner rekrutierte als neuen Kommissionsleiter einen Spezialisten »für Morde, die nicht aufzuklären sind«. Der Sherlock Holmes der westdeutschen Kripo hieß Mathias Eynck und war Chef der Todesermittler im Dortmunder Polizeipräsidium. Der ehemalige Infanterieoffizier und Vater von zwei Söhnen galt als »harter Hund«, der weder sich noch seine Mitarbeiter schonte. Die Kollegen schätzten an ihm besonders »seine Nase« und »seine Zähigkeit«, mit der er eine einmal aussichtsreiche Fährte konsequent verfolgte. Warum auch er einen Wechsel an der Spitze der Mordkommission für sinnvoll hielt, erläuterte der 51-Jährige in seinem ersten Interview: »Man stellt fest – wie ich das selber auch schon herausgefunden habe –, daß man etwas blind wird, wenn man sich allzu lange mit einem bestimmten Fall befaßt. Die Gedanken gehen ständig in eine gleiche Richtung, man besitzt nicht mehr die Frische, auf neue Ideen zu kommen. Man wird ›schal‹. Und das ist das Schlimmste, was einem Kriminalisten passieren kann. Wenn man Beamte auswechselt, besteht die Möglichkeit, daß sie etwas entdecken, das man selber übersehen hat.«

Eynck benötigte einen vollen Monat, um das gesamte Aktenmaterial zu studieren. Danach glaubte er die Kernproblematik dieses Verfahrens erkannt zu haben: Da war zunächst ein höchst unbequemer, sich vehement wehrender und drohender Verdächtiger, der sicherlich kein Geständnis ablegen würde, und da war die Vermutung, dass die Morde von *zwei* Männern begangen worden sein dürften. Eynck hielt es für »unmöglich«, dass *ein* Täter jeweils zwei Opfer hatte überfallen, kontrollieren und töten können. Und erfahrungsgemäß agierte dabei als Mittäter kein Fremder, sondern jemand, auf den man sich jederzeit verlassen konnte. Eben diese Täterkonstellation vermutete Enyck auch hier. Also musste es eine Verbindung zu dem Unbekannten geben, irgendwo in dem Beziehungsgeflecht, das Reichenstein umgab.

Auf Weisung des Hauptkommissars wurde nochmals der gesamte Bekanntenkreis Reichensteins »abgeklopft«. Von seiner Frau Klara, die von den kriminellen Aktivitäten ihres Mannes nichts zu wissen schien, erfuhren die Ermittler schließlich, dass ihr Mann sich häufig mit einem gewissen Fritz Büning getroffen hatte. Eynck ließ den Mann wochenlang überwachen, zog Erkundigungen über ihn ein. Die Fahnder bekamen heraus, dass Büning zwar wegen Wilderns schon einmal mit dem Gesetz in Konflikt geraten war, sonst aber einen einwandfreien Leumund hatte. Der 25-Jährige kam aus einer soliden, tief religiösen Familie. Sein Vater hatte vierzig Jahre lang unbescholten in einer Maschinenfabrik malocht, und es fand sich niemand, der über Büning oder seine Familie etwas Nachteiliges zu berichten wusste. Büning selber erklärte schließlich den Ermittlern: »Ich kenne den Erwin zwar, aber von seinem Lebenswandel habe ich nicht viel mitbekommen.«

Gerade als Eynck sich dazu entschließen wollte, diese scheinbar aussichtslose Spur zu vernachlässigen, machte er eine hochinteressante Entdeckung. Und plötzlich ergab alles einen Sinn.

II. Februar – April 1958

26

Montag, 10. Februar 1958, 9.04 Uhr.

Eine ungewöhnliche Entdeckung machte die Besatzung eines Streifenwagens der Polizei in Opladen, einer damals etwa achtzehntausend Einwohner zählenden Kreisstadt zwischen Düsseldorf und Leverkusen: Ein grün-grauer Wagen hatte sich offenbar in einem Straßengraben festgefahren. Die linke Seitenscheibe war vollkommen zertrümmert. Und was die Beamten schließlich im Inneren des Wagens feststellten, zwang die Opladener Kripo zu weiteren Sofortmaßnahmen. Unverzüglich wurden auch Beamte des 1. Kriminalkommissariats des Wuppertaler Polizeipräsidiums hinzugezogen.

Noch am selben Abend veröffentlichte die Kripo den ersten Polizeibericht:

»Heute wurde in früher Morgenstunde in Bergisch Neukirchen, Ortsteil Biesenbach, der Volkswagen LEV D – 593, Eigentümer technischer Angestellter Otto Brennecke, Monheimer Straße, ohne Insassen aufgefunden. Nach den getroffenen Feststellungen sind der Eigentümer und seine Begleiterin Ursula Glatzek aus Leverkusen zuletzt am gestrigen Tage gegen 20.15 Uhr in Opladen, Düsseldorfer Straße, Ausgang Autobahn, im Wagen gesehen worden. In der Nacht zu heute gegen 3 Uhr wurde beobachtet, wie der Wagen im Ortsteil Biesenbach mit der rechten Wagenseite in einem Graben stand. Eine männliche Person, die nicht näher beschrieben werden kann, hat vergeblich versucht, den Wagen auf die Straße zu bringen.

Beschreibung des Otto Brennecke: scheinbares Alter etwa 30 Jahre, 171 cm groß, schlank, ovales Gesicht, braune Augen, dunkles Haar mit Geheimratsecken, Narbe über dem linken Auge, etwas Grübchen am Kinn und etwas abstehende Ohren, dunkle Augenbrauen. Bekleidung: dunkelgrauer Anzug, grauer Mantel, schwarze Halbschuhe (Slipper).

Beschreibung der Ursula Glatzek: Scheinbares Alter 20 Jahre, etwa 168 cm groß (mit Schuhen), vollschlank, gefärbtes blondes Haar, volles Gesicht, volle Lippen, blaue Augen, dunkle Augenbrauen, rotlackierte lange Fingernägel. Bekleidung: Helles, hochgeschlossenes Wollkleid mit keilförmigem Rückenausschnitt, heller Wollmantel mit Pelzbesatz, helle Damenschuhe mit schwarzen Kappen und hohen Absätzen (Bleistiftabsätze).

Wer kann Angaben über Brennecke und Glatzek machen für die Zeit nach 20.15 Uhr am 9. Februar?

Wer hat Personen, auf die die obigen Beschreibungen passen, gesehen?

Wer hat eine männliche Person am 10. Februar vor 3 Uhr nachts im Ortsteil Biesenbach oder in dessen Nähe gesehen?

Wer hat in Opladen Hilferufe in der Nacht gegen 10 Uhr gehört oder andere verdächtige Wahrnehmungen gemacht?«

Allerdings waren aus »kriminaltaktischen Gründen« der Öffentlichkeit wesentliche Details zunächst nicht mitgeteilt worden. Im Wagen hatte man einen Teil der Bekleidung der offiziell »Vermißten« gefunden – die komplette Oberbekleidung Brenneckes und seine Schuhe, außerdem einen Schuh, einen Mantel und eine graue Koffertasche, die Ursula Glatzek zugeordnet werden konnten. Und im Wagen hatte man auf den Sitzpolstern und dem Fahrzeugboden ausgedehnte Blutspuren gefunden. Die meisten Stücke der zersplitterten Scheibe waren nach innen gefallen, was auf einen Angriff von außen hindeutete. In einem internen Vermerk hieß es folgerichtig: »Befund läßt auf ein Verbrechen schließen.«

Dass eine Gewalttat verübt worden war, daran zweifelte niemand in Reihen der eilig aufgestellten Mordkommission. Nur welchen Hintergrund die Tat hatte, war fraglich. Nicht auszuschließen war, dass der 31-jährige Brennecke seine Geliebte ermordet hatte und anschließend geflüchtet war. Favorisiert wurde allerdings die Hypothese, dass beide Opfer in ihrem Wagen getötet worden waren. Und schnell erinnerten die Kriminalisten in Opladen sich an die »Liebespaar-Morde« in Düsseldorf, die erst zwei Jahre zurücklagen. Die Ermittlungen waren am 3. Juni 1957 »erfolgreich« abgeschlossen worden, das Urteil stand aber noch aus. Horst Lemper, der anfangs die Sonderkommission in der Landeshauptstadt angeführt hatte, wurde hinzugezogen. Auf einer Pressekonferenz bestätigte Klaus Helmig, der Chef der Sonderkommission, mögliche Zusammenhänge. »Es ist alles sehr mysteriös«, erklärte er den neugierig gewordenen Journalisten. »Wenn ein Verbrechen verübt wurde, so kommt es in seiner Art den Düsseldorfer Liebespaar-Morden außerordentlich nahe.« Allerdings saß der mutmaßliche Täter noch immer in Untersuchungshaft – Erwin Reichenstein konnte es also nicht gewesen sein. Aber vielleicht sein Komplize? Oder doch nur ein Nachahmungstäter, der seine Häscher auf eine falsche Fährte locken wollte?

Die Ausgangslage der Kripo war bescheiden. Die Beschreibungen des Verdächtigen, der sich mit dem Wagen Brenneckes im Straßengraben festgefahren hatte, waren unbrauchbar. Nach Angaben eines älteren Ehepaars sollte es »ein Mann mit Mantel« gewesen sein. Zudem fehlten wesentliche Anknüpfungspunkte für erfolgreiche Ermittlungen: Tatopfer, Tatwaffe, Tatort. Nur das Motiv war nach Auffassung der Kripo »eindeutig Habgier«. Den Opfern waren insgesamt 80 Mark und eine unbekannte Summe schwedischer Kronen geraubt worden. Ferner fehlten Ausweis und Kraftfahrzeugpapiere Brenneckes.

Spezialisten des Landeskriminalamtes untersuchten den Wagen. Dabei fanden die Beamten zwei Geschosshülsen einer Pistole vom Kaliber 7,65 Millimeter, die zwischen dem Gummifutter und einer Leiste des Trittbretts gesteckt hatten. Zudem wurde ein Teilstückchen eines Geschossmantels entdeckt. »Höchstwahrscheinlich« waren die Opfer »von einer dritten Person« erschossen worden. Überdies ließen feine Blutspuren an den Außenwänden des Autos darauf schließen, dass der Täter die Opfer herausgezerrt hatte.

Das Paar war von einem Bekannten der 19-jährigen Friseurin um 20.15 Uhr in der Opladener Innenstadt letztmals gesehen worden. Bis zur Beobachtung des Verdächtigen gegen 3 Uhr in der folgenden Nacht hatte der Täter demnach genügend Zeit und ausreichend Gelegenheit gehabt, die Leichen zu verstecken. Freunde Brenneckes erzählten der Kripo schließlich, dass er für seine Rendezvous bestimmte Gegenden und Örtlichkeiten bevorzugt hatte. Und genau dort hofften die Ermittler, den Tatort ausfindig machen zu können. Sechshundert Beamte der Bereitschaftspolizeien Wuppertal und Linnich wurden eingesetzt, dazu zehn Hundeführer. Schritt für Schritt wurden bestimmte Gegenden der Region Opladen-Leverkusen abgesucht, jedes Gebüsch, jedes Grasbüschel, jede Erdanhäufung, jeder Wassergraben, jedes Gestrüpp. Die Fahndung konzentrierte sich insbesondere auf den »Bürgerbusch« beiderseits der Autobahn Leverkusen-Wuppertal.

Und tatsächlich machte ein junger Polizeibeamter dort *die* Entdeckung: In einer Gestrüppgabel hing der fehlende Schuh Ursula Glatzeks, knapp einen Meter davon entfernt war eine größere eingetrocknete Blutlache. Der Tatort lag an der Nordseite der Autobahn, etwa 300 Meter nordöstlich der Überführung Schlebuscher Straße, dicht an einem Feldweg neben einem Schlehengestrüpp. Dieser Verbindungsweg führte zwischen Fixheide und Gut Alkenrath an der Autobahn entlang. Von dort aus waren es nur drei Kilometer Luftlinie bis zum Fundort des Wagens. Bei einer peniblen Absuche des Tatortes fanden Beamte schließlich noch eine Patrone und vier Geschosshülsen, sämtlich Kaliber 7,65 Millimeter, und Glasteilchen einer Securit-Scheibe. Zu dem »objektiven Befund« passte auch die Erkenntnis, dass der Tatort regelmäßig von Liebespärchen mit Autos genutzt wurde.

Uneins und unsicher waren die Ermittler hingegen bei der Bewertung anderer Fundsachen. Etwa 350 Meter nordnordöstlich vom Tatort entfernt lagen ein kleppergrauer Regenmantel und ein dunkelblauer Regenumhang. Gehörten sie den Opfern? Oder hatte der Mörder sie liegen gelassen? Bestand überhaupt ein Zusammenhang zur Tat?

Wieder waren die Fahnder einen kleinen Schritt vorangekommen. Mittlerweile lagen auch die Ergebnisse der Blutspurenuntersuchungen des Landeskriminalamtes vor: Das innerhalb und außerhalb des Wagens gesicherte Blut wies lediglich eine Blutgruppe auf. Aber weil beide Opfer dieselbe Blutgruppe hatten, stammte das Blut nach Auffassung der Gutachter »zweifelsfrei« von Ursula Glatzek und Otto Brennecke. Doch nach wie vor fehlten bedeutsame Ermittlungsansätze – der Leichenablageort blieb ungewiss, ebenso die exakte Tatzeit, zudem fehlte die Mordwaffe. Die Kripo erhoffte sich weitere Hinweise aus der Bevölkerung und wandte sich über die örtlichen Tageszeitungen insbesondere an alle Autofahrer, die zur tatkritischen Zeit – man legte sich auf den Zeitraum von »Sonntag, 9. Februar, 20.20 Uhr, bis Montagmorgen, etwa 2 Uhr« fest – die Autobahn befahren hatten. Die Fragen der Kripo lauteten: »Wer hat auffällige Wahrnehmungen gemacht? Wer hörte Pistolenschüsse? Wer sah abgestellte Personenwagen oder verdächtige Personen?« Zudem wurden alle Landwirte und Förster der Region angesprochen. Ihr Auftrag: »Halten Sie auf Ihren Grundstücken Nachschau, ob Sie dort nicht das Versteck mit den Leichen der vermißten Glatzek und Brennecke entdecken!« Um den Fahndungseifer der Bevölkerung zu animieren, setzte der Regierungspräsident eine Belohnung von 2000 Mark für Hinweise aus, »die zur Ergreifung des Täters führen«, zusätzlich 500 Mark »für Angaben aus der Bevölkerung, die zur Auffindung der vermißten Personen oder ihrer Leichen führen«.

Mehr als 100 Hinweise gingen bei der Kripo ein. Und tatsächlich fand ein Bauer eine Pistole, etwa 600 Meter vom Tatort entfernt in einem Gebüsch. Es war eine »Mauser HSc«, Kaliber 7,65 Millimeter, mit neu eingesetztem Abzugshahn und Sicherungsflügel. Hatte der Täter *diese* Waffe benutzt und sie nach der Tat weggeworfen? Die Pistole wurde für Vergleichsuntersuchungen zum Bundeskriminalamt geschickt.

Hellhörig wurden die Ermittler schließlich bei den Angaben des Zeugen Paul Rosenkranz. Der 43-jährige Klempner aus

Monheim berichtete über eine »merkwürdige Begegnung«, die sich in der Mordnacht gegen 21.30 Uhr zugetragen hatte, in der Nähe der Autobahnüberführung »Reusrather Heide«, zwischen den Örtchen Trompete und Reusrath. Der Zeuge berichtete: »(...) Da parkte am rechten Straßenrand ein VW mit Standlicht. Ich dachte, der hätte eine Panne und hielt an, um zu helfen. Der Mann sagte mir aber: ›Mir ist das Benzin ausgegangen.‹ Ich habe dann den Reservetank des Wagens mit dem Fuß geöffnet, um mich zu vergewissern, ob der Wagen überhaupt anläuft. Ich bat den Mann deshalb um den Wagenschlüssel. Der sagte aber nur: ›Ich habe keinen Schlüssel.‹ Als ich vor dem Mann stand, fiel mir auf, daß er in der linken Gesichtshälfte frische Kratzspuren hatte. Und auf seinem Hemd und seinem Rockaufschlag war Blut. Sein Binder war auch verschoben. Der Mann wirkte irgendwie nervös. Mir kam das alles ziemlich unheimlich vor. Ich habe nur noch gesagt ›Dann kann ich Ihnen auch nicht helfen‹ und bin weg. Als ich an seinem Wagen vorbeigegangen bin, habe ich auf dem Rücksitz etwas glitzern sehen. Es könnte der Inhalt einer ausgeleerten Handtasche gewesen sein. In der Dunkelheit konnte ich das aber nicht so genau erkennen. Schließlich bin ich losgefahren.«

Die Ermittler schlussfolgerten, dass der Zeuge dem Mörder von Ursula Glatzek und Otto Brennecke begegnet war. Dessen Beobachtungen passten haargenau zu jener Hypothese, die die Kriminalisten aus dem Tatortbefund abgeleitet hatten: Der Täter konnte Kratzspuren im Gesicht davongetragen und sich mit Blut besudelt haben. Zudem hatte der Verdächtige einen dunklen Volkswagen gefahren, fahrig gewirkt, unplausible Dinge gesagt. Auch die örtlichen und zeitlichen Komponenten erwiesen sich als stimmig – der Begegnungsort lag nur sechseinhalb Kilometer vom Fundort des Wagens in Biesenbach entfernt, und der Verdächtige wurde etwa anderthalb Stunden nach dem letzten Lebenszeichen der Opfer angetroffen. Es konnte nur einen Mann geben, auf den *alle* diese Indizien zutreffen würden – den Mörder.

Und der Verdächtige Nummer 1 konnte durch den Zeugen genau beschrieben werden: »Zwischen 25 und 30 Jahre alt, etwa 1,65 Meter bis 1,70 Meter groß, dunkelblondes, welliges, nach hinten gekämmtes Haar, volles Gesicht. Der Mann war bekleidet mit einer hellen Sportjacke von billiger Qualität, einer Hose, die nicht dazu paßte, und einem hellen Hemd. Der Mann sprach norddeutsche Mundart.«

Kurze Zeit später tat sich eine neue Spur auf. Die Kripo wandte sich mit ihren Erkenntnissen abermals an die örtliche Presse. Am 19. Februar meldete die *Bergische Post:* »**Hemd und Rockaufschlag blutverschmiert – Wer sah die Träger des grauen Kleppermantels und des blauen Regenumhanges?**« Unterhalb der Bilder wurde mitgeteilt: »Das ist die Regenbekleidung, die in der Nähe des Tatortes gefunden wurde. Die Mordkommission sucht nach den Trägern dieser Bekleidung in der Mordnacht. Der Regenmantel ist von grauer Farbe. Er wurde vor etwa drei Wochen mit einem Fahrrad vor einer Gastwirtschaft in Alkenrath von einem Unbekannten gestohlen. Der damalige Besitzer ist inzwischen bekannt. (…) Diese Regenbekleidung wird ab heute, Mittwoch, in dem neuen Geschäft Schneider neben dem Fotohaus Birkel in der Kölner Straße ausgestellt. Die Kriminalpolizei bittet die Bevölkerung, sich diese Bekleidung anzusehen. Wer sah diese Regenbekleidung um die Zeit des Mordes und kann die Person, die sie getragen hat, beschreiben?«

Um die Bevölkerung der Region möglichst flächendeckend erreichen zu können, wurden zusätzlich fünfzehntausend Handzettel an alle Haushalte in Opladen und Leverkusen verteilt. Überdies ließ man in Opladen, Leverkusen, Hilden, Haan und Burscheid viertausend Plakate aushängen: »**Mitfahndung in Mordsache!**«.

Dichtgedrängt standen viele Opladener Bürger vor dem Schaufenster der Metzgerei Schneider in der Kölner Straße, das Neugierige mit dem weißen Schriftzug anlockte: »Belohnung

2000 DM«. Bestaunt werden konnten die gefundene Regenbekleidung und die »Mauser«-Pistole. Anschließend meldeten sich zwei Frauen und ein Mann bei der Kripo, die »einen Verdächtigen« in diesen Kleidungsstücken gesehen haben wollten – allerdings nicht in der Mordnacht, sondern Wochen vorher. Die Beschreibungen dieses Mannes ähnelten sich frappierend. Bald konnte ermittelt werden, dass alle Zeugen tatsächlich denselben Mann gesehen hatten. Sein Name: Konstantin Beckers. Dem 32-jährigen Postbeamten aus Opladen hatten die Sachen gehört, bevor sie ihm bei einer Besorgungsfahrt samt Fahrrad gestohlen worden waren.

Um das Leichenversteck näher eingrenzen zu können, wurden die gefahrenen Kilometer des Volkswagens nach der Verabschiedung der Opfer durch den Bekannten Ursula Glatzeks berechnet. Man hatte nämlich eine am Tag des Verschwindens ausgestellte Tankquittung gefunden und konnte nun anhand der noch vorhandenen Kraftstoffmenge eine entsprechende Berechnung anstellen. Das Ergebnis: Der Täter hatte demnach die Möglichkeit, vom Tatort aus noch in einem Gebiet herumzufahren, dessen Radius etwa 15 Kilometer betrug. Daraus resultierten unzählige Versteckmöglichkeiten: der Rhein, die Wupper, die Dhünn, Talsperren, Bäche, Kiesgruben, Tümpel, Kanäle.

Als »vorrangiges Suchgebiet« favorisierten die Ermittler zunächst alle Fundstellen der bisherigen Ermittlungen und die benachbarten Regionen der Autobahnen Köln-Düsseldorf und Leverkusen-Lennep. Dreihundert Beamte der Bereitschaftspolizei Wuppertal suchten mit Spaten und Sonden ausgerüstet nach den sterblichen Überresten der Opfer. Unterstützt wurden die in Gruppen eingeteilten Suchkommandos von Fährtenhunden, einem Hubschrauber des Bundesgrenzschutzes, der Feuerwehr und Pionieren.

Am 22. Februar lag das Gutachten des Bundeskriminalamtes vor. Wieder eine Enttäuschung – die auf einem Acker gefundene »Mauser« war nicht die Tatwaffe und war auch zuvor bei keinem anderen Verbrechen benutzt worden. Ein unterdessen eingerichteter Ermittlungsabschnitt »Vorbestrafte« überprüfte insgesamt neun polizeibekannte Räuber aus Opladen und Umgebung, die der Täterbeschreibung nahekamen. Doch auch hier kam man nicht weiter. Obwohl, wie der Leiter der Opladener Kripo betonte, »die hiesige Bevölkerung im Vergleich zu anderen Gegenden sehr aktiv mitarbeitet«, wurden die Belohnungen kräftig erhöht: 5000 Mark Kopfprämie und 1000 Mark für denjenigen, der die Leichen finden würde oder das Versteck benennen könnte.

Und der neuerliche Fahndungsaufruf an die »**Mitbürger!**« zeigte Wirkung; die Menschen in der Region teilten den Ermittlungsbehörden Beobachtungen mit, die sie sonst für sich behalten hätten: Ein Mann wurde gesehen, wie er in einem Waldstück »etwas Verdächtiges« vergrub. Die alarmierte Polizei buddelte die Sachen wieder aus – und stellte fest, dass es nur Lumpen waren; ein anderer »verdächtiger Kerl« versenkte einen »großen blauen Sack« in der Dhünntalsperre. Aber darin waren keine Leichen, sondern ausrangierte Elektrogeräte. Und vier Männer mit »komischen Kratzern im Gesicht« wurden angezeigt, natürlich anonym. Aber alle hatten sie mit der »mysteriösen Mordangelegenheit« nachweislich nichts zu tun.

Zwei Wochen nach dem Beginn der Ermittlungen zog die *Bergische Post* eine ernüchternde Bilanz: »Die Suche nach den Leichen und dem Täter in der Mordsache Brennecke/Glatzek wurde auch am Montag von der Mordkommission in Verbindung mit der Kriminalpolizei fortgesetzt. Die Hinweise, die ständig aus Beobachtungen und sonstigen Wahrnehmungen der Bevölkerung im Laufe der letzten Tage mitgeteilt wurden, sind von den Beamten auch am Montag verfolgt worden. Doch hörten wir bei unserer Rückfrage bei der Kriminalpolizei nur: Nichts Neues in der Mordsache Brennecke/Glatzek. (…) Der Mord an zwei jungen Menschen ist noch nicht geklärt. Mit den Angehörigen warten viele auf die Aufklärung dieses Verbrechens, nicht immer nur aus Sensationshunger. Man muß schließlich auch bedenken, daß viele Eltern um ihre Kinder bangen, sich sorgen, so etwas könnte sich wiederholen.«

Der Sonderkommission wurden weitere zehn Beamte zugeteilt, die durch Spezialkräfte abzusuchenden Regionen erweitert. Erschwert wurden die unermüdlichen Bemühungen der Kripo durch die widrigen Wetterbedingungen: Schnee, Regen, Frost, Kälte. Und so endeten sämtliche Aktionen »ohne bemerkenswertes Ergebnis«. Auch Beamten der Wasserschutzpolizei gelang es in der Folgezeit nicht, die Leichen zu finden. Es war wie verhext. Man griff nach jedem Strohhalm. Selbst Hellseher und Wahrsager wurden ernst genommen und an jene Orte gefahren, wo die Leichen verscharrt worden sein sollten. An vielen Stellen wurde tief gegraben, doch erwiesen sich die Tipps der Amateurdetektive als »nicht verwertbar«. Die Fahndung schleppte sich dahin. Mittlerweile druckten die lokalen Tageszeitungen keine Artikel mehr, sondern nur noch knapp kommentierte Bilder, die »die Polizei im Einsatz« zeigten. Mehr gab es nicht zu berichten.

Das änderte sich am 5. März, als ein weiteres Gutachten des Bundeskriminalamtes vorlag. Eine Untersuchung der am Tatort sichergestellten Hülsen hatte nämlich ergeben, dass sie mit einer Pistole Marke »Walther« verfeuert worden waren. Nur bei dem Modell waren sich die Experten nicht sicher – es konnte eine »PPK« oder eine »PP« gewesen sein. Zwei Tage später wurde eine neuerliche Postwurfsendung für alle Haushalte in Opladen und Leverkusen gestartet. Die infrage kommenden Pistolentypen wurden auf den Handzetteln abgebildet, dazu Fragen formuliert: »(...)

- Bei wem wurde eine solche Waffe gesehen?
- Wer hat in letzter Zeit eine Walther-Pistole verkauft?
- Wem wurde eine Walther-Pistole angeboten?
- Wer hat nach dem 9. Februar 1958 eine Walther-Pistole gefunden?
- Wer machte sich durch den Kauf von 7,65er Munition verdächtig?«

Neben den äußerlichen Merkmalen glaubte die Kripo jetzt auch andere Aspekte zu kennen, die dem Gesuchten mehr Konturen geben sollten. Man vermutete, dass der Täter »bereits vorbestraft oder sonst kriminalpolizeilich in Erscheinung getreten war«. Dies schlussfolgerten die Ermittler aus der kaltblütigen Vorgehensweise des Mörders und der Tatsache, dass er mehrere Stunden nach der Tat mit dem Wagen der Opfer herumgefahren und dabei ein beträchtliches Risiko eingegangen war. So verhielt sich »kein Anfänger«. Einen »örtlichen Bezug zum Tatort« legte die Abgeschiedenheit des Feldweges nahe, auf dem die Opfer angegriffen und getötet worden waren. Der Killer musste diese Örtlichkeit bereits vor der Tat gekannt haben. Die Vermutung der Fahnder: »Der Täter dürfte im Großraum Düsseldorf-Köln wohnhaft sein.«

Einen Zusammenhang mit der Düsseldorfer Mordserie hielten die Kriminalisten für »wahrscheinlich«; gleichwohl existierten lediglich Indizien, jedoch keine handfesten Beweise. Zudem waren bei sämtlichen Morden jeweils unterschiedliche Schusswaffen benutzt worden. Doch allein die geografische und zeitliche Nähe dreier »artgleicher« Liebespaar-Morde, die so in Deutschland bis dahin überhaupt noch nicht verübt worden waren, legte den Schluss nahe, dass es irgendwo einen gemeinsamen Nenner geben musste.

Mitte März hoffte die Mordkommission, den entscheidenden Schritt voranzukommen. »So sieht vermutlich der Täter aus«, meldeten alle deutschen Tageszeitungen und veröffentlichten eine Zeichnung des Verdächtigen. Der Zeuge Paul Rosenkranz – er war dem Mann in der Mordnacht begegnet – hatte sich bei seiner Beschreibung an einem Bekannten orientiert, der dem Verdächtigen ähnlich sah und sich dazu bereit erklärte, Modell zu stehen. Nach zahlreichen Änderungen war schließlich jenes Bild entstanden, das auch als »Kinosteckbrief« und im Fernsehen gezeigt wurde und von dem der Zeuge behauptete: »Es sieht dem Verdächtigen sehr ähnlich. Ich sehe den Mann noch plastisch vor mir!«

Insgesamt zweihunderteinundvierzig Hinweise erhielt die Kripo aus dem gesamten Bundesgebiet. Aber Wesentliches ergab sich nicht. Der norddeutschen Dialekt sprechende mutmaßliche Mörder mit den verräterischen Kratzspuren im Gesicht blieb ein Phantom. Auch die Mordwaffe konnte nicht aufgetrieben werden. Und die Leichen von Otto Brennecke und Ursula Glatzek blieben ebenfalls unauffindbar. Ende April 1958 musste die Kripo ihren Offenbarungseid leisten – die Ermittlungen mussten auf Kommissionsebene eingestellt werden. Ein derart immenser personeller und materieller Aufwand ließ sich nicht mehr rechtfertigen. Wieder hatte ein (oder *der?*) »Liebespaar-Mörder« sich dem Zugriff seiner Häscher entzogen.

III. November – Dezember 1959

27

Neue Ruhr Zeitung, 3. November 1959.

»Heute beginnt der Reichenstein-Prozeß
Der Mann mit der steinernen Maske
Heute steht Erwin Reichenstein vor dem Düsseldorfer Schwurgericht. Was ihm die Anklage vorwirft, ist ungeheuerlich. (…)«

Sämtliche Düsseldorfer Tageszeitungen bereiteten ihre Leserschaft gewissenhaft auf »den erregendsten Prozeß der deutschen Kriminalgeschichte« vor. Nicht nur die Bürger der Landeshauptstadt fieberten diesem medialen Großereignis entgegen, Journalisten aus ganz Deutschland und Europa hatten sich angesagt. Alles drehte sich um zwei Männer, die einmal Freunde gewesen waren und jetzt zu einem »Duell« mit »sensationellen Vorzeichen« antreten würden: Hier der charismatische, aalglatte, verschlagene Erwin Reichenstein, der (fast) alles abstritt, dort der labile, unbeholfene, unterwürfige Fritz Büning, der alles zugab. Nach dreieinhalb Jahre andauernden zähen und wendungsreichen Ermittlungen sollte es nun im Düsseldorfer Schwurgerichtssaal L 111 zum Showdown kommen. Endlich! Das Motto: Tribun gegen Vasall, Intelligenz gegen Glaubwürdigkeit, Kaltblütigkeit gegen Mitgefühl.

Und der Ausgang des Verfahrens erschien den meisten Kommentatoren offen. So schrieb die *Rheinische Post:* »Man hat Reichenstein schon den ›deutschen Chessman‹ genannt, denn auch er hat Nerven, an denen eine ganze Garnitur erstklassiger Kriminalisten und Rechtsanwälte scheiterte; auch er hat Tage und Nächte lang juristische Literatur gewälzt, um sich selbst herauszupauken und den Ring der Indizien zu sprengen, auf dem sich die fünffache Mordanklage aufbaut. Auch er trägt bei allen Verhören und Vernehmungen eine undurchdringliche Maske.

Denn er weiß genau, daß man es schwer haben wird, ihm die Liebespaarmorde nachzuweisen.«

Auch der Anwalt des Hauptangeklagten gab sich optimistisch und ließ in den Medien schon mal die Muskeln spielen. »Reichenstein hat diesen Prozeß herbeigesehnt«, ließ Dr. König sich zitieren. »Je näher der Termin heranrückte, desto lockerer und gelöster fühlte sich mein Mandant.«

Stämmige Justizwachtmeister waren an den Türen postiert, und schon eine halbe Stunde vor Prozessbeginn hatten die insgesamt fünfzig in- und ausländischen Pressevertreter ihre Plätze einnehmen müssen. Sie wurden über die »Sondermaßnahmen« belehrt: Fotografieren war nur am ersten Tag und auch nur »für fünf Minuten« während der Mittagspause erlaubt; das Betreten oder Verlassen des Saales war »während der Verhandlung nicht gestattet«. Um den Bedürfnissen der ausländischen Journalisten entsprechen zu können, waren vier Beamtinnen der Bundespost mit zusätzlichen Leitungen in das Gerichtsgebäude eingezogen. So sollte eine »schnelle Nachrichtenübermittlung« gewährleistet werden.

Um 9.01 Uhr vereidigte der Landgerichtsdirektor Dr. Hans Näke zunächst die sechs Geschworenen und deren drei Vertreter. Zum damaligen Zeitpunkt hatten die Laienrichter noch einen erheblichen Einfluss auf die Urteilsfindung. Nach Paragraf 263 der Strafprozessordnung musste »für eine den Angeklagten belastende Entscheidung eine Mehrheit von zwei Dritteln der Stimmen der drei Berufsrichter und der sechs Geschworenen vorliegen«. Und das konnte zur Konsequenz haben: Sollte es einem der Angeklagten gelingen, fünf Geschworene von seiner Unschuld zu überzeugen, musste er freigesprochen werden – auch wenn alle Berufsrichter anderer Auffassung waren.

Die Anklage in der »Strafsache II 189/57 S 2 Ks 1/59« wurde durch die Staatsanwälte Franz Scherf und Dr. Horst Zimmermann vertreten. Rechtsanwalt Dr. Helmut König aus Krefeld verteidigte den Angeklagten Reichenstein, Rechtsanwalt Dr. Martin Lützenrath aus Wuppertal den Angeklagten Büning.

Auf der Sachverständigenbank saßen Ministerial- und Landesmedizinalrat Dr. Ferdinand Lewenstein von der Landesheilanstalt Bonn, Prof. Dr. Herbert Klimke, Psychiater und Neurologe am Institut für Gerichtliche Medizin Münster sowie Obermedizinalrat Dr. Werner Fuhrmann aus Düsseldorf.

Die Spannung in dem hellen, modern eingerichteten Gerichtssaal war mit Händen zu greifen, die Blicke der zweihundert zugelassenen Zuschauer richteten sich gebannt auf eine kleine Seitentür, durch die die Angeklagten vorgeführt werden sollten. Es herrschte atemlose Stille. Jeden Moment konnten die Protagonisten erscheinen – der »Menschenjäger vom Rhein« und sein Intimus, der in den Schlagzeilen der Tagespresse gar nicht vorkam.

Um 9.12 Uhr war es endlich so weit, die Tür wurde geöffnet. Beide Angeklagten wurden von einem Justizwachtmeister begleitet. Erwin Reichenstein erschien im zerknitterten braunen Zweireiher und weißem Hemd, unter dem rechten Arm ein Aktenbündel. Der jetzt 31-Jährige wirkte ganz und gar nicht bedrohlich: ein offenes, freundliches Gesicht; wache, braune Augen; volles kastanienbraunes, »preußisch« kurz geschnittenes, nach links gescheiteltes Haar; hohe Stirn. Er lächelte fast belustigt, wirkte selbstsicher. Ein Raunen ging durch die Reihen der Zuschauer. Man hatte sich das »Monster« ganz anders vorgestellt. Reichenstein würdigte die Menschen keines Blickes, er ging festen Schrittes zur Anklagebank, begrüßte seinen Verteidiger betont sachlich und begann sofort damit, sich Notizen zu machen.

Ganz anders der mitangeklagte Ex-Ganovenfreund und Komplize Fritz Büning, der während der Untersuchungshaft einen Selbstmordversuch unternommen hatte. Klein und schmächtig hockte er verloren in der Anklagebank, unter dem kräftigen schwarzen Haarschopf ein schmales Gesicht, eine scharfe Nase, dunkle, stechende Augen. Auch der frisch gebügelte dunkelblaue Anzug konnte über die offenkundige Unsicherheit und Unbeholfenheit des Mannes nicht hinwegtäuschen. Der 28-Jährige wirkte fahrig und mied krampfhaft den

Blick des Mitangeklagten Reichenstein. Nur hin und wieder sah er scheu in die Runde, sonst hielt er seinen Kopf gesenkt. Offenbar drückte ihn die unbequeme Doppelrolle, die ihm zugedacht worden war: Angeklagter und Kronzeuge.

Sieben prall gefüllte Ordner umfasste das Aktenmaterial, auf 1381 Seiten hatte die Sonderkommission »Liebespaar-Morde« alle Verbrechen dokumentiert, die die beiden Angeklagten begangen haben sollten. Zunächst ließ Dr. Näke die Reichenstein betreffenden Passagen der 58 Seiten starken Anklageschrift verlesen.

»(…)

2./3.1.1951:	gemeinschaftlicher Viehdiebstahl z. N. Bannen,
6.7.1951:	gemeinschaftlicher versuchter Raub z. N. Unbekannt (Autofallen),
7./8.7.1951:	gemeinschaftlicher versuchter Raub z. N. Hansen (Autofallen),
7.1.1953:	gemeinschaftlicher Mord z. N. Dr. Stürmann, versuchte Anstiftung zum Mord z. N. Littek,
16.7.1953:	gemeinschaftlicher Viehdiebstahl z. N. März,
19.12.1953:	gemeinschaftlicher Hühnerdiebstahl z. N. Hagen,
4.5.1956:	gemeinschaftlicher versuchter Raub z. N. Flachskamp/Röder,
8.5.1956:	gemeinschaftlicher versuchter Raub z. N. Greiner/Bast,
1.11.1955:	Mord z. N. Ingensandt/Mehnert,
7.2.1956:	Mord z. N. Kortmann/Seiffert«.

Nach Auffassung der Staatsanwaltschaft war Reichenstein ein »gefährlicher Gewohnheitsverbrecher«. Seine mutmaßlichen Motive: »Die Freude, Schrecken zu erregen, Menschenleben zu vernichten und der Wunsch, einen Raub zu ermöglichen.« Reichenstein nahm die furchtbare Anklage scheinbar gelassen zur Kenntnis, nur das gelegentliche Mahlen seiner Kiefer ließ darauf schließen, dass es in ihm arbeitete.

Dem Angeklagten Büning wurde vorgeworfen, sich an vier der genannten Verbrechen beteiligt zu haben, so auch am Mord an Dr. Stürmann im Februar 1953. Für die Doppelmorde aber konnte Büning ein nicht zu erschütterndes Alibi vorweisen: Er hatte zu dieser Zeit in Untersuchungshaft gesessen.

Mit gegrätschten Beinen stand der Hauptangeklagte Reichenstein wie festgerammt im Sitzungssaal, als er mit leiser, ungewöhnlich hoher Fistelstimme und betont höflich »zur Person« aussagte. »Ich hieß Erwin Konzen«, erklärte Reichenstein dem Gericht. »Ich bin ein lediges Kind. Meinen Vater habe ich nie gekannt. Ich wurde am 7. Juni 1928 in Düsseldorf geboren. 1941 hat meine Mutter geheiratet. Seitdem trage ich den Namen meines Stiefvaters Reichenstein.«

Der Angeklagte sprach ruhig, gefasst, flüssig, knapp. Verlegenheitspausen gab es nicht. Vierzig Monate lang hatte er sich auf diesen Prozess vorbereitet – wie ein Anwalt. Seine Kindheit war »traurig«. Die Mutter – bei seiner Geburt gerade mal sechzehn Jahre alt – wollte ihn nicht haben und gab ihn zu seiner Großmutter. »Weil das nicht so gut klappte«, kam er als 7-Jähriger zu Pflegeeltern nach Waldbröl. Doch auch dort »gab es Probleme«, nach gerade einmal zwei Monaten musste er zurückgeholt werden. Schließlich wurde er in der Kinderpflegerinnen-Schule der Diakonissenanstalt in Düsseldorf-Kaiserswerth untergebracht. Dort blieb er vier Jahre.

Im Mai 1939 fand er Aufnahme bei einem Bauern in Burbach bei Prüm in der Eifel. Nach drei Monaten riss er aus. Der Grund: »Die waren nicht nett zu mir.« Gerade zurückgekehrt, lief er im September abermals weg. »Weil meine Mutter mich nicht haben wollte«, steckte man den 12-Jährigen in das Evangelische Kinderheim in Düsseldorf. Nachdem er auch dort wiederholt ausgerissen war, wurde Reichenstein im Erziehungsheim Neu-Düsselthal untergebracht. »Da habe ich es nicht ausgehalten.« Im Oktober 1940 nahm ihn seine Mutter wieder auf.

Kurz vor seinem vierzehnten Geburtstag, im Frühjahr 1942, kam Reichenstein aus der Schule. Seine Leistungen waren mittelprächtig gewesen. Ein Düsseldorfer Bäcker nahm ihn in die Lehre. Als sein Brötchengeber eingezogen wurde, fand er bei einem Bauern im Sauerland Unterschlupf und Arbeit. Zwei Monate später lief er wieder davon, begann eine neue Lehre, machte wieder Schluss. Seine Begründung: »Ich bin davongelaufen, weil ich zu Unrecht geschlagen wurde.«

Als Halbwüchsiger beging Reichenstein seine erste Straftat: Als die Mutter 3000 Mark Entschädigung für einen Bombenschaden bekam, klaute er ihr 300 Mark. »Ich wollte zu einer Tante nach Halle fahren«, erklärte er dem Gericht, »dazu brauchte ich das Geld.«

Im März 1943 begann Reichenstein erneut eine Lehre als Bäcker, wieder in Düsseldorf. Aber auch diesmal schmiss er den weißen Kittel alsbald in die Ecke. »Ich sah ein, dass das für mich keinen Sinn hatte«, versuchte er sein abermaliges berufliches Scheitern zu rechtfertigen. »Ich hätte doch nie genug Geld gehabt, um mich selbständig machen zu können.«

Gegen Ende des Jahres 1944 wurde Reichenstein zum Reichsarbeitsdienst und am 14. Februar 1945 zur Wehrmacht einberufen. »Ich habe aber nicht gekämpft«, ließ er das Gericht wissen. Kurz vor Ende des Krieges geriet er in Tangermünde in Gefangenschaft, wurde jedoch wenig später wieder entlassen.

Nachdem er für eine kurze Zeit wieder bei seiner Mutter untergekommen war, zog es ihn zu Verwandten in die sowjetische Besatzungszone. Dort malochte er bei einem Bauern. Anfang 1947 kam Reichenstein nach Haldensleben. Zeitweilig war er bei einer »Musikalienhandlung« beschäftigt, zwischendurch verdingte er sich als »Grenzführer« und half Flüchtlingen über die Zonengrenze.

Am 3. Juni heiratete der damals 21-Jährige die Kindergärtnerin Klara Wollenhaupt. Aus der Ehe gingen zwei Töchter hervor. Im Mai 1950 siedelte die Familie nach Düsseldorf über. Hier wohnten die Reichensteins »Im Theveser Feld«, einem rechtsrheinisch gelegenen Gartengelände in der Nähe des Nordfriedhofs; zunächst bei seiner Mutter, später »in einem Behelfsheim«, das der Angeklagte selbst zusammengezimmert hatte. Zunächst fand Reichenstein als Arbeiter in einer Weinkellerei sein Auskommen, ab Mitte 1951 dann als Registrator in einer Versicherungsgesellschaft. Von April 1952 bis zu seiner Festnahme war er als Maschinenarbeiter in verschiedenen Betrieben der Eisenindustrie tätig. Im Oktober 1954 zog er mit seiner Familie in eine Neubauwohnung auf der anderen Rheinseite, nach Düsseldorf-Heerdt.

Reichenstein schilderte seinen Lebenslauf bemüht emotionslos. Nur einmal ließ der Mann mit dem Pokerface eine Gefühlsregung erkennen – als der Vorsitzende nach den Geburtstagen seiner Töchter fragte. Reichenstein würgte an Tränen.

Schon zu diesem frühen Zeitpunkt des Verfahrens wurde deutlich, dass Reichenstein sich als geschickter Anwalt in eigener Sache erwies. Bei der Schilderung seiner Kindheit und Jugend versuchte er zu umgehen, zu verschweigen oder zu verharmlosen, was ihn als schwer erziehbares Kind hätte erscheinen lassen können. Er verlor kein Wort darüber, dass er noch als 10-Jähriger Bettnässer gewesen war. Er überging die bereits aktenkundigen Gutachten verschiedener Erziehungsanstalten, die »ausgeprägte motorische Unruhe«, »Triebhaftigkeit« oder »chronisches Lügen« beschrieben und prognostizierten, der damals 13 Jahre alte Junge »drohte trotz jahrelanger behördlicher Betreuung sittlich zu verwahrlosen«.

Für eine seiner Lehrerinnen war Reichenstein stets ein schwer zu durchschauender und kaum berechenbarer Schüler: »Er hat zwei Gesichter. Einmal ist er lerneifrig und anstellig, dann wieder geht er mit seinen Spielgefährten roh um, stiehlt und lügt. In seiner Umgebung fließen immer Tränen.«

Auch sein Klassenlehrer hatte wenig schmeichelhaft geurteilt: »Er kommt jeden Morgen zu spät zur Schule. Seine Großmutter sagt, dass er sich bis spät in die Nacht herumtreibt. Er kommt heim, wenn schon alles schläft. Am Morgen kann er dann nicht aufwachen. Wenn die Großmutter versuchte, ihn anzuziehen, schlug und trat er sie. Er lacht mir nur frech ins Gesicht, keine Strafe kann das ändern. Er tritt seine Mitschüler und rauft mit ihnen. Alle Kinder der Nachbarschaft fürchten ihn. Er stiehlt aus den Pulten der anderen Schüler.« All dies war bei seiner Version der Ereignisse unerwähnt geblieben. Stattdessen hatte er stets sein Bemühen in den Vordergrund gerückt, »zu meiner Mutter zurückzukommen«.

Fritz Büning, vier Jahre jünger als Reichenstein, konnte an den geschliffenen Auftritt seines ehemaligen Komplizen nicht heranreichen. Er blieb wortkarg, hatte »doch alles schon einmal zu Protokoll gegeben«. »In der Schule war ich eine ziemliche Niete, und um die Orthographie war es schlecht bestellt«, bekannte er mit dünner Stimme. Von Ostern 1937 bis Anfang 1945 besuchte er die katholische Volksschule in Büderich. »Ich bin aber nicht sitzen geblieben«, versicherte er. Nach der Schulentlassung schuftete Büning bei verschiedenen Bauern in Büderich und Lank-Ilverich. Im Juni 1949 fand er eine Anstellung in der Firma, bei der sein Vater seit Jahrzehnten beschäftigt gewesen war, und machte »auf Schlosser«. Von Anfang 1953 bis November 1955 war Büning nebenher als Jagdhüter tätig. Im April 1955 heiratete der damals 24-Jährige die Hausgehilfin Maria Nehmeier, zwei Jahre später wurde seine Tochter Monika geboren.

Der Angeklagte hatte ein einseitiges Gedächtnis. An Daten aus seinem Leben wusste er sich selten zu erinnern, den Geburtstag seiner Tochter konnte er nicht nennen. »Fällt mir im Moment nicht ein«, gab er sichtlich verlegen zu Protokoll. Aber dafür wusste Büning, wann Vollmond gewesen war bei nächtlichen Pirschgängen im Wald, im Bundesjagdgesetz kannte er sich gut aus und zögerte nicht zu sagen, von welchem Tag an das Reichsjagdgesetz außer Kraft war.

Auf die Beziehung zu Reichenstein angesprochen, sagte Büning, dass er ihn im Herbst 1952 als einen »anständigen, zuvorkommenden Menschen« kennengelernt habe. »Ich nahm ihn einige Male mit auf die Jagd, und er sagte mir, er habe noch nie jemand gesehen, der so gut schießen könne wie ich.« Mehrmals sei man daraufhin spazieren gegangen, um Schießübungen zu machen. Jetzt deutete sich eine erste Verbindung zu den Doppelmorden an. Jedes Mal, wenn man in die Nähe von Autos mit Liebespaaren gekommen sei, habe Reichenstein über die »Kapitalisten« geschimpft, die sich »Autos und Frauen und alles« kaufen könnten. Als Reichenstein bei einem solchen Spaziergang einen parkenden Wagen »beschleichen« und die Insassen »aufs Korn nehmen wollte«, um sie zu berauben und »die Alte flachzulegen«, habe er, Büning, sich geweigert. Daraufhin habe Reichenstein »ganz wütend« gedroht: »Du stirbst keinen schönen Tod! Du kriegst die Nieren durchlöchert und nicht einfach einen Fangschuß!«

Büning hatte zwei Vorstrafen. 1953 war er zu einer Geldstrafe von 50 Mark verurteilt worden, weil er »unbefugt Kaninchen nachgestellt hatte«. Im März 1956 war er vom Jugendschöffengericht Neuss »wegen fortgesetzter schwerer, teilweise gemeinschaftlich begangener Jagdwilderei und wegen gefährlicher Körperverletzung« für acht Monate ins Gefängnis geschickt worden. Dr. Näke ließ aus der Urteilsbegründung vorlesen: »Der Angeklagte hatte in einer Nacht im November 1955 unbefugt dem Wilde nachgestellt. Ferner war er in der Nacht zum 9.1.1956 gemeinsam mit dem Zeugen Heinz Brenner auf einem Kraftrad mit aufgeblendetem Scheinwerfer durch das Jagdrevier gefahren, um im Scheinwerferkegel auftauchendes Wild zu erlegen. Hierbei wurden beide von dem Zimmermann Dönges gestellt. Der Zeuge Behrend versetzte diesem mit dem Gewehrlauf einen Hieb, und der Angeklagte schlug ihm mit der Faust ins Gesicht, so daß er zu Boden fiel.«

»Sonst noch weitere Strafen?«, wollte der Vorsitzende wissen.

»Nicht, dass ich wüsste«, gab Büning bescheiden zurück.

»Aber den Rest kennen Sie doch. Anfang Januar 1957 bin ich in dieser Sache festgenommen worden.«

Rückblende – Dezember 1956.
Mathias Eynck, Chef der Mordkommission »Liebespaar-Morde«, versuchte es zunächst mit der Brechstange und besuchte den Hauptverdächtigen Reichenstein mehrmals im Gefängnis – um ihn »auszuquetschen«. Aber sobald der Hauptkommissar die Zelle betrat, zog Reichenstein einen Zeitungsausschnitt aus der Tasche und hielt ihn dem Beamten vor die Nase. Die Schlagzeile lautete: »**Keine Gewißheit über angeblichen Doppelmörder – Experten warnen vor voreiligen Schlußfolgerungen**«. Dann schrie der Verdächtige: »Was wollen Sie? Die anderen Polizisten haben das schon erledigt. Sie glauben nicht, dass ich der gesuchte Mörder bin. Und außerdem: Mit Ihnen rede ich kein Wort!« Und genauso kam es. Sämtliche Versuche, mit dem Häftling ins Gespräch zu kommen, wurden kategorisch zurückgewiesen. Reichenstein verhöhnte jeden Kriminalbeamten, der zu ihm in die Zelle kam: »Wollen Sie mir schon wieder die Liebespaar-Morde in die Schuhe schieben? Wollen Sie unbedingt, dass ich gegen diese Art des Verhörs protestiere? Wissen Sie denn nicht, dass ich bestimmte Rechte genieße?«

Der Chef-Ermittler musste neue Wege beschreiten. Weil Eynck vermutete, dass Reichenstein die Morde nicht alleine begangen hatte und demnach einen Komplizen gehabt haben musste, ließ er jenen Mann mehrere Wochen beschatten, der als Reichensteins »bester Freund« galt. Doch dabei kam nichts Zählbares heraus. Dann aber machten die Ermittler bei der Überprüfung der finanziellen Verhältnisse Reichensteins eine hochinteressante Entdeckung – seine Frau Klara, die mit ihren Kindern von einer knappen Wohlfahrtsunterstützung leben musste, wurde monatlich mit Geldzuwendungen unterstützt.

Der Name des Geldgebers: Fritz Büning. Und der Hilfsschlosser konnte sich derlei Großzügigkeit eigentlich gar nicht erlauben.

Warum tat Büning das? Aus Mitleid? Aus Fürsorge? Hatte er mit der Frau seines Freundes ein Verhältnis angefangen? Und woher hatte er all das Geld, das er eigentlich gar nicht hätte haben dürfen?

Eynck sah seine Vermutung bestätigt, dass Reichenstein und Büning nicht nur Freunde gewesen waren – sondern auch (Mord?)Komplizen. Jetzt musste schnell gehandelt werden. Bei einer Durchsuchung der Wohnung Bünings fand die Kripo ein Opernglas und Schmuck. Die Sachen waren ein knappes Jahr zuvor am 27. Januar 1956 bei einem Einbruch aus dem Geschäft des Uhrmachers Hermann Thören in Büderich bei Düsseldorf gestohlen worden. Büning wurde festgenommen.

Doch er stritt alles ab. Und tatsächlich: Büning konnte den Einbruch nicht verübt haben, er war zu dieser Zeit in Untersuchungshaft gewesen. Unterdessen waren einige der von Reichenstein im Meererbusch versteckten Waffen ebenfalls als Eigentum des Uhrmachers Thören identifiziert worden: darunter eine 9-mm-Pistole vom Typ »FN« und ein Kleinkalibergewehr der Marke »Browning«. Endlich ein Volltreffer!

Büning resignierte schließlich und räumte ein, die bei ihm gefundenen Beweismittel von Reichenstein bekommen zu haben. Nur von ihrer Herkunft wollte er nichts gewusst haben. Die Möglichkeit, dass Büning an den Doppelmorden beteiligt gewesen sein könnte, schied zumindest im Fall Kortmann/Seiffert aus. Damals hatte Büning ebenfalls noch im Gefängnis gesessen.

Eynck war einen kleinen Schritt vorangekommen. Er wusste, dass Reichenstein höchstwahrscheinlich den Einbruch beim Uhrmacher verübt hatte, und er wusste nun, dass Büning ihm noch längst nicht alles über seine Beziehung zu Reichenstein gesagt hatte.

Als die Ermittlungen abermals ins Stocken gerieten, kam der Kripo ein äußerst beliebter und zuverlässiger Kollege zu Hilfe –

Kommissar Zufall. Am 15. Dezember setzten Arbeiter auf dem Büdericher Friedhof eine Einfriedungshecke um. Als sie einen alten Dornbusch ausgruben, stießen sie mit dem Spaten auf etwas, das dort gar nicht hätte vergraben sein dürfen: eine Miniaturschatztruhe, gefüllt mit Schmuck, Goldwaren, Uhren und Waffen, sorgsam eingewickelt in Autoschläuchen und luftdicht verpackt in Einweckgläsern. Der mysteriöse Fund wurde der Polizei übergeben.

Die meisten Gegenstände stammten wiederum aus dem Thören-Einbruch. Reichenstein musste das Versteck angelegt haben. Zum Verhängnis wurde ihm jedoch nicht die Pistole, die man gefunden hatte, sondern das Papier, in das die Waffe eingewickelt worden war. Es war die Ausgabe des *Stern* Nr. 7/56 vom 18. Februar 1956. Und auf Seite fünfundvierzig der Illustrierten stießen die Ermittler auf ein gelöstes Kreuzworträtsel. Reichensteins Schwägerin sagte schließlich aus, dass sie dieses Preisrätsel gelöst habe, und zwar im Haus von Erwin Reichenstein. Eine Schriftprobe beseitigte letzte Zweifel.

Schließlich gab auch Büning zu, dass Reichenstein das Versteck an der Büdericher Friedhofshecke angelegt hatte. Überdies war nach einem Gutachten des Bundeskriminalamtes ein Sägebügel, der neben dem Schmuck in der Truhe gelegen hatte, »höchstwahrscheinlich« dazu benutzt worden, um die Eisengitter vor dem Fenster des Uhrmachers durchzusägen, durch das die Diebe eingestiegen waren.

Der gerichtsfeste Beweis, dass Reichenstein das Versteck am Friedhof angelegt hatte, war die Voraussetzung, um ihn zumindest mit dem Doppelmord an Helga Kortmann und Peter Seiffert in Verbindung bringen zu können. Denn: Die Einweckgläser waren mit vier Gummiringen verschlossen, und in einem der Gläser fand sich eine zweifach gedrehte, etwa zwei Meter lange Schnur aus Sisalhanf. Hatte der Mörder Helga Kortmann nicht mit einem Einweckring aus Gummi geknebelt, um den ein Schal gewickelt gewesen war? Und hatte der Täter die junge

Frau nicht auch mit einer ähnlichen Hanfschnur die Hände gefesselt, bevor er sie erschlagen und verbrannt hatte? Die »Spur 804« war jetzt »heiß«.

Spezialisten des Bundeskriminalamtes wurden damit beauftragt herauszufinden, ob das am Leichenfundort sichergestellte angekohlte Stück Schnur und der Gummiring mit den am Friedhof gefundenen »Paßstücken« übereinstimmten.

Das Bundeskriminalamt antwortete mit zwei ausführlichen Gutachten. Die Sisal-Hanfschnur hatte »die gleiche Stärke, die gleiche Faserbeschaffenheit und die gleiche Zwirnung« wie das eingeschickte Vergleichsstück. Es handelte sich zudem um ein »seltenes Erzeugnis der Bindfaden-Industrie«. Die Gutachter hatten Monate gebraucht, um an ein Parallelstück zu gelangen. Volltreffer! Und unter den vier Gummiringen entsprach einer »nach Material und Herstellungsart« dem Vergleichsstück. Wieder Volltreffer!

Zwei Wochen, bevor Reichenstein zu Weihnachten aus der Haft hätte entlassen werden müssen, konnte die Kripo gegen ihn einen neuen Haftbefehl erwirken – »wegen des dringenden Tatverdachts, Helga Kortmann und Peter Seiffert am 7. Februar 1956 aus Habgier getötet zu haben«. Die enormen Anstrengungen der Mordkommission hatten sich ausgezahlt. »Jetzt haben wir ihn!«, jubelte Eynck.

Doch es sollte noch besser kommen. Büning wurde mit den belastenden Ermittlungsergebnissen wieder und wieder konfrontiert: »Was wissen Sie darüber?«, »Was verschweigen Sie uns?«, »Denken Sie an Ihre Frau, Ihre Tochter!«, »Wenn es hart auf hart kommt, haut der Reichenstein Sie doch in die Pfanne!«, »Wenn Sie uns helfen, helfen wir Ihnen!«, »Sie haben das ganze Leben doch noch vor sich!«. Irgendwann wurde es Büning zu viel. Er begann zu »singen«. Und was der erschöpfte und desillusionierte Mann den Ermittlern erzählte, übertraf alle Erwartungen.

»Herr Reichenstein«, begann Dr. Näke die Vernehmung, »Sie wissen, was Büning in dem Fall aussagt?« Der Vorsitzende meinte den Mord an Dr. Stürmann.

Reichenstein nickte.

»Büning behauptet, er wäre dabei gewesen, als Sie Dr. Stürmann erschossen hätten.«

»Auch von diesem Fall erfuhr ich erst aus der Presse.« Der Angeklagte gab sich unbeteiligt.

»Dann sagt Büning also die Unwahrheit?«

»Ja.« Nach kurzem Überlegen ergänzte Reichenstein betont sachlich: »Ich sehe keinen Anlass, mich zu den Mordfällen, die in Düsseldorf geschahen, in Verdacht zu nehmen. Verdachtsmomente sind keine da, außer Verleumdungen. Ich bin kein Mörder!«

»Bleiben wir beim Fall Dr. Stürmann.« Der Vorsitzende las eine Zeit lang in den Akten. »Woher haben Sie denn die 08-Pistole gehabt, mit der Dr. Stürmann erschossen worden ist?«

»Die habe ich aus der Sowjetzone. Ich fand sie auf dem Grundstück meines Schwagers versteckt und nahm sie an mich. Sie war alt und verrostet, ich pulverte sie auf.«

»Wissen Sie noch die Nummer der Waffe?«

»Nein, das weiß ich nicht.«

»Was haben Sie dann mit der Waffe gemacht?«

Ohne zu zögern, antwortete Reichenstein: »Die habe ich bei meinem Umzug nach Düsseldorf mitgebracht und in meinem Garten vergraben. Meine Frau hat sie schließlich gefunden und einem meiner Arbeitskollegen geschenkt. Als ich davon gehört habe, wollte ich die Pistole zurückhaben.«

»Warum?«

»Weil es ein Wertobjekt war.«

»Und weiter?«

»Ich habe die Pistole wiederbekommen. Im Herbst 1952 habe ich sie an einen Mann weitergegeben.«

»Wie heißt der Mann?«, fragte der Vorsitzende in ruhigem Tonfall.

»Ich will nicht, dass dieser Mann in Verdacht kommt. Er hat die Waffe nicht lange gehabt. Und im übrigen möchte ich hierzu folgendes anmerken: Man hat mir bei der Kriminalpolizei Aussagen in den Mund gelegt, aber ich habe sie verschmäht. Ich habe die Wahrheit gesagt.«

Darauf Dr. Näke: »Sie haben die Waffe also an einen Unbekannten gegeben?«

Reichenstein parierte sofort. »Für mich ist das kein Unbekannter. Aber ich nenne den Namen nicht. Und außerdem kann man meine Angaben nicht nachprüfen.«

Der Vorsitzende setzte seine Brille ab und schaute den Angeklagten fragend an. »Und warum nicht?«

Erstmals wirkte Reichenstein unsicher. Nach einem fragenden Blick zu seinem Anwalt antwortete er lediglich: »Dazu möchte ich hier nichts sagen.«

Dr. Näke versuchte dem Angeklagten seine prekäre Lage begreiflich zu machen. »Der Arbeitskollege Ihrer Frau, der damals Ihre Pistole besaß, wird hier als Zeuge auftreten. Er hat in der Waffe, mit der Dr. Stürmann erschossen wurde, Ihre 08 wiedererkannt. Finden Sie das nicht eigenartig?«

Reichenstein konterte sofort, das Gesicht unbewegt: »Ja, das ist wirklich sehr sonderbar, dass nämlich ein Mann, der eine Pistole nur zwei Tage in der Hand gehalten hat und noch dazu nur am Arbeitsplatz, sie nach so vielen Jahren wiedererkennen kann!«

Trotz aller Hinweise des Vorsitzenden, wie »unglaubhaft« seine Angaben seien, behauptete Reichenstein gebetsmühlenartig: »Ich habe die Waffe zur Tatzeit nicht besessen. Ich bin kein Mörder!« Nur einmal verplapperte er sich, als er sagte: »Der Tag, an dem ich das Verbrechen an Dr. Stürmann beging ...« Umgehend korrigierte er sich erkennbar verlegen: »Der Tag, an dem das Verbrechen begangen wurde ...«

Reichenstein bestritt sogar, bei einem Raubüberfall auf einen Bauern beteiligt gewesen zu sein – den er noch während der

Untersuchungshaft zugegeben hatte. Sein Kommentar: »Ich habe kein Teil an dieser Tat.«

»Aber Sie haben es doch in der Voruntersuchung gestanden!«, hakte Dr. Näke energisch nach.

»Ich habe es getan unter dem Eindruck der Vielzahl von Fällen, die man mir zur Last legte. Ich wollte nicht immer bestreiten, um mich nicht verdächtig zu machen. Deshalb gab ich es zu.«

»Dann haben Sie also bewusst etwas Falsches gesagt?«

»Ja.«

Endlich ein Geständnis – das keines war. Und auf alle weiteren Vorwürfe antwortete Reichenstein stets gelassen: »Ich habe nichts damit zu tun«, oder: »Das ist nicht wahr.« Ebenfalls seien Diebesgut wie Waffen, Munition, ein Motorrad, Uhren und Schmuck, die sich nachweislich in seinem Besitz befunden hatten, »Fundstücke« gewesen, die er »irgendwo aufgelesen« hatte. Reichensteins Aussagen wirkten wie einstudiert.

Am Nachmittag des ersten Verhandlungstages wurde Büning angehört. Ausführlich behandelte das Gericht zunächst einen für den 8. Mai 1956 geplanten Raubüberfall auf die Allgemeine Ortskrankenkasse in Düsseldorf-Oberkassel.

»Reichenstein hat mich *gezwungen,* mitzumachen«, eiferte Büning sich. »Wir haben das Motorrad geklaut, uns Tarnanzüge angezogen, eine Sonnenbrille aufgesetzt und unmittelbar vor der AOK Schwämme in den Mund gesteckt, damit uns später keiner wiedererkennen konnte. Reichenstein hat mir vorher genaue Anweisungen gegeben. Er wollte die Leute in Schach halten, ich sollte über die Barriere springen und das Geld holen. Alle sollten sich mit dem Gesicht auf die Erde legen – bei Bewegung würde sofort geschossen. Und wenn ich nicht ebenso viele umlegen würde wie Reichenstein, würde ich selbst nicht lebend herauskommen. Als ich dann die Tür aufmachte, sah ich in der Schalterhalle eine Menge alter Leute stehen. Da habe ich mich rumgedreht und bin wieder gegangen. Reichenstein kam sofort hinter mir her, und als ich ihm sagte, von den Leuten da drin kenne mich jemand, hat er mich ausgeschimpft.«

Was in den ersten Schilderungen noch wie Abhängigkeit oder Beschränktheit anmutete, entpuppte sich bei den folgenden Vernehmungen Bünings mehr und mehr als Groteske. Obwohl nicht daran zu zweifeln war, dass Reichenstein agiert und sein Kumpan lediglich reagiert hatte, schien die zur Schau gestellte Harmlosigkeit des Hauptbelastungszeugen doch eher Methode zu sein. So erklärte er beispielsweise auf die Frage, warum er bei dem gemeinschaftlichen Hühnerdiebstahl am 19. Dezember 1953 in Büderich gleich fünfzehn Hühner auf einmal gestohlen habe – Reichenstein sollte währenddessen mit entsicherter Pistole im Hof Schmiere gestanden und später auf den herbeieilenden Bauern einen Schuss abgegeben haben –: »Ich konnte ja erst dann mit dem Hühnerstehlen aufhören, wenn er zu mir sagte, daß ich aufhören sollte.« Und als der Vorsitzende wissen wollte, was mit den toten Hühnern passiert sei, erklärte Büning erst nach längerem Grübeln: »Ich glaube, die sind gerupft worden...«

Mitunter klangen die Aussagen Bünings geradezu phantastisch; vor allem, wenn es um Verbrechen ging, die angeblich von Reichenstein minutiös geplant gewesen waren, aber nie stattgefunden hatten. »Reichenstein wollte einen Kindesraub durchführen«, berichtete der Angeklagte. »Das Lösegeld sollte am Rheinufer versteckt werden. Mittels eines Tauchapparates wollte es sich Reichenstein von der anderen Rheinseite aus abholen.«

Oder: »Reichenstein wollte in einem Geldtransportwagen eine Sprengladung anbringen und durch Fernzündung zur Explosion bringen.«

Oder: »Reichenstein hat an mir Schlagversuche gemacht. Er hat mit einem mit Stahlkörnern voll gestopften Strumpf auf mich eingeschlagen. Und er hat mir Medikamente gespritzt, die mich taumelig und schläfrig machten. Reichenstein benahm sich wie der Satan.«

Zentrales Thema seiner Vernehmung aber war die Behauptung, die er bereits in der Untersuchungshaft aufgestellt hatte: »Reichenstein hat am 7. Januar 1953 den Rechtsschutzsekretär der Gewerkschaft in Velbert, Dr. Stürmann, am rechten Rheinufer bei Düsseldorf erschossen. Und ich selber, Fritz Büning, war dabei. Ich habe Dr. Stürmanns Begleiter, Littek, zusammengeschlagen, weil ich nicht schießen wollte!«

Büning wiederholte sein Geständnis – zaghaft, zögerlich, aber unbeirrt.

»Warum belasten Sie sich hier selbst?« Der Vorsitzende wirkte ein wenig misstrauisch. Eindringlich musterte er Büning. Schließlich fragte er: »Und warum belasten Sie den Mitangeklagten?«

»Ich habe lange genug die Last mit mir herumgeschleppt, ich hoffe nun, vor Gericht Ruhe zu finden. Damals war ich gerade einundzwanzig Jahre alt. Manchmal habe ich gedacht, ich hätte nur geträumt. Ich habe keine Veranlassung, einem unschuldigen Menschen etwas anzuhängen.«

»Dann erzählen Sie mal von Anfang an. Wie ist die Sache mit Dr. Stürmann passiert?«

»Wir sind an diesem Abend in den Wald bei dem Wasserwerk gegangen, um Schießübungen zu machen«, begann Büning mit leiser Stimme zu erzählen. »Ich schoss sehr schlecht. Reichenstein ging plötzlich weg, und als er ein paar Minuten später wiederkam, gab er mir einige Tabletten. Ich nahm sie ...«

Der Vorsitzende fragte nach. »Warum haben Sie das gemacht?«

»Was hätte ich denn machen sollen? Reichenstein war mein böser Dämon, ich hatte Angst, dass er mir etwas antun könnte ...«

Erstmals blickte Reichenstein von der Anklagebank zu seinem ehemaligen Kumpan herüber – und lächelte süffisant.

»Und was ist dann passiert?«

Büning hatte sich wieder gefangen. »Einige Minuten, nachdem ich die Tabletten heruntergeschluckt hatte, bekam ich ein echtes Glücksgefühl – als wenn ein Jäger sich plötzlich einem Hirsch gegenübersieht. Reichenstein hat dann die Pistolen und die Munition geputzt. Dann sind wir wieder losgezogen.« Büning stutzte für einen Moment.

»Und wie ging es weiter?«

»Unterwegs schimpfte Reichenstein wieder auf die Kapitalisten, die sich die Frauen kauften. Dann sahen wir plötzlich das Auto. Reichenstein wollte das Auto, und er wollte das Geld. Er stülpte mir eine Strumpfmaske über den Kopf und sich selber auch. Dann fiel ein Schuss. Ich wollte weglaufen ...«

»Moment mal, Herr Büning, der Reihe nach. Sie haben den Wagen gesehen. Was ist dann zwischen Ihnen beiden gesprochen worden?«

»Ich habe zu ihm gesagt: ›Mach keinen Quatsch!‹ Aber Reichenstein zeigte auf den parkenden Wagen und befahl: ›Ich lasse die aussteigen, dann nehmen wir uns den Wagen!‹ Wir sind dann zu dem Wagen hin, er hat die Fahrertür aufgerissen und sofort auf Dr. Stürmann geschossen. Reichenstein hat mit seiner Pistole auf mich gezeigt und mir bedeutet, ich sollte den jungen Mann erschießen. Dann brüllte er: ›Nun los, schieß du auch!‹« Büning stockte.

»Lassen Sie sich Zeit, Herr Büning.«

»In dem Moment brach eine Welt für mich zusammen ...«

Dr. Näke ermahnte den Angeklagten: »Herr Büning, bitte keine Geschichten, bleiben Sie sachlich!«

»Jawohl, Herr Vorsitzender.« Der Angeklagte wischte sich den Schweiß von der Stirn.

»Und weiter?«

»Ich sah den Mann, der noch lebte und auf den zusammengesunkenen Dr. Stürmann starrte. Er weinte und hob die Hände hoch. Ich sagte, er sollte die Hände runternehmen, ich würde nicht schießen. Weil er der Aufforderung nicht nachkam, habe ich erst leicht und dann fest mit dem Pistolenknauf zugeschlagen. Ich habe ihm noch gesagt, er solle ruhig sein und sich nicht bewegen. Und dann habe ich die Nerven verloren und bin einfach abgehauen. Im Weglaufen habe ich mich noch umgeblickt und gesehen, wie Reichenstein den beiden Männern die Brieftaschen weggenommen hat.«

»Steckte wirklich Reichenstein unter der Maske?«, fragte der Richter noch einmal.

Büning nickte. »Ich kann nur sagen, wie es war.«

Wieder mahnte der Vorsitzende: »Es wäre furchtbar, wenn Sie jetzt einen Mann belastet hätten, der es gar nicht gewesen ist.«

Büning antwortete prompt: »Ich hätte keine Veranlassung, einem anderen etwas unberechtigterweise anzuhängen.« Dann hob der Angeklagte beide Hände. »Wer schwindelt, muss ungeheuer intelligent sein. Ich bin es nicht.«

»Es schwindeln aber auch Dumme, nur bekommt man es schneller heraus«, antwortete Dr. Näke.

Aber Büning blieb standhaft. »Ich habe kein Wort zu viel angegeben.« Dann fügte er noch ungefragt hinzu: »Am Tage nach der Sache mit Dr. Stürmann rief Reichenstein mich raus und gab mir Geld. Etwa 60 Mark. Er sagte auch, wenn er aufkippen würde, wäre ich reif.«

»Noch etwas?«

Der Angeklagte dachte kurz nach, er wirkte verunsichert, verlegen. Dann platzte es aus ihm heraus. »Wissen Sie, was der mit mir gemacht hat?«

Der Vorsitzende schüttelte den Kopf.

»Als wir auf dem Rückzug waren, hat er mir die Knarre an den Kopf gehalten. Er hat gesagt, ich sollte mein Testament machen, ich wäre jetzt fällig. Reichenstein wollte mich umbringen, weil ich den jungen Mann nicht erschossen hatte. Er hielt mir die Knarre vor den Bauch, und ich musste mich hinknien. Dann hat er mir die Knarre an den Kopf gehalten.« Büning formte mit seiner linken Hand eine Pistole und hielt sie gegen seine linke

Schläfe. »So. Ich hatte Todesangst. Er hatte doch schon Dr. Stürmann erschossen. Ohne mit der Wimper zu zucken. Und dann hat er abgedrückt. Ich dachte: Jetzt ist es aus. Aber die Waffe war nicht geladen, er hatte die Patronen vorher herausgenommen.«

Dr. Näke konfrontierte Reichenstein mit den schwerwiegenden Anschuldigungen Bünings. Doch außer den bereits Jahre zuvor eingeräumten Viehdiebstählen gab er nichts zu. Ob er nicht doch Autofallen aufgestellt habe, wurde er gefragt. Seine Antwort: »Das habe ich erst bei der Polizei erfahren. Ich bestreite es ganz entschieden, mich insofern schuldig gemacht zu haben.« Ob er seinen Mittäter angestiftet habe, Liebespaare zu überfallen? Reichenstein: »Büning lügt, soweit ich als Täter in Frage komme.« Und ob er Dr. Stürmann erschossen habe? Spontan, aber ruhig antwortete Reichenstein lakonisch: »Habe ich nichts mit zu tun.«

Das Gericht hatte Aussagen gehört, die unterschiedlicher nicht sein konnten. Beide hatten sich auf einem Schießplatz kennengelernt. Reichenstein behauptete: »Anfang Januar 1953.« Büning sagte: »Im Frühherbst 1952.« »Wir hatten gemeinsame sportliche Interessen«, bekundete Reichenstein. »Er hat mich hörig gemacht und plante mit mir alle möglichen Gewaltverbrechen«, entgegnete Büning. So ging es hin und her. Richter und Geschworene hatten Mühe, sich im Labyrinth der Lügen zurechtzufinden.

Der Vorsitzende wandte sich abschließend nochmals an den Hauptangeklagten und warnte ihn eindringlich mit den Worten: »Sie scheinen zu meinen, Herr Reichenstein, man könne eines Verbrechens nur dann überführt werden, wenn Zeugen da sind. Ich möchte Sie darauf aufmerksam machen, daß Sie sich in diesem Fall irren. Sie verstehen das Prozeßverfahren offenbar nicht.« Dann vertagte sich das Gericht.

28

4. November 1959, zweiter Verhandlungstag.

Wie am Tag zuvor schon sollten die beiden Angeklagten vernommen werden. Zunächst wurde Fritz Büning aufgerufen. Er sollte über den Raubüberfall auf ein Liebespärchen im Meerbusch am 4. Mai 1956 berichten, begangen von ihm selbst – und Erwin Reichenstein.

Büning begann zu erzählen: »Wir wollten nach einem Bock schauen, den Reichenstein am Tag vorher wundgeschossen hatte. Da lockte uns ein Lichtschein auf einen Seitenweg. Dort lagen zwei Leute. Beide hielten eine brennende Zigarette in der Hand. Plötzlich ließ Reichenstein hinter mir seine Taschenlampe aufblitzen. Ich hörte den Hahn seiner Pistole knacken und bekam ein gewaltiges Schreckensgefühl ...« Büning stockte, suchte nach Worten. Dann schwieg er.

»Herr Büning, was ist dann passiert?«, fragte der Vorsitzende.

Der Angeklagte stierte auf den Boden. »Ich ...« Mehr brachte Büning nicht heraus. Die Zuschauer begannen zu tuscheln.

Plötzlich sprang der Verteidiger des Angeklagten auf. Sichtlich erregt rief Dr. Lützenrath seinem Mandanten zu: »Los, Büning, Sie müssen alles erzählen. Sie müssen sagen, was in Ihnen vorging, als Sie hinter sich die Pistole von Reichenstein knacken hörten. Ich sehe die Herren Sachverständigen bereits schmunzeln. Sie müssen genau berichten, Büning. Sonst glaubt man Ihnen nichts!«

Darauf der Angeklagte: »Es ist so furchtbar ...«

Wieder intervenierte sein Anwalt energisch: »Die Geschworenen wissen doch nicht, was passiert ist. Nun erzählen Sie doch, wie es gewesen ist! Sagen Sie dem Gericht, was im Wald eine glimmende Zigarette bedeutet und wie Herr Reichenstein schießt!«

Büning wandte sich wieder dem Vorsitzenden zu. Stockend und mit kaum hörbarer Stimme erklärte er schließlich: »Der

Reichenstein schoss verdammt gut. Im Hüftanschlag traf er mit der Pistole eine schwingende Konservenbüchse. Ich hatte furchtbare Angst, dass er wieder sofort schießt – wie bei Dr. Stürmann ...«

»Und was passierte dann?«

»Reichenstein richtete seine Taschenlampe auf die Pistole und anschließend auf den Mann und die Frau vor uns. Die Frau sprang sofort auf und lief in Richtung Straße davon. Reichenstein hat mir dann befohlen: ›Los, hinterher. Wenn du sie hast, knall sie ab. Halt ihr die Pistole unter die Haare, dann hört man es nicht ...‹ Büning brach erneut ab. Im Saal herrschte gebannte Stille. »Als ich die Frau erreichte«, fuhr der Angeklagte fort, »habe ich sie am Arm festgehalten. Sie hatte immer noch die Zigarette in der Hand. Ich wollte die Frau zwingen, die Zigarette wegzuwerfen, damit sie für Reichenstein kein Ziel mehr abgab.«

Reichenstein lachte laut auf. Ganz gegen seine Gewohnheit hatte er nicht mitgeschrieben, sondern seinem Erzfeind genau zugehört.

»Aber die Frau hörte nicht auf mich. Da habe ich ihr ein paar Ohrfeigen gegeben. Aber ihre Zigarette brannte immer noch. Sie rief, ich könnte alles von ihr haben. Aber ich wollte ja gar nichts. Ich selbst bin bei dem Überfall doch der Kugelfang gewesen. Ich stand genau zwischen Reichenstein und der Frau. Dann dachte ich, versuch es mal mit der Pistole ...«

Dr. Näke hakte nach. »Wenn Sie die Frau retten wollten, warum haben Sie sie dann geschlagen?«

Schweigen.

»Herr Büning, warum haben Sie die Frau geschlagen?«

Der Angeklagte trotzig: »Das habe ich doch schon gesagt. Die Zigarette. Ich wollte, dass sie die ausmacht – wegen Reichenstein. Eine brennende Zigarette im dunklen Wald ist das beste Ziel für einen Schützen wie Reichenstein.«

Aber alle im Gericht merkten den Haken an der Geschichte. Denn: Reichenstein hatte trotz sich bietender Gelegenheit *nicht* geschossen. Er hatte vielmehr den Freund der Frau in Schach gehalten – und auch dabei *nicht* abgedrückt.

»Als ich zurückkam, hat Reichenstein gebrüllt: ›Los, nimm ihm die Brieftasche ab!‹ Seine Stimme war schrill, er schien wieder ganz verwandelt, wie ein Tier. Ich hatte Angst. Ich schrie: ›Nein, lass, komm, komm, weg hier!‹ Und dann sind wir weggelaufen.«

Dem Vorsitzenden genügte das nicht: »War da nicht noch etwas?«

Büning, der immer dann, wenn es eng und unbequem für ihn wurde, auf sein schlechtes Gedächtnis verwies, erinnerte sich: »Ja, aber erst ganz zum Schluss kam ein Motorrad.«

Dr. Näke nickte. Dann sagte er: »Sie wissen, dass die beiden Überfallenen als Zeugen hier aussagen werden. Die Frau hat bisher angegeben, nur der näher kommende Motorradfahrer habe sie gerettet. Und sie glaubt immer noch, dass Sie ihr etwas zuleide tun wollten …«

»Ich wollte sie vor Reichenstein schützen!«, protestierte Büning. »Ich habe sie ja nur ganz leicht geschlagen.«

Der Vorsitzende darauf süffisant: »Nun, der Frau hat's gereicht, nicht wahr?«

Einige Zuschauer lachten.

Dr. Näke fügte hinzu: »Fest steht, dass Reichenstein dem Mann überhaupt nichts getan hat.« Der Vorsitzende versuchte, den jetzt aufhorchenden Angeklagten zu provozieren.

Doch von solcher Entlastung wollte Reichenstein nichts wissen. »Büning lügt. Ich habe mit der Sache nichts zu tun«, beschied er den Richter kühl.

Büning war kein glänzender Kronzeuge. Kaum jemand wusste exakt einzuschätzen, ob der unscheinbare Mann primitiv, krank oder verschlagen war. Das Gericht musste bei seiner Vernehmung immer wieder Rücksicht auf dessen labilen Gesundheitszustand nehmen und legte Pausen ein. Der noch in der Untersuchungshaft von Medikamenten abhängig gewesene Büning wirkte angegriffen und angreifbar. Einmal entschuldigte er sich: »Meine Erinnerung hat in bestimmten Punkten nachgelassen, weil ich nichts mehr bekomme. Wenn ich die Tabletten noch kriegte, könnte ich alles bin ins Kleinste sagen.«

Doch erschien sein Gedächtnisschwund recht einseitig verlaufen zu sein. Wenn es um eigenes Verschulden ging, wurde Büning wortkarg – oder schwieg. Seine Aussagen waren stets darauf getrimmt, den eigenen Tatbeitrag herunterzuspielen, sich als »Helfer« oder »Retter« in der Not zu präsentieren. Er wollte ein willenloses Werkzeug seines Komplizen, nicht mehr als sein gehorsamer Befehlsempfänger gewesen sein. Denn der gebärdete sich »wie der Satan«, vor dem musste man sich fürchten, für den musste er »alles tun«. Auch die Art und Weise, wie er Dinge schilderte, nagte an seiner Glaubwürdigkeit: aufgekratzt, übernervös, unsicher. Die Gegenseite versuchte dies geschickt auszunutzen. Dr. König, der Reichenstein verteidigte, merkte dazu in einer Verhandlungspause vielsagend und unüberhörbar an: »Leute mit Komplexen wie Büning sind sehr gefährlich. Außerdem weiß ich als überzeugter Katholik, daß man sich eigentlich frei fühlen müßte, wenn man alles von seinem Gewissen heruntergeredet hat.« Der Anwalt spekulierte darauf, dass sein Statement am nächsten Tag in den Zeitungen abgedruckt würde. Auf diesem Wege sollten auch die Geschworenen davon erfahren. Dr. König wollte Zweifel säen. Berechtigte Zweifel?

Wenn nur ein Bruchteil von dem stimmte, was Büning dem Schwurgericht erzählte, dann war Erwin Reichenstein nicht nur ein Serienkiller, sondern er sollte auch fortwährend mit diabolischen Plänen zur Massenvernichtung von Menschenleben beschäftigt gewesen sein.

»Reichenstein hatte eine Wut auf alle Menschen, die glücklich waren«, berichtete Büning. »Er sagte, er würde sie eines Tages so erniedrigen und vernichten, wie es noch keinem gelungen wäre. Er drückte sich fein und gelehrt aus. Aber es war schlimmer, als wenn er es hart gesagt hätte. Weil er glückliche und reiche Menschen hasste, stellte er in seinem Laboratorium tödliches und betäubendes Gas her, das er in Ballons aufbewahrte. Darum experimentierte er auch mit Blausäure und Zyankali. Darum lieh er sich all die Fachbücher.«

Diese eklatante Beschuldigung brachte der Angeklagte wie gewohnt in seinem schwerfälligen rheinischen Dialekt vor, aber ungewohnt flüssig und ohne zu stottern. Um seine Behauptung zu untermauern, erzählte er haarsträubend, bisweilen grotesk anmutende Geschichten:

»Reichenstein hatte einen Spitz von einem Nachbarn, den er töten sollte. Wir nahmen das Tier mit in den Wald. Er band den Hund mit dem Halsband am Hinterrad seines Fahrrades fest, holte aus seiner Tasche eine Spritze, füllte sie aus einem mitgebrachten Fläschchen und gab dem Tier eine Injektion in den Oberschenkel. Der Hund drehte den Kopf. Er wollte wohl dahin beißen, wo ihn die Spritze getroffen hatte. Doch da fiel er schon um und war tot. Als ich das sah, merkte ich, dass Reichensteins Experimente keine Spielerei waren, sondern tödlicher Ernst.«

Und: »Ich sollte die Katze erschießen. Reichenstein sagte: ›Nein, das mache ich anders.‹ Er nahm den Karton, in dem ich das Tier trug, mit in den Keller und ließ das Gas aus dem Ballon in eine Öffnung. Ich sollte die tote Katze dann vergraben. Als ich aber im Wald den Karton öffnete, sprang das Tier heraus und war lebendig. Da ließ ich es laufen.«

Und: »Reichenstein wollte wissen, ob die Polizei etwas aus mir herausholen könnte. Er nahm mich mit ins Revier, holte einen Koffer aus dem Versteck bei der Ziegelei. Darin waren eine Spritze, ein Arztbesteck und eine Ampulle. Er machte mir eine Injektion in den Oberschenkel. Ich wurde benommen. Er fragte mich nach dem Stürmann-Mord, und wie man die 08-Pistole auseinandernimmt. Was ich antwortete, weiß ich nicht mehr. Ich muss dann besinnungslos geworden sein. Als ich zu mir kam, hatte er mich in seinen Mantel eingewickelt. Es war Winter und sehr kalt. Er sagte: ›Wenn ich nicht bei dir geblieben wäre, wärst du jetzt tot.‹«

Und: »Er wollte eine Frau so zusammenschlagen, dass sie sich gerade noch nach Hause schleppen konnte. Dann sollte der Ehemann einen Zettel finden, den Reichenstein ihr vorher zustecken wollte.« Nur was auf dem Zettel stehen und warum all das passieren sollte, wusste Büning nicht zu sagen. Er zuckte auf Nachfrage des Vorsitzenden nur mit den Schultern.

Manche Zuschauer schüttelten ungläubig den Kopf, andere schauten sich fragend an. Waren das nur Hirngespinste eines Ex-Junkies, der seinen einstmaligen Kumpel zum allgewaltigen Super-Gangster hochstilisieren wollte? Sollte der verbrecherische Habitus Reichensteins großgeschwafelt, der eigene hingegen kleingeredet werden? Alles nur Strategie?

Auch Dr. Näke meldete Zweifel an. Während dieser unheimlich anmutenden Schilderungen fragte der Vorsitzende den blassen Büning immer wieder: »Warum ließen Sie sich denn alles gefallen?«, und bekam stets von neuem dieselbe Antwort: »Mir war schon alles egal. Ich war betäubt von den vielen Tabletten, die mir Reichenstein gab, und völlig durcheinander, weil ich solche Angst vor ihm hatte und immer an den erschossenen Dr. Stürmann denken musste. Mir wäre mein Tod damals willkommen gewesen.«

Diese Aussagen erschienen ähnlich dubios wie ein Indiz, das Reichenstein erstmals mit dem Doppelmord an Lieselotte Ingensandt und Wilfried Mehnert in Verbindung brachte: In einer nebligen Nacht habe ihm Reichenstein, der von ihm vorher mit seinem Wagen an einer bestimmten Stelle abgesetzt worden sei, an etwa der gleichen Stelle gegen Mitternacht eine Pistole übergeben mit der Anordnung, sie »sauber zu machen«. Mit der Waffe sei zwar nicht geschossen worden, am Griff hätten sich jedoch »gelbe Lehmreste« befunden. Und im Gesicht des Hauptangeklagten wollte Büning »feine Blutspuren« erkannt haben.

Warum ihm Reichenstein ausgerechnet eine Pistole zur Säuberung übergeben haben sollte, die gar nicht benutzt worden war und demzufolge gar keiner Sonderbehandlung bedurft hätte, konnte Büning jedoch nicht erklären. Aber dafür fand er das Verhalten Reichensteins auffällig: »Er war so ungewöhnlich freundlich zu mir. Das war eigentlich immer nur dann so, wenn ihm irgendetwas besonders gut gelungen war.«

Wesentlich auskunftsfreudiger zeigte der Angeklagte sich, als er erklären sollte, wie er darauf gekommen war, dass dieser Vorfall sich in genau jener Nacht ereignet hatte, in der das Liebespaar ermordet worden war. Büning dazu: »Schon damals bekam ich den Verdacht, dass Reichenstein ein Verbrechen begangen hatte. Deshalb schaute ich am nächsten Tag in der Zeitung nach. Dabei fand ich aber nur die Mitteilung, dass in der Konkordiastraße ein Mädchen vergewaltigt und schwer verletzt worden war. Das sagte ich später der Kripo bei einem Verhör, und die suchten den Artikel.« Und es konnte festgestellt werden, dass dieses Sexualverbrechen tatsächlich in der Nacht zum 1. November 1955 verübt worden war. Doch ließ sich nicht belegen, ob die übrigen Angaben des Angeklagten *auch* zutrafen.

Allerdings gab es auch handfeste Beweise für die Büning'schen Gruselgeschichten. Als Reichenstein in Haft kam, entdeckte die Kripo im Keller seines Häuschens ein komplett eingerichtetes chemisches Laboratorium. Dort stieß man auch auf die von Büning beschriebenen Gummiblasen, Kanülen und Spritzen. An zwei Kanülen sowie im Inneren einer Spritze konnten durch Experten des Bundeskriminalamtes eindeutig Reste von Zyankali nachgewiesen werden. Zudem konnten eine Reihe von Verstecken gefunden werden, in denen Reichenstein ein ganzes Waffenarsenal verborgen hatte. Auch dort fand man eine Spritze mit Spuren von Zyankali. Und schließlich lieh sich der Angeklagte in der Düsseldorfer Stadtbibliothek unter falschem Namen Fachliteratur aus, die Titel waren mittlerweile aktenkundig: »Handatlas und Lehrbuch der Anatomie des Menschen«, »Narkose«, »Grundlage der Narkose in

Theorie und Praxis«, »Die Schmerzverhütung bei chirurgischen Eingriffen«, »Genuß und Betäubung durch chemische Mittel«.

An diesen Tatsachen kam auch Reichenstein nicht vorbei. Doch er zeigte sich bestens präpariert. »Ich habe mich seit 1950 mit der Chemie beschäftigt«, erläuterte er nicht ohne Stolz. »Mich interessierte diese Wissenschaft, von der ich in der Schule nichts gelernt hatte. Ich besorgte mir deshalb Fachliteratur und die Grundstoffe, die zu den einfachsten Versuchen nötig sind. Bünings Geschichten vom Hund und der Katze sind frei erfunden. Gewiss, ich habe selbst Blausäure hergestellt. Das geschah aber aus rein wissenschaftlichem Interesse. Ich gab Büning etwas davon ab, um damit Eier zu vergiften, die er gegen Raubzeug auslegen wollte. Später habe ich auch Zyankali auf der Grundlage von Blausäuregas und Kalilauge selbst erzeugt.«

»Alles nur zu Studienzwecken?«, Dr. Näke blieb misstrauisch. »Und die Spritzen?«

»Ja, ich besorgte mir eine Spritze, um die Gewehrläufe mit Äther zu behandeln, wenn ich in meiner Wohnung bastelte.« Reichenstein blieb keine Erklärung schuldig, seine Antworten gab er prompt.

»Die Spritze wurde in einem Versteck am Büdericher Bahnhof gefunden.« Der Vorsitzende formulierte einen Vorhalt. »Es wurden daran Spuren von Zyankali festgestellt!«

»Das kann gar nicht sein«, entgegnete der Angeklagte. »Das sind doch Kristalle. Ich habe die Spritze doch nur versteckt wegen meiner Frau, die wollte sie aus dem Haus haben.« Reichenstein hielt einen Moment inne. Dann ging er in die Offensive: »Ich weiß, warum Sie das alles fragen. Es wird behauptet, ich hätte mit Giften Menschenleben vernichten wollen. Ich interessierte mich für gefährliche Stoffe, aber ich habe sie nie gegen Menschen verwendet. Solche Versuche habe ich nie unternommen. Das ist alles Unsinn!«

»Es ist zumindest merkwürdig«, gab Dr. Näke zurück. »Warum interessieren Sie sich eigentlich gerade für Narkose?«

»Meine Frau war Krankenschwester, da wollte ich mich informieren.«

»Aber die Aussagen Bünings passen zu Ihren wissenschaftlichen Neigungen ...«

Reichenstein gab sich weiterhin kämpferisch. »Ich habe sie nicht verborgen. Die Fachbücher nahm ich sogar mit zur Arbeitsstelle, um darin in den Pausen zu lesen. Hätte ich Verbrecherisches geplant, wie man mir vorhält, dann hätte ich sicher mein Interesse an der Chemie geheim gehalten.«

»Aber diese Versuche waren doch gezielt!«

Kopfschütteln.

»Hat Büning denn alles erfunden?«

»Soweit es meine Person angeht, ja.«

»Wie war denn Ihr Verhältnis zu Büning?«

»Es war ein rein sportliches Verhältnis.« Einige Zuschauer mussten lachen. »Gegründet auf unsere gemeinsame Freude am Schießen und Jagen. Ich lernte Büning durch einen Arbeitskameraden erst nach dem Mord an Dr. Stürmann kennen. Wir gingen öfter zusammen durch den Wald des Gutes Werhahn, dessen Jagdaufseher damals Büning war. Wir machten dort auch Schießübungen. Damit erschöpfte sich unser Verhältnis.«

Nach eindringlichem Befragen erinnerte Reichenstein sich allerdings, dass er zwei Straftaten mit Büning begangen hatte – einen Kabel- und einen Viehdiebstahl. Es fiel ihm auch noch ein, dass er sich regelmäßig Geld von seinem Kumpel geliehen hatte – einmal 200 Mark für eine Reise, ein anderes Mal 600 Mark für ein Ostzonengeschäft mit Operngläsern. Er sei auch zur Hochzeit Bünings eingeladen gewesen. Andererseits habe es »Differenzen über Kleinigkeiten gegeben, aber niemals etwas Ernstliches«.

Das wollte Dr. Näke nicht unwidersprochen lassen: »Büning stellt Ihr Verhältnis aber so dar, als sei er Ihnen gewissermaßen hörig gewesen!«

Reichenstein antwortete kühl, beherrscht, emotionslos:

»Das ist unwahr und dürfte sich aus den Aussagen unserer gemeinsamen Bekannten unschwer widerlegen lassen.«

Nach der Mittagspause wurde noch einmal der Mord an Dr. Stürmann aufgerollt. Büning wiederholte monoton und schleppend seine Aussage vom Vortag. Doch gab es eine kurze Episode, in der sich eine Sensation anzubahnen schien. Die Leute im Zuschauerraum und auf den Pressestühlen hielten förmlich die Luft an, als Dr. Näke den Zeugen fragte: »Sie sind doch Littek vor dem Untersuchungsrichter schon einmal gegenübergestellt worden, nicht wahr? In den Akten steht, Sie hätten Littek etwas gesagt, das Sie aber nicht preisgeben, sondern für die Hauptverhandlung aufsparen wollten. Wie ist es damit?«

Büning stutzte einen Moment. Dann sagte er mit tonloser Stimme: »Ich kann mich nicht erinnern.«

Dann war Reichenstein wieder an der Reihe. »Mit Ihnen sind wir ja immer schnell fertig«, bemerkte Dr. Näke mit einem süß-sauren Lächeln. Und so kam es auch. Die Angelegenheit war für den Angeklagten mit nur einem Satz erledigt: »Ich kann mich nicht zu einem Verbrechen äußern, an dem ich nicht teilgenommen habe.«

Der Ausgang des Verfahrens war vollkommen offen. So kommentierte die *Neue Ruhr Zeitung* zutreffend: »Das macht den großen Reiz an dem Mordprozeß gegen Erwin Reichenstein und Fritz Büning vor dem Düsseldorfer Schwurgericht aus: Die Waage in Justitias Hand schwankt erheblich, und es wird noch lange dauern, bis es entschieden ist, zu wessen Gunsten sich eine der Schalen senken wird.«

Diejenigen Prozessbeobachter, die es aus reiner Neugier taten, waren überwiegend enttäuscht. Kein Spektakel. Kein überraschendes Geständnis. Kein Tobsuchtsanfall eines in die Enge getriebenen Killers. Kein Thrill. Und vor allem: Es gab kein »Monster« zu beäugen. Stattdessen saß in der Anklagebank mit

Erwin Reichenstein ein blasser, junger Mann, den das Geschehen gar nicht oder nur beiläufig zu interessieren schien; der auf alle Fragen höflich, bescheiden und mit gewundenen Formulierungen antwortete und während der übrigen Zeit sich fleißig Notizen machte. Um auch alles mitschreiben zu können, hatte er in der Untersuchungshaft eigens Stenografie gelernt. Reichenstein hatte sich in die Atmosphäre eines Gerichtssaales und das Procedere einer Gerichtsverhandlung schnell eingelebt. Sofort nach der Eröffnung begann er zu schreiben – nahezu pausenlos, mit schräg geneigtem Kopf und fest zusammengepressten Lippen, als gingen ihn die belastenden Aussagen nichts an.

Das private Aktenmaterial Reichensteins hatte unterdessen beachtliche Ausmaße erreicht. Er hatte Mühe, auf der Anklagebank alle Papiere, Notizblätter, Schnellhefter und Bücher in der rechten Ordnung zu halten. Immer wieder beugte er sich zu seinem Verteidiger hinunter und übergab Notizen. In den Verhandlungspausen führte er mit Dr. König durchweg intensive Gespräche, und wenn Zeugen vernommen wurden, piekte er seinen Verteidiger mit einem langen gelben Bleistift in den Rücken – dann war ihm etwas Wichtiges ein- oder aufgefallen, das postwendend flüsternd mitgeteilt werden musste. Doch sonst schwieg der Angeklagte zumeist, hockte unbewegt und mit starrer Miene in der Anklagebank. Der Prozess fand sozusagen ohne ihn statt.

Kaum jemand unter den Zuschauern wollte eine Prognose wagen. Dafür hatte der Hauptbelastungszeuge seinen Part bisher zu miserabel erledigt, dafür hatte der Hauptangeklagte zu spontan und zu überzeugend agiert – trotz aller Indizien. Und über die »Liebespaar-Morde« war überhaupt noch nicht verhandelt worden.

29

6. November 1959, dritter Verhandlungstag.

Wieder war unentwegt von Morden die Rede, die gar nicht passiert waren, und Fritz Büning präsentierte einen galanten Gentleman-Ganoven und überaus versierten Verbrechens-Verhinderer – sich selbst. Der 28-Jährige spielte weiterhin die selbst gewählte Rolle eines Rammkeils, der eine Bresche in »die unerschütterliche Festung Reichenstein« zu schlagen hatte. So sollte »der Dämon« es auch auf eine einsam gelegene, komfortable Villa am Stadtrand Düsseldorfs abgesehen haben. Mit einem selbst hergestellten Gift sollten erst das Dienstmädchen, dann die Eigentümerin und schließlich ihr Ehemann getötet werden – nicht nur, um lästige Zeugen zu liquidieren, sondern weil Reichenstein insbesondere die Frau »haßte«.

»Reichenstein zwang mich, als Erster auf einen Balkon zu klettern und einzusteigen«, berichtete Büning. »Aber ich bin zurückgekommen, weil ich Angst hatte und habe gesagt, das Fenster wäre nicht zu öffnen gewesen. Er hat das geglaubt. Dann sind wir wieder abgezogen.«

Dr. Näke fragte eindringlich: »Sie sind der Hauptbelastungszeuge! Was Sie da stotternd herausbringen, klingt nicht sonderlich überzeugend. Stimmt das denn so?«

»Jawohl.«

»Haben Sie das, was Sie hier schildern, alles wirklich erlebt?«

Büning konterte ungewohnt schlagfertig: »Alles ist wahr – sonst müsste ich ja Hellseher sein!«

Gelächter im Zuschauerraum.

Und dann fügte der Angeklagte mit lauter werdender Stimme hinzu: »Wenn hier alle so viel erzählen würden wie ich, dann ergäbe sich ein ganz anderes Bild!«

Der Vorsitzende nickte. »Herr Büning, warum haben Sie bei all diesen Straftaten mitgemacht?«, wollte Dr. Näke wenig später wissen. »Brauchten Sie nicht auch Geld?«

Darauf erzählte der Angeklagte, dass er gemeinsam mit seiner Frau für ein Häuschen gespart und damals bereits über 9000 Mark verfügt habe. Reichenstein habe ihn immer wieder vor die Wahl gestellt: »Entweder du gibst mir Geld – oder du machst mit!« Dann habe er mitgemacht. »Was hätte ich denn tun sollen?«, fragte er den Vorsitzenden.

Dr. Näke antwortete nicht. Stattdessen meldete sich erstmals der Verteidiger des Mitangeklagten zu Wort. »Warum haben Sie sich denn nicht dagegen gewehrt? Sie hatten doch auch eine Pistole! Sie hätten ihn doch in Schach halten können!«

Doch Büning ließ sich nicht aus der Reserve locken: »Reichenstein schoss wie ein Künstler, ich konnte nichts machen.«

Schließlich kam der Vorsitzende auf eine andere Ungereimtheit zu sprechen: »Als Reichenstein in Haft war, da haben Sie seine Familie finanziell unterstützt. Warum haben Sie das getan?«

Die Antwort erzeugte gehörige Unruhe im Saal. »Wenn ich Reichenstein einen Gefallen hätte tun wollen«, eiferte Büning sich ungewohnt hastig sprechend, »dann hätte ich das Gegenteil tun müssen …«

»Erklären Sie das mal!«

»Reichenstein sagte mir vor einiger Zeit, wenn er verhaftet würde, müsste seine Frau sehr bald zum Schweigen gebracht werden. Ich sollte ihr entweder eine Ampulle mit Gift eingeben, dann würde sie sofort tot sein, oder ich sollte ihr was zu trinken geben. Und wenn sie dann betrunken wäre, mir Handschuhe anziehen, die Gashähne andrehen und die Wohnung verlassen.«

Nur einer im Saal zeigte sich von dieser Ungeheuerlichkeit vollkommen unbeeindruckt – Erwin Reichenstein. Er reagierte nicht, verzog keine Miene, notierte lediglich, was sein Widersacher eben zu Protokoll gegeben hatte.

Dr. Näke war mit der Antwort Bünings nicht zufrieden. Er fragte: »Sie haben hier aber immer noch nicht erklärt, *warum* Sie die Familie Reichenstein mit Geld unterstützt haben. Wie war es damit?«

Der Angeklagte machte ein nachdenkliches Gesicht. »Ich kannte sie doch gut«, erklärte er schließlich. »Und sie taten mir leid, weil sie doch so gut wie nichts hatten – vor allem die Kinder.«

Auch wollte Büning von Reichenstein genaue Anweisungen erhalten haben, wie er sich bei Vernehmungen durch die Kripo zu verhalten hätte. Darum habe er nach seiner Festnahme im Januar 1957 auch zunächst alles abgestritten. Aber da sei »die Polizei dran schuld gewesen«. Er sei im Leben »immer fair« gewesen, und er verlange von seinen Gegnern die gleiche »Fairheit«. »Die sind doch von Anfang an voreingenommen gewesen«, beschwerte er sich.

Dann fragte der Vorsitzende den Angeklagten Reichenstein nach zwei Kassibern. Die erste Nachricht sollte er seiner kleinen Tochter Sonja bei einem Besuch im Gefängnis in die Tasche ihres Mäntelchens gesteckt haben. Diese Botschaft war für seine Frau bestimmt gewesen: Sie sollte zu Hause eine bestimmte Säge verschwinden lassen. Die andere Nachricht sei von Reichenstein in die Schuhe Bünings geworfen worden, die vor der Zellentür gestanden hätten. »Wenn Du weiter schweigst, können sie uns nichts anhaben, denn Zeugen fehlen«, habe auf diesem Zettel gestanden. Und: »Die Blutflecken, die Du auf meinem Anzug gesehen hast, die stammten von einem Kaninchen!«

Nur den ersten Kassiber gab Reichenstein zu: »Ich wollte meiner Frau gewisse Zusammenhänge erklären.« Zum Zweiten sagte er nur: »Alles frei erfunden!«

Schließlich kam man auf die Tablettensucht Bünings zu sprechen. Aus den Fragen des medizinischen Sachverständigen ging hervor, dass der Angeklagte abhängig gewesen sein musste – oder es noch war. Büning berichtete, er habe »laufend« Morphiumkapseln, Pervitin oder Luminal geschluckt. »Wenn Vollmond war oder wenn ich nicht schlafen konnte, habe ich manchmal ein ganzes Röhrchen verpulvert. Trotzdem bin ich nicht mal eingeschlafen.« Den Einwand des Gutachters, »Dann müssten Sie ja tot sein«, parierte Büning platt: »Wie Sie sehen, ich lebe noch!« Viele der Tabletten habe Reichenstein ihm ebenso wie einige Spritzen »aufgedrängt«. Auch in der Untersuchungshaft habe er noch Pillen bekommen. »Woher?«, wurde er vom Vorsitzenden gefragt. »Das kann mein Verteidiger beantworten«, entgegnete Büning ausweichend. Dr. Lützenrath wehrte sofort ab: »Ist nicht beabsichtigt.«

Auch diese Episode machte deutlich, dass Büning ein zwielichtiger, unbequemer Zeuge war – tablettensüchtig, labil, leicht beeinflussbar, den hohen Anforderungen, die an ihn in diesem Prozess gestellt wurden, bestenfalls bedingt gewachsen. Die Anklage schien auf wackligen Füßen zu stehen. Nicht nur die Vertreter der Staatsanwaltschaft bangten: Wie lange würde der gesundheitlich angeschlagene Kronzeuge noch durchhalten?

Ganz anders sein physisch und psychisch robust auftretender Gegenspieler, der mit durchdachten und plausibel erscheinenden Antworten immer wieder versuchte, den Kopf aus der Schlinge zu ziehen. So viel schien sicher: Reichenstein würde nicht einknicken, von ihm war kein Geständnis zu erwarten.

Doch entgegen der allgemeinen Einschätzung und Erwartung kam es anders: In einem scharfen Verhör gelang es dem Vorsitzenden, Reichenstein erste Eingeständnisse zu entlocken – allerdings nur in Nebenfragen. Zutreffend sei von den Angaben Bünings, dass er an einem Hühnerdiebstahl teilgenommen, eine Milchkanne in seinem Garten vergraben, einen Kassiber aus dem Gefängnis geschmuggelt, seinem Komplizen Schmuck zum Verkauf gegeben und sich eine englische Maschinenpistole Bünings ausgeliehen habe. »Verbrechen stehen damit aber nicht in Zusammenhang«, resümierte Reichenstein gelassen. Er erklärte vielmehr, die Maschinenpistole habe er »aus technischem Interesse« abzeichnen und nachbasteln wollen. Und der aus einem Diebstahl stammende Schmuck sei von ihm »in einem Betonfundament gefunden« worden.

Mit stoischer Ruhe reagierte der Angeklagte auch auf eine Provokation Dr. Lützenraths. Der rief mit erhobener Stimme:

»Dreieinhalb Jahre sitzen Sie jetzt in Untersuchungshaft. Ursache sind nur die Darstellungen von Büning. Warum haben Sie nicht einmal mit Leidenschaft Ihre Unschuld betont, wie man das von einem Angeschuldigten erwarten kann?«

Die Antwort kam postwendend, ohne den Hauch eines Zögerns. »Weil ich diese Geschichte seit über drei Jahren kenne und mich nicht mehr darüber aufregen kann. Das müssen Sie bitte verstehen.«

Doch Dr. Lützenrath bohrte weiter: »Warum haben Sie denn nicht ein einziges Mal in überzeugender Manier protestiert? So verteidigt sich doch kein Mensch, der so lange Zeit fälschlicherweise festgehalten wird!«

Aber auch jetzt blieb Reichenstein unbeeindruckt. Kühl gab er zurück: »Weil ich kein Schauspieler bin und meine Gefühle nicht zeigen kann.«

Schließlich ergriff Dr. Näke das Wort. Er fragte: »Was meinen Sie, Reichenstein, warum Büning das alles über Sie sagt, warum er Sie so belastet?«

Der Angeklagte antwortete prompt. »Büning will mir Böses! Sein Motiv kann er nur selbst erklären.«

Auch wenn Reichenstein bei allen Vorhaltungen und Verdächtigungen kalt und souverän geblieben war, seine glatte Fassade hatte erste Risse bekommen. Schließlich hatte er sich in Widersprüche verwickelt, als er zugab, bei einem kleineren Hühnerdiebstahl mitgemacht zu haben. Diese Tat hatte sich jedoch *vor* dem größeren Hühnerdiebstahl auf demselben Bauernhof am 19. Dezember 1953 ereignet, an dem Reichenstein »nicht teilgenommen« haben wollte. Als Begründung war von ihm am zweiten Verhandlungstag noch im Brustton der Überzeugung verkündet worden: »Ich kenne den Bauernhof doch gar nicht!« Reichenstein hatte also gelogen.

Auch auf die Frage von Staatsanwalt Scherf, wie lange er an dem Runddolch – der war in einem seiner Verstecke am Friedhof in Büderich gefunden worden – gearbeitet habe, hatte Reichenstein wegwerfend geantwortet: »Nur ganz kurze Zeit. Es war eine Kleinigkeit.« Vom Anklagevertreter war ihm daraufhin seine frühere Aussage vorgehalten worden, er habe den Dolch »aus reiner Liebhaberei am Basteln« angefertigt. »Das ist schon eigenartig«, hatte der Staatsanwalt sich mokiert, »dass ein Bastelfreund in möglichst kurzer Zeit einen völlig schmucklosen Dolch anfertigt«. Reichenstein musste abermals gelogen haben. Viele der Prozessbeobachter waren einer Meinung: Der Angeklagte begann sich im Geflecht seiner Lügen zu verheddern. Aber deshalb war er noch lange kein Mörder – schon gar nicht ein Serienkiller.

Anderer Auffassung war Mathias Eynck. Der ehemalige Chef der Sonderkommission »Liebespaare« wurde als Erster von insgesamt zweiundfünfzig Zeugen gehört. Mittlerweile war der Hauptkommissar Leiter der Mordkommission in Hagen. Sein Auftritt wurde mit Spannung erwartet. Die Presse hatte seinerzeit einen Helden gesucht – und *ihn* ausgeguckt. »Der Mann, der das Monster überführte«, war nicht in Vergessenheit geraten.

Vordringlich ging es bei der Vernehmung des 54-Jährigen um das Geständnis, das er Büning abgerungen hatte und dessen Glaubwürdigkeit. Der Zeuge sagte aus, Büning habe aus drei Gründen zunächst geleugnet: Er habe »aus einem Treuekomplex heraus« das Reichenstein einmal gegebene Wort halten wollen, er sei zudem der Meinung gewesen, man würde ihm nicht glauben, und er habe »ungeheure Angst vor Reichenstein« gehabt. Schließlich habe er die »seelische Last«, die er in all den Jahren mit sich herumgeschleppt habe, »endlich abstreifen« wollen.

Ob man dem Angeklagten glauben könne, wurde der Kriminalist gefragt. Seine Antwort: »Hohes Gericht, wenn ich mir eine persönliche Bemerkung erlauben darf: Büning ist ein Mann, der mit den Augen spricht. Man sieht ihm an, ob er schwindelt oder nicht. Als er seine Geständnisse machte, da war ich überzeugt, dass er die Wahrheit sagt.« Alle Angaben Bünings über die behaupteten Tatumstände – auch bei Verbrechen, von denen die Kripo nichts wusste – seien gründlich geprüft worden. Eynck versicherte: »Ich habe Fritz Büning – obwohl ich fast leidenschaftlich jede nur mögliche seiner Angaben nachgeprüft habe – nicht einer einzigen Unwahrheit überführen können!«

Schließlich berichtete der Zeuge von verschiedenen Verstecken, in denen Waffen, Werkzeuge und Schmuck sichergestellt worden seien, von Packmaterial und Stoffresten, zu denen man die »Gegenstücke« gefunden habe – in der Wohnung des Angeklagten Reichenstein. Und Eynck erzählte von Einmachringen, die nach kriminaltechnischen Untersuchungen »von derselben Struktur und demselben Material waren« wie die Gummireste, die man am Leichenfundort Kortmann/Seiffert gefunden habe. Zudem sei in dem am Büdericher Friedhof gefundenen Waffenlager – Reichenstein hatte stets beteuert, das Depot »nicht zu kennen« – ein Zeitungsausschnitt mit einem Kreuzworträtsel entdeckt worden, der »nachweislich« von der Schwägerin des Hauptangeklagten ausgefüllt worden sei. Überdies habe der seidene Futterstoff, den Kripobeamte in demselben Versteck gefunden hatten, »genau zum Kinderwagen der Familie des Angeklagten gepaßt«.

Dem gewieften Todesermittler war es gelungen, ein dichtes Netz von Indizien zu spinnen, und mittendrin hockte Erwin Reichenstein – und lauerte auf Gelegenheiten, sich ein wenig freizustrampeln. Wieder waren die »Liebespaar-Morde« nur indirekt behandelt worden, aber Eynck hatte keinen Zweifel daran gelassen, wen er für den Täter hielt.

30

10. November 1959, vierter Verhandlungstag.

Die Sitzung begann mit einem Paukenschlag. Der Vorsitzende teilte mit, dass Erwin Reichenstein »zur Unterstützung seines Anwalts Dr. König« als zusätzlichen Verteidiger den Düsseldorfer Rechtsanwalt Heinz Peters hinzugezogen hatte. Offenbar war Reichenstein mit der Strategie und dem bisherigen Sitzungsverhalten Dr. Königs nicht zufrieden, der wesentlich zurückhaltender agiert hatte als der Verteidiger des Mitangeklagten Büning. Damit hatte Reichenstein, von dem schon während der Untersuchungshaft drei Anwälte verschlissen worden waren, bereits seinen fünften Rechtsbeistand.

Dann wurde der erste Zeuge aufgerufen. Es war Martin Zenker, ein 31-jähriger Zimmermann aus Düsseldorf, der bereits bei der Kripo zugegeben hatte, mit Reichenstein »das ein oder andere Ding gedreht« zu haben.

»Sie waren der Erste, der die Polizei darauf hingewiesen hat, dass hinter Reichenstein noch viel mehr stecken könnte«, begann Dr. Näke die Vernehmung. »Von Ihrer Aussage hängt möglicherweise viel ab!«

Zenker nickte artig.

Dem Gericht ging es insbesondere um die »Autofallen«, die Reichenstein und Zenker im Juli 1951 auf der Landstraße zwischen Kalkum und Kaiserswerth gestellt haben sollten. Sachlich und leidenschaftslos schilderte der Zeuge, wie die Opfer überfallen und beraubt werden sollten: »Wir legten Bretter mit starken Nägeln auf die Straße, um Autos zum Halten zu bringen. Reichenstein wollte den Fahrer mit der Pistole bedrohen, ich sollte ihn von hinten niederschlagen, dann wollten wir ihm die Brieftasche abnehmen. Reichenstein hatte eine Pistole 08 dabei, ich einen Knüppel.«

Zenker demonstrierte dem Gericht, wie sie sich aus schwarzen Dreieckstüchern Masken vor das Gesicht gebunden hätten, um nicht erkannt zu werden.

Der erste Versuch sei jedoch »danebengegangen«, da sich die Nägel lediglich verbogen hätten, ohne Schaden anzurichten. Deshalb habe man am nächsten Abend längere Nägel benutzt – und Erfolg gehabt. Zenker erzählte: »Zwei Wagen fuhren über die Bretter mit den Nägeln, hielten kurz an, fuhren dann aber weiter. Dann erwischte es einen Vespa-Roller, der aus beiden Reifen Luft verlor. Der Mann fuhr aber noch 200 Meter weiter, hielt erst dann an. Auf dem Rücksitz des Rollers saß eine Frau. Der Mann versuchte dann, die Reifen zu reparieren.«

Reichenstein habe den Zeugen schließlich aufgefordert, »loszuschlagen«. Zenker habe dies aber abgelehnt, »weil es zwei Leute waren«. Während sich beide in ihrem Versteck gestritten hätten, sei plötzlich eine Polizeistreife gekommen.

»Wir hatten uns im Klee versteckt«, berichtete Zenker weiter. »Als die Schweinwerfer der Polizei über mich hinweggingen, wollte ich vor Angst aufspringen und weglaufen, aber Reichenstein zwang mich zum Liegenbleiben; er hielt mich fest, drückte mir die Pistole in die Rippen und drohte: ›Wenn du Zicken machst, knall ich dich ab!‹ Als die Luft rein war, sind wir mit unseren Fahrrädern nach Hause gefahren.«

»Herr Zenker, Sie sind wegen der Autofallen noch nicht angeklagt worden. Sie müssen damit rechnen, deshalb verurteilt zu werden. Ist Ihnen das klar?«

»Jawohl, Herr Vorsitzender.«

»Und Sie bleiben dabei?«

»Ja.«

»Wenn es stimmt, was Sie bei der Polizei ausgesagt haben, dann war in dieser Nacht doch noch etwas …«

»Ja, das stimmt. Auf dem Heimweg kamen wir am Kalkumer Schloss vorbei. Da parkte nicht weit von der Straße ein Wagen. Man konnte erkennen, dass in dem Auto ein Liebespaar saß. Reichenstein hielt sofort an und sagte zu mir: ›Los, die schnappen wir uns!‹ Ich wollte aber nicht, die Sache war mir zu gefährlich. Ich radelte einfach weiter. Reichenstein hat fürchterlich geflucht.«

Plötzlich tat Reichenstein etwas, mit dem niemand gerechnet hatte, das man von ihm nicht gewohnt war: Er schien die Beherrschung zu verlieren. Der Angeklagte ließ abrupt seinen Bleistift fallen, sprang auf und wandte sich ungeduldig an Dr. Näke: »Herr Vorsitzender, sind mir Fragen gestattet?«

»Sie dürfen Fragen stellen.«

Reichenstein drehte sich herum. »Ich habe zwar nichts damit zu tun«, begann er mit lauter und scharfer Stimme den Zeugen zu fragen, »aber in welchem Abstand vom Straßenrand waren die Nagelbretter ausgelegt?«

Zenker wehrte ab: »Das weißt du doch am besten.«

»Das ist keine Antwort auf meine Frage!«

Der Vorsitzende musste eingreifen. »Herr Reichenstein, wollen Sie mit der Frage nicht bis zum Ortstermin warten?«

»Nein. Ich warte auf einen Widerspruch. Meine Frage an den Zeugen ist noch nicht beantwortet.«

Reichenstein wiederholte die Frage.

Zenker entrüstete sich: »Herr Reichenstein, das weißt du doch genauso wie ich, wie wir die Bretter ausgelegt haben!«

Staatsanwalt Scherf meldete sich zu Wort: »Herr Vorsitzender, ich protestiere gegen die Art und Weise der Fragestellung!«

Dr. Näke verwarnte den Angeklagten: »Herr Reichenstein, ich habe nichts dagegen, wenn Sie dem Zeugen Fragen stellen. Aber machen Sie hier nicht solche Mätzchen!« Dann fragte er Zenker: »Reichenstein bestreitet das, was Sie da sagen. Ist es auch wirklich wahr, dass Sie das mit ihm gemacht haben?«

»Ja.«

»Haben Sie es nicht vielleicht doch mit einem anderen gemacht?«

»Nein, wenn ich es nicht mit Reichenstein gemacht hätte, dann hätte ich es nicht anzuzeigen brauchen.«

Der Vorsitzende blieb beharrlich. »Es wäre furchtbar, wenn Sie etwas Falsches gesagt hätten.«

Doch Zenker wollte nichts zurücknehmen.

Das Gericht hatte es unerhört schwer, aus den sich permanent widersprechenden Aussagen der Angeklagten und Zeugen, deren Erinnerung gewollt oder ungewollt verblasst war, verwertbares Material herauszufiltern. Eine Verurteilung Reichensteins wegen der angeklagten Mordtaten erschien zunächst lediglich über die Aussagen Bünings möglich. Und es würde davon abhängen, wie glaubwürdig der Kronzeuge war. Obwohl die meisten seiner Angaben überprüft und bestätigt worden waren, blieben dennoch berechtigte Zweifel an seiner Integrität. Büning war bisweilen nicht zimperlich mit seinen Aussagen, aber wiederum nicht klug genug, um zu erkennen, dass sein blumiges, ausschweifendes, mitunter theatralisches Gehabe der Sache kaum nutzte. Auch wenn er die Zögerlichkeit und Zaghaftigkeit der ersten Tage abgelegt zu haben schien, ließen seine Aussagen fast ausnahmslos auch andere Interpretationen zu: Hatte die gespielte Harmlosigkeit vielleicht doch Methode? Deckte Büning ganz andere Komplizen oder Mitwisser anstelle von Reichenstein?

Um mehr über Charakter und Persönlichkeit Bünings zu erfahren, wurden ehemalige Arbeitskollegen und Vorgesetzte gehört. Alle stellten sie dem Angeklagten ein tadelloses Zeugnis aus. So erklärte ein 52-jähriger Werkmeister, unter dem Büning gearbeitet hatte: »Der Fritz war bei uns gern gesehen. Mehrmals hat er Prämien bekommen, zuletzt noch zwanzig Pfennig auf seinen Stundenlohn. Nachdem der Fritz wegen einer Jagdgeschichte im Gefängnis war, habe ich bei den Kollegen rumgefragt, ob er wieder eingestellt werden sollte. Die waren alle froh, als der Fritz wieder da war. Er war sehr fleißig, man konnte ihn bei der Arbeit allein lassen.«

Dann musste ein Kumpan von Reichenstein aus früheren Tagen Rede und Antwort stehen: der 29-jährige Schlosser Ferdinand Weitzel aus Kaarst bei Neuss. Weitzel war jener Zeuge, der bekunden sollte, wann genau er die beiden Angeklagten erstmals zusammengeführt hatte. Dieses Datum war bedeutsam – und umstritten. Während von Büning behauptet worden war, es sei »im Sommer oder Herbst 1952« gewesen, hatte Reichenstein ausgesagt: »Im Frühjahr 1953.« Wenn das stimmte, konnte er Dr. Stürmann nicht erschossen haben – und schon gar nicht mit Büning als Komplizen.

Weitzel räumte ein, mit beiden je einen Vieh- und Hühnerdiebstahl verübt zu haben. Er selbst habe dabei aber »nur Schmiere gestanden«. Auch bei der Vernehmung dieses Zeugen wurde deutlich, dass Reichensteins Kalkulation aufzugehen schien. Ihm war es nämlich gelungen, den Prozessbeginn durch zahlreiche Beweisanträge, den mehrmaligen Wechsel seines Verteidigers und andere juristische Winkelzüge um Jahre hinauszuzögern. Er hatte darauf spekuliert, dass die Zeugen sich nach bis zu acht Jahren kaum oder gar nicht mehr würden erinnern können. So hieß es denn auch immer wieder: »Das kann ich nicht mehr genau sagen«, oder »es ist schon zu lange her«. Und auch Weitzel war sich keineswegs sicher, wann die Angeklagten sich kennengelernt hatten. Der Zeuge klammerte sich an die Gedächtnisstütze der »Verlagerung des Betriebes«, in dem er und Büning gearbeitet hatten. »Das müsste im Frühjahr 1952 gewesen sein«, erklärte er dem Gericht. Damit setzte Weitzel allerdings ein gänzlich neues Datum, das weder Büning noch Reichenstein genannt hatten. Hilfsweise wurden darum ein Meister und ein Abteilungsleiter der Firma befragt. Doch auch die wussten es »nicht mehr so genau«. Nach stundenlangem Hin und Her musste der Vorsitzende diesen Punkt schließlich zurückstellen.

In der Nachmittagssitzung wurde der Raubüberfall auf den Bauern Gustav Hagen am 19. Dezember 1953 erörtert. Als Zeuge bestätigte der 24-jährige Arbeiter Klaus Brandt aus Büderich, damals gemeinsam mit Reichenstein und Büning fünfzehn Hühner geraubt zu haben. Reichenstein habe dabei »aus dem Hüftanschlag« gezielt »mit einer großkalibrigen Pistole« auf den herbeieilenden Bauern geschossen.

»Wollen Sie jetzt gestehen?«, wandte sich der Vorsitzende scharf an Reichenstein. »Was der Zeuge gesagt hat, stimmt genau mit der Aussage Bünings überein – und mit dem, was Sie damals *selbst* bei der Polizei ausgesagt haben!«

Der Angeklagte antwortete ungerührt: »Ich habe es Ihnen doch schon einmal erklärt. Ich habe damals fälschlich nur das gestanden, was mir vorgehalten wurde. Ich wollte mich gegen den Vorwurf des Mordversuchs wehren. Heute muss ich aber betonen, dass ich mit dieser Angelegenheit nichts zu tun habe. Die Zeugen sprechen die Unwahrheit.«

Im Zuschauerraum hörte man empörtes Raunen, als Dr. Näke zum Schluss der Verhandlung mitteilte, dass der Angeklagte seinerzeit eine Verleumdungsklage gegen den Bauern Hagen angestrengt habe. Das passte zu Reichenstein: Weil er mitbekommen hatte, dass Hagen ihn angeblich des Mordversuchs beschuldigte, hatte er versucht, den Bauern mit einer Klage einzuschüchtern und mundtot zu machen. Seine pseudowissenschaftliche Begründung: Der Bauer habe unmöglich ein Geschoss vorbeifliegen hören können, weil der Schall des Abschusses notwendigerweise dieses Geräusch überdeckt haben müsse. Reichenstein hatte dafür die Geschwindigkeit des Schalls und des Projektils, umgerechnet in Meter pro Sekunde, angegeben. Die Klage war allerdings abgeschmettert worden.

31

11. November 1959, fünfter Verhandlungstag.

Atemlose Stille herrschte im Gerichtssaal, als Franz Littek den Mord an Dr. Stürmann schilderte. Der mittlerweile 24-jährige Teilhaber an einem Wirtshaus erzählte zunächst, dass er seinen später getöteten Freund unter dem Namen »Dr. Martin« kennengelernt habe. Bevor es zu der Tat kam, habe er sich gelegentlich mit »Teddy« getroffen.

Am 7. Februar 1953 sei man für den Abend am Graf-Adolf-Platz in Düsseldorf verabredet gewesen und später mit einem Opel-»Kapitän« über die Rotterdamer Straße in Richtung Kaiserswerth gefahren. Am Ende der Rotterdamer Straße habe Dr. Stürmann den Wagen angehalten, dann aber, »weil ein anderer dort parkender Wagen störte«, gewendet und sei ein Stück in Richtung Düsseldorf zurückgefahren.

Dann schilderte der junge Mann mit dem dauergewellten Haar, der sanften Stimme und den fragenden Augenaufschlägen den Tathergang: »Das Radio lief, wir hörten Musik. Ich sah, wie ein Auto vom Stadion her an uns vorbeifuhr, 50 Meter weiter wendete und mit abgeblendeten Scheinwerfern stehen blieb. Daraufhin kamen über den Promenadenweg zwei Männer näher. Ich habe aber nicht weiter darauf geachtet. Plötzlich stand ein Mann neben der linken vorderen Tür und schrie etwas, was sich wie ›Aufmachen!‹ anhörte. Im selben Augenblick wurde die Tür aufgerissen – dann fiel der Schuss. Einen Moment lang erstarrte Dr. Stürmann und fiel dann auf meine Beine. Da kam auch schon von rechts der zweite Täter und stieg durch die rechte hintere Tür in den Wagen. Auch er trug eine Pistole. Ich weiß nicht genau, ob er auch ›Hände hoch‹ gerufen hat. Ich habe nur sofort geschrien: ›Nicht schießen! Nicht schießen!‹ Darauf hörte ich: ›Bücken Sie sich nach vorne, ich schieße nicht.‹ Ich bückte mich nach vorn und bekam in diesem Augenblick Schläge auf den Kopf. Ich war davon benommen, aber nicht bewusstlos, und habe mich tot gestellt.«

Littek wollte dann noch beobachtet haben, wie sich der Schütze am Armaturenbrett zu schaffen gemacht habe. Von einem der Täter sei er auch durchsucht und ihm die Brieftasche weggenommen worden.

»Erkennen Sie einen der Täter hier im Gerichtssaal?«, wurde Littek vom Vorsitzenden gefragt.

»Nein.«

Zwei Jahre zuvor schon war Littek den Angeklagten gegenübergestellt worden, aber auch damals hatte er sie nicht identifizieren können. Der Mörder und sein Komplize hatten bei der Tat Masken getragen. Gleichwohl war das Gericht wieder einen Schritt vorangekommen. Denn die Aussage des Zeugen deckte sich mit den Angaben Bünings.

Als nächster Zeuge wurde der 39-jährige Schreiner Johannes Feller hereingerufen, bei dem Littek wenige Minuten nach dem Überfall um Hilfe gebeten und der die Polizei alarmiert hatte. Der Zeuge bestätigte, dass Littek »blutüberströmt« an seine Tür geklopft und den »gräßlichen Vorfall« geschildert habe.

Zeuge Nummer drei war Kriminalhauptmeister Horst Flossbach, der am Tatort die ersten Spuren gesichert hatte. Er berichtete, dass Littek noch in der Nacht, nachdem er in einem Krankenhaus behandelt worden war, vernommen worden sei. Schon damals habe er die Tat in allen Einzelheiten geschildert, allerdings sein intimes Verhältnis zu Dr. Stürmann verschwiegen. Darum sei er auch zwischenzeitlich in Verdacht geraten.

Schließlich erläuterte die Düsseldorfer Oberärztin Professorin Hildegard Trube-Becker als Sachverständige den Obduktionsbefund. Der Schuss auf das Opfer sei aus ungefähr 30 Zentimeter Entfernung abgegeben worden, habe die Wirbelsäule getroffen und zu einer sofortigen Lähmung geführt. Der Tod müsse »nach ungefähr fünf bis zehn Minuten durch Ersticken eingetreten sein«.

Im Gerichtssaal war es mit einem Mal totenstill. Der Vorsitzende hatte die Zeugin Klara Reichenstein aufrufen lassen. Ihr Mann vergaß das Mitschreiben und blickte gespannt zur Tür, die gerade geöffnet wurde. Da meldete sich plötzlich Fritz Büning zu Wort: »Ich möchte eine Erklärung abgeben!« Dr. Näke gab den Justizwachtmeistern ein Zeichen, die Saaltür wurde wieder geschlossen. »Das ist mir jetzt wieder eingefallen«, sagte Büning mit überkippender aufgeregter Stimme. »Ich habe von Frau Reichenstein Weihnachten 1952 einen grünen Pullover geschenkt bekommen, den sie mir gestrickt hat.« Er wollte damit Reichensteins Behauptung, er habe Büning erst *nach* dem Mord an Dr. Stürmann kennengelernt, endlich widerlegen. Diese Aussage kam genau zum richtigen Zeitpunkt. Würde Klara Reichenstein dies bestätigen? Und würde sie überhaupt gegen ihren Mann aussagen?

Klara Reichenstein erschien in einem schwarzen Taftkleid, sie hatte sich ihr blondes Haar frisch frisieren lassen. Die 35-Jährige wirkte verhärmt, müde. Die Turbulenzen der vergangenen Jahre standen der zierlichen Frau ins Gesicht geschrieben. Sie würdigte ihren Mann keines Blickes. Der saß scheinbar ungerührt in der Anklagebank, verdeckte aber mit seiner linken Hand die Augen.

»Frau Reichenstein«, begann der Vorsitzende, »ich muss Sie darüber belehren, dass Sie hier nicht auszusagen brauchen. Niemand kann von einem deutschen Gericht gezwungen werden, gegen den Ehepartner Zeugnis abzulegen.«

Die Frau schüttelte energisch den Kopf: »Nein – ich sage aus! Ich habe bereits die Scheidung beantragt.«

»Seit wann kennen Sie Büning?«

Klar und auffallend unbefangen antwortete die Zeugin: »Seit 1952. Es muss im Herbst gewesen sein. Ich habe nämlich zu Weihnachten '52 für Fritz Büning einen grünen Pullover gestrickt.«

»Ein Irrtum ist ausgeschlossen?«

Ohne zu zögern, antwortete die Frau: »Es gibt keinen Zweifel, ich habe ihm den Pullover 1952 gestrickt. Im Jahr darauf war ich bereits zu weit in Umständen, um noch so etwas machen zu können.«

Die Szene mit der grünen Jacke wirkte ein wenig wie einstudiert. Bisher hatte niemand – ausgenommen der Hauptangeklagte – den genauen Zeitpunkt des Beginns dieser unheilvollen Männerfreundschaft rekapitulieren können, dann wollten sich urplötzlich und nahezu zeitgleich zwei Zeugen erinnert haben. Und die waren obendrein gut befreundet. Zudem hatte Büning die Frau finanziell unterstützt, angeblich aus »Mitleid«. Waren sich die beiden während der Haft Reichensteins näher gekommen? Hatten die Zeugen jetzt ein schlüpfriges Komplott geschmiedet, dessen Schlüsselfigur Büning war? Wollte man Reichenstein den Mord an Dr. Stürmann in die Schuhe schieben, um ihn ein für alle Mal loszuwerden?

Dem stand jedoch entgegen, dass Klara Reichenstein sich bis dahin nichts hatte zuschulden kommen lassen und einen einwandfreien Leumund hatte – auch als Ehefrau. Allerdings war von ihr mittlerweile die Scheidung eingereicht worden. Aber wer wollte ihr das verdenken! Und auch während der mehrwöchigen Observation Bünings durch die Kripo war kein näherer Kontakt zwischen den Zeugen festgestellt worden. Die Verschwörungstheorie erschien somit weniger wahrscheinlich. Nun existierte endlich neben Bünings Aussage ein weiterer Beweis dafür, dass Reichenstein seinen ehemaligen Kumpan bereits vor dem Mord an Dr. Stürmann gekannt haben musste. Und dies war eine zwingende Voraussetzung, um Reichenstein in diesem Fall überhaupt belangen zu können.

Der Vorsitzende fragte, ob sie die Waffe ihres Mannes gekannt habe. Die Antwort kam postwendend: »Zwei Tage bevor mein Mann aus der Haft wegen des Metalldiebstahls zurückkam, am 17. März 1952, habe ich die Pistole in unserem Garten ausgegraben. Von dem Versteck wusste ich, weil ich meinen Mann mal dabei beobachtet hatte, wie er die Pistole dort vergraben hatte. Ich habe sie einem Arbeitskollegen gegeben. Der heißt Werner Leven und versteht etwas von Waffen. Ich wollte sie nicht ganz veräußern, weil ich nicht wusste, was mir geschieht, wenn ich sie in den Rhein schmeiße. Aber das Ding sollte weg, ich hatte Angst vor der Pistole.«

Reichenstein musste damals eine Gefängnisstrafe abbrummen. Nachdem er aus der Haft entlassen worden war, habe er sie geschlagen, weil von ihr die Pistole weggegeben worden sei, erzählte Klara Reichenstein, sichtlich mit den Tränen kämpfend.

»Er konnte so grausam sein, da habe ich's gesagt, wo die Pistole ist«, erklärte sie. Sie habe auf Verlangen ihres Mannes die Waffe zurückholen müssen. Er habe ihr zwar versprochen, die Waffe wegzugeben, und er habe auch behauptet, sie sei fort, aber geglaubt habe sie das nicht: »Dafür war er ein viel zu großer Waffennarr.« Danach habe sie die Waffe nicht mehr gesehen. Die Zeugin konnte sich nur noch daran erinnern, dass an der Pistole ein Stück der Griffschale gefehlt habe. Identifizieren konnte sie die Waffe aber nicht.

Das alles nahm Reichenstein scheinbar gelassen hin. Nur seine Frau verlor die Fassung, als Dr. König nachfragte: »Sie haben eben gesagt, Ihr Mann sei zu Ihnen *grausam* gewesen. Haben Sie das wirklich *so* gemeint?« Da schluchzte die Frau auf und rief mit vor Erregung gerötetem Gesicht: »Ja, mein Mann *war* grausam! Er hat mich sogar geschlagen und getreten, als ich mit unserem zweiten Kind im sechsten Monat ging …«

Dr. Näke versuchte zu beschwichtigen: »Diese Dinge wollen wir erst später verhandeln.«

Werner Leven, der Arbeitskollege Klara Reichensteins, der die Pistole wenige Tage in Besitz gehabt hatte, konnte die Waffe genau beschreiben – insbesondere die auffälligen Merkmale an der linken Griffschale und der Deckplatte. Zudem sei am Korn der Pistole gefeilt worden. »Ich kannte das von der Wehrmacht«, erzählte der Mann, »da wurde das auch gemacht, um nachts besser zielen zu können.« Und der Zeuge erkannte die Waffe wieder: »Das ist die Pistole, die hier auf dem Richtertisch liegt.«

Und es war auch jene Waffe, die der Schrotthändler Helmut Bolland im Oktober 1953 einige Meter von Reichensteins Behelfsunterkunft entfernt in einem Brombeergestrüpp gefunden und auf Geheiß seines Sohnes bei der Polizei abgeliefert hatte. Die Waffe war schließlich in der Asservatenkammer des Düsseldorfer Polizeipräsidiums gelandet und hatte dort drei Jahre lang vollkommen unbeachtet gelegen. Erst nachdem ein Beamter der Mordkommission bei der Durchsicht alter Akten auf die »08«

gestoßen war und einen Zusammenhang mit dem Mord an Dr. Stürmann vermutet hatte, war die Pistole dem Bundeskriminalamt geschickt worden. Und das Ergebnis war einer Blamage ersten Ranges gleichgekommen: Mit *dieser* Waffe war Dr. Stürmann tatsächlich ermordet worden.

Der selbstständige Schrotthändler, mit kunstvoll gelegtem, geschniegeltem Haar und dezenten Koteletten, in engen grauen Hosen und blauem Sportsakko, war ein wichtiger Zeuge. Bolland erinnerte sich an den Tag, an dem er die Pistole entdeckt hatte: »Ich fuhr damals Schrott. Dabei besuchte ich regelmäßig auch eine Stelle, an der die in der Nähe wohnenden Siedler ihre Marmeladeneimer und altes Blechzeug abzuladen pflegten. Als ich einen solchen Eimer holen wollte, fand ich die in Lappen gewickelte Pistole.«

Der 69-Jährige, der Reichenstein seit Jahren kannte, wusste auch von dessen gesteigertem Interesse an der Pistole zu berichten: »Er bot mir erst 10 Mark, dann einen Kasten Bier und schließlich sogar 50 Mark für das Ding.« Er wollte Reichenstein jedoch mit der Bemerkung zurückgewiesen haben: »Erwin, nachher fängst du damit was an, und ich hänge mit drin.«

Als Dr. Näke dem Zeugen vorhielt, dass Reichenstein dieses Zusammentreffen bestreite, erklärte Bolland entschieden: »Ich kann das beschwören!«

Wenn die Zeugenaussagen stimmten, dann war somit nachgewiesen, dass Reichenstein die Tatwaffe vor *und* nach dem Mord besessen haben musste. Nur hatte die Sache einen Haken. Der Angeklagte galt als kaltblütiger, gerissener und umsichtiger Verbrecher, der bei seinen Taten keine oder kaum Spuren hinterlassen hatte. Und ausgerechnet dieser Mann sollte ein so entlarvendes und brisantes Beweismittel wenige Meter von seinem eigenen Haus entfernt versteckt haben – obwohl er wusste, dass dieses Gebiet regelmäßig von Schrotthändlern abgesucht wurde? Warum hatte Reichenstein die Tatwaffe nicht irgendwo in den Rhein geworfen und für immer aus der Welt geschafft? Warum dieses enorme Risiko? Zudem hatte Reichenstein auch Büning gegenüber immer wieder darauf bestanden, bei Überfällen niemals eine »heiße Knarre« zu benutzen. Die »08« war »heiß«. Was wollte Reichenstein noch damit? Oder hatte er etwa gar nicht gewusst, dass mit der Waffe Dr. Stürmann erschossen worden war?

Dann trat Horst Teikert, ein ehemaliger Arbeitskamerad Bünings, in den Zeugenstand und sagte, dass er die 08-Pistole »zum Reparieren« bekommen habe, und zwar Ende 1952. Allerdings nicht von Reichenstein, sondern von Büning. »Das ist die 08-Pistole, die Büning mir gebracht hat. Ich sollte ein neues Korn aufsetzen. Außerdem war der Griff beschädigt. Wir haben beide mit dem Ding mehrmals zur Übung im Fabrikhof geschossen.« Und der Zeuge machte kein Hehl daraus, dass Büning manches Mal »morgens erschöpft, übernächtigt und verdreckt« aus einem Waldstück gekommen sei.

Diese Aussage belastete Büning schwer. Denn der hatte stets behauptet, mit *dieser* Pistole »noch nie« geschossen zu haben. Der Zeuge wurde auf die juristischen Konsequenzen einer Falschaussage hingewiesen und musste unter Eid aussagen. Doch er blieb dabei: »Büning gehörte die Waffe, und wir haben damit geschossen.«

»Sie haben gehört, was der Zeuge ausgesagt hat«, wandte sich der Vorsitzende Büning zu. »Haben Sie vielleicht Reichensteins Pistole dem Zeugen einmal zur Reparatur gebracht?«

Wieder versagte das Erinnerungsvermögen des Angeklagten, als es eng für ihn wurde: »Ich weiß davon nichts.«

Also hatte Büning die Waffe vor dem Mord an Dr. Stürmann besessen – und nicht Reichenstein? Hatte Büning die Pistole in der Nähe von Reichensteins Haus versteckt, um ihn in Verdacht zu bringen? Oder gab es etwa zwei 08-Pistolen, die ähnliche Beschädigungen aufwiesen? Oder hatte sich der Zeuge einfach nur geirrt?

Die einzige unumstößliche Tatsache dieses Prozesstages schuf Dr. Hans Grathmann, Sachverständiger für Schusswaffen des Bundeskriminalamtes. Er sagte aus: »Es gibt keinen Zweifel, die am Tatort vorgefundene Hülse und das aus dem Kopf des Getöteten herausoperierte Geschoss können nur aus dieser 08-Pistole geschossen worden sein.«

Am nächsten Tag kommentierte die *Neue Ruhr Zeitung* das schwer zu durchschauende Prozessgeschehen: »Der Aufmarsch der langen Reihe von Zeugen brachte gestern eine bisher noch nicht gewohnte Spannung in den Schwurgerichtssaal. Bei Landgerichtsdirektor Dr. Näke waren zum erstenmal sichtbare Anzeichen von Nervosität zu verspüren. Reichenstein zeigt sich immer noch unbeeindruckt, obwohl das Auftreten seiner Frau vor Gericht nicht ohne Wirkung auf ihn blieb. Je länger die Zeugenaussagen andauern, desto schwieriger wird seine Position. Das Gericht wird erst dann die volle Wahrheit erfahren, wenn es ihm gelingt, Reichensteins nicht immer echt wirkende Selbstsicherheit zu erschüttern. Vorerst sieht es jedoch nicht danach aus, als würde das gelingen.«

Nach wie vor galt der Ausgang dieses Prozesses als »völlig offen«. Zu viele Aussagen waren in den entscheidenden Passagen zu vage geblieben oder hatten nicht verifiziert werden können. Und im Gerichtssaal hielt sich hartnäckig ein Gerücht: Wenn es notwendig werden sollte, würde Reichenstein den Namen jenes mysteriösen Mannes nennen, dem er angeblich die Tatwaffe kurz vor dem Mord an Dr. Stürmann gegeben haben wollte.

32

13. November 1959, sechster Verhandlungstag.

»Ich habe sofort an die Liebespaar-Mörder gedacht!« Mit sichtlichem Unbehagen erinnerte sich Bettina Flachskamp an jene Szene des 4. Mai 1956, als sie mit ihrem Freund in einem Waldstück zwischen den Örtchen Strümp und Osterath von zwei Männern überfallen worden war. Die Auseinandersetzung mit Büning schilderte die Zeugin so: »Ich hatte dem Mann auch gesagt, er soll mich loslassen, ich hätte ein Kind. Darauf sagte er, dass er mir nichts tun wolle, wenn ich nur zurückkomme. Dann hat er mich geschlagen, später auch mit der Pistole. Vor dem Schießen hatte ich weniger Angst, als vor dem Totgeschlagenwerden.« Die Frau glaubte allerdings immer noch, dass sie ihr Leben nicht der Mildtätigkeit des Angeklagten Büning schuldete: »Der Motorradfahrer, der von der Straße her kam, dem habe ich meine Rettung zu verdanken!«

Ob es denn stimme, dass sie während des gesamten Überfalls ihre Zigarette in der Hand gehalten habe, fragte der Vorsitzende. Das nämlich hatte Büning behauptet, und es sollte die Begründung dafür gewesen sein, dass er die Frau überhaupt geschlagen hatte. Denn mit einer brennenden Zigarette hätte sie für Reichenstein »ein wunderbares Ziel« abgegeben.

»Ja, Herr Vorsitzender, das stimmt so«, gab die 25-jährige Verkäuferin zur Antwort.

»Warum haben Sie die Zigarette denn nicht weggeworfen?«

»Das hatte zwei Gründe: Ich wollte durch den Lichtschein der Glut ein Zeichen zur Straße hin geben, dass vielleicht jemand darauf aufmerksam werden würde. Ich hatte Todesangst. Außerdem wollte ich keinen Waldbrand entfachen.«

Einige Zuschauer im Saal konnten sich ein Schmunzeln nicht verkneifen. Häufig ähnelte dieser Prozess einem Shakespeare-Drama: Blankes Entsetzen und befreiendes Lachen lösten einander in schöner Regelmäßigkeit ab.

Ihr Freund hatte zunächst an einen »üblen Scherz« geglaubt, als die beiden Gestalten im Wald auftauchten. »Dann sah ich, dass der eine Mann die Taschenlampe, mit der er uns angeleuchtet hatte, auf eine Pistole hielt. Das war dann kein Scherz mehr!«, berichtete der 26-jährige Student. Seine Freundin sei sofort aufgesprungen und weggelaufen. Während Büning hinterhergerannt sei, habe der andere Mann direkt vor ihm gestanden: »Ich war aufgesprungen, musste mich aber wieder setzen, während der Mann mit der Pistole vor mir stehen blieb. Ich nahm die Arme auseinander und sagte zu ihm, er könne meine Brieftasche haben. Er nahm sie aber nicht. Als ich Bettina um Hilfe rufen hörte, habe ich noch gefragt: ›Was macht Ihr da für einen Blödsinn?‹ In diesem Augenblick hörte ich ein Moped näher kommen. Kurz danach kam der andere Mann herbeigelaufen und rief: ›Los, weg, weg!‹ Der Mann, der mich bedrohte, fragte den anderen noch: ›Und der hier?‹ Aber der Kerl ist einfach weitergelaufen und hat gerufen: ›Komm, weg hier!‹ Dann sind sie weggerannt. Ich steckte mein Portemonnaie in die Strümpfe und bin zur Straße gegangen. Da sah ich gerade noch, wie Bettina auf dem Sozius eines Motorrades wegfuhr.«

Obwohl die Zeugen beide Angeklagten nicht zweifelsfrei wiedererkennen konnten, zeigte der Vorsitzende sich zufrieden. »Angeklagter Reichenstein«, wandte Dr. Näke sich an den mutmaßlichen Räuber und Mörder, »merken Sie denn nicht, dass immer mehr Indizien zusammenkommen? Wollen Sie nicht Ihre Verteidigung ändern, statt zu bestreiten oder Widersprüche zu konstruieren?«

Reichenstein stand auf. Wie gewohnt antwortete er beherrscht und ruhig, wohl auch ein wenig überheblich: »Ich hoffe, dass sich im Laufe der Verhandlung noch mehr Wahrheit herausstellen wird. Wenn Sie die Wahrheit hören wollen: Ich habe kein Teil an diesen Taten.«

Und dann wurde »Leo« aufgerufen, der auch von den Pressevertretern mit Spannung erwartete »große Unbekannte« in diesem Prozess. Er galt als Zeuge der Anklage. Er war jener Mann, von dem Büning sagte, er habe ihn einmal »beim Beschleichen eines Liebespaares gestellt und verprügelt«; der Mann, den Reichenstein nach Bünings Behauptung »gut kannte«, weil er mit ihm »Liebespaare belauscht« habe. Nur Reichenstein selber hatte bisher alles bestritten: »Ich kenne den Mann überhaupt nicht.«

Franz Glasmacher war »Leo«. Der 54-Jährige konnte weder lesen noch schreiben, war elfmal vorbestraft, unter anderem als »Spanner«. Der groß gewachsene, bullig wirkende Mann mit der auffallend dunklen Stimme hatte mehrfach junge Pärchen begafft und dabei onaniert – und war auch kurzzeitig in Verdacht geraten, der »Liebespaar-Mörder« zu sein. Ein Bekannter hatte ihn »aus Rache« bei der Polizei angeschwärzt.

»Ich kenne beide«, begann Glasmacher und zeigte mit ausgestrecktem Zeigefinger auf die Angeklagten. »Den da«, der Zeuge meinte Büning, »kenne ich von einer Schlägerei, den anderen habe ich am Rhein kennengelernt.« Ausführlich erzählte der Stuckateur eine diffuse Geschichte, die zu Reichenstein zu passen schien: »Wir sind immer unten an der Schnellenburg rumgelaufen und haben Liebespaare in ihren Autos belauert. Reichenstein sagte dann häufig, man müsste was erfinden, um den verdammten Kapitalisten, die die schönsten Mädchen in ihren Autos liebten, etwas ins Auto zu schmeißen, dass sie vernichten müsse.«

In etwa bestätigte Glasmacher dann auch die Schlägerei mit Büning, bei der er, der wesentlich Stärkere und Größere, den Kürzeren gezogen haben wollte. Er habe von Büning »ordentlich eins vor den Latz geknallt bekommen«. Er wollte dem Angeklagten die Tracht Prügel auch nicht weiter krumm genommen haben: »Der kannte halt ein paar Judogriffe, die ich nicht kannte.«

Gelächter im Saal.

Unmittelbar nach dieser Schlägerei sei Reichenstein – mit dem er auch vorher zusammen gewesen sei – wieder hinzugekommen und habe gesagt: »Den kenne ich nur flüchtig. Das ist ein Schläger aus der Altstadt!« Mehrmals wollte er mit Reichenstein unterwegs gewesen sein, gelegentlich auch am Wasserwerk am Rhein in Stockum: »Ich habe erst immer gedacht, das wär'n anständiger Kerl. Hab ja nicht gewusst, dass das so'n Lump ist.«

»Was sagen Sie dazu, Angeklagter Reichenstein?«

»Entweder der Zeuge irrt sich oder er spinnt. Ich kenne den Mann nicht!«

Der Vorsitzende fragte jetzt den Zeugen: »Ist der Angeklagte Reichenstein der Mann, mit dem Sie die Pärchen beobachtet haben?«

Glasmacher schaute sich um und betrachtete den Angeklagten eine Weile. Dann antwortete er: »Kann ich nicht genau sagen.«

»Wie bitte?«

Der Mann wirkte ein wenig durcheinander. »Der sieht nicht so aus, wie der Mann auf den Bildern bei der Polizei.«

»Aber eben haben Sie doch noch erklärt, Sie würden beide Angeklagte kennen!«

»Ich weiß auch nicht ...« Glasmacher wirkte jetzt überfordert. »Kann ich mich setzen?«

Dr. Näke machte eine entsprechende Handbewegung. Dann fragte er Büning: »Kennen *Sie* den Zeugen?«

»Ja, das ist das Schwein!«

»Herr Glasmacher, auf ein Wort! Kennen Sie den Reichenstein überhaupt?«

Der Zeuge kratzte sich am Kopf und meinte schließlich: »Wenn ich das so genau wüsste ...«

»Sie sind aber nicht gerade der klassische Zeuge!« Dr. Näke konnte sich einen Seitenhieb in Richtung Staatsanwaltschaft nicht verkneifen. Schließlich seufzte der Vorsitzende, ein wenig erschöpft wirkend: »Herr Glasmacher, Häuser kann man auf Ihre Aussagen auch nicht bauen.«

Darauf der Zeuge: »Nee, Herr Richter, das können Sie auch nicht.«

Es brach ein kaum zu beruhigendes Gelächter im Zuhörerraum aus. Wenigstens die Prozessbeobachter kamen auf ihre Kosten. Das Fazit aus Sicht der Ankläger hingegen war desaströs: Ein dubioser Kerl hatte eine kuriose Geschichte zum Besten gegeben – Franz Glasmacher war als Zeuge eine glatte Niete. Und Reichenstein hatte wieder Boden gutgemacht.

Nach der Mittagspause berichtete der Revieroberjäger Erich Spath über seine unheimliche Begegnung mit Reichenstein am späten Nachmittag des 10. Juni 1956. Er sei an jenem regnerischen Sonntag auf der Pirsch auf »frische Spuren« gestoßen und habe sich gewundert, dass »bei diesem Wetter ein Mensch im Wald herumspazierte«. Da habe er auch schon einen in einem dunkelgrünen Kombinationsanzug gekleideten Mann vor sich hocken sehen, der »emsig etwas mit Gras zudeckte«. Dann sei der Fremde in Richtung auf ein im Wald parkendes Auto zugegangen, in dem ein Liebespaar gesessen habe. »Er ging in Indianerart, laufend und kriechend«, erklärte der Förster.

Was er unter dem Gras versteckt habe, sei ein Motorrad gewesen (von dem behauptete Büning, dass er es zusammen mit Reichenstein geklaut habe, um einen geplanten Raubüberfall auf die Ortskrankenkasse in Düsseldorf verüben zu können – was Reichenstein als »ungeheure Lüge« zurückwies). Aber leider habe er den Fremden aus den Augen verloren und erst einige Zeit später wieder aufgestöbert. »Er tat auf harmlos«, fuhr der Zeuge fort, »und ich fragte ihn: ›Was machen Sie hier?‹ Da sagte er: ›Ich gehe spazieren.‹« Dann habe er den Mann festgenommen und später der Polizei übergeben.

Danach berichtete der Polizist Karl Stratmann von seiner Begegnung mit Reichenstein im Wald bei Meererbusch und einem für den Angeklagten typischen Dialog:

Frage: »Was wollten Sie mit der Pistole?«
Antwort: »Ich wollte sie reinigen.«
Frage: »Die ist doch geladen und entsichert.«

Antwort: »Das stimmt.«
Frage: »Eine gefährliche Waffe und ein Liebespaar in der Nähe. Was sagen Sie dazu?«
Antwort: »Das passt ja wunderbar zusammen. Ich weiß, was Sie jetzt denken.«
Frage: »Wieso?«
Antwort: »Ich lese doch auch Zeitungen. Sie suchen den Liebespaar-Mörder. Wenn ich so ein brutaler Mensch wäre, hätte ich den Förster doch erschossen.«

Als weiterer Zeuge wurde der Bürovorsteher der Firma, in der Reichenstein um die Zeit des beabsichtigten Raubüberfalls auf die Ortskrankenkasse gearbeitet hatte, von Dr. Näke kurz befragt.

»Können Sie feststellen, ob der Angeklagte an diesem Tag gearbeitet hat?«

»Reichenstein hat sonst regelmäßig gearbeitet – aber am 8. Mai 1956 ist hier ›entschuldigt gefehlt‹ eingetragen.«

»Angeklagter, was sagen Sie dazu?«

Reichenstein antwortete kühl: »Es mag stimmen, dass ich an diesem Tag gefehlt habe. Aber dann nur, weil ich mich nicht wohl fühlte.«

Am Ende dieses Prozesstages war es der Staatsanwaltschaft erstmals gelungen, einen Indizienbeweis einwandfrei zu belegen. Es ging um das Motorrad im Meererbusch. Reichenstein war von dem Oberjäger Spath mit dem fraglichen Motorrad im Wald beobachtet worden. Der Angeklagte hatte sich zunächst mit der Behauptung aus der Affäre gezogen, er habe das Motorrad »gefunden«. Dagegen stand Bünings Aussage, wonach die beiden das Motorrad in der Nacht zum 8. Mai auf der Tußmannstraße in Düsseldorf-Derendorf gestohlen hatten, um damit den Überfall auf die AOK in Oberkassel begehen zu können. Der Besitzer des Motorrades hatte auch bestätigt, dass es tatsächlich auf der Tußmannstraße entwendet worden war. Und ein Polizeibeamter hatte schließlich ausgesagt, Büning habe nach seiner Festnahme den Tatort »ohne Hilfestellung« finden können. Damit war nachgewiesen, dass zumindest Büning bei dem Diebstahl mitgemacht hatte. Reichensteins Behauptung hingegen, dass er das Motorrad »zufällig in Büderich gefunden« habe, war damit zweifelsfrei widerlegt.

Das zähe Ringen zwischen den Angeklagten und den übrigen Verfahrensbeteiligten um nahezu jedes Wort, jeden Satz, jedes Datum schlauchte auch erfahrene und sitzungs(schlacht)erprobte Juristen. Permanent drohte die Gefahr, sich in dem dichten Gestrüpp widersprechender Aussagen, sich überschneidender Straftaten und mehr oder weniger brauchbarer Zeugenbekundungen zu verheddern, den Überblick zu verlieren. Wie mochte es da nur um die Amateur-Rechtsprecher bestellt sein, die Geschworenen! In jeder Mittagspause wurden sie zudem von wissbegierigen Journalisten bedrängt, belästigt, befragt. Und dann hörte man am Rande des Prozesses seltsame, befremdliche Dinge. So beispielsweise das biedere Eingeständnis eines Geschworenen, es falle ihm schwer, dem Verlauf der Verhandlung zu folgen – und dass er sich vornehmlich durch einschlägige Berichte der *Bild*-Zeitung auf dem Laufenden halte. Das war ein Besorgnis erregendes Alarmzeichen. War zu diesen Bedingungen überhaupt noch ein fairer Prozess zu gewährleisten?

33

16. November 1959, siebter Verhandlungstag.

Dr. Näke gab zu Beginn der Sitzung eine kurze Erklärung ab: »Meine Damen und Herren der Presse – Ich muss Sie bitten, die Wahrheitsfindung in diesem Verfahren nicht durch Privatvernehmungen von Zeugen oder Geschworenen zu erschweren. Man hört da so seltsame Dinge. Das alles hier ist schwer genug. Nehmen Sie bitte von Ihren bisherigen journalistischen Gepflogenheiten Abstand. Ich danke für Ihr Verständnis.«

Nach zweiwöchiger Prozessdauer wurden erstmals die Doppelmorde direkt verhandelt. Als erster Zeuge wurde Horst Lemper aufgerufen. Der Hauptkommissar hatte die Ermittlungen solange geleitet, bis Körper und Geist vollkommen ausgezehrt gewesen waren.

»Schon in den frühen Morgenstunden des 2. November 1955 kam Frau Mehnert zu uns und erstattete Vermisstenanzeige«, berichtete der 54-Jährige. »Vier Wochen lang suchte mich Frau Mehnert jeden Tag auf und fragte voller Sorge: ›Was ist mit meinem Sohn? Was ist mit seiner Braut?‹ Wir haben uns sehr viel Mühe gegeben mit den Nachforschungen. Wir dachten erst, der junge Bäckermeister Mehnert, der in der nebligen Nacht im Wagen seines Vaters mit seiner Braut noch ein Lokal in der Altstadt aufsuchen wollte, sei Opfer eines Verkehrsunfalls geworden. Später suchten wir den Rhein ab, vernahmen Dutzende von Zeugen, beobachteten das Postscheckkonto der Braut, ob etwas abgehoben wurde. Aber vier Wochen war alle Suche vergeblich. Dann sind die Leichen zufällig gefunden worden.«

Der Fuhrunternehmer Hermann Rosell hatte den Wagen vier Wochen nach dem Verschwinden der Opfer in einem Baggerloch bei Kalkum entdeckt. »Auf einmal erkannte ich, dass da Menschen drin waren«, erinnerte sich der Zeuge, dem auch vier Jahre nach diesem albtraumhaften Erlebnis die Stimme zitterte. »Das Mädchen sah so jung aus. Beide Leichen waren furchtbar zugerichtet und lagen auf dem Rücksitz. Ich benachrichtigte gleich die Polizei.«

Dr. Näke rief als Nächsten den Vater des Ermordeten auf. Bedächtig und exakt schilderte der grauhaarige Mann, was er noch vom Abend des 31. Oktober 1955 wusste. Der 62-jährige Bäckermeister hatte in dieser Nacht seinen einzigen Sohn verloren, anderthalb Jahre später war auch seine Frau gestorben. »Zu viert waren wir in die Stadt gefahren, mein Sohn, seine Freundin, meine Frau und ich. Dort trennten wir uns. Meine Frau und ich gingen ins Apollotheater, die jungen Leute fuhren ins Nachtlokal Csikós.«

Um Mitternacht seien die Eltern von ihrem Sohn in der Stadt wieder abgeholt worden. Aber das junge Paar hätte noch nicht nach Hause gewollt. Die Eltern seien schließlich zu Hause abgesetzt worden, Sohn und Verlobte seien wieder zurück in das Lokal ›Csikós‹ gefahren, »weil dort eine lustige und angenehme Gesellschaft auf sie wartete«. Dann berichtete der Zeuge noch von mysteriösen Vorkommnissen: »Am ersten Abend nach der Tat, als außer uns und dem Mörder noch niemand wissen konnte, dass Wilfried vermisst wurde, bekamen wir einen Anruf. Eine spontane, eindeutig verstellte Stimme stieß eine Flut von Beleidigungen gegen meinen Sohn und meine Frau hervor und sagte dann: ›Es ist gut, dass das Schwein kaputt ist!‹« Der ominöse Anrufer habe sich noch einige Male »mit ähnlichen Beleidigungen« gemeldet, zuletzt Heiligabend 1955.

Den Ermittlungsbehörden waren die Anrufe zunächst nicht mitgeteilt worden. Erst kurz vor Weihnachten hatten die Eltern Mehnert die Kripo informiert. Aber als die Kontrollverbindung durch die Post hergestellt worden war, hatte der Mann sich nicht mehr gemeldet.

Nur der Mörder konnte zum Zeitpunkt des ersten Anrufs vom Tod des Brautpaars gewusst haben. Hatte *er* – also Erwin Reichenstein (oder eventuell sein Komplize?) – sein grausames Spiel weitertreiben, die Eltern demütigen wollen? Nur: Die

Hinterbliebenen der übrigen Mordopfer waren von derlei Beschimpfungen gänzlich verschont geblieben. Und der Anrufer hatte in keinem Telefonat Details preisgegeben, die nur der Täter kennen konnte. Es war nicht einmal von einem *Verbrechen* die Rede gewesen. Er hatte sich mit schlichten Hasstiraden begnügt – und dabei ein sehr persönliches Bedürfnis befriedigt, vielleicht sogar eine pathologische Fixierung offenbart. Jemand, der sich daran ergötzt, anderen Menschen Angst zu machen, sie zu schockieren. Und wer so etwas tut, macht es immer wieder, muss es repetieren, nutzt jede sich bietende Gelegenheit. Wenn der obskure Anrufer der »Liebespaar-Mörder« gewesen wäre, dann hätte er den Telefonterror auch mit den Familien Ingesandt, Kortmann und Seiffert treiben müssen. Aber er rief nicht an.

Fritz Büning sagte nun zum Mord an Lieselotte Ingesandt und Wilfried Mehnert aus. Erstmals als Zeuge und nicht als Angeklagter. Büning wirkte wesentlich entspannter. In der Zwischenzeit war aus dem reumütigen und zaudernden Mittäter ein hitziger, manchmal frecher und vorwitziger Zwischenrufer geworden, der gar nicht mehr schuldbewusst, zerknirscht und verworren schien.

Er habe Reichenstein verschiedentlich abends zur Schnellenburg hinausfahren und nach Stunden wieder abholen müssen. Reichenstein habe »experimentieren« wollen und darauf bestanden, dabei allein gelassen zu werden. Einmal sei dies an einem Abend geschehen, an dem leichter Frost und starker Nebel geherrscht habe. Büning sei, nachdem er seinen Kumpan abgesetzt habe, »zur Pirsch gegangen«. Zwei Stunden später sei er am vereinbarten Treffpunkt erschienen, aber Reichenstein nicht. Büning habe es »nicht gewagt«, ohne ihn wegzufahren und deshalb gewartet. Im Morgengrauen sei Reichenstein plötzlich aufgetaucht und entgegen sonstigen Gepflogenheiten »außerordentlich heiter und liebenswürdig« gewesen. Büning ereiferte sich: »Er hat mich wie eine Frau behandelt.« Reichenstein habe ihm schließlich die geliehene P 38-Pistole zurückgegeben, die »total verdreckt« gewesen sei.

Der Zeuge äußerte seine damalige Vermutung: »Ich dachte, er hätte irgendetwas mit dem ›Leo‹ gemacht, ihn vielleicht umgebracht. Er hatte nämlich so kleine Blutspritzer im Gesicht.« Zu fragen habe er sich aber »nicht getraut«, sondern am nächsten Tag die Zeitungen durchgesehen. Doch da habe nur etwas von einem Überfall auf ein Mädchen in der Konkordiastraße gestanden, ein Verbrechen, das Reichenstein angeblich nicht begangen haben konnte. Seine Begründung: »Er hatte so schlechte Klamotten an, dass er damit nicht in die Stadt gehen konnte. Und außerdem passte die Täterbeschreibung nicht auf ihn.«

Staatsanwalt Scherf legte dem Gericht die von Büning genannte Meldung der Düsseldorfer *Spätausgabe* vor. Der Artikel stammte tatsächlich vom 2. November 1955.

Und Büning machte eine weitere interessante Aussage: »Kurz nach dieser Sache hat Reichenstein mir 300 Mark zurückgegeben, die ich ihm geliehen hatte.« War es jenes Geld, das Wilfried Mehnert geraubt worden war? Zumindest ein zeitlicher Zusammenhang war zu erkennen.

Der Vorsitzende fragte jetzt Reichenstein: »Angeklagter, haben Sie das alles mitbekommen, was Büning gesagt hat?«

»Natürlich.«

»Was sagen Sie zu Bünings Aussage?«

»Er lügt.«

Der Vorsitzende präzisierte seine Frage: »Was Sie zu den exakten Angaben Bünings sagen, möchte ich wissen. Er sagt nicht, dass Sie der Mörder sind.«

»Das zielt aber darauf hinaus. Nur aus dem Grunde, mir zu schaden, macht er solche Aussagen.«

Dr. Näke fragte weiter: »Waren Sie nicht wiederholt nachts mit Büning unterwegs?«

Reichenstein stand auf. Dann sagte er mit fester Stimme: »Das habe ich nie bestritten, aber ich habe mich nie von Büning abholen lassen. Die Aussage von Büning ist genauso eine Verleumdung wie alles andere auch. Ich habe niemals einen Menschen gemordet, noch habe ich die Absicht gehabt, einen Menschen zu morden. Büning sagt bewusst die Unwahrheit!«

Der Vorsitzende wandte sich dem Kronzeugen zu: »Stimmt das denn auch?«

»Ich habe hier schon mal gesagt«, gab Büning gereizt zurück, »ich bin kein Hellseher. Ich habe nur angegeben, was sich zugetragen hat.«

Nach diesem verbalen Scharmützel wurde ein 24-jähriger Fußbodenleger als Zeuge gehört. Er war mit dem inzwischen bei einem Verkehrsunfall ums Leben gekommenen Halbbruder Reichensteins befreundet gewesen. Der Mann brachte mit seiner Aussage den Angeklagten mit dem Leichenfundort des Doppelmordes Ingensandt/Mehnert in Verbindung, als er berichtete: »Der Erwin hat mich mal mit in die Nähe dieses Baggerlochs genommen, wir wollten dort jagen. Ich bin mir sehr sicher, dass er die Gegend kennt.«

Wieder war man auf einen kleinen Teil des Ganzen gestoßen, das aber immer noch kein klares Bild ergab. Bisher existierten lediglich einige Indizien, die auf Reichenstein als *möglichen* Täter hinwiesen.

Dann kam der zweite Liebespaar-Mord zur Sprache. Die verkohlten Leichen von Helga Kortmann und Peter Seiffert waren am 9. Februar 1956 in einem niedergebrannten Strohschober in Lank-Ilverich gefunden worden. Nach Zeugenaussagen mussten die Opfer zwei Tage zuvor zwischen 22 Uhr und 24 Uhr getötet worden sein. Ein Kripobeamter erklärte, zum Zeitpunkt des Leichenfundes habe der Polizei bereits eine Anzeige eines Vertreters der jüdischen Gemeinde vorgelegen, dass sein Kraftfahrer samt Wagen spurlos verschwunden sei. Wenig später sei der Wagen »herrenlos und mit großen Blutlachen« in der Innenstadt gefunden worden.

Privatdozent Dr. Heinz Otten, der alle Opfer obduziert hatte, erläuterte anschließend als medizinischer Sachverständiger die Todesumstände. Der Experte erklärte, das Paar Ingensandt/ Mehnert sei ertrunken. Beide Opfer hätten jedoch »schwerste Schädelfrakturen« aufgewiesen, die »ohnehin zum Tod geführt hätten«. Die zerrissenen Kleider und das zerschundene Knie der Frau ließen den Schluss zu, dass sie sich von dem Täter habe losreißen wollen, dabei aber gestürzt sei. Den Zeitraum zwischen Schädelverletzung und Ertrinkungstod schätzte Dr. Otten auf »etwa zehn Minuten«.

Im Fall Kortmann/Seiffert wies der Gutachter auf Parallelen zum Mord an Dr. Stürmann hin: »Der Schuß auf Peter Seiffert ist fast genau in der gleichen Weise abgegeben worden wie auf Dr. Stürmann. In beiden Fällen hat der Täter von vorne links auf das Gesicht des Fahrers des Kraftwagens geschossen. Das Projektil ist an der gleichen Stelle, dem linken Unterkiefer aufgetroffen und hat fast genau die gleiche Bahn durch den Kopf bis in die Nackengegend genommen. Der Unterschied, daß bei Dr. Stürmann zwei Halswirbel zertrümmert und das Rückenmark verletzt worden ist, während das Geschoß, von dem Peter Seiffert getroffen worden ist, dicht vor der Wirbelsäule steckenblieb, beruht darauf, daß einmal mit einer Waffe des Kalibers 9 Millimeter, das andere Mal mit einer solchen vom Kaliber 5,6 Millimeter geschossen worden ist.«

Doch was besagte diese Übereinstimmung? Dass *ein* Mensch sich in vergleichbarer Situation ähnlich verhalten hatte? Oder dass *zwei* Menschen gleichartige Entscheidungen getroffen und entsprechend gehandelt hatten? Beide Versionen erschienen durchaus plausibel – aber nur eine konnte zutreffend sein.

Der Schuss auf Dr. Stürmann war ein aus Sicht des Täters erfolgreicher gewesen. Das Opfer war sofort kampfunfähig gemacht worden und später gestorben. Wenn Reichenstein den Schuss abgegeben hatte, lag die Vermutung nahe, er habe sich an der einmal profitabel angewandten Methode nicht nur orientiert, sondern sie imitiert und deswegen auch Peter Seiffert *so* getötet. Aber vielleicht resultierten die Parallelen lediglich aus den besonderen Umständen (ein im Auto sitzendes Opfer), die den oder die Täter zu einem bestimmten Verhalten (Schuss seitlich von links in den Kopf) genötigt und zwangsläufig ein ähnliches Tatbild (Einschuss in der unteren Gesichtshälfte) generiert hatten. Aber auch wenn das Gericht sich für die erste Variante entscheiden würde, wäre damit nicht viel gewonnen. Denn es fehlten bislang weitere Verdachtsmomente, die überdies eine geschlossene Indizienkette würden ergeben müssen.

Dem Aussageverhalten und Auftreten der Angeklagten kam in diesem Prozess eine besondere Bedeutung zu, da bestenfalls Teilgeständnisse vorlagen. Insbesondere die Geschworenen liefen dabei Gefahr, sich *auch* von subjektiven Eindrücken beeinflussen zu lassen. Insbesondere der Angeklagte Reichenstein schien sich dieser Möglichkeiten in besonderem Maße bewusst zu sein. Er mimte die personifizierte Unschuld, blieb stets höflich, versuchte möglichst unbefangen zu wirken. Und diese Strategie war nicht einmal schlecht gewählt. Denn er musste die Geschworenen nicht von seiner Unschuld überzeugen, es genügte, wenn er berechtigte Zweifel aufkommen ließ. Dann würden sie ihn nicht verurteilen dürfen und nicht verurteilen können – nicht wegen Diebstahls, nicht wegen Raubes, schon gar nicht wegen Mordes.

Weil so wenig von diesem Angeklagten zu erfahren war, richtete sich das Augenmerk der professionellen Prozessbeobachter insbesondere auf das Verhalten Reichensteins. Würde er sich irgendwann durch eine spontane Geste oder unkontrolliertes Mienenspiel verraten? War ihm die unterstellte mörderische Passion anzusehen? Verhielt er sich gar wie ein typischer Mörder? Gibt es überhaupt eine Norm für das Verhalten eines Menschen im Kessel der schwersten Beschuldigungen?

Nach jedem Prozesstag waren derlei Erkenntnisse und Erfahrungen in den Tageszeitungen nachzulesen. So schrieb die *Neue Ruhr Zeitung*: »Erwin Reichenstein konnte auch am siebten Tag des Schwurgerichtsprozesses, in dem er sich wegen fünffachen Mordes zu verantworten hatte, noch lächeln. Wenn ein unvoreingenommener Betrachter, der nicht weiß, worum es in diesem Prozeß überhaupt geht, seine Eindrücke von diesem Angeklagten schildern sollte, würde er wohl sagen: Der junge Mann macht einen guten Eindruck. Und wirklich, wenn der 31jährige vor Beginn der Sitzung von einem Polizeibeamten in die umzäunte Anklagebank geführt wird, möchte man annehmen, in diesem Saal werde irgendeine belanglose Zivilklage verhandelt. Lächelnd begrüßt er, nachdem er seine Handakten weggelegt hat, seine beiden Verteidiger und unterhält sich mit ihnen in der Art, wie man eben über Belangloses plaudert. Beeindruckt ihn die Schwere der Anklage überhaupt nicht? Kann ihn das alles kalt lassen, wenn er ein reines Gewissen hat?«

Bild wusste natürlich die Antwort und überführte Reichenstein kurzerhand des mehrfachen Mordes – via Telepathie: »Jedes Wort während der Verhandlung stenographierte er. Ein einziges Mal vergißt er es. Er schließt die Augen, und sein Gesicht bekommt einen träumerischen Ausdruck – als der medizinische Gutachter Einzelheiten über den Tod der ermordeten zwei Liebespaare mitteilt. **Das Grauenhafte, das im Schwurgerichtssaal über das Ende der vier jungen Menschen erörtert wird, scheint Reichenstein in eine gehobene Stimmung zu versetzen: Er lächelt hinter geschlossenen Lidern ...**«

Zutreffender beurteilte die *Rheinische Post* den Stand der Dinge: »Reichenstein ist bestimmt kein unbeschriebenes Blatt, aber mit einem Indiziennetz, das fast nur aus Löchern besteht, ist er nicht zu fangen.«

17. November 1959, achter Verhandlungstag.

Der Korridor vor dem pompösen Schwurgerichtssaal ähnelte einem Wandelgang in einer Gemäldegalerie. Hinter der eleganten Glastür wartete eine freundlich lächelnde Garderobenfrau auf Hüte und Mäntel. Die Kontrolleure der Eintrittskarten unterschieden sich von ihren Kollegen in Theatern und Museen nur durch ihre Polizeiuniform. Links vom Eingang zum Tribunal verdeckte ein gewaltiges Gemälde die Wand: verdammte Leiber in verzweifelter Verschlingung und darüber erlöste, befreite Seelen – das jüngste Gericht.

Im Gerichtssaal standen auf langen Tischen neben Einmach- und Marmeladegläsern, Bier-, Mineralwasser- und kleine Medizinflaschen, in denen Reichenstein Zyankali, Salzsäure, Strychnin, Blausäure und andere hochgiftige Flüssigkeiten aufbewahrte, und eine der großen Milchkannen, in denen er mit Vorliebe seine Waffen eingegraben hatte. Überdies wurden ein grüner Tarnanzug und andere Kleidungsstücke, die von dem Angeklagten bei seinen nächtlichen Streifzügen getragen worden waren, präsentiert, dazu Pistolen, Gewehre, Munition, Dolche, Messer, Totschläger und selbstgefertigte Teile von zwei Maschinenpistolen.

Bei den Chemikalien handelte es sich nach dem Gutachten der Sachverständigen um Substanzen, die in vielen Laboratorien zu finden seien. Auffällig erschien einem Sachverständigen jedoch Reichensteins Vorliebe für chemische Literatur, die sich mit Betäubungsmitteln befasste. »Der Angeklagte hat sich ausschließlich mit Chemikalien beschäftigt, die zum Angriff auf Menschen geeignet sind«, resümierte der Experte.

Auf die Frage des Vorsitzenden, warum er all die Aufzeichnungen über die Herstellung von Betäubungsmitteln gemacht habe, antwortete Reichenstein, dass er sich dafür interessiert habe und es habe ausprobieren wollen.

»Sie haben es ausprobiert, wie wir es von Büning gehört haben, oder bestreiten Sie immer noch?«, fragte Dr. Näke.

Reichenstein antwortete wie immer: »Das bestreite ich ganz entschieden.«

Der Vorsitzende zeigte mit einer Handbewegung zu den Tischen mit den Asservaten: »Wenn wir insgesamt sehen, was da vor uns steht, was sagen Sie dazu?«

Der Angeklagte erwiderte, ohne zu zögern: »Ich habe mich auch für Waffen interessiert. So sehr, dass ich in der Untersuchungshaft ein Patent an einer Waffe erfunden und es auch angemeldet habe.«

Dann wurde ein Waffensachverständiger dazu gehört, ob das im Körper von Peter Seiffert gefundene Projektil aus einer der Waffen Reichensteins stammte. Der Schuss auf das Opfer sei »aus einer Pistole des Kalibers 5,6 Millimeter mit Linksdrall« abgegeben worden, erklärte der Gutachter. Doch es sei »nicht mit Sicherheit« festzustellen, dass eine der sichergestellten Pistolen die Mordwaffe sei – beide Pistolen kämen lediglich »als Tatwaffe möglicherweise in Frage«. Ein wissenschaftlicher Beweis sei nicht möglich, weil »das Tatgeschoß zu stark deformiert« gewesen sei.

Schließlich wurde Reichenstein zu den Einweck-Gummiringen und der Hanfschnur befragt, die man in einem seiner Verstecke entdeckt hatte und von jener Art und Beschaffenheit waren, wie die an der Leiche von Helga Kortmann gefundenen. Sein Kommentar: »Ich habe dazu nichts weiter zu sagen, als dass mit einem Bindfaden aus meinem Besitz ein Fräulein Kortmann nicht gefesselt worden ist und ich kein Verbrechen begangen habe. Ich habe die Sachen, die später am Büdericher Friedhof gefunden worden sind, lange nach dem Verbrechen an Seiffert und Kortmann verloren.«

Hier und da wurde im Zuschauerraum getuschelt, gelächelt, gegähnt. Die Stimmung unter den Besuchern war nach den ersten Prozesstagen nun völlig umgeschlagen. Die meisten von ihnen waren Frauen und lachten höhnisch, schrien auf oder seufzten empört, wenn Reichenstein wieder mal eine gegen ihn gerichtete Zeugen- oder Sachverständigen-Aussage bestritt oder zu zerpflücken versuchte. So gebärdete und offenbarte sich nicht die Unschuld. Der überwiegende Teil des Publikums hatte sein Urteil bereits gefällt: Das Hassobjekt Erwin Reichenstein hatte alle fünf Opfer ermordet. Wer sonst!

Im Mittelpunkt der schwierigen Beweisaufnahme standen abermals die vielen »Zufälle«, auf denen die Reichenstein'sche Verteidigung fußte. Er blieb aber bei seiner Behauptung, den Einbruch in das Geschäft des Uhrmachers Gustav Thören am 27. Januar 1956 in Büderich nicht verübt, sondern »zufällig« die Beute gefunden zu haben. »Zufällig« sollen ihm die verschiedenen Waffen und Schmuckstücke auch wieder gestohlen worden sein, und zwar, nachdem er sie wasserdicht eingepackt habe, aber bevor er sie selbst habe vergraben können. Ebenfalls »zufällig« habe »irgendein Unbekannter« einen Teil der Beute ausgerechnet dort verbuddelt, wo er sonst belastende Dinge zu verstecken pflegte – auf einem alten Friedhof.

»Sind das nicht etwas zuviel Zufälle?«, hielt der Vorsitzende dem Angeklagten vor.

Reichenstein gab sich kämpferisch: »Wenn Sie mich der Lüge überführen wollen, müssen Sie mir schon das Gegenteil beweisen.«

Warum Reichenstein auf dieser verworrenen und wenig glaubhaften Geschichte beharrte, lag auf der Hand: Zwischen Waffen und Schmuckstücken waren dicke dunkelgraue Gummiringe und ein Stück Hanfschnur gefunden worden. Und mit »artgleichem Material« war Helga Kortmann gefesselt und geknebelt worden. Reichenstein wollte deshalb mit diesem Versteck partout nicht in Verbindung gebracht werden.

Dann schilderte ein Kriminalbeamter, wie Reichenstein nach seiner Festnahme durch den Oberrevierjäger Spath zunächst »jede Aussage verweigert« habe und dann, in die Enge getrieben, »vier verschiedene Darstellungen« über die Herkunft der bei ihm gefundenen Waffe und des Motorrades gegeben habe. Als die Ermittler schließlich in unmittelbarer Nähe des Festnahmeortes eine vergrabene Milchkanne entdeckt hätten, in der Waffen und Munition versteckt gewesen seien, habe Reichenstein vorgeschützt, die Kanne samt Inhalt erst am Tag seiner Inhaftierung vergraben zu haben. Der Haken dabei: Um die Milchkanne herum hatten sich schon Wurzeln gebildet.

Staatsanwalt Scherf ergriff die Initiative: »Warum haben Sie denn die Gummiringe und die Injektionsspritzen überhaupt vergraben? Es ist doch sehr ungewöhnlich, Dinge zu verstecken, die man ohne Weiteres besitzen darf, nicht wahr?«

Reichenstein hatte Mühe, sich zu beherrschen, als er antwortete: »Dieser Vorhalt ist unberechtigt! Was soll die Frage nach meinem Zyankali, wo doch feststeht, dass damit kein Verbrechen begangen wurde?« Mit etwas ruhigerem Ton ergänzte er: »Es hatte keinen besonderen Grund, wenn ich Waffen mit den anderen Sachen zusammen verpackte.«

»Warum haben Sie an diesem Tag diesen Runddolch mitgeführt?«, fragte der Ankläger weiter.

»Das hatte nichts zu bedeuten«, entgegnete Reichenstein tonlos. »Ich nahm den Dolch auch zur Arbeitsstätte mit, wie andere ihr Taschenmesser.« Dann fügte er scharf hinzu: »Ich habe schon einmal gesagt, ich habe damit kein Verbrechen begangen!«

Prompt kam die nächste Frage: »Und weshalb trugen Sie eine Pistole P 38 bei sich?«

»Um sie zu skizzieren.«

Höhnisches Gemurmel und Gelächter im Sitzungssaal.

Dr. Näke mischte sich ein: »Aber die Waffe war doch geladen!«

Der Angeklagte konterte: »Ja, ich wollte außerdem auf dem Heimweg Schießübungen veranstalten.«

Der Vorsitzende wurde sehr ernst und betonte jetzt jedes Wort: »Reichenstein, Sie wollen Zeugen in Widersprüche verwickeln und Büning unglaubwürdig machen. Sie stellen aber nicht in Rechnung, dass Sie selbst bei Ihren wenigen Aussagen falsche Angaben machen. Nach *diesen* Angaben wird das Gericht Ihre Zuverlässigkeit beurteilen!«

Aber Dr. Näke war noch nicht fertig. »Ist das Ihre Waffe?« Der Vorsitzende hielt ein Seitengewehr hoch, das am Friedhof in Büderich gefunden worden war.

»Das ist möglich. Wenn sie mir gehört, hat sie mir ein Unbekannter gestohlen und dann als Werkzeug zum Vergraben der waffengefüllten Milchkanne benutzt.« Triumphierend fügte der Angeklagte hinzu: »Millionen deutscher Seitengewehre sehen alle gleich aus. Es wird nicht möglich sein, den Besitzer festzustellen.«

Ironisch antwortete der Vorsitzende nur: »Man kann, Herr Reichenstein!«

Tatsächlich stellte sich in den nächsten Minuten heraus, dass die Nummer auf dem Seitengewehr mit der auf der Scheide, die im Keller der Familie Reichenstein gefunden worden war, übereinstimmte: 2257403. Nachdem sich der Angeklagte selbst davon überzeugt hatte, kommentierte er dies ungewohnt kleinlaut: »Es scheint zusammenzugehören.« Abermals war es dem Gericht gelungen, den Mann festzunageln.

Reichenstein schien zu erkennen, dass sich die Situation bedrohlich zuspitzte. Während er sich in den Verhandlungen zuvor nahezu ausschließlich mit seinen stenografischen Notizen beschäftigt hatte, redete er an diesem Tag immer wieder auf seine Verteidiger ein und unterbrach sogar den Vorsitzenden mit hitzigen Zwischenbemerkungen und Fragen. Die Zeichen der Verunsicherung waren unverkennbar: Das Gesicht des sonst so kühl und reserviert agierenden Angeklagten war hochrot, und die Haare hingen ihm in die schweißfeuchte Stirn.

Einen turbulenten und spannungsgeladenen Verlauf nahm die Verhandlung, als nochmals Klara Reichenstein an den Zeugentisch herantrat. Sie sagte aus, dass ihr Mann während seiner

Untersuchungshaft einmal zu ihr gesagt habe: »Wenn ich den Einbruch Thören zugebe, dann muss ich auch den Mord an Kortmann/Seiffert zugeben.«

Reichenstein bestritt vehement, »das so gesagt« zu haben. Vielmehr habe er nur klarstellen wollen, wenn er den Einbruch gemacht *hätte,* sei er »noch verdächtiger im Fall des Mordes«. »Meine Frau muss mich mißverstanden haben«, erklärte er. Das Diebesgut war jedoch an zwei Waffenverstecken mit Gegenständen gefunden worden, von denen Klara Reichenstein behauptete: »Die Gummiringe und der Bindfaden, das waren Sachen aus unserem Haushalt.« Postwendend versuchte der Angeklagte abzuschwächen: »Meine Frau kann sich da leicht irren!«

Auch bestritt Reichenstein die Schilderung seiner Frau, dass er vierzehn Tage vor Karneval 1956 gegen 2 Uhr mit Uhren und wertvollem Schmuck nach Hause gekommen sei und die Sachen »zum Zählen ausgebreitet« habe. Klara Reichenstein sagte dazu, dass sie »sofort an einen Diebstahl gedacht« habe, aber ihren Mann nicht habe anzeigen wollen. Der Grund: »Das war zu gefährlich!«

Als seine Frau den Gerichtssaal verlies, knickte der »Mann ohne Nerven« erstmals ein. Reichenstein hielt sich ein Taschentuch vor das Gesicht und weinte heftig. Das »Monster« zeigte Gefühle. Und das war dem Angeklagten überaus peinlich. Er versteckte den Kopf unter der Anklagebank. Die Verhandlung musste unterbrochen werden. Erst einige Minuten später hatte der mittlerweile sichtlich schmaler gewordene Mann sich wieder im Griff.

Reichenstein war arg unter Beschuss geraten, der Panzer der Unantastbarkeit war förmlich durchsiebt worden. Der Angeklagte hing wie ein angezählter Boxer in den Seilen. Und deshalb wurde es höchste Zeit für einen Gegenschlag. Rechtsanwalt Peters konfrontierte das Gericht mit »besorgniserregenden« Erkenntnissen, die bisher noch gar nicht zur Sprache gekommen waren. Im Visier des Verteidigers: Fritz Büning – und sein »auffallend freundschaftliches Verhältnis zur Kriminalpolizei«. Der

Mitangeklagte sei »förmlich gepäppelt« worden, nachdem er Reichenstein belastet habe. Statt im Untersuchungsgefängnis sei er im Polizeigewahrsam untergebracht gewesen, habe einen »Betreuungsbeamten zugeteilt bekommen«, sogar mehrfach seine Familie besuchen dürfen. Mit Dr. Wehner, dem Chef der Kripo, habe er »zu besonderen Zwecken Nachmittagskaffee getrunken«. Überdies sei Büning »mit seinem Polizisten« in einer Kneipe gesehen worden, »beim Bierchen«. Von einem Dienstzimmer im Polizeipräsidium habe er mit Dr. Wehner telefoniert, »um zu beweisen, dass er nicht ausreißen wollte«. Sogar ins Kino sei der Angeklagte gegangen, »natürlich in Begleitung«.

Das war starker Tobak. Hatten die Ermittler Büning mit »Sonderkonditionen« und anderen Vergünstigungen zu einem Geständnis gedrängt? Ihn vielleicht sogar zu einer Falschaussage verleitet? – wie es Heinz Peters andeutete, ohne konkret zu werden. Auch der Vorsitzende fand das »sehr ungewöhnlich«. Und in einer Prozesspause zeigte sich ebenso der Polizeipräsident »sehr überrascht«. Ein Tiefschlag für die Ankläger, die Glaubwürdigkeit ihres Kronzeugen war nachhaltig torpediert worden.

Damit nicht genug. Jetzt war Dr. König an der Reihe, er stellte neue Beweisanträge: Ernst Littek solle noch einmal vernommen werden – diesmal »unter dem Verdacht der Beihilfe zum Mord«. Auch die beiden Brüder von Büning wurden plötzlich verdächtigt, bei dem Raubüberfall auf das Liebespärchen am 4. Mai 1956 im Meererbusch »an Stelle des Angeklagten Reichenstein beteiligt gewesen zu sein«. Dann erinnerte der Verteidiger an den Liebespaar-Mord im Februar 1958 in Opladen: »Selbst die Experten der Kriminalpolizei haben gravierende Übereinstimmungen zu den Doppelmorden in Düsseldorf festgestellt. Mein Mandant kann aber nicht der Täter gewesen sein, er saß in Untersuchungshaft!« Und schließlich kündigte Dr. König einen neuen Entlastungszeugen an, der erklärt haben sollte: »Reichenstein war nicht der Liebespaar-Mörder. Den wirklichen Täter fangen die nie, weil er zu schlau ist.«

35

»Reichenstein bestreitet noch immer«,
»Keine Geständnisse an den Tatorten«,
»Sechsstündige Tatortbesichtigung erbrachte nichts Neues«,
»Lokaltermine im Reichenstein-Prozeß abgeschlossen«,
»Fällt die Bastion Reichenstein?«,
»Vertagung des Liebespaar-Prozesses«.

Die Schlagzeilen der Tagespresse kommentierten zutreffend, was das Gericht während der zwei vorangegangenen Verhandlungstage vergeblich versucht hatte: Licht ins Dunkel zu bringen, Klarheit zu schaffen. Sieben Lokaltermine waren durchgeführt worden. Doch das Ergebnis war ernüchternd – Reichenstein war an den Tat- und Leichenfundorten scheinbar völlig unbeeindruckt geblieben. »Damit habe ich nichts zu tun«, sagte er an der Rheinpromenade, wo Dr. Stürmann getötet worden war. »Ich kenne das Gelände nicht einmal«, behauptete er an dem inzwischen zugeschütteten Baggerloch, in dem man die Leichen von Lieselotte Ingensandt und Wilfried Mehnert gefunden hatte. Und: »Alles frei erfunden«, erklärte er auf dem Acker neben der Straße in Kalkum, auf der er gemeinsam mit seinem damaligen Freund Martin Zenker Autofallen gelegt haben sollte.

Auf der *moralischen* Anklagebank saßen indes die Ehefrauen der mutmaßlichen Räuber und Mörder – oder sie empfanden so. Klara Reichenstein gab dem Werben der *Neue Ruhr Zeitung* nach und offenbarte, warum sie sich von ihrem Mann abgewandt hatte: »Was denken Sie denn – würde jemand von den Nachbarn noch mit mir sprechen, wenn ich zu ihm halten würde! Die Menschen lesen doch Zeitungen. Und was denken Sie, was mit meinen Kindern geschieht, wenn er verurteilt wird und wenn man denkt, dass ich selbst mit ihm unter einer Decke stecke! Sonja müsste dieses Jahr in die Schule. Ich kann sie unmöglich hinschicken. Das Einzige, was ich machen kann, ist, dass ich von hier wegziehe und die Kinder auf meinen Mädchennamen umschreiben lasse. Ich habe schon einen Antrag gestellt. Wenn sie keinen Vater haben, das ist auch schlimm, aber immer noch besser, als wenn sie so einen Vater haben.« Auch die Schuldfrage war für die desillusionierte Frau längst entschieden: »Er war es. Na klar!«

Ganz anders reagierte Lore Büning. Die 28-jährige Hausfrau gab keine Interviews und ließ über den Anwalt ihres Mannes lediglich erklären, dass sie an seine Unschuld glaube und zu ihm halten werde.

36

25. November 1959, elfter Verhandlungstag.

Der Auftakt versprach Spannung. Zwei Zeugen sollten aussagen – und Reichenstein entlasten. Zunächst wurde Willi Konrads aufgerufen. Der 28-jährige Elektriker hatte selbst schon im Verdacht gestanden, der »Liebespaar-Mörder« zu sein. Seine Frau – von der er inzwischen geschieden und die in Hamburg untergetaucht war – hatte nämlich seinerzeit bei der Kripo erklärt, ihr Mann sei nachts mit blutbeschmiertem Mantel nach Hause gekommen und habe erzählt, er kenne den wirklichen Liebespaar-Mörder. Reichenstein sei jedenfalls nicht der Täter, den wirklichen Mörder werde man wohl nicht erwischen.

»Ich habe niemals solche Mitteilungen gemacht«, entrüstete sich der Zeuge. »Ich hatte die Scheidung beantragt, und meine Frau wollte sich wohl auf die Art an mir rächen. Mehr war da nicht.« Tatsächlich bestätigte Dr. Matthias Dropmann, der Sachverständige des Landeskriminalamtes, dass zumindest die

Behauptung von den »blutverschmierten Kleidern« nicht zutreffe. Man habe damals die Kleidungsstücke genau geprüft und »lediglich Ölflecke« festgestellt.

Auch die zweite »Geheimwaffe« der Verteidigung erwies sich schnell als wirkungslos. Es drehte sich um die Behauptungen, Büning »ginge sadistischen Neigungen nach«, habe »ein Mädchen gezwungen, sich vor ihm zu entkleiden« und »eine Waffe in der Jagdhütte seines ehemaligen Chefs versteckt«.

Genaueres wusste Kriminalhauptkommissar Mathias Eynck, der Büning vernommen und zu einem Geständnis bewegt hatte. Der Zeuge berichtete, alle diese Anschuldigungen habe er von einem V-Mann erfahren. Sämtliche Angaben habe die Kripo »sofort mit allen Mitteln zu überprüfen versucht«, sie jedoch nicht bestätigen oder gar beweisen können. Vorsichtig versuchte der Kommissar eine Einschätzung: »Wahrscheinlich handelte es sich um ein Mittelding zwischen dem schlechten Erinnerungsvermögen des V-Mannes – seine Schilderungen lagen schon damals drei Jahre zurück – und gewissen Prahlereien Bünings gegenüber seinen Arbeitskollegen.« Den Hinweisgeber könne er im Übrigen nicht nennen: »Dienstgeheimnis«.

Die Brüder Bünings, Horst (26) und Egon (31), hatten ebenfalls schon einmal in Verdacht gestanden, mit den jetzt verhandelten Verbrechen zu tun zu haben. Denn sie kannten Reichenstein seit Jahren, er gehörte zu ihrem Freundes- und Bekanntenkreis. Dieser Verdacht war jedoch mittlerweile aufgegeben worden. Jetzt standen sie als Zeugen vor Gericht.

Horst Büning, der mit Reichenstein häufiger Schach gespielt habe, erklärte, dass der Angeklagte ihm gegenüber stets »korrekt und freundlich« gewesen sei. Reichenstein habe ihm erzählt, dass er ein Patent für einen neuen Waffenverschluss entwickle, er sei ihm auch als »guter Durchschnittsschütze« bekannt gewesen. Einmal habe er einen anonymen Brief bekommen, in dem er vor Reichenstein gewarnt worden sei, er habe darüber »aber nur gelacht« und »den Schrieb« seinem Freund gezeigt, der sich »auch kräftig amüsiert« habe. Sein Bruder Fritz habe ihn auch einmal angesprochen: »Vertu' dich nicht, der Reichenstein ist nicht so einwandfrei!«

Dr. Näke begann Fragen zu stellen: »Es werden heute noch Vermutungen aufgestellt, dass Ihr Bruder die Taten nicht mit Reichenstein, sondern mit Ihnen unternommen hat. Was sagen Sie dazu?«

»Ja, das habe ich auch gelesen.«

»Haben Sie uns dazu sonst nichts zu sagen?«

Horst Büning blieb gelassen. »Ich kann dazu nichts sagen. Ich habe nie strafbare Handlungen mit meinem Bruder gemacht.«

»Das können Sie vor dem Schwurgericht sagen?«

»Ja.«

Plötzlich mischte sich Reichenstein ein. »Ich habe in meiner Haftzelle gehört«, begann er, »wie dieser Zeuge vernommen und wie ich dabei verleumdet wurde, stimmt das?«

»Ja, man hat ihn in den schwärzesten Farben geschildert und in ziemlich bestimmter Form gesagt, dass er der Liebespaar-Mörder sei.«

Reichenstein fragte weiter. »Hat man ihm nicht auch gesagt, dass ich ihn und seine Familie vergiften wollte?«

»Nein, das hat man nicht gesagt.«

Reichenstein widersprach: »Ich habe es aber gehört.«

»Das reicht jetzt!« Der Vorsitzende beendete die Befragung.

Auch Egon Büning hatte mit seinem Bruder Fritz an Schießübungen in Düsseldorf-Gerresheim teilgenommen, dabei sei auch Oberjäger Spath aufgetaucht. Er habe Reichenstein auf ihn aufmerksam gemacht.

»Warum?«, wollte Dr. Näke wissen.

Der Zeuge lachte: »Förster Spath war für uns der böse Mann im Wald. Er war scharf auf die Wilderer.«

Reichenstein sei ein »meisterhafter Schütze« gewesen, habe »aus der Hüfte geschossen, ohne auf die Waffe zu sehen«, und habe »eine 10 bis 15 Meter entfernt stehende Büchse fast immer getroffen«.

»Haben Sie mit Reichenstein krumme Dinger gedreht?«

»Ein klares Nein!« Dann fügte der Zeuge hinzu: »Soviel ich weiß, hat die Polizei mein Privatleben so umgekrempelt, dass sie darüber besser Bescheid weiß als ich. Ich habe diesbezüglich nichts damit zu tun!«

Die Zeugen hatten eine überzeugende und vor allem glaubwürdige Vorstellung gegeben. Der Versuch der Reichenstein-Verteidigung, den Verdacht von ihrem Mandanten auf die Brüder Büning abzulenken, war rundum gescheitert.

Dann wurde dem Antrag Dr. Königs entsprochen, die Ein- und Auszahlungen in Fritz Bünings Postsparbuch zu überprüfen, es sei dort »Überraschendes« festgestellt worden. Still wurde es im Saal, als der Vorsitzende vorlas: »Am 10. Februar 1953 sind 450 Mark eingezahlt worden.« Nur drei Tage nach dem Mord an Dr. Stürmann! Dr. Näke sah Büning fragend an. Der stutzte. Dann beschwor er den Vorsitzenden förmlich: »Da kann ich einen Eid drauf geben, dass da kein Geld von Dr. Stürmann dabei ist.« Schließlich gelang es Staatsanwalt Scherf, die brenzlige Situation für seinen Kronzeugen zu entschärfen. Er stellte nämlich fest, dass die eigentliche Einzahlung nicht am 10., sondern bereits am 6. Februar erfolgt sei. Vier Tage später sei der Betrag lediglich gebucht worden. Der Ankläger wandte sich dann Rechtsanwalt Peters zu und attackierte: »Wo sind denn nun die größeren Einzahlungen, auf die sich Ihr Beweisantrag stützte?« Verlegen musste der Verteidiger klein beigeben: »Da bin ich im Moment überfragt.« Die Sache war vom Tisch.

»Um den Charakter Reichensteins zu beleuchten«, berief die Staatsanwaltschaft eine ehemalige Erzieherin als Zeugin. Die Frau berichtete: »Frau Reichenstein, die als 16jährige den Sohn Erwin als uneheliches Kind bekam, wurde weder mit seiner Erziehung noch mit der seines Stiefbruders fertig. Sie war schmutzig, liederlich und frech. Erwin hat seine Mutter mehrfach mit dem Messer bedroht. Es gab furchtbare Szenen. Der 12jährige wollte sich aus dem Fenster stürzen. Er war ein intelligenter Junge, dessen Verwahrlosung zum Teil auf die Mutter, zum Teil auch auf seinen schwierigen Charakter zurückzuführen war.«

Reichenstein begann laut zu schluchzen, schlug die Hände vors Gesicht. Es wurde still im Saal. Hatten ihn die Gräuel und Entbehrungen seiner Kinderzeit wieder eingeholt und übermannt? Oder versuchte er nur die Geschworenen für sich einzunehmen?

Dann wurde der Bericht von Pfarrer Horning verlesen, dem Leiter des Erziehungsheims in Neu-Düsselthal. Er hatte über den damals 14-jährigen Jungen geschrieben: »Ein kleiner, stämmiger Junge, geistig gut zu fördern, sauber, ordentlich, gut eingelebt, aber etwas roh im Umgang mit den Kameraden. Er brachte einem Jungen eine Kopfverletzung bei. In seinem Wesen liegt etwas Verstecktes.«

Der letzte Satz des Erziehers schien den Angeklagten treffend zu kennzeichnen. Dass Reichenstein etwas verbarg, war offenkundig. Nur, was?

37

3. Dezember 1959, zwölfter Verhandlungstag.

Die Staatsanwaltschaft ließ eine Reihe von Polizeibeamten aufmarschieren, die Zeugnis darüber ablegen sollten, ob Fritz Büning bei seinen polizeilichen Vernehmungen »gelockt« oder »beeinflusst« worden war. Kriminaloberrat Dr. Wehner, Leiter der Düsseldorfer Kripo, sprach von »purem Nonsens«, als er gefragt wurde, ob Büning »besondere Vergünstigungen erhalten habe, vor seinem Geständnis, während der Haft oder in der Zeit, als er sein Geständnis habe widerrufen wollen«. Der Zeuge betonte »ausdrücklich«, der Angeklagte sei »ein Wahrheitsfanatiker« gewesen, »der nie sein Geständnis widerrufen wollte«. Da Büning magenkrank gewesen sei, habe er in der Kantine mitessen dürfen. Er sei auch zweimal in Dr. Wehners Privatwohnung gewesen: »Wahrscheinlich hat er auch eine Tasse Kaffee angeboten bekommen. Das ist durchaus nichts Besonderes, dass ein Gefangener mal eine Tasse Kaffee bei mir bekommt.« Es sei auch zutreffend, dass Büning ihm einmal nach einem Ortstermin einige Weidenkätzchen mitgebracht habe. Ein anderes Mal sei Büning »einfach aus dem Gefängnis über eine Mauer in ein Dienstzimmer des Präsidiums geklettert«, habe den Zeugen angerufen und gesagt: »Ich bin nicht im Gefängnis, sondern im Dienstzimmer. Ich könnte jetzt stiften gehen, aber ich gehe nicht!« Dr. Wehner resümierte: »Büning ist behandelt worden wie jeder andere Untersuchungshäftling auch!«

Raunen im Gerichtssaal.

Der Vorsitzende hatte Zweifel und fragte nach: »Das ist doch etwas ungewöhnlich. Was war der Grund zu einer solchen Behandlung des Angeklagten?«

Dr. Wehner antwortete kurz und bündig: »Um ihn abzulenken.«

Gemeint waren seine Selbstmordabsichten, von denen auch Kriminalobermeister Dieter Kisters berichtete. Der Zeuge war der »Betreuungsbeamte« gewesen. Er bestätigte auch, dass Büning »einmal zu Weihnachten und zu Ostern in Begleitung« seine Familie habe besuchen dürfen. »Er wollte unbedingt sein Kind sehen«, erklärte Kisters. Auch sei es ihm erlaubt worden, an der Beerdigung seiner Mutter und eines Onkels teilzunehmen: »Wir wollten vermeiden, dass Büning aus einer depressiven Stimmung heraus Selbstmord begeht.«

Wie akut und ernst gemeint diese Suizidabsichten waren, blieb offen. Die Gutachten der Sachverständigen sollten erst zu einem späteren Zeitpunkt erstattet werden. Gleichwohl stimmten die meisten Prozessbeobachter mit der Vermutung der Verteidiger Reichensteins überein, es sei »im Polizeigewahrsam recht fidel zugegangen«.

Um die Dinge ins rechte Licht zu rücken, wurde schon am nächsten Tag in den *Düsseldorfer Nachrichten* ein Interview mit dem stellvertretenden Kripo-Chef abgedruckt. Der Titel: »Die Behandlung von Untersuchungsgefangenen im Polizeigewahrsam – Erklärungen zum Fall Büning.« Kriminalrat Werner Grassner begründete die Verfahrensweise bei Büning so: »Ich bin vor Abschluß des Reichenstein-Prozesses durch ein rechtskräftiges Urteil natürlich nicht in der Lage, mich zur Beweisaufnahme zu äußern. Die Frage, auf die Sie abzielen, geht wohl dahin, ob es – und das können nur ganz besonders gelagerte Ausnahmefälle sein – der Kriminalpolizei gestattet ist, Beschuldigte, die sich im polizeilichen Gewahrsam befinden, entgegenkommender zu behandeln, als es der übliche Rahmen vorsieht. Die Kriminalpolizei hat sich bei der Behandlung von Beschuldigten selbstverständlich im Rahmen der geltenden Gesetze zu bewegen. Was Beamten der Kriminalpolizei im Umgang mit Tatverdächtigen im demokratischen Rechtsstaat nicht erlaubt ist, wird in einer Reihe von Bestimmungen des Strafgesetzbuches gesagt. Sie sind nochmals zusammengefaßt und ohne Strafandrohung im § 136a der Strafprozeßordnung erweitert worden. Einen Katalog aber für das, was bei Beachtung der Verbotsbestimmungen im Rahmen kriminaltaktischer Maßnahmen gestattet ist, gibt es aus naheliegenden Gründen nicht. Die Kriminalpolizei muß sich den Gegebenheiten des Einzelfalles anpassen. Kriminalpolizeiliche Aufklärung kann sich nun mal nicht in der wohlgeordneten Atmosphäre einer Gerichtsverhandlung oder einer verwaltungsmäßigen Tätigkeit abspielen.«

»Herr Kriminalrat, wollen Sie damit sagen, dass es der Kriminalpolizei lediglich verboten ist, Beschuldigte in ihrem Gewahrsam Druckmitteln auszusetzen, dass jedoch andererseits eine besonders entgegenkommende Behandlung, um das Wort Vergünstigung zu vermeiden, eine Ermessensfrage der untersuchenden Kriminalbeamten ist?«

»Es ist eine Ermessensfrage, soweit durch Gewährung von Erleichterungen die Freiheit der Willensentschließung und die Freiheit der Willensbestätigung nicht beeinflusst und der Sinn der Untersuchungshaft nicht umgangen wird.«

Die Düsseldorfer Kripo war sichtlich bemüht, die delikate Angelegenheit zu relativieren. Denn sollte es den Verteidigern Reichensteins tatsächlich gelingen, die behauptete »Sonderbehandlung« nachzuweisen, würde die Glaubwürdigkeit Bünings erheblich leiden – und eine Verurteilung des Hauptangeklagten in den wesentlichen Punkten der Anklage wenigstens gefährden.

Die letzte Zeugin vor den Gutachten der medizinischen Sachverständigen war noch einmal Klara Reichenstein. In einem roten Strickkleid stand sie vor dem Zeugentisch. Bescheiden, jede Aussage sorgsam abwägend. Zu den chemischen Experimenten ihres Mannes sagte sie: »Ich habe ihn verschiedentlich gefragt, da war seine Antwort, er wolle Tinte erfinden.« Geglaubt habe sie das jedoch nicht. Denn: »Er hat mich auch über seinen Verdienst belogen. Angeblich bekam er 85 Mark. In Wirklichkeit hat man ihm aber 117 Mark Wochenlohn ausbezahlt.«

Klara Reichenstein sollte auch als Leumundszeugin gehört werden. »Sie können in dieser Beziehung doch wohl am besten etwas über Ihren Mann erzählen«, forderte sie der Vorsitzende auf. Sie wollte auch erzählen. »Es gab nicht nur schlechte Tage in unserer Ehe«, sagte sie leise, »es gab auch gute Zeiten. Aber im Großen und Ganzen war unsere Ehe eine Hetzjagd, weil mein Mann immer nervös und unruhig war. Oft hat er mich allein gelassen, auch nachts und sonntags. Wir haben deswegen oft gestritten.« Einmal habe ihr Mann sie bei einer solchen Auseinandersetzung gegen den Ofen geschleudert: »Ich hatte danach monatelang Brandverletzungen.« Als Grund für seine nächtlichen Extratouren habe Reichenstein stets »judosportliche Übungen« genannt. Das sei ihr »nicht geheuer gewesen«. Und als er das letzte Mal aus der Haft entlassen worden war, habe er prophezeit: »Ich bin nicht zum letzten Mal im Gefängnis gewesen.«

Dr. König stellte eine Zwischenfrage: »Aber Sie haben doch liebevolle Briefe an Ihren Mann ins Gefängnis geschickt! Wie erklären Sie das?«

»Das war nur in der ersten Zeit, wo ich die ganzen Verbrechen noch nicht glauben konnte. Dann habe ich mir alles genau überlegt und die Scheidung eingereicht. Um die Kinder zu beschützen. Die müssen einen anderen Namen bekommen.«

Als Erster der medizinischen Sachverständigen sagte der Düsseldorfer Obermedizinalrat Dr. Werner Fuhrmann aus. Der Experte für die Abgründe der menschlichen Seele charakterisierte zunächst Fritz Büning. Der Angeklagte sei »ein Naturmensch, mißtrauisch, aber hilfsbereit, einfach, labil, etwas primitiv, aber keineswegs schwachsinnig«. Seine Intelligenz sei durchschnittlich, allerdings »von einer gewissen Schläue«. Zu Reichenstein habe er nicht in dem behaupteten »Hörigkeitsverhältnis« gestanden, jedoch sei er »der Willensschwächere von beiden« gewesen, »der sehr bald zum Spielball des anderen würde«.

Dann machte der Gutachter eine Aussage, die prozessentscheidenden Charakter haben konnte. Es ging um die Glaubwürdigkeit Bünings. Dr. Fuhrmann erklärte: »Wer innerlich so wenig gefestigt ist, wie dieser etwas primitive Mensch, der kann auf die Dauer solche neuen Lügen nicht durchstehen. Im Kerngeschehen müssen deshalb Bünings Erzählungen vor Gericht als glaubhaft gelten.«

Der Angeklagte Reichenstein hingegen sei anders zu beurteilen. Er sei körperlich gesund – auch dreieinhalb Jahre Untersuchungshaft hätten ihn »nicht zusammenbrechen lassen«, er verfüge über eine »ungeheure Durchhaltekraft«. Sein Intellekt sei »gemäß dem Milieu und Bildungsgang über dem Durchschnitt«. Schließlich beleuchtete der Sachverständige Persönlichkeit und Charakter des Angeklagten. Sein Urteil fiel vernichtend aus: »Ein harter, eiskalter Verstandes- und Willensmensch, ohne Rücksicht und von ausgesprochen gesellschaftsfeindlicher Einstellung. Die Tränen, die er hier produziert hat, kommen nicht aus innerer Erregung, sind nicht die Flut überwältigender Gefühle, sondern ein schmales Rinnsal aus einer Gletscherspalte.«

Die blumig-prosaischen Ausführungen Dr. Fuhrmanns wollte Reichenstein nicht unwidersprochen lassen. »Wie kommen Sie denn darauf, dass ich gesellschaftsfeindlich eingestellt sein soll!«, schleuderte er dem Gutachter wutentbrannt entgegen. »Ich kann mich nicht entsinnen, je in meinem Leben irgendeinem Kapitalisten negativ gegenübergetreten zu sein!«

Dr. Fuhrmann antwortete: »Sie kennen doch die Aussage von Büning.«

Reichenstein konterte: »Es hat sich also nur in der Theorie durch die Aussage Bünings ergeben, nicht in der Praxis.«

»Die Diagnose der Menschenfeindlichkeit geht aus Ihrer gesamten Entwicklung hervor«, erwiderte Dr. Fuhrmann, »die nicht abgestoppt worden ist am Ende Ihrer Pubertät, sondern geblieben ist. Das dokumentiert sich am stärksten aus Ihren Diebstählen auf dem Friedhof!«

»Für diese Tat habe ich mich geschämt und schäme mich noch, aber dazu bin ich verführt worden.«

Die Sünden der Vergangenheit hatten Reichenstein wieder eingeholt. **Störung der Totenruhe! Friedhofsdiebstahl! Menschenfeind! Menschenjäger! Liebespaar-Mörder!** Doch diese Gleichung war zu simpel – und unbewiesen. Vorerst.

Auch Professor Herbert Klimke bescheinigte Reichenstein einen »abartigen Charakter«. Der Psychiater und Neurologe hob hervor, dass Familie und Ehe nur ein »bürgerliches Aushängeschild« gewesen seien – die »Tarnung« eines »hinterhältigen und verstockten Menschen«. »Dass er hier schreibt und schreibt und schreibt«, erklärte der Sachverständige, »ist eine äußere Kompensation zu seiner inneren Unruhe, gewissermaßen das Leitseil, an dem er sich hält durch den Sturmwind dieses Prozesses.« Er »beherrsche jede Situation«, und er könne »umschalten, soviel er wolle«. Reichenstein sei »zuzutrauen, den Boss einer Bande zu spielen«. Und: »Er stellt sich außerhalb der allgemeinen Ordnung. Er ist ein Mann mit nihilistischen Tendenzen!«

Zu Büning: Er sei »nicht der Engel«, der sich willenlos den Plänen Reichensteins unterworfen habe. »Bis zu einem gewissen Grade« sei Büning bestimmt worden, etwas zu tun, »aber er hätte es auch unterlassen können«. Eine »Hörigkeit« verneinte der Psychiater. »Ein Menschenfeind wie Reichenstein« sei der Angeklagte nicht, er sei »nicht fähig auf Menschen zu schießen«. *Beide* Angeklagten seien »abartig«, aber »voll schuldfähig«. Auch Professor Klimke attestierte Büning »volle Glaubwürdigkeit«.

Auch wenn die Gutachten überwiegend schlichten Zustandsbeschreibungen gleichkamen, stellten sie insbesondere Reichenstein ein schlechtes Zeugnis aus. Übereinstimmend war er als ein Mensch charakterisiert worden, der Grenzen nicht akzeptierte, sich menschenverachtend gebärdete. Nur um die Beantwortung einer Frage hatten sich die Experten gedrückt: Verbarg sich hinter der Maske des Biedermanns ein gewissenloser Mörder?

38

7. Dezember 1959, dreizehnter Verhandlungstag.

Nach den für Reichenstein desaströsen Gutachten schien der Rahmen des Schuldspruchs schon abgesteckt zu sein. »Da kommt der nicht mehr heil raus«, hatte es auf dem Gerichtsflur geheißen. Die Sachverständigen schienen das Büning'sche Bild des »Dämons« größtenteils bestätigt zu haben. Doch die Zeugen, die an diesem Dienstag aussagten, schürten neue Zweifel. Es waren ausnahmslos rechtschaffene Leute, die den Hauptangeklagten und seine Familie jahrelang gekannt hatten. Aber niemand wollte etwas bemerkt haben: keine Gefühlsleere, keine

Menschenfeindlichkeit, schon gar keine mörderische Gesinnung. Die Zeugen stellten dem mutmaßlichen Serienkiller das beste Zeugnis aus.

Und sie waren alle gehemmt, seine ehemaligen Freunde. Schämten sich mitunter, als sie den Geschworenen berichten sollten. Aber sie blieben standhaft. Ein Ehepaar erinnerte sich an einen »freundlichen und zuvorkommenden« Spielpartner gemütlicher Kartenabende: »Mit dem Bild, das wir von Herrn Reichenstein kennen, lässt sich dieser Prozess einfach nicht vereinbaren!«

Ein junger Schlosser erzählte: »Man konnte mit ihm über alles reden. Ich muss es so sagen, wie es ist. Erwin Reichenstein war ein guter Kollege, freundlich und hilfsbereit. Und wenn das wirklich mit ihm so ist, wie Sie hier ermitteln, Herr Richter, dann muss der Mann zwei Gesichter gehabt haben.«

Fast alle kannten sie ihn aus der Fabrik. Reichenstein hatte an unterschiedlichen Stellen gearbeitet. Stets war er bemüht und fleißig gewesen, hatte mehr verdienen wollen. Dem einen hatte er Schach beigebracht, dem anderen Judogriffe gezeigt. Mit diesem hatte er an einem Hubschraubermodell herumgebastelt, mit jenem Schießübungen mit einem Luftgewehr gemacht. Fast allen Freunden und Bekannten hatte Reichenstein auch von seinen chemischen Experimenten erzählt – nur über Gift sei »bestimmt nicht« gesprochen worden.

Reichenstein genügte das nicht. Er spürte, dass es nicht ausreichen könnte. Dass er Gefahr lief, unter der Lawine von Indizien begraben zu werden. Für immer. Er verlangte neue Zeugen, mehr Zeit – denn der Vorsitzende hatte das baldige Ende der Beweisaufnahme angekündigt. Reichenstein feilschte um die Bewertung von Kleinigkeiten. Er suchte die Chancen der letzten Minuten. Er fühlte sich benachteiligt, forderte Gerechtigkeit, Chancengleichheit: »Ich bin daran interessiert, dass meine Person so dargestellt wird, wie sie wirklich ist, und nicht so, wie sie in den Verleumdungen Bünings hier erscheint!«

Doch der Vorsitzende zeigte ihm die kalte Schulter: »Nehmen Sie zur Kenntnis, dass ich nicht gewillt bin, noch weitere Leumundszeugen zu hören!« Schluss. Ende. Aus?

38

8. Dezember 1959, vierzehnter Verhandlungstag.

Zum Ende der Beweisaufnahme wurde durch die Staatsanwaltschaft eine Zeugin aufgerufen, die sich erst im Verlauf des Prozesses bei den Anklagevertretern gemeldet hatte. Der Brief von Dorothea Scholz hatte die Behörde drei Tage zuvor erreicht. Darin hatte die 54-jährige Krankenschwester mitgeteilt, sie habe kurz nach dem Krieg an der grünen Grenze bei Helmstedt mit Reichenstein »ein entsprechendes Erlebnis« gehabt.

Dorothea Scholz erzählte von ihrer Begegnung mit dem Angeklagten: »Es war im Jahre 1947, im August, den genauen Tag weiß ich nicht mehr, als ich aus Neuruppin flüchtete. Ich war nicht alleine unterwegs, eine Freundin aus der Nachbarschaft und eine meiner Cousinen waren auch dabei. Wir brauchten unbedingt Hilfe, weil wir uns im Zonengrenzgebiet nicht auskannten. Da haben wir zufällig zwei junge Burschen kennengelernt, die uns erzählten, sie würden uns sicher aus der Sowjetzone herausbringen. Einer der Männer war der Angeklagte Reichenstein, ich habe ihn sofort auf den Bildern in der Zeitung wiedererkannt.«

Jeder im Gerichtssaal hörte Dorothea Scholz gebannt zu. Denn sie berichtete über eine Episode im Leben Reichensteins, die wie seinerzeit auf den Landkarten als weiße Flecke erschienen waren: unerforschtes Gebiet, Neuland. Man wusste kaum etwas darüber, was Reichenstein in dieser Zeit getrieben hatte. Und die Aussage der Zeugin korrespondierte mit einem furchtbaren Verdacht, der in diesem Verfahren bisher ausgeklammert worden war.

Rückblende: Februar 1957.

Der Sonderkommission »Liebespaar-Morde« war der Durchbruch gelungen: Fritz Büning hatte »gesungen«, und bei der Durchsuchung der Wohnung Reichenstein waren unter anderem Uhren und Schmuck mit »ostzonalem Charakter« gefunden worden. Allerdings konnten die Sachen »keiner konkreten Straftat zugeordnet werden«.

Die ersten Vermutungen der Kripo schienen sich zu bestätigen, als die Zeugin Adele Prock am 2. Februar im Präsidium erklärte: »Ich bin eine ehemalige Bekannte der Reichensteins, ich war mit der Mutter von Erwin gut bekannt. Ich habe von den Uhren und dem Schmuck gelesen. Da ist mir eingefallen, dass Erwin in den Jahren 1946/47 häufiger in Düsseldorf aufgetaucht ist und seiner Mutter Wäsche und Schmuck unbekannter Herkunft zum Verkauf dagelassen hatte.«

Die Ermittler fanden schnell heraus, dass Reichenstein sich mehrere Jahre in Haldensleben, einer Kleinstadt nahe Magdeburg, aufgehalten hatte. Auch in den Jahren 1946/47, als die Zonengrenze, die Ost und West zerriss, einen neuen Verbrechertypus generierte – Diebe, Betrüger und Räuber, die sich ausschließlich an Grenzgängern schadlos hielten. Ahnungslose Menschen, aus Not, Verzweiflung und Sorge um ihre Angehörigen zum Hin- und Herpendeln zwischen West- und Ostdeutschland gezwungen, waren Opfer dunkler Existenzen geworden, die auch vor Gewaltverbrechen nicht zurückschreckten. Mindestens zweiundachtzig Morde waren während dieser Zeit im »Niemandsland« verübt worden, nur einen kleinen Bruchteil hatten die Ermittlungsbehörden aufklären können.

Auch Büning gegenüber hatte Reichenstein häufiger über sein Treiben an der Zonengrenze schwadroniert, wenn auch meist nur andeutungsweise. Büning hatte der Kripo davon in Vernehmungen erzählt. So sollte Reichenstein auch einen Tag nach dem Mord an Dr. Stürmann gesagt haben: »Du hättest damals in der Ostzone dabei sein müssen. Da bin ich erst richtig zum Mann geworden. Ich habe aus der Zeit noch so viel Beute, dass ich in Saus und Braus davon leben könnte. Aber diese Sachen sind alle noch zu frisch. Ich arbeite heute nur, um den Schein zu wahren.«

Wie anders als durch Verbrechen sollte der damals berufs- und arbeitslose 17-Jährige an den Schmuck und die Uhren gekommen sein? Hatte er sich das Vertrauen von Grenzgängern erschlichen, sie in einen Hinterhalt gelockt, dort getötet und beraubt? Die Kripo hielt dies »für möglich«. Die im Fall Dr. Stürmann demonstrierte Kaltblütigkeit, ließ nach Einschätzung der Ermittler vermuten, dass Reichenstein »nicht zum ersten Mal getötet hatte«. War Reichenstein einer der »Grenzmörder«?

Der Verdächtige behauptete jedoch: »Ich habe den Schmuck als Dank von den Grenzgängern erhalten.« Aber die Ermittler stellten fest, dass die Preziosen für eine solche Dankesgabe »viel zu wertvoll« waren.

Wasser auf die Mühlen der Ermittler war die Aussage eines Malermeisters aus Hannover, der sich am 5. Februar bei der Kripo meldete. August Gester wollte auf einem Pressefoto jenen Mann erkannt haben, mit dem er Jahre zuvor eine »unheimliche Begegnung« gehabt haben wollte. An der Zonengrenze bei Helmstedt, im Sommer 1946. Der 47-Jährige erzählte: »Ich schlich wegen eines Tauschgeschäfts durch das Tannendickicht der Bunkerlinie zur nahen Zonengrenze. Plötzlich sah ich nur ein paar Meter vor mir einen jungen Mann mit einer Pistole in der Hand, der sich über einen am Boden liegenden Erschossenen beugte und diesen ausplünderte. Als ich auf einen Ast trat, drehte sich der Mann noch kurz um, bevor er flüchtete. Ich konnte ihn genau sehen.«

Gester hatte diesen Mord damals auch der Grenzpolizei in Helmstedt angezeigt und glaubte nun, endlich den Namen des Täters zu kennen: Erwin Reichenstein. »Es besteht nicht der geringste Zweifel. Das ist der Mann, den ich damals beobachtet habe«, sagte er der Kripo. Die Ermittler verfügten nun über »handfestes Beweismaterial«. Das einzige Hindernis: Sie waren nicht zuständig. Die Ermittlungsbehörden in Magdeburg wurden postwendend informiert, die Mordwaffe im Fall Dr. Stürmann überbracht. Denn das Opfer war auch mit einer »Parabellum 08« erschossen worden.

Die Staatsanwaltschaft Magdeburg ließ die Waffe von Experten untersuchen. Fehlanzeige. Doch nur wenige Tage später schien sich die Beweiskette in einem anderen Fall zu schließen: Die Kriminaltechniker hatten nämlich herausgefunden, dass mit der Waffe, die Dr. Stürmann tödlich verletzt hatte, im Frühjahr 1948 auch ein Mordversuch an einem Volkspolizisten begangen worden war. Jetzt zeigten sich auch die Ermittler in Magdeburg an Reichenstein »hochinteressiert«.

Als im Juni 1957 die Ermittlungen der Düsseldorfer Kripo abgeschlossen waren, wurde der Verdächtige an die Behörden in Ostdeutschland »verliehen«. Diese zum damaligen Zeitpunkt zwischen Ost und West ausgesprochen ungewöhnliche Maßnahme hatte erst einen Deal möglich gemacht: Reichenstein durfte »drüben« nicht abgeurteilt, sondern lediglich »im Interesse der Wahrheitsfindung verhört« werden. Doch Reichenstein war auch von den Magdeburger Verhörspezialisten nicht zu knacken. So traf nach Einschätzung der ostdeutschen Ermittler der »intelligente, hartgesottene, kaltschnäuzige und sture Häftling« nach sechs Wochen wieder in Düsseldorf ein und wartete in Zelle 16 des Untersuchungsgefängnisses auf seinen Prozess.

Dorothea Scholz und ihre Begleiterinnen waren von Reichenstein und seinem Komplizen nicht umgebracht worden. Aber: »Wir kamen dann an einen Ort an der Zonengrenze«, erzählte die Zeugin, »den Namen weiß ich nicht mehr, da wurden wir durch unwegsames Gelände in ein Wasser geführt. Reichenstein und der andere Mann verschwanden plötzlich mit unserem Gepäck, kamen aber bald wieder. Wir stellten dann fest, dass die Koffer leer waren. Wir haben nicht protestiert, weil wir große Angst vor den Männern hatten!«

»Stimmt das?«, fragte der Vorsitzende Reichenstein.

»Nein, was meine Person betrifft. Ich kenne diese Frau nicht!«

Die temperamentvolle und resolute Zeugin widersprach heftig: »Wenn ich ihn heute sehe, dann ist er es ganz genau. Etwas jünger war er, aber er hat sich nicht viel verändert!«

»Vielen Dank, Frau Scholz.« Dr. Näke stellte die »Unwesentlichkeit« der Aussage fest und erklärte, in diesem Verfahren alle »Grenzübergangs-Geschichten« auszuklammern. Die Beweisaufnahme war damit beendet.

»Hat der Angeklagte Reichenstein sich schon Gedanken darüber gemacht, ob er zu seinem letzten Wort längere Ausführungen machen will?«

Der Gefragte stand auf und lächelte. Dann sagte er konziliant, aber bestimmt – und immer noch schmunzelnd: »Längere Ausführungen werden es bestimmt nicht werden. Aber ich werde auf jeden Fall etwas sagen!«

Der Vorsitzende kündigte für den kommenden Sitzungstag das Plädoyer der Anklagevertreter an. Niemand konnte zu diesem Zeitpunkt ahnen, dass es eine erste faustdicke Überraschung geben würde.

39

9. Dezember 1959, fünfzehnter Verhandlungstag.

Es war atemlos still in dem bis zum letzten Platz gefüllten Zuschauerraum, als der hochgewachsene Staatsanwalt Dr. Zimmermann die unsäglichen Gräueltaten schilderte, die man den beiden Angeklagten glaubte, nachgewiesen zu haben. Und es wurde nicht das, was es hätte werden können: eine Inszenierung, ein Scherbengericht. Zurückhaltend und sachlich ging es zu.

Der erste Staatsanwalt sah zu Beginn seines Plädoyers den Angeklagten Reichenstein des Viehdiebstahls »für überführt« an. An der Glaubwürdigkeit seines Komplizen Martin Zenker sei »nicht zu zweifeln«. Dr. Zimmermann erwähnte, dass der Zeuge im Gegensatz zu Reichenstein einen gemeinsamen Diebstahl auf einem Friedhof eingeräumt habe, der vom Angeklagten bei der Gegenüberstellung mit Zenker noch abgestritten worden sei.

In diesem Moment sprang Reichenstein unvermittelt auf und brüllte: »Das ist nicht wahr! Alles Verleumdung!«

»Halten Sie den Mund!« Dr. Näke fuhr energisch dazwischen. »Jetzt hat der Staatsanwalt das Wort!«

Es verging eine Weile, bis Reichensteins Verteidiger ihn wieder so weit beruhigt hatten, dass der Staatsanwalt fortfahren konnte. Der postulierte für die Viehdiebstähle die Verurteilung des Angeklagten wegen »gemeinschaftlichen schweren Diebstahls«. Zum Anklagepunkt der »Autofallen« forderte Dr. Zimmermann, den Angeklagten »in zwei Fällen des versuchten schweren Raubes schuldig zu sprechen«. Zur Begründung hieß es: »Es gibt kein Motiv, das erkennen läßt, warum der Angeklagte verleumdet werden sollte. Reichenstein sagt das zu allen, die ihn belasten, aber er kann keine Gründe angeben, warum ihn die Zeugen belasten und verleumden.«

Wegen des Hühnerdiebstahls, bei dem auf den Bauern Hagen geschossen worden war, hatten die Ankläger zunächst »versuchten Mord« unterstellt. Dr. Zimmermann erklärte nun aber, dass »ein schlüssiger Beweis dafür nicht erbracht« sei, Reichenstein habe »gezielt geschossen«. Es könne nur eine Verurteilung wegen »gemeinschaftlichen schweren Raubes« erfolgen.

Anders sei die Beweislage im Fall Dr. Stürmann. Reichenstein sei »des Mordes überführt«. »Die entscheidende Frage«, erläuterte der Staatsanwalt, »ob der Mitangeklagte Büning glaubwürdig ist, muss bejaht werden. Ich schließe mich dabei völlig der Meinung der Sachverständigen an, die zu einem einstimmigen Fazit ihrer Untersuchungen gekommen sind: glaubwürdig. Es gibt auch keinen Grund für etwaige Beschuldigungen Bünings.«

Aber das sei »noch nicht alles«: »Wir haben die Tatwaffe aus dem Fall Dr. Stürmann. Diese Waffe ist eindeutig von mehreren Zeugen als Eigentum Reichensteins – auch wenn dieser es bestreitet – erkannt worden. Die Einlassung des Angeklagten, er könne diese Tat nicht mit Büning begangen haben, weil er diesen erst später kennengelernt habe, ist nach den Aussagen seiner Frau und zweier anderer Zeugen als widerlegt anzusehen. Auch sind alle Angaben Bünings zum Überfall auf Dr. Stürmann durch die Ermittlungen bestätigt worden, was zu dem zwingenden Schluss führt, dass der Angeklagte Reichenstein den Dr. Stürmann erschossen hat …«

Reichenstein lächelte nur verächtlich.

»… Er ist schuldig des vorsätzlichen Mordes in Tateinheit mit schwerem Raub und versuchter Anstiftung zum Mord an dem Begleiter des Getöteten. Nach der Aussage Bünings hat er unmittelbar im Anschluss an die Ermordung Dr. Stürmanns zu Büning gesagt: ›Ich dulde keine Mitwisser. Nimm du meine Pistole und erschieß den anderen auch, deine brauchst du nicht zu versauen.‹ Der hat dies jedoch verweigert.«

Dem Angeklagten Büning indes sei »eine Mordabsicht nicht nachzuweisen«. Er könne nur »des gemeinschaftlichen schweren Raubes in Tateinheit mit gefährlicher Körperverletzung als überführt angesehen werden«.

»Das Jahr 1955 fing für Reichenstein recht glücklich an«, setzte der Staatsanwalt Scherf das Plädoyer fort. »Der Angeklagte brachte bei einem Einbruch in einem Waffen- und Schmuckgeschäft Diebesgut im Wert von etwa 4000 Mark an sich. Das Zeugnis seiner Ehefrau, die eine dort gestohlene Halskette zu Karneval hat anlegen sollen, ist untrüglich. Die erbeuteten sieben Pistolen hat Reichenstein in einem von ihm selbst angelegten Versteck verborgen.«

»Nach der Aussage Bünings – und ihm ist zu folgen –«, plädierte der Staatsanwalt, »hat der Angeklagte Reichenstein schon früher gemeinsam mit Büning Liebespaare überfallen wollen. Büning hat sich jedoch geweigert, und so ist es nicht zur Ausführung dieser Vorhaben gekommen. Weniger harmlos war jedoch ein Vorfall am 4. Mai 1956. Beide, Reichenstein und Büning, sind bewaffnet über die Krefelder Landstraße hinter Büderich gegangen. Reichenstein hat im Wald ein Streichholz aufflammen sehen und ist mit Büning in den Wald eingedrungen. Dort hat man ein Liebespaar überfallen und sich der versuchten schweren Nötigung und der schweren räuberischen Erpressung schuldig gemacht. Beweis für diese Tat ist die Aussage Bünings.«

Die Verhandlung steuerte jetzt auf ihren Höhepunkt zu. Dass die Ankläger einen Schuldspruch im Fall Dr. Stürmann beantragen würden, damit war allgemein gerechnet worden. Aber wie würde man sich bei den Doppelmorden entscheiden?

Staatsanwalt Scherf zählte zunächst alle Indizien auf, die im Fall Ingensandt/Mehnert auf eine Täterschaft des Hauptangeklagten hinwiesen: Reichenstein befasste sich mit chemischen Experimenten – in der Tatnacht wurde der Angeklagte von Büning zur Rotterdamer Straße gefahren – als Büning ihn Stunden später dort wieder abholte, wollte er in Reichensteins Gesicht Blutspritzer gesehen haben – die Pistole, die Büning Reichenstein geliehen hatte, sollte auffällig schmutzig gewesen sein – Reichenstein sollte zu Büning auffallend und unangebracht freundlich gewesen sein – die Region ringsum den vermutlichen Tatort kannte Reichenstein gut, genauso wie jene des Baggerlochs, in dem die Leichen gefunden worden waren – nur ein Ortskundiger war in der Lage gewesen, in jener nebligen Nacht den Wagen mit den Opfern dorthin zu fahren – der Wagen von Wilfried Mehnert war vom Tatort weggeschafft worden, Reichenstein sollte dies auch im Fall Dr. Stürmann zumindest versucht haben – das Paar war von einem körperlich durchsetzungsfähigen und im Umgang mit Schusswaffen geübten Täter getötet worden, Reichenstein war ein Waffenexperte und Judokämpfer – Reichenstein konnte kein hieb- und stichfestes Alibi vorweisen – aufgrund seiner abnormen Persönlichkeit waren Reichenstein auch solche Schwerstverbrechen zuzutrauen, zumal er bereits ähnlich gelagerte Taten verübt haben sollte.

»Die Polizei hat das Menschenmögliche getan, um diesen Indizien nachzugehen«, bewertete der Staatsanwalt schließlich die Beweislage. »Nun muss ich anerkennen, dass die Indizien sich nicht in einer Weise verdichtet haben, dass sie zur sicheren Überführung Reichensteins in diesem Fall ausreichen. Das Ergebnis der Hauptverhandlung ist: Es kann nicht gesagt werden, wer im Fall Ingensandt/Mehnert der Täter gewesen ist!«

Raunen im Gerichtssaal. Hier und da waren empörte Zwischenrufe zu hören. Schließlich war Reichenstein insbesondere durch bestimmte Medien fachmännisch vorverurteilt worden – und jetzt das! Für die eingangs des Prozesses von der Schuld Reichensteins überzeugten Kripo und Staatsanwaltschaft schien sich ein Fiasko anzubahnen, der Boulevard indes hatte seine »Sensation«. Endlich! Fünf lange Wochen hatte man darauf warten müssen.

Alle Blicke richteten sich auf Reichenstein. Doch der stenografierte weiter, als sei nichts passiert. Er hob nicht einmal den Kopf.

Nachdem Staatsanwalt Scherf auch im zweiten Doppelmord sämtliche Indizien vorgetragen hatte, zog er sein Fazit: »Nimmt man das alles zusammen und setzt man Reichensteins Verhalten in der Hauptverhandlung hinzu, dann muss man zu der Überzeugung kommen, dass Reichenstein sich in dieser Tatnacht zum 7. Februar 1956 in seinem Revier am Strümper Busch befunden hat, dort auf das Paar gestoßen ist und den Überfall auf die beiden durchgeführt hat.«

Wieder wurde es unruhig im Saal.

Der Anklagevertreter gab sogar eine Rekonstruktion dieser Morde: »Ich persönlich bin der Ansicht, dass der Fall Kortmann/ Seiffert sich in folgender Weise abgespielt hat: Reichenstein riss die Wagentür auf und machte Seiffert durch einen gezielten Schuss in den Kopf kampfunfähig. Dann fesselte und knebelte er Helga Kortmann. Schließlich hat er ihr eine Zyankali-Spritze gegeben und sie beobachtet. Das Ergebnis dieser Betrachtungen wissen wir nicht. Auch wenn sich die Vergabe von Zyankali nicht beweisen lässt, ist dennoch aufgrund der Gesamtumstände und der Persönlichkeit Reichensteins davon auszugehen. Dann hat er seinen Opfern den Schädel eingeschlagen.«

Das Motiv leitete der Staatsanwalt »trotz seines hartnäckigen Leugnens« aus der Gesamtpersönlichkeit und dem Verhalten des Angeklagten her, auch vor Gericht: »Er mordete aus Lust an der Vernichtung von Leben, aus sadistischer Experimentierwut am lebenden Objekt, Raubgier und Grausamkeit.«

Reichenstein zeigte auch jetzt keine erkennbare Regung. Er machte sich lediglich fortwährend Notizen.

Nach drei Stunden und zehn Minuten formulierte Staatsanwalt Scherf schließlich die Strafanträge. Wie Hammerschläge fielen seine Worte in den Saal, als er das Strafmaß für Reichenstein verkündete: »gefährlicher Gewohnheitsverbrecher« – »lebenslanges Zuchthaus« – »Ehrverlust«. Überdies sollte die »unbefristete Sicherungsverwahrung« verhängt werden. Die Anklagevertretung hatte nicht eine drakonische Strafe gefordert, sondern die höchstmögliche. Es gab keinen Pardon, keine mildernden Umstände, keine Gnade. Obwohl die Todesstrafe abgeschafft worden war, drohte Reichenstein nun eine blutleere Hinrichtung. Denn »Lebenslänglich« konnte in *diesem* Fall tatsächlich den sicheren Tod hinter Gefängnismauern bedeuten. Bestenfalls durfte der 31-Jährige darauf *hoffen,* Jahrzehnte später entlassen zu werden: als alter Mann, als Greis – wenn er den harten Vollzug überhaupt solange überleben würde.

Der Angeklagte Büning sollte wesentlich besser wegkommen. Der Strafantrag lautete auf »eine Gesamtstrafe von vier Jahren und sechs Monaten Zuchthaus«. Die Staatsanwaltschaft hielt »mildernde Umstände für gegeben«, insbesondere das »rückhaltlose Geständnis«. Seine Beteiligung im Mordfall Dr. Stürmann war zudem lediglich als »schwerer Raub in Tateinheit mit gefährlicher Körperverletzung« gewertet worden. Büning würde überdies seine »bürgerlichen Ehrenrechte« behalten dürfen, und die Untersuchungshaft von fast drei Jahren sollte ihm »voll angerechnet« werden. Demnach würde er bald ein freier Mann sein. Vielleicht schon in wenigen Monaten.

Nach Verkündung der Strafanträge erhob sich Reichenstein und sprach lächelnd und scheinbar unbeeindruckt mit seinen Verteidigern, die sich am nächsten Tag insbesondere an die Geschworenen wenden und versuchen würden, die Indizien der Staatsanwaltschaft zu zerpflücken, zweifelhaft erscheinen zu lassen. Büning hingegen, noch bleicher als sonst, lauschte andächtig den Ausführungen seines Verteidigers. Das unentwegte Lächeln Dr. Lützenraths schien Zufriedenheit zu signalisieren.

Nachdem Dr. Näke die Sitzung beendet hatte, wurde heftig und kontrovers und lautstark diskutiert. Die Morde an Lieselotte Ingensandt und Wilfried Mehnert sollten ungesühnt bleiben – obwohl es vor dem Prozess noch geheißen hatte, »die Liebespaar-Morde können nur von demselben Täter begangen worden sein«. Nicht nur die Kripo war davon überzeugt gewesen. Wenn Reichenstein den zweiten Doppelmord verübt hatte, musste er dann nicht auch zwangsläufig im Fall Ingensandt/Mehnert der Täter gewesen sein?

40

10. Dezember 1959, sechzehnter Verhandlungstag.

Vor Beginn ihrer mit Spannung erwarteten Plädoyers stellten die Verteidiger Reichensteins einen neuen Beweisantrag. Es wurde gefordert, »zwei Psychologen über die

Glaubwürdigkeit Bünings zu hören«. Die Beurteilung dieser Frage falle nämlich nicht in das Sachgebiet der Psychiatrie. Es sei »nicht Aufgabe der hier gehörten Sachverständigen gewesen«. Ferner sollte das Gericht die Kriminalpolizei auffordern, eine Aussagegenehmigung für Hauptkommissar Eynck zu erteilen, »damit dieser den V-Mann namentlich benennt«. Dieser Verbindungsmann zwischen Verbrechern und Verbrechensbekämpfern hatte Büning erheblich belastet, nur nicht vor Gericht. Und der Zeuge Eynck hatte diese Beschuldigungen lediglich als »märchenhafte Erzählungen Bünings« abgetan. Schließlich wurde noch beantragt, eine Patentanmeldung zu verlesen. Der Grund: Das Dokument sollte »das noch jetzt bestehende Interesse Reichensteins an Waffen belegen«.

Nach einstündiger Beratung fasste das Gericht folgenden Beschluss: Punkt eins des Antrags wurde abgelehnt, da die »gehörten Gutachter auch genügend Fachkenntnisse auf dem Gebiet der Psychologie besäßen«. Zum zweiten Anliegen der Verteidigung hieß es, ein entsprechendes Ersuchen des Gerichts an die Kripo sei bereits Monate zuvor abgelehnt worden. Punkt drei wurde »als wahr unterstellt«.

Als erster Verteidiger erhielt Dr. Lützenrath das Wort. Er diskutierte zunächst *das* Thema dieses Prozesses, die Glaubwürdigkeit seines Mandanten: »Die Verhandlung wird beherrscht von der Wahrheitsliebe des Fritz Büning. Da mit der Beurteilung dieses Angeklagten der Ausgang des Gesamtprozesses steht und fällt, weise ich nachdrücklich darauf hin, dass ohne das Geständnis und ohne die erschöpfenden Darstellungen des Angeklagten dieser Prozess nie stattgefunden hätte. Fritz Büning hat aber auch das beste Alibi, das ein Täter haben kann, nämlich die Wahrheit, die ungeteilte Wahrheit. Niemals ist es einem der Prozessbeteiligten gelungen, aus diesem Gebäude einen Stein herauszubrechen.«

Der Anwalt bestritt die Behauptung der Gegenseite, sein Mandant habe Sicherungen in sein Geständnis eingebaut, um sich nicht selbst allzu schwer zu belasten. Er bezweifelte auch nicht, wie es einer der Psychiater getan hatte, die Ernsthaftigkeit des Selbstmordversuchs Bünings während der Untersuchungshaft: »Es gibt nur einen Selbstmörder, der nicht simuliert, und das ist derjenige, der nicht mehr lebt!«

In warmen, behaglichen Pastelltönen malte Dr. Lützenrath ein betörendes Bild Bünings: ein junges Bürschlein, einundzwanzig Jahre alt, unverdorben, tierlieb, naturverbunden, freundlich zu seinen Mitmenschen, das kurz vor dem Fall Dr. Stürmann Erwin Reichenstein in die Hände gefallen sei. »Von einer unseligen Jagdleidenschaft abgesehen, ist Büning bis dahin nicht mit dem Gesetz kollidiert«, wandte der Verteidiger sich an die Geschworenen. »Nichts Negatives ist zu erfahren gewesen. Er war ein Waldläufer in der rheinischen Tiefebene, legal oder illegal, ordentlich in seinem Arbeitsbereich. *Sie* sollen juristische Überlegungen außer Acht lassen, *Sie* sollen allein das Gefühl sprechen lassen, das Sie seit dem 3. November bewegt hat, wenn Sie Bünings Aussagen hören.«

»Können Sie sich vorstellen, wie sich dieser Mann«, Dr. Lützenrath zeigte auf Büning, »wie sich dieser Mann geehrt gefühlt haben muss, als sich der brillante Intellekt jenes anderen Mannes (mit diesen Worten umging der Verteidiger während des gesamten Plädoyers die Nennung des Namens Reichenstein) ihm zuwandte? Der aber hat nichts ohne Grund getan. Scharfsinn, Zielstrebigkeit und verbrecherischer Wille sind seine hervorstechenden Eigenschaften gewesen. *Dieser Mann,* mit einem solchen Verstand, nähert sich dem einfachen Waldläufer der niederrheinischen Jagd. Büning war ihm nur Mittel zum Zweck – ein tragisches Schicksal!«

Im Geständnis des Mitangeklagten sei »nichts«, so argumentierte der Verteidiger, »auch nicht das Unwahrscheinliche, unwahr«. Büning habe ihn erstmals mit der »vollen Wahrheit« konfrontiert, nachdem Dr. Lützenrath seinen Mandanten beschworen habe: »Tragen Sie dazu bei, dass unsere Kinder in einer Nacht im Mai zusammen spazieren gehen können, ohne dass gemordet wird. Offenbaren Sie *alles!*«

Dann wurde der Anwalt, der seine Ansichten in freier, flammender Rede vortrug, konkret: »Büning ist keinesfalls Gehilfe beim Raub und beim Mord gewesen, sondern der Mensch, der es verhindert hat, dass ein weiteres Verbrechen begangen worden ist. Er hat zweifellos dem Begleiter Dr. Stürmanns das Leben gerettet. Glauben Sie nicht, wenn Sie heute Littek fragen würden, dass er diese Schläge verzeihen würde?« Weil er aber »dessen Integrität verletzt« habe, sei er »wegen gefährlicher Körperverletzung zu bestrafen«.

Stets sei »die Beeinflussung durch jenen anderen Mann« Grund für die Verfehlungen Bünings gewesen. Selbst bei dem Überfall auf ein Liebespaar hätte »es dieser Initialzündung bedurft«. Reichenstein habe den Kumpanen mit der Mär von einem angeschossenen Rehbock »an dessen schwächster Stelle, der Jagdleidenschaft, gepackt«. Nur deshalb sei Büning überhaupt mitgegangen: »Die Gedanken auf einen Rehbock gerichtet, wurde er vor einen Mord gestellt. Gott sei Dank waren seine Seelenkräfte so stark, dass er ein neues Verbrechen verhindert hat.«

Mit einer letzten großen Geste wandte Dr. Lützenrath sich an die Geschworenen, und zwar nur an sie: »Seit 1957 stehe ich an der Seite dieses so schwer beschuldigten Mannes. Ich habe ihm geraten: ›Vertraue dich dem Schwurgericht an!‹ Bedenken Sie, ob unsere Freunde und unsere Kinder abends spazieren gehen könnten, ohne die Schritte eines Mörders hinter sich fürchten zu müssen – wenn Fritz Büning geschwiegen hätte. Wir hatten nur einen Glauben, als wir über das Geständnis berieten – den Glauben an *Ihre* Gerechtigkeit!«

Von den beiden Reichenstein-Verteidigern richtete zunächst Heinz Peters das Wort an Richter und Geschworene. Es hätte keinen Sinn gemacht, an die Gefühle der Urteilenden zu appellieren, dafür eignete sich der stets unterkühlt agierende, ein wenig überheblich wirkende Angeklagte nicht. Vielmehr galt es, die vermutete bewusste oder unbewusste Voreingenommenheit insbesondere aus den Köpfen der Amateur-Jury herauszubekommen. Deshalb der Appell: »In diesem Prozess, der verspricht, der Prozess zumindest dieses Jahrzehnts zu werden, liegt es nahe, dramatische Effekte zu erzielen, flüchtigen Tagesruhm zu erwerben. Die schweren Vorwürfe schließen jedoch Gedanken dieser Art von vornherein aus. Was hier ausschließlich Bedeutung hat, sind Tatsachen. Es erscheint der Verteidigung allerdings fast unmöglich, dass dieser Mordprozess noch unvoreingenommen verhandelt werden kann, da die Presse seit nunmehr drei Jahren den Angeklagten Reichenstein als den ›Liebespaar-Mörder‹ bezeichnet. Die Presse hat in ihren Saure-Gurken-Zeiten immer wieder Reichenstein dazu benutzt, mehr oder minder wahre Berichte über ihn zu bringen. Der frühere Verteidiger Reichensteins, Rechtsanwalt Dr. Arthur Wolff aus Düsseldorf, hat die Staatsanwaltschaft gebeten, Meldungen dieser Art vor Beendigung der Verhandlungen zu unterbinden, doch ist diesem Ersuchen bisher kein Erfolg beschieden gewesen. Ich kann mir heute nicht mehr vorstellen, dass das Gericht unbeeindruckt von diesen Dingen ist.«

Während sein Verteidiger sprach, verbarg Reichenstein die meiste Zeit das Gesicht hinter seinen Händen. Und ab und zu verschwand er hinter der Umzäunung der Anklagebank, um sich die Tränen aus den Augen zu wischen. Der »eiskalte Killer« wurde weich. Oder war das nur ein Schauspiel? Eine Inszenierung? Abgesprochen und geprobt?

Rechtsanwalt Peters baute sich jetzt nur wenige Schritte von den Geschworenen entfernt auf. Dann erinnerte er sie ohne Pathos und betont sachlich an ihre Pflichten: »Sie haben Gelegenheit, in den Gerichtssaal zu schauen. Sie können feststellen, wie ein höhnisches Grinsen die Gesichter belebt, wenn der Angeklagte Reichenstein einen Lapsus begeht. Man hat oftmals den Eindruck, als sehe man in die Zuschauerreihen eines Boxringes, in dem der Niederschlag eines Kämpfers in Kürze zu erwarten ist. Ich habe den kalten Vernichtungswillen in den Augen vieler gesehen, die hier saßen. Ich halte ein gerechtes Urteil für unmöglich. Das kann allein ein anderer fällen. *Sie* haben *nur* darüber zu entscheiden, was rechtens ist, da in diesem Prozess die Tatsachen nicht genügend aufgeklärt sind, um ein gerechtes Urteil zu finden. In einem Indizienbeweis muss ein logischer Schluss herbeigeleitet werden aus einer ununterbrochenen Kette der Indizien. Fehlt ein einziges Glied, ist sie untauglich. Es wird aber zu erkennen sein, wie viele falsche Bekundungen zu vielen falschen Schlüssen geführt haben. *Sie,* die Geschworenen, Sie haben in diesem Prozess zu urteilen und nicht den Willen des Volkes zu erfüllen, das den Kopf des Angeklagten unter allen Umständen will.«

Danach würdigte Peters die Glaubwürdigkeit des Kronzeugen aus seiner Sicht: »Unter der Befürchtung, selbst als Täter in einem Mordfall verwickelt zu werden, liegt die Versuchung nahe, alles Entscheidende auf einen anderen abzuwälzen, der ohnehin im Verdacht steht, der Liebespaar-Mörder zu sein.« Die Aussagen Bünings zu den versuchten Raubüberfällen tat der Verteidiger als »Produkt von Bünings Phantasie« ab. Seine Absicht sei es gewesen, immer wieder in die gleiche Kerbe zu schlagen: »Reichenstein ist alles zuzutrauen. Ich aber stand unter seinem Druck.«

»Wie ein roter Faden zieht sich durch das Geständnis des Mitangeklagten die Erzählung von seiner Abhängigkeit, seiner Hörigkeit gegenüber Reichenstein«, führte Peters weiter aus. »Gerade diese Aussage aber ist falsch. Die Wahrheit jedoch – wie der Verteidiger Bünings richtig festgestellt hat – ist unteilbar. Bünings Schuldgeständnis ist zudem erfolgt zu einem Zeitpunkt, da dieser in schwersten Verdacht geraten ist. Der Selbsterhaltungstrieb hat ihn dann Reichenstein belasten lassen, dem man – nach der Kampagne in der Presse – sowieso alles hat in die Schuhe schieben können. Auch ist Reichenstein in sexueller Hinsicht in keiner Weise von der Norm abgewichen, wohl aber kann bei Büning eine solche Tendenz erkannt werden.«

Schließlich übte der Verteidiger heftige Kritik an der Düsseldorfer Kripo. Die sei »Büning vor dem Prozeß als Freund und Helfer zu weit entgegengekommen«. »Dadurch waren der Verdunklung Tür und Tor geöffnet!«, appellierte Peters an Unvoreingenommenheit und Differenzierungsvermögen der Geschworenen.

Nun war Dr. König an der Reihe. Er knüpfte an die Ausführungen seines Vorredners an: »Bünings Aussage darf nicht zur Grundlage einer Verurteilung gemacht werden. Dieser Mann, der durch seine theatralischen Selbstmordversuche Reue vortäuschte, eine Morphiumsucht simulierte, sich selbst als willenloses, daher schuldloses Werkzeug gewertet sehen will, ist alles andere als glaubwürdig.«

Reichenstein habe Dr. Stürmann »keineswegs« erschossen. »Littek hat den Angeklagten nicht identifizieren können«, begann Dr. König seine Begründung. »Der Nachweis des Mordes ist nicht geglückt, mein Mandant muß freigesprochen werden aus folgenden Gründen:

1. Reichenstein besaß die Tatwaffe zwar Monate vor dem Mord, möglicherweise hatte sie aber im Januar 1953 Büning. Die Staatsanwaltschaft hat die Aussage des Zeugen Teikert nicht berücksichtigt, der die 08 im Sommer 1952 von Büning zum Umarbeiten bekam und sie auch an Büning – nicht an Reichenstein – zurückgab.
2. Es ist ganz unwahrscheinlich, daß Reichenstein die 08-Pistole selbst versteckte. Er pflegte seine Waffen sorgsam zu vergraben. Er wäre nie so dumm gewesen, das entscheidende Indiz für den Mord an Dr. Stürmann weithin sichtbar wenige Meter von seinem Haus entfernt liegenzulassen.
3. Die Behauptung des Zeugen Bolland, wonach Reichenstein versuchte, ihm die 08 für 50 Mark abzukaufen, ist nicht überzeugend. Sie taucht erst in den Akten auf, nach-

dem 15 000 Mark Belohnung für die Aufklärung des Falles Dr. Stürmann ausgesetzt wurden.
4. Es gibt zahlreiche Widersprüche und Ungereimtheiten in der Darstellung des Tatherganges zwischen Littek und Büning, so die Fragen der Täterkleidung, der klemmenden Wagentür, des Brieftaschenraubes.«

Die Konsequenz: »Mein Mandant ist in diesem Fall mangels Beweises freizusprechen!«

Im Fall Kortmann/Seiffert hielt der Verteidiger die Beschuldigungen »für nicht genügend untermauert«. Die Sisalschnur aus dem Waffenversteck sei »nur ähnlich der Schnur gewesen«, die an der Leiche Helga Kortmanns gefunden worden war. Auch gebe es »sehr viele Gummiringe, die jenem glichen, mit dem der Täter das weibliche Opfer geknebelt hatte«. Und aus der Tatsache, dass Reichenstein am Tag nach dem Mord nicht gearbeitet habe, könne »man nichts herleiten«. Dr. König fragte die Geschworenen eindringlich: »Weshalb sollte dieser eiskalte Angeklagte etwas versäumt haben, worauf er bei Büning angeblich immer gedrungen hatte: nach einer Tatnacht auf jeden Fall zur Arbeit zu gehen?«

Und dann erinnerte der Verteidiger an den letzten Liebespaar-Mord in Opladen. »Diese Tat ähnelt den Doppelmorden in Düsseldorf auf frappierende Art und Weise«, mahnte Dr. König. »Wer die Opladener Morde begangen hat, der dürfte mit an Sicherheit grenzender Wahrscheinlichkeit auch die anderen Liebespaare getötet haben. Aber mein Mandant saß am 10. Februar 1958 in Untersuchungshaft, *er* kann es nicht gewesen sein. Denken Sie daran!«

Auch die Autofallen in Kalkum sollte Reichenstein nicht gelegt haben. Der Verteidiger bezeichnete den Zeugen Zenker – er hatte den Angeklagten schwer belastet – als »unglaubwürdig«. Zenker könne Reichenstein, der ihn einmal verprügelt habe, »aus Rachsucht, Bosheit oder des eigenen Vorteils willen zu Unrecht beschuldigt haben«.

Somit blieb als wesentliche Belastungszeugin nur noch die Ehefrau des Angeklagten. Dass sie ihren Mann belastet habe, sei »unter dem Druck der Beeinflussung, der Vernehmungen und der Veröffentlichung passiert«. Wieder wandte Dr. König sich unmittelbar an die Geschworenen: »Wenn man einen Menschen nur unter die negative Lupe nimmt, kann man aus jedem ein schlechtes Gesamtbild herstellen!«

»Gerade weil es um so lebenswichtige Entscheidungen geht, muss eine ganz besondere Sorgfalt angewandt werden.« Dr. König begann sein Resümee. »Und schon der kleinste Zweifel muss sich zugunsten Reichensteins auswirken! Es ist besser, dass neunundneunzig Schuldige straflos ausgehen, als dass ein Unschuldiger bestraft wird! Ich beantrage Freispruch im Fall Dr. Stürmann, der Morde an Ingensandt/Mehnert und Kortmann/Seiffert, der Autofallen, des Hühnerraubes in Büderich, des Überfalls auf das Liebespaar im Meererbusch und des geplanten Raubes in der Oberkasseler Zweigestelle der AOK. Übrig bleiben nur die beiden Viehdiebstähle, die mein Mandant bereits gestanden hat.«

In seiner Erwiderung diskutierte Staatsanwalt Scherf zunächst die Berichterstattung in den Tageszeitungen und Magazinen. »Ich bin nicht der Verteidiger der Presse«, erklärte er, »sie kann sich selbst viel besser rechtfertigen. Aber es muss festgestellt werden: Die Öffentlichkeit ist vor allem der hiesigen Presse zu Dank verpflichtet, dass sie dazu beigetragen hat, die Fälle zu klären. Es sind andererseits aber auch bedauerliche Dinge veröffentlicht worden. Aber weder die Staatsanwaltschaft noch die Polizei haben den Wunsch und den Willen gehabt, der Presse den Mund zu verbieten. Um sich gegen unrichtige Behauptungen zu wehren, haben der Angeklagte und seine Verteidiger genügend andere Mittel!« Abschließend würdigte der Anklagevertreter noch die Bemühungen der Verteidigung Reichensteins. Kurz und bündig stellte er fest: »Alle Argumente sind nicht geeignet, die Beweisführung der Staatsanwaltschaft irgendwie zu erschüttern.«

Der Vorsitzende erteilte abschließend den Angeklagten das letzte Wort, zunächst Reichenstein. Der wirkte mitgenommen, wenig souverän, geradezu ängstlich. »Ich habe noch nie in meinem Leben irgendeinem Menschen ein Leid getan«, beteuerte er mit beherrschter Stimme, aber hochroten Flecken im Gesicht, »weder in meiner Jugend noch später!« Büning sage »in allen Punkten, die mich betreffen, die Unwahrheit«. »Dieser Mann verleumdet mich!«, rief er mit lauter werdender Stimme den Geschworenen zu. »Das sind alles schlecht zusammengeschusterte Erzählungen!« Als Reichenstein ankündigte, noch »einige Widersprüche« in Bünings Aussagen zum Überfall auf das Liebespaar im Meererbusch aufzeigen zu wollen, unterbrach ihn Dr. Näke: »Angeklagter, ich mache Sie darauf aufmerksam, dass diese Punkte bereits von Ihren Verteidigern vorgetragen worden sind. Das sollte genügen.« Reichenstein war beleidigt. »Ich kann auch darauf verzichten«, antwortete er schnippisch, ohne den Vorsitzenden eines Blickes zu würdigen. Dann setzte er sich.

Fritz Büning erhob sich und sagte ohne erkennbare Erregung nur zwei Sätze: »Ich habe in allen Punkten die reine Wahrheit gesagt und in keinem Fall übertrieben. Ich bitte deshalb um das Verständnis des Gerichts.«

Mancher sprach es aus auf dem Wandelgang vor dem Schwurgerichtssaal, andere mochten es gedacht haben, als der Tag zur Neige ging und die letzten Aktendeckel zugeklappt wurden: »Hier möchte ich nicht Geschworener sein!« Eine Frau und fünf Männer als Laien- und drei Juristen als Berufsrichter mussten binnen drei Tagen zu einem Urteil kommen, das den Angeklagten, den krassen Gegensätzen von Anklage und Verteidigung gerecht werden würde. Lebenslänglich oder Freispruch? In den wesentlichen Anklagepunkten durfte es keine andere Entscheidung geben. Alles drehte sich um zwei Kernfragen: Wie glaubwürdig waren Bünings Aussagen? Und wie stichhaltig waren die Indizien gegen Reichenstein?

41

Im Jahre 1930 schrieb Max Alsberg in seinem Vorwort zur ersten Auflage des juristischen Standardwerks *Der Beweisantrag im Strafprozeß* auch heute noch Bedeutsames: »Für keines der verschiedenen Rechtsgebiete läßt sich der Satz vertreten, daß seine Grundprobleme von einer auch nur annähernd zu koordinierenden Bedeutung seien. Auf keinem Rechtsgebiet ragt aber ein einzelnes Problem so hervor, wie auf dem Gebiet des Strafprozesses das Beweisproblem. Es ist schlechthin das Zentralproblem des Strafprozesses und als ein prozessuales Problem zugleich ein einzigartiges.« Auch die jüngere Kriminal- und Justizgeschichte Deutschlands ist reich an Irrtümern und Fehlurteilen.

Fall 1:
Eine mysteriöse Mordserie verbreitete Angst und Schrecken in der schwäbischen Provinz. Nacheinander kamen drei Männer ums Leben – jeweils auf abgelegenen Parkplätzen, jedes Mal durch Kopfschuss aus nächster Nähe und exakt im Abstand von sieben Monaten.

Im Mai 1984 wurde an der Zufahrt zu der Kläranlage »Häldenmühle« bei Marbach die Leiche eines 47-jährigen Handelsvertreters aus Aschaffenburg gefunden. Drei Tage vor Heiligabend 1984 stolperte ein Jogger auf dem Waldparkplatz »Rohrtäle« in der Gemarkung Murr über den mit Laub bedeckten Leib eines 37 Jahre alten Engländers, der in Nürnberg gelebt und dort als Ingenieur in einem Chemiebetrieb gearbeitet hatte. Und im Juli 1985 entdeckten Arbeiter wieder auf einem Waldparkplatz, diesmal zwischen Flein und Ilsfeld im Kreis Heilbronn, den Leichnam eines 26-jährigen Elektrikers aus dem benachbarten Beilstein-Schmidhausen. Der Mörder hatte das Opfer unter einer Plastikplane versteckt.

Die Autos der Ermordeten tauchten alsbald an anderen Tatorten wieder auf – als Fluchtfahrzeuge bei Raubüberfällen auf ländliche Bank-Filialen in der Region. Weil der Täter stets mit einem schweren Vorschlaghammer die Sicherheitsverglasung der Bankschalter zertrümmerte, hatte der geheimnisvolle Unbekannte bei den verstörten Bürgern einen Namen: »Hammermörder«. Dass das wuchtige Werkzeug gar nicht die Mordwaffe war, spielte keine Rolle.

Da weitere Gewalttaten zu befürchten waren, wurde die sechzig Beamte starke Sonderkommission »Hammer« eingerichtet. Unter Berücksichtigung aller drei Tatkomplexe wurden die Personenbeschreibungen von den als »bedeutsam« eingestuften Zeugen ausgewertet und zu einem »Täterraster« verdichtet:

»(...)
Alter: 25 – 30 Jahre
Größe: 175 – 185 cm
Gestalt: schlank, sportl. Erscheinung
Gesichtsform: schmal, hager
Haare: dunkelblond bis dunkelbraun, kurz bis mittellang, wellig
Augenfarbe: braun
Gesichtsfarbe: gebräunt
Sprache: spricht schwäbisch
Stimme: freundlich und sympathisch
Besonderheiten: linker Fuß möglicherweise schräggestellt.«

Den Beruf des Mörders glaubten die Ermittler auch zu kennen: »Täter ist Polizeibeamter.« In allen Fällen war nämlich dieselbe Pistole »Walther P 5« verwendet worden, die Standard-Dienstwaffe der baden-württembergischen Polizei. Anhand der an den Tatorten gefundenen Hülsen hatte die Kripo überdies nachweisen können, dass die verwendete Munition Teil einer Lieferung der Firma *Dynamit Nobel* an die Landesbeschaffungsstelle gewesen war, die man von dort aus an die Landespolizeidirektionen Stuttgart I und II sowie Freiburg ausgegeben hatte. Zweifelsfrei handelte es sich um »Dienstmunition«.

Darüber hinaus stellten die Fahnder fest: »Die Tatzeiten der Banküberfälle wurden so gewählt, dass die anschließend eingeleiteten Fahndungsmaßnahmen in die Zeit des Schichtwechsels fielen. Die Tatorte lagen an Schnittstellen verschiedener Polizeidirektionen. Die Entfernung eines eingedrungenen Projektils aus einem Opfer-Fahrzeug dürfte auf Kenntnisse des Täters im Bereich des Schusswaffen-Erkennungsdienstes schließen lassen.« Der Täter hatte sich offenbar durch die gezielte Auswahl der Banken einen vielleicht entscheidenden Zeitvorsprung verschafft: Alle überfallenen Kreditinstitute lagen dicht an den Rändern von Landkreisen, die auch bei Ringalarmfahndungen als Grenzlinien dienten. Der Täter konnte demnach die Fahndungslinien überqueren, noch bevor die Polizei Kontrollstellen eingerichtet hatte. Insiderwissen. Man musste den kühl kalkulierenden Killer also in den eigenen Reihen suchen.

In die Rasterfahndung »Polizeibeamte« wurden alle Bediensteten einbezogen, die »als Angehörige der Landespolizeidirektion Stuttgart I in den Kreisen Ludwigsburg, Heilbronn und Rems-Murr arbeiten oder dort wohnen«. Die Polizisten sollten anhand des »Täterrasters« überprüft werden. Monatelang wurde gesiebt, abgewägt, verglichen, vernommen – doch keine erfolgversprechende Spur wollte sich auftun.

Das änderte sich am 6. August 1985, als Arbeiter der Autobahnmeisterei in einem Müllcontainer am Rastplatz der A 81 Dinge fanden, die dort nicht hingehörten: unter anderem ein nahezu ungebrauchtes Pistolenholster und eine leere Originalschachtel für eine »Walther P 5«. Über die individuellen Prüfziffern der »dienstlichen Gegenstände« konnten sie schnell einem Beamten zugeordnet werden: Es war Georg Krafft vom Polizeiposten Schwäbisch Hall. Doch der 22-jährige Polizeimeister, ein stiller Typ, dem Vorgesetzte »überdurchschnittliche Leistungen« attestierten, war spurlos verschwunden. Die Umstände erschienen überaus dubios, Krafft war am 5. August »unentschuldigt dem Dienst ferngeblieben«. Und dann stellte sich heraus, dass seine Dienststelle nur zwei Tage zuvor davon unterrichtet worden war, dass die Waffen der Beamten beschossen werden sollten – auf Veranlassung der »Soko Hammer«.

Hinzu kam, dass die Dienstpistole von Krafft sich nicht in seinem Schließfach befand. Er musste sie mitgenommen haben. Warum? Wofür? Dann fanden die Ermittler heraus, dass Krafft am 4. Mai 1984 in einem Haarstudio gewesen war. Das allein besagte nichts; aber eine Zeugin berichtete, Krafft habe an diesem Tag einen Verband an der linken Hand getragen. Und das passte haargenau zum ersten Banküberfall des gesuchten Serienkillers auf die Filiale der Volks- und Raiffeisenbank in Burgstetten-Erbstetten, verübt nur einen Tag zuvor am 3. Mai 1984. Zudem hatte der Täter sich beim Zertrümmern der Sicherheitsverglasung nachweislich an der linken Hand verletzt.

Die »Spur 2457« führte immer wieder zu Georg Krafft. Denn schon wenig später gelang es den Ermittlern, weitere Indizien zusammenzutragen: Der jetzt fieberhaft Gesuchte führte seit seinem Verschwinden nicht nur Dienstwaffe und Munition mit, sondern darüber hinaus fünfzig Patronen, die er kurz zuvor beim Polizeiposten Schwäbisch Hall gestohlen hatte. Wozu brauchte der Mann so viel Munition? Auch stieß die Kripo in der Wohnung des Verdächtigen auf ein Halskettchen, wie es das dritte Opfer getragen hatte. Ferner fand man eine Plastikfolie, die jener Folie »sehr ähnlich« war, mit der der Elektriker im Juli 1985 am Tatort eingewickelt worden war. Und den Beamten fielen Ausgaben der Fachzeitschrift »Polizei Digest« in die Hände, in denen insbesondere über Mordfälle berichtet wurde.

Krafft ähnelte ferner der Personenbeschreibung des gesuchten Täters, aber auch Porträtskizzen, die nach Angaben verschiedener Zeugen erstellt worden waren. Obwohl der Verdächtige knapp zehn Zentimeter kleiner war als der Mörder, kam er auch unter diesem Aspekt als Täter in Betracht. Denn in seiner Wohnung wurden auch Schuhe mit Einlagen gefunden, die ihn acht Zentimeter größer machten. Offenbar hatte Krafft seine Kollegen so in die Irre führen wollen. Niemand in Reihen der Sonderkommission zweifelte noch daran, dass man »den Richtigen« suchte. Am 7. August 1985 erließ das Amtsgericht Heilbronn Haftbefehl. Und einen Tag später meldete *Bild:* »Hammermörder – Polizei jagt Kollegen.«

Am 9. August wurde Krafft geschnappt. Beim Verhör gab er an, er sei »nur wegen privater Probleme« so überstürzt aufgebrochen, habe »aussteigen« wollen, eines Mädchens wegen. Doch niemand glaubte ihm »diese Geschichte«. Die Ermittler waren fest davon überzeugt, den »Hammermörder« überführt zu haben.

Fall 2:
Berlin-Neukölln, Silbersteinstraße 71, erster Stock, rechts. In der dortigen Wohnung fand man am 13. Oktober 1984 Elisabeth Borgers, in ihrem Bett liegend, tot. Die 77-jährige Vermieterin war zweifelsfrei ermordet worden – der Täter hatte der alten Dame mehrere Rippen gebrochen, sie anschließend erwürgt.

»Wissen Sie, warum wir zu Ihnen kommen?«, fragte die Polizei. Jürgen Fricke, berufsloser Sozialhilfeempfänger, wohnte im selben Haus wie das Opfer. Der 20-Jährige antwortete: »Ist es wegen Frau Borgers und dem Geld?« Die Beamten nickten. Sie hatten in der Wohnung der Getöteten einen Brief an Fricke gefunden, der ein mögliches und plausibles Mordmotiv offenbarte: »Ich fordere Sie auf die Miete für den Monat August zu bezahlen (…) und das geliehene Geld. (…) Wenn Sie nicht können zahlen geben Sie sofort die Wohnungsschlüssel ab. Ich habe mich in Sie getäuscht. Hochachtungsvoll Frau Borgers.«

Die Beamten nahmen den jungen Mann mit ins Präsidium, verhörten ihn. Fricke erzählte, wie er im Juli 1983 bei Frau Borgers eine Wohnung gemietet, wie er sich regelmäßig Geld von ihr geborgt, wie sie ihm schon mal etwas Brot geliehen habe, wenn er die Sozialhilfe mal wieder an einem Automaten verspielt hatte. Auch am Donnerstag, dem 13. Oktober, habe er sich Geld leihen wollen, am späten Nachmittag. »Ich habe zweimal geschellt, aber Frau Borgers hat nicht aufgemacht«, erklärte er den Beamten. Man ließ ihn gehen.

Doch schon einen Tag darauf holte ihn die Kripo wieder ab. Zwei Mitbewohner des Hauses hatten Fricke belastet. Sie wollten einen heftigen Streit zwischen dem jetzt Hauptverdächtigen und Frau Borgers beobachtet haben, im Hausflur, einen Tag vor der Tat. Fricke erzählte den Beamten nun eine ganz andere Geschichte: Die Frau habe ihm doch die Tür geöffnet an jenem Tag, gegen 9 Uhr. »Na, Herr Fricke, melden Sie sich auch mal wieder«, habe sie zu ihm gesagt. »Ich wollte Geld, sie gab mir aber nichts«, berichtete er. Sie habe ihn aus der Wohnung werfen wollen, er habe das aber verhindert, seinen Fuß in die Tür gestellt. Und weiter: »Ich habe sie zurückgeschubst, und dann ist sie auf den Boden gestürzt, so dass sie mit dem Rücken an der Wand war.« Beharrlich stellten die Kriminalisten immer dieselben Fragen, ließen nicht locker. Manche Aussage des Verdächtigen stimmte nicht mit den objektiven Befunden am Tatort überein. Schließlich verbesserte Fricke: »Der Vorfall hat sich doch etwas anders abgespielt. Ich hatte sie nicht hochgehoben und hingesetzt, sondern an den Kittel genommen und noch mal in die Ecke geworfen.«

Auch die von Fricke genannte Tatzeit passte nicht. Das Opfer war nachweislich am frühen Abend getötet worden, und nicht morgens. »Ist es richtig, dass Sie schon um 9 Uhr in der Wohnung waren? Bleiben Sie dabei?«, wurde nachgefragt. Da antwortete Fricke: »Nein, es war abends. Ich habe mich in der Zeit vertan. So gegen 18 Uhr oder 18.30 Uhr ist es passiert.« Und wenig später beichtete der Mann auch, wie er die Frau umgebracht hatte: »Ich habe ihr mehrmals ins Gesicht geschlagen, legte meine Hände um ihren Hals und drückte längere Zeit zu. Dann ging ich in die Küche und holte so ein Brett mit so einem Griff dran und schlug es ihr auf den Kopf, mehrmals mit der Kante. Als sie tot war, habe ich sie auf das Bett gehievt.« Auch berichtete Fricke, dass die alte Dame ihr Gebiss nicht im Mund gehabt habe.

All das passte zum Tatortbefund der Kripo. Das Holzbrett lag genau an der beschriebenen Stelle, auch das Gebiss fehlte. Und man hatte obendrein in der Wohnung des Opfers Fingerspuren des Verdächtigen gefunden.

Während der Untersuchungshaft widerrief Fricke sein Geständnis. Doch niemand glaubte dem jungen Mann. Denn alles sprach gegen ihn: die Spuren in der Wohnung des Opfers, das Motiv, reichlich Indizien – und sein eigenes Geständnis. Nach nur zweitägiger Hauptverhandlung vor der 18. Großen Strafkammer des Landgerichts Berlin wurde Fricke am 14. März 1984 wegen Mordes zu einer Jugendstrafe von acht Jahren verurteilt. Zwar ließen sich nach Auffassung des Gerichts »Reihenfolge und Ablauf der Gewalthandlungen im Einzelnen nicht mehr vollständig feststellen«, jedoch: »Nach Überzeugung der Kammer hat der Angeklagte sich nicht fälschlich dieser Tat bezichtigt, da hierfür keine Anhaltspunkte ersichtlich sind.«

Der Pflichtverteidiger Frickes zog im Mai 1984 seinen Antrag auf Revision zurück, das Urteil wurde rechtskräftig. Sechs Jahre saß der Mann im Gefängnis. Am 15. Dezember 1989 wurde er entlassen.

Knapp fünfeinhalb Jahre später, am 6. März 1995, saß zwei Beamten der Berliner Mordkommission ein Mann gegenüber, der einen Mord begangen haben wollte, für den ein anderer bereits verurteilt worden war. Aus dem Protokoll:

»(...)

Frage: Kommen wir jetzt zu Frau Elisabeth Borgers. Wie ist diese Sache passiert? Wir müssen Ihnen in diesem Zusammenhang sagen, daß damals ein Tatverdächtiger festgenommen wurde. Haben Sie das gewußt?

Antwort: Nein, das höre ich hier zum ersten Mal.

Frage: Was hat sich ereignet?

Antwort: Ich war damals Mieter im Hause Silbersteinstraße 71, habe in der zweiten oder dritten Etage gewohnt. Ich wohnte dort allein in einer 1-Raum-Wohnung. Ich

war dort auch polizeilich gemeldet. Ich habe vielleicht zwei Monate dort gewohnt, als es dann passierte. Es war an einem Abend, so gegen 18.00 Uhr. Es war unter der Woche, aber an den Wochentag kann ich mich nicht mehr erinnern. Ich bin zielstrebig mit dem Gedanken zu Frau Borgers gegangen, sie auszurauben. Sie hatte im Haus eine Wohnung und wohnte dort unter der Woche. Zum Wochenende fuhr sie zu einer anderen Wohnung, die sie irgendwo noch hatte. Sie war mir als Hausbesitzerin bekannt, und ich habe deswegen bei ihr Geld vermutet, zumal die Leute auch immer zu ihr runtergegangen sind und die Miete zahlten. Ihre Wohnung war im Hochparterre. Man mußte durch eine Durchfahrt und rechts rein, praktisch eine Treppe hoch. Da war ein ganzer Aufgang, ihre Wohnung lag auf dem ersten Treppenpodest. Dort gingen drei Wohnungen ab, eine links, eine geradezu und die dritte rechts.
Ich bin an dem Abend aus meiner Wohnung zu ihr runter. Ich habe bei ihr an der Wohnungstür geklingelt. Sie kam zur Tür und öffnete. Sie kannte mich ja als Mieter. Ich habe zu ihr gesagt, daß ich meine Miete bezahlen will. Ich hatte zu dem Zeitpunkt noch zwei Mieten offen und tat so, als wenn ich jetzt bezahlen will. Die Miete ist aber heute noch offen.
Die Frau ließ mich daraufhin ein, und wir beide gingen ins Wohnzimmer, sie vor mir her. Sie setzte sich dort auf das Sofa. Wenn man dort ins Wohnzimmer reinkommt, stand rechts vor der Wand ein Sofa. Ich habe hier eine Skizze des Wohnzimmers gezeichnet, auf die ich mich bei meinen weiteren Angaben beziehen werde. Ich setzte mich rechts von ihr so schräg gegenüber auf einen Sessel. Damit saß die Frau schräg rechts von mir. Zwischen uns stand ein Couchtisch.

Wir hatten eine kurze Unterhaltung, an die ich mich heute nicht mehr erinnern kann, es ging aber bloß um Belangloses.

Dann bin ich aufgestanden, bin zu ihr zum Sofa rüber, habe sie in einen Würgegriff genommen, bin mit ihr zum Fenster im Wohnzimmer hin. Da hat sie dann schon gelegen. Ich habe sie auch mit beiden Händen, auf ihr sitzend, erwürgt und habe ihr meine Knie in den Magen gestoßen. Dann habe ich sie entkleidet, ihre Hose, den Pullover und den Schlüpfer ausgezogen. Dann hatte sie noch einen Mieder an mit Perlonstrümpfen. Ich hatte sie dann ins Schlafzimmer gezogen und ins Bett gelegt. Das ganze war mir dann doch ein bißchen komisch, weil die Fenster auf waren, die vom Wohnzimmer waren nämlich aufgezogen, ich hatte tierische Angst, daß ich gesehen werde.

Das einzige, wo ich dann darin gekramt habe, war der Schrank im Schlafzimmer. Er steht dort gerade gegenüber vom Bett. Das einzige, was ich dort entwendet habe, waren 5-DM-Stücke und Sparbücher, mit denen ich allerdings nichts anfangen konnte. Die 5-DM-Stücke waren unten im Schrank drin, soweit ich mich erinnern kann, in der Klapptür. Links neben dem Schrank war in der Wand ein kleiner Tresor, dort waren die Sparbücher drin. Der Tresor war offen. Und dann bin ich raus aus der Wohnung. Vorher habe ich noch alles Licht ausgemacht. Wenn ich mich recht erinnere, hatte ich die Frau zuvor noch mit einer Bettdecke zugedeckt. Ich glaube, ich wollte, daß es so aussieht, wie ein natürlicher Tod. Soweit ich mich erinnere, bin ich aus dem Haus raus, um erstmal weg zu sein. Gesehen hat mich niemand.«

Thomas Rung hatte den zunächst zweifelnden, dann staunenden Beamten Dinge offenbart, die *nur* der Mörder wissen konnte.

Der 35-jährige Malergehilfe und Vater von zwei Kindern hatte Elisabeth Borgers ermordet – und nicht Jürgen Fricke. Der hatte lediglich ein Geständnis abgelegt, um sich »aus dieser Situation zu befreien« – weil ihm »die Fragen der Kripo zu viel geworden waren«. Und dann war er nicht mehr davon losgekommen. Zudem hatte das einst (v)erkennende Gericht Indizien falsch bewertet oder übersehen, eklatante Widersprüche waren unbemerkt geblieben: So hatte Fricke angegeben, die Rentnerin mit einem Holzbrett auf den Kopf geschlagen zu haben. Bei der Obduktion hingegen waren überhaupt keine Kopfverletzungen festgestellt worden. Er hatte auch behauptet, das Opfer sei an Schlägen und Stößen gestorben. Elisabeth Borgers aber war erwürgt worden. Überdies war von Fricke angegeben worden, das Fenster im Schlafzimmer geöffnet zu haben. Die Ermittler hatten jedoch ein verschlossenes Fenster vorgefunden. Und die Füße des Opfers hätten angeblich im Bett aufeinandergelegen. Doch auch dies hatte der Mann einfach erfunden.

Am 13. August 1996 wurde Fricke schließlich rehabilitiert, das Urteil gegen ihn aufgehoben.

Jede Wahrheitsfindung im Strafprozess ist lediglich eine Konstruktion von Realität – die prozessuale Wirklichkeit. Die Verlässlichkeit der Indizien und Beweismittel und die unbefangene Urteilskraft der Richter (und vormals der Geschworenen) entscheiden über das Maß an Authentizität der Konstruktion. Und über das Schicksal derer, die sich ihrem Urteil beugen müssen. Die Vorstellung eines objektivierten, allein auf Sachbeweismitteln gestützten Wahrheitsfindungsprozesses ist faszinierend – aber sie bleibt pure Illusion.

Georg Krafft, der junge Polizeibeamte und mutmaßliche »Hammermörder«, war noch einmal mit einem blauen Auge davongekommen. *Alle* Indizien hatten auf ihn als Täter hingewiesen. Erst die Ergebnisse rechtsmedizinischer und ballistischer Untersuchungen hatten ihn entlastet: Das Blut, das an einem der

Tatorte gefunden worden war und unzweifelhaft vom Täter stammte, war nicht von ihm, und mit seiner Dienstpistole war nicht auf die Opfer geschossen worden. Der richtige Täter konnte wenige Monate später ermittelt werden: Norbert Poehlke, ein 34-jähriger Polizeibeamter aus dem Örtchen Backnang-Strümpfelbach, nahe Ludwigsburg.

Wie wäre in diesem Fall wohl entschieden worden, wenn die Krafft entlastenden Gutachten nicht vorgelegen hätten? Wenn nur auf der Grundlage der ermittelten Indizien zu urteilen gewesen wäre?

Insbesondere das Indiz, laut Duden ein »Verdacht erregender Umstand«, kann den Wahrheit Suchenden in die Irre führen, ihn dazu verleiten etwas anzunehmen, das in Wirklichkeit unwahr ist. Denn beim Indizienbeweis werden die unmittelbar entscheidungserheblichen Tatsachen lediglich aus anderen, zweifelsfrei feststehenden Tatsachen geschlussfolgert. Die fast, scheinbar, nicht selten auch tatsächlich unlösbare Aufgabe des Richters ist es also, in dem ihm übermittelten Trugbild vermeintlicher Tatsachen (Verteidigung <–> Staatsanwaltschaft) die wahren Konturen und Inhalte, den tatsächlichen Vorgang zu erkennen. Dazu muss er Fehlerquellen ausscheiden, darf nicht gegen Denkgesetze verstoßen, und er muss auf einer möglichst reichen Lebenserfahrung aufgebaute Schlüsse fast hellseherisch ziehen. »Hauptstück des Indizienbeweises ist nicht die eigentliche Indiztatsache«, urteilte der Bundesgerichtshof in seinem grundlegenden »Anastasia-Urteil« zur tatrichterlichen Überzeugung, »sondern der daran anknüpfende Denkprozess, kraft dessen auf das Gegebensein der weiteren Tatsache geschlossen wird.« Entscheidend sind also weder Herkunft noch Beschaffenheit des Indizienbeweises, sondern wie man darüber denkt.

Seit dem 10. Dezember 1959 wurde im Beratungszimmer des Düsseldorfer Schwurgerichts intensiv nachgedacht und diskutiert. Drei Berufs- und sechs Laienrichter sollten die Wahrheit herausfinden. Wer hatte Dr. Wilhelm Stürmann, Lieselotte Ingensandt, Wilfried Mehnert, Helga Kortmann und Peter Seiffert (und vielleicht auch Ursula Glatzek und Otto Brennecke) ermordet? Eine Wahrheit, die hinter einer nahezu unüberschaubaren Fülle von Beschuldigungen, Behauptungen, Zeugenaussagen, Indizien und Gutachten verborgen lag, die von den Staatsanwälten so, von den Verteidigern indes ganz anders interpretiert worden waren.

Wie glaubwürdig war der medikamentensüchtige, labile Hauptbelastungszeuge? Hatte Fritz Büning tatsächlich die Wahrheit gesagt? In *allen* Punkten? Oder war er unter dem Druck der permanenten Verhöre bei der Kripo eingeknickt, hatte schließlich kapituliert und Dinge behauptet, die die Ermittler von ihm hören wollten? Oder von denen er angenommen hatte, die Polizei wolle sie hören? War es ihm wie Jürgen Fricke ergangen?

Auch bei Georg Krafft hatte die Kripo viele Indizien zusammengetragen, die in der Summe aus ihm einen Verdächtigen machten – wie bei Erwin Reichenstein. Doch wie stichhaltig, wie integer waren diese Indizien? Nach dem Mord an Lieselotte Ingensandt und Wilfried Mehnert sollte Reichenstein feine Blutspritzer im Gesicht gehabt haben, behauptete Büning. Menschenblut? Oder hatte Reichenstein nur Wild erlegt und ausgeweidet? Und wenn es tatsächlich Blut gewesen sein sollte, warum hatte er sich das Blut dann nicht abgewischt? Wenn Büning nicht gelogen hatte, war der »perfekte Verbrecher« Reichenstein mit einem blutverschmierten Gesicht herumgelaufen. Stundenlang! Wirklich?

Helga Kortmann war mit einer Hanfschnur gefesselt und mit einem Einmachring geknebelt worden. Gleichartige Utensilien hatte die Kripo in einem Versteck Reichensteins gefunden. Doch genügt dieses Indiz, um annehmen zu dürfen, Reichenstein habe derlei Hilfsmittel auch bei der Ermordung des Liebespaars benutzt? Ist dieser Schluss zulässig? *Muss* man darüber *so* denken?

Die Gutachter hatten den Angeklagten als »in allen Situationen des Lebens eiskalt berechnenden Verstandes- und Willensmenschen ohne wesentliches Gefühlsleben« charakterisiert. So stellte man sich gemeinhin ein menschliches Monster vor. Damals. Und die Staatsanwälte hatten unterstellt, Reichenstein seien »die Morde seiner Persönlichkeit nach zuzutrauen«. Wie viele Menschen leben mitten unter uns und weisen gleiche oder ähnliche Persönlichkeitsstrukturen auf? Alles Mörder?

Ein Indiz allein besagt also wenig, manchmal gar nichts. Doch es ist auch nicht erforderlich, dass ein einzelnes Beweisanzeichen für sich allein schon den Urteilenden volle Gewissheit verschafft. Maßgebend ist vielmehr bei mehreren auf die entscheidungserhebliche Tatsache hindeutenden Indizien die Gesamtschau. Alle be- und entlastenden Umstände müssen vorbehaltlos gewürdigt werden. Demnach können auch schwache Indizien sich gegenseitig stützen oder logisch aufeinander aufbauen und in der Summe einen Beweis darstellen – wenn die Kette der Beweisanzeichen lückenlos ist.

Das Düsseldorfer Schwurgericht musste juristische Schwerstarbeit verrichten – eine klare Beweislage hatte sich auch nach sechswöchiger Verhandlungsdauer nicht ergeben, jedenfalls nicht in den wesentlichen Anklagepunkten. Das Gericht musste zu einer Überzeugung gelangen, die wahrhaftig, gerecht und tragfähig war. Der persönliche Eindruck der Urteilenden – Ursprung mancher Befangenheit – durfte keine Rolle spielen. Und den Verlockungen von Sympathie und Antipathie musste widerstanden werden.

Nur Vernunft und Wissenschaft sollten über das Schicksal der Angeklagten entscheiden. Also: Hatte Erwin Reichenstein tatsächlich Menschen kaltblütig ermordet? Und würden die Indizien ausreichend Beweiskraft entwickeln können, um ihn verurteilen zu müssen?

42

14. Dezember 1959, siebzehnter Verhandlungstag.

Erwin Reichenstein war blass und ungewöhnlich ernst, als er den Gerichtssaal betrat. Kein Schmunzeln, kein Lächeln. Er zeigte überhaupt keine Gefühlsregung. Wieder wurde er seinem zweifelhaften Ruf gerecht, der ihm mittlerweile vorauseilte: »Der Mann mit der steinernen Maske«. Auch schien er genau jene Sachen zu tragen, die man in all den Wochen zuvor schon an ihm gesehen hatte: abgetragener brauner Anzug, beige Strickweste, kaffeebraune Krawatte, gestreiftes Hemd. Seine Anwälte begrüßte er mit einem flüchtigen Händedruck. Dann setzte er sich, stützte das Kinn auf die Faust und starrte durch die Verteidiger hindurch ins Leere. Der Angeklagte wirkte apathisch, geistesabwesend.

Fritz Büning saß bereits in der Anklagebank. Der schmächtige Mann mit dem spitzen Kinn und den tief liegenden, dunklen Augen verzog ebenfalls keine Miene. Beiden Angeklagten war deutlich anzumerken, dass in wenigen Minuten sich ihr Schicksal entscheiden würde. Überhaupt war es ungewöhnlich still im Saal. Die meisten Blicke richteten sich auf die kleine Tür zum Richterzimmer, die jeden Moment geöffnet werden konnte.

Schließlich war es so weit. Um 16.03 Uhr wurde die Tür endlich aufgestoßen. Der Vorsitzende erschien mit den Richtern und Geschworenen und sprach, vor seinem Stuhl stehend, jenen Satz, dem jeder entgegengefiebert hatte: »Ich verkünde das Urteil im Namen des Volkes.«

Dr. Näke begann von einem Blatt Papier abzulesen: »Der Angeklagte Erwin Reichenstein ist im Fall Dr. Stürmann des Mordes in Tateinheit mit besonders schwerem Raub und versuchter Anstiftung zum Mord schuldig ...«

Reichenstein saß da wie in Beton gegossen.

»... Weiter ist der Angeklagte eines gemeinschaftlichen schweren Raubes (Überfall auf den Bauern Thören), des versuchten, teils gemeinschaftlichen schweren Raubes in drei Fällen (Autofallen in Kalkum, Überfall auf die AOK in Oberkassel), der gemeinschaftlichen versuchten räuberischen Erpressung in Tateinheit mit versuchter Nötigung und gefährlicher Körperverletzung (Überfall auf das Liebespaar im Meererbusch) sowie des schweren Diebstahls in zwei Fällen (Viehdiebstähle) schuldig. In den Fällen Ingensandt/Mehnert und Kortmann/Seiffert wird er freigesprochen ...«

Während im Zuschauerraum unüberhörbar geflüstert wurde, machten sich alle Journalisten eifrig Notizen. Nur Reichenstein gab sich nach wie vor ungerührt.

»... Er wird als gefährlicher Gewohnheitsverbrecher zu lebenslangem Zuchthaus verurteilt. Die bürgerlichen Ehrenrechte werden ihm für dauernd aberkannt. Die Sicherungsverwahrung wird angeordnet.«

Dann war Büning an der Reihe. »Der Angeklagte Fritz Büning ist eines gemeinschaftlichen schweren Raubes (Überfall auf den Bauern Thören), eines gemeinschaftlichen versuchten schweren Raubes in Tateinheit mit gefährlicher Körperverletzung (Tatbeteiligung beim Mord an Dr. Stürmann), einer gemeinschaftlichen versuchten räuberischen Erpressung in Tateinheit mit versuchter Nötigung und gefährlicher Körperverletzung (Überfall auf das Liebespaar) sowie eines gemeinschaftlichen schweren Diebstahls (Viehdiebstahl) schuldig. Er wird zu einer Gesamtstrafe von fünf Jahren Zuchthaus verurteilt. Auf diese Strafe wird die erlittene Untersuchungshaft angerechnet. Im übrigen wird der Angeklagte freigesprochen.«

Büning wurde von Dr. Lützenrath beglückwünscht. Tatsächlich hatte das Gericht seine Geständnisfreudigkeit belohnt. Auch im Lager des Angeklagten Reichenstein wurden heftig die Hände geschüttelt – obwohl das verkündete Strafmaß einem Keulenschlag gleichkam. Neben der Höchststrafe obendrein noch den »Hammer mit Rucksack«. So wurde und wird im Knastjargon die Sicherungsverwahrung genannt. Dass ihm die

»Liebespaar-Morde« nicht hatten nachgewiesen werden können, war nur ein Pyrrhussieg.

Dann setzte Dr. Näke zur Urteilsbegründung an. Der Vorsitzende betonte zunächst das Bemühen des Schwurgerichts um Objektivität: »Schon lange vor Prozeßbeginn hatte sich die Öffentlichkeit dieses Falles bemächtigt. Sie war der Meinung, bei Reichenstein handele es sich um den Liebespaar-Mörder. Bei dieser Sachlage war es die wichtigste Aufgabe des Gerichts, das Verfahren vor allen äußeren Einflüssen zu sichern. Es hat allein um die Erforschung der Wahrheit gerungen. Die Angeklagten mußten spüren, daß sie als Menschen gewürdigt wurden und daß ihnen eine faire Chance der Verteidigung gegeben war. Es sind dreiundneunzig Zeugen vernommen und die Gutachten von zwölf Sachverständigen angehört worden. Wer das Verfahren objektiv beobachtet hat, muß sagen, daß die Angeklagten einen fairen Prozeß hatten.«

An der Glaubwürdigkeit des Mitangeklagten Büning hege das Gericht keinen Zweifel. Es sei erwiesen, dass Büning zum Zeitpunkt seines Geständnisses keine Vergünstigungen oder sonstige Vorteile erhalten habe. Unter den Zeugen hätten sich achtundzwanzig Polizeibeamte befunden, von denen das Gericht den Eindruck bekommen habe, »daß niemand von ihnen fähig« sei, »die Wahrheit zu verfälschen oder zu verfärben«. Büning habe nach Ansicht der Ärzte nicht unter Medikamenteneinfluss gestanden, als er ausgesagt habe. Schließlich stünde man »vor dem Phänomen, daß drei Sachverständige in diesem Verfahren über einen Angeklagten ein einheitliches Gutachten abgegeben haben«. Es fehle auch »an jedem vernünftigen Motiv, ein solches Riesengebäude von Lügen« um Reichenstein aufzubauen. Und Büning sei »nach seiner Persönlichkeit« auch gar nicht in der Lage gewesen, derlei Unwahrheiten über Jahre hinweg durchzuhalten.

Zum Mord an Dr. Stürmann führte der Vorsitzende aus: »Die Einlassung des Angeklagten Reichenstein ist durch die Beweisaufnahme widerlegt. Der Angeklagte Büning hat die Tat so geschildert, wie sie geschehen ist. Soweit seine Angaben die Vorgänge in dem Kraftwagen betreffen, werden sie in vollem Umfang durch die eidliche Aussage des mitüberfallenen Zeugen bestätigt. Aber auch hiervon abgesehen ist die Darstellung des Angeklagten Büning glaubhaft. Es sind keine Gründe hervorgetreten, die den Angeklagten Büning veranlassen könnten, den Mitangeklagten Reichenstein wider besseres Wissen eines Mordes zu beschuldigen, den er nicht begangen hat.

Die Annahme des Angeklagten Reichenstein, Büning habe sich zu den falschen Beschuldigungen wahrscheinlich deshalb veranlaßt gesehen, weil er durch das Hineinziehen eines unbeteiligten Dritten Gelegenheit erhalten habe, seine eigene Schuld auf diesen abzuwälzen und damit zu vertuschen oder zu verringern, geht fehl. Denn der Angeklagte Büning hat nicht etwa in eine Tat, die ihm bereits nachgewiesen war, zur Verringerung seiner eigenen Schuld einen Dritten – Reichenstein – hineingezogen, sondern er hat vor der Kriminalpolizei ein Geständnis abgelegt, durch das auch seine eigene Beteiligung überhaupt erst in Erscheinung getreten ist. Dieses Geständnis erfolgte am 22. Februar 1957. Bis dahin lag ein begründeter Tatverdacht gegen den Angeklagten Büning im Fall Dr. Stürmann noch nicht vor.

Irgendwelche konkreten Tatsachen, die auf eine Beteiligung des Angeklagten Büning an der vier Jahre zurückliegenden Tötung des Dr. Stürmann schließen ließen, waren dagegen nicht bekannt. Der Angeklagte Büning brauchte daher keineswegs mit einer alsbaldigen Überführung im Fall Dr. Stürmann zu rechnen und hatte deshalb auch keinen Anlaß, einer solchen Überführung durch eine eigene Schilderung vorzubeugen, mit der er die Hauptschuld auf einen Dritten abwälzte. Sein Geständnis beruht vielmehr ausschließlich auf dem Bestreben, die Wahrheit zu offenbaren und sich von einer inneren Last zu befreien, unter der er schwer zu leiden hatte.«

In allen wesentlichen Punkten habe »die Angabe Bünings der Überprüfung standgehalten und somit der Wahrheit entsprochen«. Auch sei erwiesen, dass die Mordwaffe im Zeitraum von April 1952 bis Oktober 1953 im Besitz Reichensteins gewesen sei: »Seine Frau holte sie aus einem Versteck und übergab sie im April 1952 einem Zeugen, der die Pistole mit Sicherheit wiedererkannte.« »Später«, so stellte Dr. Näke fest, »wurde Frau Reichenstein von ihrem Mann mit Vorwürfen bedacht und geschlagen, holte die Waffe wieder zurück, und Reichenstein verbarg sie zu einem nicht mehr genau zu ermittelnden Zeitpunkt etwa 40 Meter von seiner Wohnung entfernt unter einem Brombeerstrauch. Dort wurde sie von einem Altwarenhändler einige Tage vor dem 22. Oktober 1953 gefunden.«

Die Tatschilderung Bünings habe »ihre Bestätigung gefunden durch die Aussage des Tatzeugen Littek«. Es sei »kein Zweifel«, dass Reichenstein Dr. Stürmann erschossen habe, »um sich in den Besitz seines Kraftwagens zu bringen, der wiederum bei weiteren strafbaren Handlungen nützlich sein sollte«. Es sei »ebenfalls erwiesen«, dass Reichenstein den Mitangeklagten aufgefordert habe, Littek »durch einen Schuß zu erledigen«. Die Einlassung Reichensteins, er habe die Tatwaffe vor dem Mord an Dr. Stürmann einem Bekannten geschenkt, bezeichnete der Vorsitzende als »fadenscheinig«. Reichenstein sei der Mörder Dr. Stürmanns, und er habe sich in diesem Fall auch der Anstiftung zum Mord schuldig gemacht, als er Büning aufgefordert habe, den Begleiter des Opfers zu liquidieren.

Dann begründete der Vorsitzende, warum Reichenstein nicht wegen der »Liebespaar-Morde« verurteilt werden konnte. Nach Aufzählung aller Indizien hieß es: »Es besteht nach wie vor der erhebliche Verdacht, daß diese Tötungsverbrechen von dem Angeklagten Reichenstein begangen worden sind. Das Ergebnis der Beweisaufnahme reicht zu seiner Überführung jedoch nicht aus. Tatzeugen sind nicht vorhanden. Auch konnten weder der jeweilige Tatort noch die genaue Art der Ausführung der Verbrechen näher ermittelt werden. Die dargestellten Indizien sind weder einzeln noch in ihrer Gesamtheit so zwingend, daß sie den

Beweis für die Täterschaft des Angeklagten erbringen. Das gilt auch für die Fesselung beziehungsweise Knebelung der bei Helga Kortmann benutzten Gegenstände. Einmachringe von der Art, wie sie in übereinstimmender Weise an der Leiche einerseits und in dem Versteck des Angeklagten am Büdericher Friedhof gefunden worden sind, gibt es zu tausenden. Aber auch die Sisalschnur, die das Gericht in Augenschein genommen hat, ist ein gewöhnlicher Bindfaden, wie er in Haushaltungen, Geschäften und dergleichen üblicherweise verwendet wird. Zwar hat er die von dem Sachverständigen Dr. Martin überzeugend dargelegten Artmerkmale, die ihn von anderen Bindfadensorten deutlich abgrenzen. Aber selbst bei dieser Eingrenzung auf eine bestimmte Sorte einer Sisal-Hanfschnur ergibt sich noch keineswegs, daß der Besitzer des in dem Versteck am Büdericher Friedhof vorgefundenen Stückes Bindfaden notwendigerweise dieselbe Person sein muß, die die Hände der Helga Kortmann gefesselt hat.

Dies gilt auch dann, wenn es sich, wie der Sachverständige aus seinen – allerdings auf den Raum Wiesbaden beschränkten – Bemühungen um Erlangung eines Vergleichsstückes geschlossen hat, um eine verhältnismäßig seltene Art von Sisalschnur gehandelt hat. Denn jede Bindfadensorte pflegte nicht nur in einer Länge von wenigen Metern, sondern zumindest von mehreren 100, meist sogar vielen 1000 Metern hergestellt zu werden. Der Umstand, daß an der Leiche ein verkohltes Stück einer Sisal-Hanfschnur von gleicher Art wie in dem Versteck des Angeklagten am Büdericher Friedhof gefunden worden ist, ist daher weder allein noch bei Hinzunahme der übrigen Indizien geeignet, den Angeklagten zu überführen. Zwar wird dadurch der erhebliche Verdacht einer Täterschaft des Angeklagten begründet. Doch die Möglichkeit, daß die Paare Ingensandt/Mehnert und Kortmann/Seiffert von einem oder mehreren anderen Tätern getötet worden sind, kann nicht ausgeschlossen werden. Der Angeklagte Reichenstein war somit in diesen Fällen mangels Beweises freizusprechen.«

Wieder wurde es unruhig im Saal. Unmut und Unverständnis jener Prozessbeobachter war deutlich zu spüren, die von der Schuld Reichensteins überzeugt waren. Und das waren sie fast alle. Schließlich hatten die Medien wochenlang, monatelang, jahrelang einen (mutmaßlichen) Täter präsentiert, dessen Schuld vorweggenommen, das »Untier« ausgiebig durch das mediale Dorf getrieben. Nur das Hassobjekt Reichenstein konnte es gewesen sein. Andere Möglichkeiten waren nicht einmal in Erwägung gezogen worden. Selbst Kripo und Staatsanwaltschaft hatten ihre Überzeugung frühzeitig durchblicken lassen. Und jetzt das: Freispruch! Die »Liebespaar-Morde« sollten ungesühnt bleiben. Unfassbar.

Dr. Näke bemühte sich um eine weitere Klarstellung, diesmal in freier Rede. »Es ist nicht zu verkennen, dass hier ein enger Ring um den Angeklagten Reichenstein geschlossen ist«, erklärte der Vorsitzende mit betont ruhiger Stimme. »Aber ein verantwortungsbewusster Richter muss sich der Grenzen der Erkenntnismöglichkeiten bewusst sein. Wenn es auch nur schwer vorstellbar ist, wir können nicht ausschließen, dass auch ein anderer diese Verbrechen begangen hat. Das Schwurgericht muss den Mut haben, die Konsequenzen zu ziehen.«

Schließlich begründete der Vorsitzende das verhängte Strafmaß. »Der Angeklagte Reichenstein hat sich außerhalb der menschlichen Gesellschaft gestellt, er muss aus ihr hinausgestoßen werden«, hieß es. Für »den furchtbaren Mord an Dr. Stürmann und zum Schutze der Öffentlichkeit« dürfe es nur eine Strafe geben: »Lebenslanges Zuchthaus«.

Der Angeklagte Büning hingegen habe zweimal bewiesen, dass er davor zurückgeschreckt sei, »sich an einem Menschenleben zu vergreifen«. Er habe »noch ein Gewissen«. Büning sei »noch kein verlorener Mensch«, und er habe den Entschluss gefasst, »mit seinem bisherigen Leben Schluss zu machen«. Mit Ausnahme des Überfalls auf das Liebespaar im Meererbusch wurden Büning vom Gericht »nach Überwindung erheblicher Bedenken« in allen Fällen mildernde Umstände zugebilligt und lediglich auf Gefängnisstrafe erkannt. Auch ein »Ehrverlust« blieb dem Angeklagten erspart. »Der weitere Lebensweg soll Büning nicht noch weiter erschwert werden«, begründete Dr. Näke die Entscheidung.

Die Angeklagten schlugen die Möglichkeit aus, das Urteil zu kommentieren. Reichenstein lächelte nur grimmig und machte eine wegwerfende Handbewegung. Noch einmal stürzten die Pressefotografen auf die Anklagebank zu, nachdem der Vorsitzende die Sitzung geschlossen hatte. Während Büning diese Prozedur klaglos über sich ergehen ließ, verbarg Reichenstein sein Gesicht hinter einem Taschentuch, als die Blitzlichter aufflammten.

»Der erregendste Strafprozeß dieses Jahrhunderts«, wie ihn die Illustrierte *Stern* einmal genannt hatte, war zu Ende gegangen – »Ein Kriminalreißer, der Stoff für fünf Kriminalromane liefern könnte« *(Die Welt)*. Die Menge im Saal stand noch lange zusammen und viele Frauen und Männer starrten gedankenverloren auf die Tür, hinter der Reichenstein und Büning längst verschwunden waren. Das erhoffte Spektakel hatte nicht stattgefunden. Denn das sphinxhafte Wesen des vermeintlich »außergewöhnlichsten und intelligentesten Mörders der deutschen Kriminalgeschichte« hatte nicht ausgeleuchtet, hatte nicht erhellt werden können. Erwin Reichenstein hatte sich einfach verweigert. Und nicht zuletzt auch deshalb sollte er lebendig begraben werden. Doch die wohl dringendste Frage war immer noch nicht beantwortet worden: Wer war der »Liebespaar-Mörder«?

IV. Oktober 2003

43

In Heft Nummer 49/1957 der Illustrierten *Stern* wagte Henry Kolarz in seiner fünfteiligen Reportage *Der Liebespaar-Mörder* von Düsseldorf eine bemerkenswerte Prognose: »Sein bisheriges Verhalten deutet darauf hin, daß Reichenstein bis zur letzten Instanz um seine Freiheit kämpfen will. Voraussichtlich wird er leugnen, solange dies für ihn überhaupt noch einen Sinn hat, vielleicht wird er auch nach seiner Verurteilung ein Wiederaufnahmeverfahren beantragen. Und wenn nach Jahren auch dies keine noch so geringe Aussicht auf Erfolg mehr verspricht – dann wird Erwin Reichenstein sprechen.

Denn eine der Schwächen dieses eiskalten Menschenhassers ist die Eitelkeit, das Verlangen danach, sich mit seiner vermeintlichen Macht über die Gesellschaft zu brüsten, so wie er es häufig bei dem ihm ergebenen Büning getan hatte.

Vielleicht erst dann werden wir einen Blick in die Seele dieses vermutlich außergewöhnlichsten und intelligentesten Mörders der jüngeren deutschen Kriminalgeschichte werfen können.«

Doch Henry Kolarz hatte sich – wie viele andere auch – geirrt. Erwin Reichenstein war stumm geblieben.

Donnerstag, 23. Oktober 2003, 16.37 Uhr.

Der Kilometerzähler meines Wagens zeigte die Zahl vierhundertneunundzwanzig an. Ich fuhr langsam an der Häuserreihe vorbei, bis ich das Schild mit der Nummer dreiundvierzig ausmachen konnte. Ich notierte die Ankunftszeit. In dem verwitterten Mehrfamilienhaus an der Peripherie einer norddeutschen Kleinstadt wohnte der Mann, den ich besuchen, mit dem ich sprechen wollte. Nach der viereinhalbstündigen Fahrt wollte ich mir zunächst ein wenig die Beine vertreten. Ich stieg aus und ging ein Stück die Straße entlang. Eine junge Frau kam mir auf einem Fahrrad entgegen. Als ich ihr auf dem schmalen Bürgersteig Platz machte, würdigte sie mich keines

Blickes, schaute einfach an mir vorbei. Dann bemerkte ich, dass ich beobachtet wurde, aus der Parterrewohnung in Haus Nummer achtundfünfzig. Ein älterer Herr mit schlohweißem, schütterem Haar, schmalem Gesicht und Hornbrille fixierte mich. Der Mann stützte seine dünnen Unterarme auf ein dunkelbraunes Kissen, das auf dem Fenstersims lag. Sein durchdringender Blick war durchsetzt von Neugier und Argwohn. Ich war für ihn ein Fremder. Was der Mann dachte, wusste ich nicht. Ich glaubte aber, es zu wissen. Als uns nur noch wenige Meter trennten, wurde das Fenster abrupt geschlossen, die Gardine zugezogen. Der ältere Herr und ich, wir hätten uns unterhalten können. Ich hätte ihm sogar einige Fragen stellen wollen – über denjenigen, den ich besuchen würde, der etwa so alt sein mochte wie der Mann im Fenster. Aber ein Gespräch fand nicht statt. Nicht einmal der Versuch. Plötzlich begann es zu regnen. Ein heftiger Regenschauer zwang mich zurück in mein Auto. Zeit zum Nachdenken.

Die dicken Regentropfen trommelten auf die Windschutzscheibe. Ich fühlte mich unsicher, unwohl. Überdies quälte mich diese nicht enden wollende Ungewissheit. Zwei Monate zuvor hatte ich ihm einen Brief geschickt, ihm darin erklärt, wer ich sei und warum ich den Kontakt suchte. Die Anfrage war unbeantwortet geblieben, genauso wie mein zweites Schreiben. Die Briefe waren von der Post nicht zurückgeschickt worden, er musste sie also bekommen (und gelesen?) haben. Schließlich hatte ich ihn angerufen, mehrmals. Morgens, mittags, abends. Seine Nummer war mir von der Telefonauskunft mitgeteilt worden. Doch niemand hatte abgehoben. Merkwürdig.

Es tröpfelte nur noch. Ich schaute auf die Uhr, obwohl dazu gar kein Anlass bestand. Die Anspannung war spürbar, durchdrang jeden Muskel, jede Faser meines Körpers. Ich kannte den Mann nur aus den Akten, aus älteren Zeitungsberichten, von Fotos, aus Erzählungen. Der älteste Artikel datierte vom 16. Juni 1956. Knapp siebenundvierzig Jahre waren seitdem vergangen, ein halbes Menschenleben. Was jetzt passieren würde, war mir vollkommen unklar. Alles war möglich. Und nichts.

Auf der Klingelleiste des Hauses standen in Blockschrift drei Namen geschrieben. Wenn die Reihenfolge stimmte, musste er in Parterre wohnen. Ich schellte. Wenig später noch mal. Nichts. Die Haustür hatte kein Fenster. Was drinnen vor sich ging, blieb mir verborgen. Zu hören war auch nichts. Ich drückte abermals auf den weißen Klingelknopf, diesmal länger. Keine Reaktion. Ich ging um das Haus herum und schaute links zum Fenster hinauf. Dort musste er wohnen. Der Raum war dunkel, niemand zu sehen.

Ich ging zurück und schellte bei den übrigen Hausbewohnern. Sekunden später wurde aufgedrückt. Erwartet wurde ich von einer schätzungsweise vierzig bis fünfundvierzig Jahre alten Frau, die auf dem oberen Ende des Treppenaufgangs stand, der sich links neben der Eingangstür befand. Es war die Eigentümerin des Hauses. Ich stellte mich vor und fragte nach ihm. Ja, er wohne dort, wurde mir gesagt. Die Frau zeigte auf die Tür, vor der ich stand. Ein Namensschild fehlte. Aber ob er jetzt da sei, wisse sie nicht. Ich bedankte mich, die Frau verschwand in ihrer Wohnung.

Das letzte Hindernis? Die Holztür hatte in der Mitte eine etwa einen Meter hohe und 50 Zentimeter breite Verglasung, die allerdings größtenteils mit einem dunkelbraunen Stoff verhängt worden war. Der Klingelknopf befand sich links neben der Tür, in Schulterhöhe.

Ich schellte. Einmal. Zweimal. Niemand öffnete. Ich horchte. Nichts rührte sich. Schließlich klopfte ich. Erst zaghaft, dann energisch. Plötzlich wurde in der Wohnung Licht gemacht, wie durch den äußeren Rand der Türverglasung zu erkennen war. Schritte. Ein Schlüssel wurde im Türschloss herumgedreht, die Tür etwa einen halben Meter weit aufgezogen. Ich erkannte ihn trotz seiner fünfundsiebzig Jahre sofort: Es war Erwin Reichenstein. Er schaute mich fragend an. »Harbort ist mein Name, ich hatte Ihnen geschrieben ...« »Ach, Sie sind das ...« Der Mann winkte mich hinein. Ich war erleichtert. Es hätte auch ganz anders kommen können.

»Sie müssen entschuldigen, ich habe geschlafen«, erklärte er mir. In der Wohnung roch es muffig, es war kalt. Er führte mich in die Küche. Benutztes Geschirr stapelte sich auf der Spülablage. Auf Ordnung und Sauberkeit schien der Mann kaum Wert zu legen. »Setzen Sie sich doch.« Reichenstein schob mir einen Stuhl hin. »Möchten Sie etwas trinken?« Ich lehnte dankend ab. Dann saßen wir uns am Küchentisch schräg gegenüber. Ich musterte ihn: weiß-graues, dünnes, etwas zerzaustes Haar, ausgeprägte Geheimratsecken, Brille, auffallend schmale Lippen, rote Wangen, blau-weiß kariertes Hemd, das sich über einem Bauchansatz dezent wölbte, knochige ungepflegte Hände, gürtellose braune Cordhose, schwarze Pantoffeln.

Zunächst erklärte ich ihm, dass er sich zu nichts verpflichtet fühlen müsse, mein Anliegen privater Natur sei, er auch keinerlei Fragen zu beantworten brauche. Er versuchte zu lächeln. Aber seine Gesichtszüge wirkten wie eingefroren. *Der Mann mit der steinernen Maske.* Ich erinnerte mich sofort an die Schlagzeile in einer Düsseldorfer Tageszeitung, als über den »Jahrhundertprozeß« geschrieben worden war. Jetzt wusste und spürte ich unmittelbar, was der Autor damals hatte ausdrücken wollen – jene unverhohlene Unnahbarkeit, diese kalte Aura der Unantastbarkeit. Ich saß nur einen Meter von diesem Mann entfernt, doch trennten uns Welten. Und die Wahrheit. Es gab keinerlei Berührungspunkte oder Gemeinsamkeiten. Hier der wissbegierige Kommissar, dort ein verurteilter Mörder, der vierunddreißig Jahre seines verpfuschten Lebens eingesperrt worden war. In seinen hellwachen, sehr genau beobachtenden Augen, die mich unablässig anstarrten, war ich ein Eindringling, vielleicht sogar eine Bedrohung. Er sagte es nicht, aber seine Körpersprache schien ihn zu entlarven. Reichenstein mobilisierte alle Abwehrkräfte, verschränkte Arme und Beine, saß kerzengerade auf seinem Stuhl.

Erwartete er jetzt eine Art Verhör? Sekunden wurden zu Minuten, quälendlang. Ich suchte nach einem Ausweg, einem Anfang.

»Sie haben doch mal an einem Patent für eine Pistole gearbeitet. Was ist denn daraus geworden?«, fragte ich in die bedrückende Stille hinein. Volltreffer! Reichensteins Miene hellte sich merklich auf. »Ach, nichts. Aber ...« Und dann begann er unvermittelt und ungefragt zu plaudern, berichtete über seinen Stundenjob in einem Metall verarbeitenden Betrieb, sein außerordentlich gutes und vertrauensvolles Verhältnis zu seinem Chef, den Kollegen. Wir hatten jetzt ein gemeinsames Thema, das Eis war gebrochen. »Ich habe eine Erfindung gemacht und will es als Patent anmelden«, erklärte er stolz. Reichenstein beschrieb mir ausführlich und voller Enthusiasmus sämtliche technischen Details und berichtete sichtlich gerührt davon, dass die Maschine bereits in seiner Firma eingesetzt werde. Ich verstand von all dem nichts. Doch kam mir die Geschichte durchaus bekannt vor. Viele Jahre zuvor schon hatten Erfindungsreichtum und Experimentierfreude dieses Mannes Anlass zu wildesten Spekulationen gegeben. Er war sich und seiner Leidenschaft für Technik und Mechanik anscheinend treu geblieben. Vielleicht deshalb, weil er sich dabei nicht mit Menschen auseinandersetzen musste. Maschinen waren berechenbar, beherrschbar.

»Wollen Sie mal sehen?« Nach einer ermüdenden Dreiviertelstunde nickte ich nur kurz, obwohl ich gar nicht wollte. Er führte mich in seinen kleinen Wohn- und Schlafraum, der voll gestopft war mit Büchern, offenbar größtenteils älteren Datums. Der Fernseher war eingeschaltet, es wurde die x-te Folge einer Vorabendserie gezeigt, die ich nicht kannte. Reichenstein nahm einige Werke aus den Regalen und las die Titel laut vor. Er war nun in seinem Element, ganz und gar. Er sprach ohne Punkt und Komma, machte keine Pausen, in denen ich hätte einhaken können. Endlich gingen wir zurück in die Küche.

Draußen dämmerte es bereits, wir saßen jetzt im Halbdunkel. Reichenstein machte aber keine Anstalten, das Licht anzuknipsen. Eine etwas unwirklich anmutende, skurrile Situation: Zwei Fremde saßen sich in einer dunklen Küche gegenüber und belauerten sich. Denn es war bisher noch nicht zur Sprache gekommen, was besprochen werden musste. Auch ihm leuchtete ein, dass ich die weite Reise nicht unternommen hatte, bloß um zu palavern und Höflichkeiten auszutauschen. Ich entschied, den ersten Schritt zu tun, eine indirekte Verbindung herzustellen.

»Haben Sie noch Kontakt zu Ihrer Frau, zu Ihren Kindern?«, fragte ich ihn. Reichenstein schaute zum Fenster hinaus, als würde er die Antwort irgendwo da draußen vermuten. »Nein«, gab er tonlos zurück. Damit war das Thema erledigt.

Dann erzählte er von seinen Knasterfahrungen, die sich jedoch nur marginal von denen anderer Lebenslänglicher unterschieden. Seine Revisionsanträge waren allesamt abgeschmettert worden. Insbesondere die Einsamkeit habe ihm zugesetzt, nur von seiner Mutter sei er einige Male besucht worden, anfangs. Danach hatte sich niemand mehr an ihn erinnern, mit ihm abgeben wollen. Am 4. Juli 1990 sei er aus der Justizvollzugsanstalt Schwerte entlassen worden, mit gerade mal 800 Mark in der Tasche. Und doch war es dem vormals Verdammten und Ausgestoßenen im Laufe der Jahre gelungen, sich wieder unter die Menschen zu finden. Dafür verdiente er Respekt. Doch war mir Erwin Reichenstein weder sympathisch noch unsympathisch. Es war irgendwo dazwischen, im Niemandsland.

»Ich weiß, was Sie glauben«, sagte er mit einem Mal. Ich zog die Augenbrauen hoch. »Aber ich war es nicht!« Obwohl sie mit keiner Silbe erwähnt worden waren, wusste ich, was er gemeint hatte – die »Liebespaar-Morde«. Er schien sich – wie in all den Jahrzehnten zuvor schon – hinter einer Demarkationslinie zu verschanzen. Und wenn jemand in diese emotionale Sperrzone eindrang, sagte er nur diesen einen Satz, der in seinem Munde die durchschlagende Wirkung einer Pistolenkugel entfaltete und den Gegner förmlich niederstreckte: »Ich war es nicht!«

Ich sah ihm in die Augen. »Und die Sache mit Dr. Stürmann?« Er schüttelte den Kopf. »Büning hat gelogen.« Punkt. Wieder so ein Satz, der ihn unangreifbar, unverletzbar machte. Reichenstein schaute mich unverwandt an. Dann erzählte er mir eine Viertelstunde lang von seinen Erfahrungen mit den Kripobeamten, die ihn damals in die Mangel genommen hatten – allerdings voller Hochachtung.

Und genau diese Bemerkungen waren es, die mich stutzig machten. Die Polizei hatte ihn seinerzeit zunächst schwerster Verbrechen verdächtigt, dann beschuldigt. Angeblich ohne triftigen Grund. Die Staatsanwaltschaft hatte ihn deswegen angeklagt. Angeblich ohne handfeste Beweise. Das Düsseldorfer Schwurgericht hatte ihn dafür verurteilt. Angeblich ein himmelschreiender Justizirrtum. Man hatte ihn deshalb die Hälfte seines Lebens hinter hohen Gefängnismauern verschwinden lassen, seine bürgerliche Existenz ausgelöscht. Angeblich zu Unrecht. Obendrein hatte sich seine Frau von ihm abgewandt, seine beiden Töchter auch. Dieser Mann hatte alles verloren, ihm war alles genommen worden. Tatsächlich. Er wollte Opfer und nicht Täter gewesen sein – von zwei läppischen Hühnerdiebstählen einmal abgesehen. Aber er beschwerte sich nicht. Kein Wort des Zorns, kein Reklamieren, kein Nachkarten. Er verhielt sich vielmehr so, als seien diese schwersten Schicksalsschläge einem anderen widerfahren, als sei das Leben eines Dritten zerstört worden.

Jede weitere Diskussion erschien mir daher zwecklos. Was Generationen von Kriminalisten, Juristen, Psychologen, Psychiatern, Bewährungshelfern und Sozialpädagogen nicht gelungen war, würde auch jetzt nicht zu bewerkstelligen sein. Es erschien aussichtslos. Dennoch wollte ich Gewissheit. Und darum sollte er mir nur noch diese eine Frage beantworten: »Warum können Sie nicht hassen?« Er nahm den Kopf etwas zur Seite und schien kurz zu überlegen. Dann fragte er unschlüssig zurück: »Wen denn?«

Zehn Minuten später saß ich in meinem Auto und schrieb in Stichworten ein Gedächtnisprotokoll. Ich musste noch lange über seine letzte Antwort nachdenken: *»Wen denn?«*

Epilog

Die Düsseldorfer »Liebespaar-Morde« sind bis heute juristisch nicht aufgeklärt, nicht gesühnt worden. Gleiches gilt für die Tötungsdelikte an Ursula Glatzek und Otto Brennecke, verübt am 9. Februar 1958 in Opladen, knapp 20 Kilometer von der Landeshauptstadt Nordrhein-Westfalens entfernt. Die Opfer konnten nie beerdigt werden, ihre Leichen blieben unauffindbar. Ein hässliches Drama. Ein quälender, unerträglicher Zustand – der oder die Mörder haben sich ihrer gerechten Strafe entziehen können. Bisher. Auch Erwin Reichenstein, sollte er an den Düsseldorfer Verbrechen beteiligt gewesen sein. Er wurde »aus Mangel an Beweisen« am 14. Dezember 1959 freigesprochen.

Im Verfahren vor dem Düsseldorfer Schwurgericht wurde der Doppelmord von Opladen kurzerhand ausgeklammert, das Gericht erklärte sich für »nicht zuständig«. Deshalb musste auch nicht geprüft werden, ob die Düsseldorfer Pärchen-Morde und die Tat im Nachbarstädtchen von demselben Täter verübt worden waren. Dabei wäre *ein* mögliches Ergebnis dieser Begutachtung ganz sicher auch für den »Liebespaarmord-Prozeß« von Bedeutung gewesen – wenn Gutachter nämlich zu der sicheren Erkenntnis gelangt wären, dass ein Serienmörder Lieselotte Ingensandt und Wilfried Mehnert und Helga Kortmann und Peter Seiffert und Ursula Glatzek und Otto Brennecke getötet hatte. Denn dann hätten die Beschuldigungen gegen Erwin Reichenstein sich als haltlos erwiesen, weil er für den letzten Doppelmord ein bombensicheres Alibi hatte: Untersuchungshaft.

Um eine Serientäterschaft annehmen oder feststellen zu können, stehen dem Kriminalisten mehrere Methoden zur Verfügung. Zunächst das so genannte *Modus-Operandi*-System. Demzufolge ist zu prüfen, ob einzelne Tathandlungssequenzen oder Rahmenbedingungen bei verschiedenen Verbrechen den *Modus Operandi* desselben Täters abbilden.

Das *Kriminalistik Lexikon* definiert den Begriff des *Modus Operandi* als »Art und Weise der Begehung von Straftaten und anderen kriminalistisch relevanten Handlungen, einschließlich ihrer Verschleierung sowie der angewandten Mittel und Methoden in den jeweiligen räumlichen, zeitlichen und sozialen Bezügen«. Die Tathandlungen basieren demnach auf rationalen Überlegungen und Entscheidungen, die ausnahmslos instrumentell, strategisch, pragmatisch ausgerichtet sind. Versatzstücke der Tatbegehungsweise sind also: Tatort, Tatzeit, Opfertyp, Tatwaffe, die Art des Zugangs zum Tatort, die Art der Annäherung an das Opfer, die Art des Gewinnens von Kontrolle über das Opfer, Mittäter, spezielle Begleithandlungen (zum Beispiel Feuer legen oder den Wachhund vergiften). Die Ziele: ungestörte Tatausführung, Verschleierung der eigenen Identität oder der des Opfers, Gewährleistung des Taterfolgs, Garantie von Fluchtmöglichkeiten.

Bis Mitte der siebziger Jahre ging man in Wissenschaft und Forschung überwiegend davon aus, dass die so genannte Perseveranzhypothese zutreffend sei. Sie wurde von Dr. Robert Heindl, dem »Nestor der deutschen Kriminalpolizei« und »Begründer der modernen Kriminalistik in Deutschland«, Mitte der zwanziger Jahre entwickelt. Er ging davon aus, dass insbesondere »Berufsverbrecher« an einer einmal erfolgreich angewandten Arbeitsweise beharrlich (= perseverant) festhalten – bedingt durch »eine minderwertige psychische und physische Ausstattung«. In seinem Mitte der zwanziger Jahre bahnbrechenden Werk *Polizei und Verbrechen* schrieb er: »Doch die Perseveranz des Berufsverbrechers geht noch weiter. Er bleibt nicht nur der einmal gewählten Verbrecherklasse treu, sondern er praktiziert innerhalb dieser Klasse fast stets nur einen ganz bestimmten Ausführungstrick.«

Die Perseveranzhypothese fußt demnach auf der aus der kriminalpolizeilichen Praxis hergeleiteten Erkenntnis, dass »Täter mit besonders hoher krimineller Energie ähnliche Straftaten ausführen und dabei ihre Arbeitsweise häufig beibehalten«

(Handbuch der Kriminalistik). Obwohl dieser kriminalistisch-kriminologische Erfahrungswert in dieser verallgemeinerten und stringenten Formulierung nunmehr als obsolet gilt, lehren uns einige in der jüngeren Vergangenheit verübte Serientötungen, dass sie noch immer zu beobachten ist: die Perseveranz im *Modus Operandi*.

Fall 1:

Im Frühjahr 1983 bekamen die Todesermittler der Hannoveraner Kripo alle Hände voll zu tun. Binnen zehn Wochen, vom 11. Februar bis zum 21. April, wurden drei Frauen getötet; vierundvierzig, fünfundvierzig und sechzig Jahre alt. Alle Taten wiesen bedeutsame Übereinstimmungen auf, die nach Auffassung der Fahnder »keinen zufälligen Charakter« hatten: bei den Opfern handelte es sich um alleinstehende Frauen; die Tatorte waren Privatwohnungen; die Tatzeiten lagen nach 18 Uhr, der Einbruch der Dunkelheit war offenbar abgewartet worden; Todesursache war in allen Fällen »Ersticken durch Drosseln oder Würgen«; ein gewaltsames Eindringen des Täters konnte nicht festgestellt werden; die Opfer wiesen keine massiven Abwehrverletzungen auf. Zudem waren in jedem der Mordfälle diverse Wertgegenstände geraubt worden. Ein wertvoller Ermittlungsansatz. Alle Leih- und Pfandhäuser in Hannover wurden abgeklappert. Würde der Täter das Risiko eingehen und das Raubgut versetzen? Er tat nicht nur das, er hinterließ auf mehreren Pfandscheinen auch gleich Namen und Anschrift: Erwin Sprado, Asternstraße 16, 3000 Hannover. Am 14. Juli 1983 wurde der 53-jährige gelernte Rechtsanwaltsgehilfe festgenommen. Der reichlich Vorbestrafte gestand nicht nur die ihm vorgehaltene Tötung der 60-jährigen Amelie Manthei vom 12. Februar, sondern auch die übrigen Taten. Hätte er sich nicht stets derselben Arbeitsweise bedient, wäre er mit großer Wahrscheinlichkeit glimpflicher davongekommen. Nach drei Morden gaben die Richter allerdings keinen Pardon mehr: Lebenslänglich und anschließende Sicherungsverwahrung.

Fall 2:
Der Berufsfachschüler Claudio Peters tötete in den Sommermonaten des Jahres 1985 drei junge Frauen. Die Leichenfundsituationen waren weitestgehend identisch: Alle Opfer fand man in einem Erdgrab, die Leichen waren hügelartig unter belaubten Ästen versteckt worden. Im Rahmen der Ermittlungen stieß man auf den 26-Jährigen. Er hatte das letzte Opfer gekannt, sich sogar an der Suchaktion beteiligt. Und er war bereits vorbestraft – wegen Mordes an einem jungen Mädchen zehn Jahre zuvor. Die Besonderheit dabei: Auch dieses Opfer war auf gleichartige Weise vergraben worden. Diese Parallelen brachten die Fahnder schließlich auf die richtige Spur.

Fall 3:
Von November 1987 bis November 1990 fielen dem Grafiker Andreas Ernst in Hamburg und Buchholz drei Frauen zum Opfer. Dabei pflegte er eine stereotype Vorgehensweise: Er zwang seine Opfer mit Waffengewalt in seinen Wagen, fuhr mit ihnen in seine Wohnung, fesselte, knebelte und vergewaltigte die Frauen, erwürgte oder erdrosselte sie und entsorgte die Leichen mit seinem Wagen. Bei der Überprüfung der im Bereich des wahrscheinlichsten Tatorts lebenden »üblichen Verdächtigen« stieß man auf Ernst. Der Grund: Verurteilung wegen Freiheitsberaubung, verübt am 16. Januar 1988. Der Tathergang war denen der Morde sehr ähnlich gewesen: Unter Vorhalt eines Klappmessers hatte er eine 19-Jährige gezwungen, ihm in seine Wohnung zu folgen. Dort war die junge Frau gefesselt, anschließend vergewaltigt worden. Danach hatte Ernst sein Opfer freigelassen. Auch hier waren die sich ähnelnden Tatbegehungsweisen im Wesentlichen ausschlaggebend für den Ermittlungserfolg.

Tatsächlich spiegelt das Verhalten multipler Mörder mehrheitlich eine Tendenz zu sich ähnelnden beziehungsweise übereinstimmenden Tatbegehungsweisen. Hierbei darf jedoch nicht in Vergessenheit geraten, dass es im Regelfall lediglich eine oder mehrere Tathandlungs*sequenz(en)* sind, die auf denselben Täter hinweisen können. Dennoch erscheint diese Erkenntnis nicht generell geeignet, um eine zweifelsfreie Tat-Tat-Zuordnung oder Tat-Täter-Übereinstimmung prognostizieren zu können. Denn der *Modus Operandi* ist ein kognitiv gesteuertes, erlerntes, dynamisches und jederzeit veränderbares Verhaltensmuster, das zudem von situativen Einflüssen vor, während und nach der Tat, aber insbesondere auch von der Intelligenz und den Lernerfahrungen des Täters gespeist und dominiert werden kann. Das heißt: Kein Mord gleicht dem anderen.

Unter Berücksichtigung aller bislang verfügbaren Fakten ergeben sich für die Doppelmorde in Düsseldorf und Opladen folgende Tatmuster (siehe Tabelle auf gegenüberliegender Seite):

Bei einer summarischen Betrachtung ergeben sich gravierende Übereinstimmungen: Sechzehn von zwanzig untersuchten Merkmalen sind in allen Fällen nahezu identisch. Eine derartige Kongruenz ist selten. Allerdings berechtigen diese Feststellungen nicht zu der Annahme, dass alle Morde von einem Serientäter begangen worden sein *müssen*. Denn: Die Mehrzahl der Untersuchungsmerkmale haben kaum Beweiswert, selbst als Indizien für ein Serienverbrechen sind sie mitunter nur bedingt geeignet.

Grund hierfür sind Rahmenbedingungen und Tathandlungssequenzen, die bei Überfällen auf Liebespaare in Kraftfahrzeugen per se zu erwarten sind. Zunächst die Opfer: Sie suchen gezielt den Schutz der Dunkelheit, einer abgelegenen Örtlichkeit und ihres Wagens, um ungestört und unerkannt zu bleiben. Zudem wird durch die Berufstätigkeit mindestens eines Beteiligten ein bestimmtes Zeitfenster vorgegeben. Ferner ist das spezifische Opferrisiko insbesondere abhängig vom Verhalten und der Lebenserfahrung der Leidtragenden. Überdies hat der Täter auf diese Bedingungen (Tabelle, Nummern 1-2, 4-5, 14) überhaupt keinen Einfluss, er kann sie bestenfalls kalkulieren.

Der Täter: Wer Liebespärchen überfallen will, muss über entsprechende Ortskenntnisse verfügen. Andernfalls ist die Tat

	Item (Untersuchungsmerkmal)	Fall 1 (Ingensandt/Mehnert)	Fall 2 (Kortmann/Seiffert)	Fall 3 (Glatzek/Brennecke)
1	Tatzeit	nach 24 Uhr	22 Uhr-0.30 Uhr	20.15 Uhr-2.15 Uhr
2	Lichtverhältnisse	Dunkelheit	Dunkelheit	Dunkelheit
3	Opferauswahl	Liebespaar	Liebespaar	Liebespaar
4	Tatort	Pkw	Pkw	Pkw
5	Umgebung Tatort	vermtl. abgelegener Parkplatz	vermtl. abgelegener Parkplatz	abgelegener Feldweg
6	erster Täter-Opfer-Kontakt	überfallartig	überfallartig	überfallartig
7	Tötungsart	stumpfe Gewalt gegen Kopf	stumpfe Gewalt gegen Kopf + Schusswaffe	Schusswaffe
8	Intensität Tatausführung	erhebliche Gewaltanwendung	erhebliche Gewaltanwendung	pragmatisch
9	Fesselung/Knebelung Opfer	–	+ (weibliches Opfer)	unbekannt
10	Tatort ≠ Leichenfundort	+	+	+
11	Leichenbeseitigung	+	+	+
12	Spurenbeseitigung	Tatwaffe, Pkw u. Opfer	Tatwaffe, Opfer	Tatwaffe, Pkw (Versuch) u. Opfer
13	Täterrisiko	hoch (fährt mit Opfern vom Tatort zum Fundort)	hoch (fährt u. a. mit Opfern vom Tatort zum Fundort)	hoch (benutzt Pkw der Opfer nach Tatausführung)
14	Opferrisiko	gering (Überfälle auf Liebespaare sehr selten)	hoch (erster Doppelmord war Opfern bekannt)	gering (mutmaßlicher Täter angeblich gefasst)
15	Kontrollverhalten Täter	+ (sofortige Gewaltanwendung)	+ (sofortige Gewaltanwendung, Fesselung, Knebelung)	+ (sofortige Gewaltanwendung)
16	Beute	Scheingeld	Scheingeld	Scheingeld, Kfz-Papiere
17	Motiv(e)	Habgier, (Hass?)	Habgier, (Hass?)	Habgier, (Vorbereitung einer anderen Straftat?)
18	Ortskenntnisse Täter	+	+	+
19	Mordwaffe mitgebracht	unbekannt (Schlagwerkzeug)	+ (Schusswaffe) unbekannt (Schlagwerkzeug)	+ (Schusswaffe)
20	geplante Tat	+	+	+

nicht durchführbar. Er ist zudem gezwungen, die Tatwaffe(n) mitzuführen. Wie will er die Opfer sonst einschüchtern, attackieren und/oder kontrollieren? Mit nackten Worten und bloßen Händen? Der Täter muss eine solche Tat demnach auch planen, entsprechende Vorbereitungen treffen. Und er geht bei einer solchen Tat generell ein erhöhtes Risiko ein, weil die Interaktion mit zwei Opfern notwendig ist. Dieser Umstand wiederum bedingt und erfordert ein spezielles Täterverhalten – die sofortige Gewaltanwendung. Andernfalls würde sich das Risiko einer Tateskalation wesentlich erhöhen und den angestrebten Taterfolg unnötigerweise gefährden. Insofern werden diese Begehungsmerkmale (Tabelle, Nummern 6, 13, 15, 18-20) jedem Verbrecher förmlich aufgegeben und sind demzufolge keine sicheren Kriterien, um die drei Doppelmorde demselben Täter zuschreiben zu dürfen.

Anders zu beurteilen sind Tathandlungssequenzen, die eine von extrinsischen Faktoren freie Willensentscheidung implizieren. Sie lassen in aller Regel *individuell* geprägte Entscheidungen erkennen. In sämtlichen Fällen dürfte das Leitmotiv Habgier gewesen sein, es wurde lediglich Scheingeld geraubt (mit Ausnahme der Kfz-Papiere beim Doppelmord in Opladen). Weitere Tatsachen (z. B. sexueller Missbrauch der weiblichen Opfer), die einen anderen motivischen Hintergrund indizieren, konnten nicht festgestellt werden. Beachtlich erscheinen auch die übereinstimmenden Merkmale, jeweils Spuren und Leichen zu beseitigen. Insofern sind in allen Fällen identische Entscheidungen getroffen worden, obwohl durchweg mindestens zwei Möglichkeiten zur Auswahl standen.

Doch können auch diese Entscheidungen nicht zwingend auf dieselbe Person zurückgeführt werden. Denn die beschriebenen Sequenzen dieses *Modus Operandi* lassen lediglich den Schluss zu, dass alle Raubmorde höchstwahrscheinlich von einem Mann (theoretisch sogar von einer Frau) begangen wurden, der über erhebliche kriminelle Energie und Kaltblütigkeit (Doppelmord!)

und reichlich Erfahrung (Beseitigung von Spuren und Leichen) verfügte. Also waren es nicht die spontanen Augenblickstaten von Anfängern. Und diese Präferenzen treffen eben nicht nur auf eine einzige Person zu, ein solches Verhaltensmuster ist lediglich stilbildend bei einem bestimmten Verbrechertypus. Demnach gelingt auch hier nicht der Nachweis einer Serientäterschaft (Tabelle, Nummern 10-12, 16-17).

Allerdings ergibt sich aus kriminalstatistischer Sicht ein überaus bedeutsames Kriterium, das den Erkenntniswert der genannten Merkmale wesentlich beeinflusst. Zunächst: Der Liebespaar-Mord ist generell ein sehr selten zu beobachtendes Delikt. In Deutschland wurden – soweit ersichtlich – nach Ende des Zweiten Weltkriegs lediglich einundzwanzig solcher Taten verübt, in neun Fällen überlebte wenigstens ein Opfer. Zudem: Beschränkt man sich bei dieser Betrachtung auf die Region Düsseldorf und Umgebung, bleiben für den genannten Zeitraum allein vier Taten übrig: der Überfall auf Ernst Littek und Dr. Wilhelm Stürmann 1953, die »Liebespaar-Morde« 1955/56, der Doppelmord in Opladen 1958. Eine aus statistischer Sicht hoch signifikante Häufung, die allerdings keinen *Beweis*wert hat – denn empirisch hinreichend belegte Vergleichszahlen fehlen. Es existiert nämlich kein wissenschaftlich belegter Erfahrungswert, der bei einer solchen Signifikanz – auch unter Berücksichtigung sämtlicher Merkmalsübereinstimmungen – nur diese eine Annahme zulässt. Solange andere Schlussfolgerungen möglich und denkbar erscheinen, darf solchen Erkenntnissen keine Beweisqualität zukommen. Gleichwohl ist es legitim, eine hohe Wahrscheinlichkeit anzunehmen, dass wenigstens die Doppelmorde in Düsseldorf und Opladen miteinander korrespondieren.

Besonders aussagekräftig sind unter dem Aspekt der Serienmörder-Hypothese in den Fällen 1 und 2 die Tötungsart und die Intensität der Tatausführung (Tabelle, Nummern 7-8). Den Opfern wurden jeweils tödliche Schlagverletzungen im Kopfbereich zugefügt. Dieses Täterverhalten könnte im Sinne einer so genannten *Signatur* gedeutet werden. In diesem Kontext propagieren insbesondere Wissenschaftler und Autoren aus dem angloamerikanischen Sprachraum, dass die *Signatur* beziehungsweise *Handschrift* (im angloamerikanischen Sprachraum bezeichnet als *personation* [im Einzelfall], *signature* [als Bestandteil einer Tatserie], *calling card* oder *trademark*) insbesondere des multiplen Sexualmörders »konstant« und »veränderungsresistent« sei. Unter einer *Signatur* sollten allgemein unverwechselbare Handlungssequenzen verstanden werden, die die speziellen Bedürfnisse *eines* Täters abbilden und keinen strategischen oder rationalen Charakter aufweisen. Hierdurch unterscheidet sich die *Signatur* vom *Modus Operandi*, der lediglich die kognitiv gesteuerten Tathandlungen beschreibt, die innere, psychopathologisch bedingte und hoch signifikante Struktur der Tat, ihre charakteristische Ausprägung hingegen weitestgehend unberücksichtigt lässt.

Der Ex-FBI-Profiler John Douglas definiert den »Verhaltens-Fingerabdruck« so: »Die Visitenkarte ist das, was über das zur Begehung des Mordes Notwendige hinausgeht. Die Handschrift ist sehr häufig phantasiegebunden. Sie mag sich entwickeln, was jedoch nicht heißt, dass sie sich im landläufigen Sinne verändert. Vielmehr ist dies ein Prozess des sich nach und nach ausprägenden Themas. Die Handschrift bleibt im Kern – im Gegensatz zum Modus Operandi – unverwechselbar erhalten.« Der ehemalige Kriminalist und jetzige Präsident des »Institute for Forensic« in Seattle, Robert D. Keppel, beschreibt die »psychologische Visitenkarte« als »persönlichen Ausdruck, den unverwechselbaren Stempel, den er der Tat aufdrückt als Ergebnis eines psychologischen Zwangs, sich auf diese Weise sexuell zu befriedigen.« Zu einer ähnlichen Einschätzung gelangt Brent E. Turvey, Wissenschaftler und Fallanalytiker in den USA: »Eine Täter-Handschrift ist das Muster eines unverwechselbaren Verhaltens, das charakteristisch ist für emotionale und psychologische Bedürfnisse.«

Tatsächlich hat es auch in Deutschland immer wieder multiple – im Regelfall sadistisch veranlagte – Sexualmörder gegeben, die insbesondere den Tötungsakt, aber auch sonstige Tathandlungen überwiegend oder durchgängig ritualisierten und anhand ihrer *Signatur* als Serientäter erkannt werden konnten. Peter Kürten, der »Vampir von Düsseldorf«, fügte seinen insgesamt fünfzehn Opfern stets charakteristische Stich- oder Schlagverletzungen im Brust-, Hals- und/oder Kopfbereich zu. Seine Begründung: »Erst beim Stechen steigerte sich die Erregung, dabei kam der Samen. (...) Ich gab ihm noch einen kräftigen Stich, da hörte ich deutlich das Blut hervorrauschen. Das war der Höhepunkt.« Der Aufläder Johann Möckel tötete von 1915 bis 1920 in Waldgebieten in der Umgebung von Plauen, Greiz und Leipzig fünf Opfer. Stets stieß er ihnen unterhalb des Kehlkopfes ein Messer in den Hals (so genannter Drosselgrubenstich), ließ sie förmlich ausbluten, um sich an dem allmählichen Sterben und den damit verbundenen Qualen zu berauschen. Gleichsam hoch perseverant verhielt sich der Rangierer Johann Eichhorn. Der »Schrecken des Münchener Südens« erschoss von 1934 bis 1939 in Waldgebieten vier Frauen. Seine *Handschrift:* Er schnitt den Opfern die Vagina heraus, kaute darauf herum.

Der selbst ernannte »Totmacher a. D.« Rudolf Pleil tötete von 1946 bis 1947 zehn Frauen. Seine pathologische Fixierung äußerte sich in dem Verlangen, die Opfer »umhauen« und anschließend »bearbeiten« (er meinte damit ein heftiges Kneten der Brüste) zu können. In seinen autobiografischen Aufzeichnungen *(»Mein Kampf«),* die er während der Haft verfasste, schilderte er, warum nicht nur in dem beschriebenen Fall gelegentlich eine Tötungshandlung unterblieben war: »Anschließend bin ich wieder zurück nach Zorge auf den Bahnhof in Benneckenstein hap ich auch noch ein Mädchen troffen die über die Grenze wollte, daß wahr so richtig mein Fall ein fetten Arsch, unt bar gute Titten hat sie auch gehapt. Aber zu meinen Bedauern hape ich keinen Apparat gehapt womit ich ihr den Ballong einballern konnte, hap mir auch die größte Mühe gegeben hap aber kein gefunden, unt deßhalb lebt nun auch heute das Luder noch.« Pleil hatte die junge Frau also nur deshalb verschont, weil eine andere Tötungsart nicht seinem perversen Drang entsprochen hätte.

Von 1974 bis 1984 fielen dem Gelegenheitsarbeiter Kurt Steinwegs ein 13-Jähriger, ein Jugendlicher und vier erwachsene Männer zum Opfer. Unter anderem trennte er fünf seiner Opfer das Geschlechtsteil ab, zerschnitt es. Seine Erklärung: »Ich habe denen den elften Finger abgeschnitten, weil ich wissen wollte, wie das Ding funktioniert, wie das Pipi da rauskommt.« Bei seiner ersten Tat, als er einem Mann mit einem Kalksandstein das Gesicht zerschmetterte, verzichtete er notgedrungen auf sein bizarres Ritual. »Ich bin doch gestört worden«, ließ er die Vernehmungsbeamten wissen, »leider ist es dann dazu nicht mehr gekommen.«

Die beliebig erweiterbare Darstellung repetitiver, hoch signifikanter Tathandlungssequenzen und mitunter gleichartiger Opferdispositionen insbesondere bei sadistisch devianten Serienmördern belegt, dass das *Signatur*-Konzept als Instrumentarium zur Verifizierung von Tat-Tat- beziehungsweise Tat-Täter-Zusammenhängen in vielen Fällen durchgreift. Ungeachtet möglicher Durchbrechungen und Abweichungen erscheint eine Anwendung dieses Werkzeugs auch dann sachgerecht, wenn keine sexuelle Komponente handlungsbestimmend gewesen ist – wie im Fall der Düsseldorfer »Liebespaar-Morde« angenommen werden darf.

In beiden Fällen hat der Täter zweifelsfrei mehr getan, als er hätte tun müssen. Um die Opfer zu töten, hätte er die Pistole benutzen können. Es wäre doch so einfach gewesen! Beim zweiten Mord tat er dies auch, allerdings schoss er lediglich auf Peter Seiffert. Warum nicht auch auf Helga Kortmann? Warum schlug er ihr den Schädel ein – wie auch Lieselotte Ingensandt und Wilfried Mehnert? Auch hier dürfte der Täter oder sein Komplize mit an Sicherheit grenzender Wahrscheinlichkeit eine Schusswaffe mitgeführt haben. Wie hätten die Opfer sonst an einer Flucht gehindert werden sollen? Und dies dürfte auch der Grund für die fehlenden Abwehrverletzungen bei den Opfern gewesen sein – weil sie bedroht worden waren.

Offenbar ging es dem Täter bei der Tötung der Opfer insbesondere darum, ein höchstpersönliches Verlangen zu befriedigen: das sadistisch eingefärbte und von tiefem Hass begleitete Bedürfnis, Menschenleben zu vernichten. Im Juristendeutsch spricht man in solchen extrem selten zu beobachtenden Fällen von »Mordlust«. Berücksichtigt man zudem die Tatsache, dass diese als *Signatur* zu deutenden Tathandlungssequenzen in der deutschen Kriminalgeschichte bei Liebespaar-Morden bisher *einzigartig* geblieben sind – es also keine auch nur annähernd vergleichbaren Taten gibt –, erscheint auch unter Berücksichtigung der örtlichen und zeitlichen Komponenten *nur eine* Schlussfolgerung plausibel und zulässig: Lieselotte Ingensandt, Wilfried Mehnert, Helga Kortmann und Peter Seiffert sind von demselben Täter getötet worden.

Betrachtet man unter dem *Signatur*-Aspekt den Opladener Doppelmord, ergibt sich ein anderes Bild. Auch wenn die Leichen unauffindbar geblieben sind, steht fest, dass auf beide Opfer mehrmals geschossen worden ist. Die am Tatort gefundenen Spuren (Blut, Geschosshülsen) deuten mit hoher Wahrscheinlichkeit darauf hin, dass Ursula Glatzek und Otto Brennecke in ihrem Wagen erschossen wurden – eine überaus bedeutsame Abweichung im Täterverhalten. Hätte der »Liebespaar-Mörder« die Opfer attackiert, wären sie mit Sicherheit nicht erschossen worden, denn diese Vorgehensweise hätte nicht seinem pathologischen Bedürfnis entsprochen. Er hätte sie erschlagen wollen, er hätte sie erschlagen müssen, um das gewünschte Erregungsniveau erreichen und die erhoffte Befriedigung erfahren zu können.

Allerdings kann nicht ausgeschlossen werden, dass der Mörder von Opladen auch an den Taten in Düsseldorf beteiligt gewesen ist. Möglicherweise war *er* es, der die Liebespärchen mit der Pistole bedrohte oder beschoss, während sein Komplize die Opfer erschlug. Überhaupt dürften die Taten auf Teamwork angelegt und auch so ausgeführt worden sein. Es erscheint lebensfremd annehmen zu wollen, einem Täter könne es ohne Unterstützung in zwei Fällen gelingen, die Opfer nacheinander zu erschlagen. Nur der Opladener Fall passt nicht in dieses Raster. Denn Ursula Glatzek und Otto Brennecke wurden offenbar sofort durch die Seitenscheibe ihres Wagens beschossen und höchstwahrscheinlich tödlich verletzt. Die »Liebespaar-Morde« hingegen trugen eine ganz andere *Handschrift*. Wenn diese Annahmen zutreffend sein sollten, wäre ein Serienkiller ungeschoren davongekommen und lebt vielleicht noch heute ein sorgenfreies Leben – mitten unter uns.

Stephan Harbort

Literatur

Anonymus: *Mord im parkenden »Kapitän«. Kraftfahrer wurde gestern auf der Rotterdamer Straße erschossen.*
Der Mittag, 8.1.1953.

Anonymus: *Der Raubmord am Rheinstadion. Maskierte Täter schossen sofort – Der Tote ein Rechtsanwalt.*
Rheinische Post, 9.1.1953.

Anonymus: *Rechtsanwalt in seinem Auto erschossen. Raubüberfall auf der Rotterdamer Straße – Maskierte Täter noch flüchtig – Beifahrer stellte sich bewußtlos.*
Düsseldorfer Nachrichten, 9.1.1953.

Anonymus: *Mörder schoß aus der »08«. Raub als Tatmotiv – Velberter Rechtsanwalt war das Opfer.* Der Mittag, 9.1.1953.

Anonymus: *Die Rätsel am Tode des Herrn S. Noch keine Spur vom grauen Volkswagen / Raub als Motiv des Mordes an Dr. Stürmann.* Düsseldorfer Nachrichten, 13.1.1953.

Anonymus: *Totes Brautpaar im Baggerloch. Hellblauer Ford mit zwei Leichen unter dem Wasserspiegel verborgen.*
Der Mittag, 28.11.1955.

Anonymus: *Brautpaar tot im Baggerloch. Wagen des vermißten Bäckers verunglückt?* Rheinische Post, 29.11.1955.

Anonymus: *Das Brautpaar wurde ermordet. Kalkumer Unglück aufgeklärt / Obduktion der Leichen / 3000 Mark Belohnung.*
Rheinische Post, 30.11.1955.

Anonymus: *Brautpaar im Baggerloch wurde ermordet. Ärztliche Untersuchung ergab: Wuchtige Schläge auf die Köpfe und dann im bewußtlosen Zustand ertrunken.*
Der Mittag, 30.11.1955.

Anonymus: *Ihr Wagen versank im Baggerloch.* Bild, 30.11.1955.

Anonymus: *Leichen aus dem Baggerloch – Polizei sagt: »Das ist Mord!«. Rätselhafter Fall war ein beinahe perfektes Verbrechen.*
Neue Ruhr Zeitung, 30.11.1955.

Anonymus: *Das Brautpaar wurde ermordet. Lieselotte Ingensandt und Wilfried Mehnert durch Schläge auf den Kopf betäubt und mit dem Wagen in das Baggerloch gestoßen.* Düsseldorfer Nachrichten, 30.11.1955.

Anonymus: *Unheimlicher Fund.* Hamburger Abendblatt, 30.11.1955.

Anonymus: *»Baggersee-Mord« geschah außerhalb des Autos. Wer war in der Tatnacht bei »Csikós«? / Jetzt 5000 Mark Belohnung.* Neue Ruhr Zeitung, 3.12.1955.

Anonymus: *Mörder fuhr sterbendes Brautpaar zum Baggerloch. Wichtige Hinweise durch Experten – Sonderkommission prüft die Spuren – Jetzt 5 000 DM Belohnung.* Rheinische Post, 3.12.1955.

Anonymus: *Das haben die Mörder verloren!* Der Mittag, 3.12.1955.

Anonymus: *Wilfried Mehnert beigesetzt. Die Opfer des Doppelmords beerdigt.* Rheinische Post, 6.12.1955.

Anonymus: *Kripo vor schwerer Frage: Mord oder Doppelmord? Geheimnisvolle Verbrechen im Auto. 26jähriger Kraftfahrer und 23jährige Stenokontoristin vermißt – Blutlachen im Rücksitz.* Der Mittag, 9.2.1956.

Anonymus: *Das vermißte Paar ermordet. Grausiger Fund an einem Feldweg in Lank-Ilverich – Die Mörder des Brautpaares Mehnert-Ingensandt wieder am Werk?* Düsseldorfer Nachrichten, 10.2.1956.

Anonymus: *Leichenfund in abgebrannter Strohmiete. Wieder Liebespaar ermordet. Schlüsselbund führt zur Identifizierung – Autofahrer gewarnt – 15 000 DM Belohnung.* Rheinische Post, 10.2.1956.

Anonymus: *Doppelmord alarmiert Polizei. Verbrannte Leichen gefunden / Suche nach unbekannten Tätern.* Hamburger Abendblatt, 10.2.1956.

Anonymus: *Peter Seiffert erschossen? Helga Kortmann vermutlich erdrosselt – Ermordetes Paar Dienstag gegen 22 Uhr zuletzt gesehen.* Düsseldorfer Nachrichten, 11.2.1956.

Anonymus: *Ist Seiffert erschossen worden? Neue Einzelheiten vom Doppelmord in Ilverich.* Neue Ruhr Zeitung, 11.2.1956.

Anonymus: *Der Obduktionsbefund. Mordzeit auf zweieinhalb Stunden eingeengt / Geschoß gefunden.* Rheinische Post, 11.2.1956.

Anonymus: *Mutter Kortmanns Alptraum in der Mordnacht. Einzelheiten der Ermittlungen im Mordfall Seiffert/Kortmann – Kripo erwartet Hinweise.* Der Mittag, 11.2.1956.

Anonymus: *Großjagd auf Doppelmörder. Auch andere Paare im Auto überfallen – Bundeskriminalamt eingeschaltet.* Düsseldorfer Nachrichten, 13.2.1956.

Anonymus: *Liebespärchen werden gesucht.* Bild, 13.2.1956.

Anonymus: *Sahen sie den Mörder? Aufschlußreiche Zeugenaussagen im Mordfall Seiffert/Kortmann – Kripo bildet Sonderkommission.* Rheinische Post, 13.2.1956.

Anonymus: *Ein Aufruf an die Liebespärchen im Auto: »Meldet Euch schnellstens bei der Polizei!« Riesen-Mordkommission arbeitet mit Hochdruck an Aufklärung des Doppelmords.* Neue Ruhr Zeitung, 13.2.1956.

Anonymus: *Verdacht auf weitere Mordversuche verstärkt sich immer mehr. Der zweite Doppelmord löste Schock aus. Mehrere Personen waren in Gefahr und wollen nun nicht länger schweigen.* Der Mittag, 13.2.1956.

Anonymus: *Mordkommission tappt noch im dunkeln. Bevölkerung zur Mithilfe an der Aufklärung des Doppelmordes aufgerufen.* Rheinische Post, 15.2.1956.

Anonymus: *Wer sah verdächtige Strohreste? Kriminalpolizei appelliert an die Bevölkerung. Der oder die Doppelmörder dürfen nicht ungeschoren bleiben.* Rheinische Post, 15.2.1956.

Anonymus: *Auch der kleinste Hinweis hilft der Polizei weiter. Suche nach dem vierfachen Mörder geht weiter / Bevölkerung kann helfen.* Neue Ruhr Zeitung, 15.2.1956.

Anonymus: *Kleinste Hinweise helfen der Kripo. Eine Woche nach*

dem zweiten Doppelmord: Noch keine heiße Spur der Täter.
Der Mittag, 15.2.1956.

Anonymus: *Großfahndung nach dem Doppelmörder.
Postwurfsendungen rufen die Bevölkerung zur Mithilfe auf.*
Düsseldorfer Nachrichten, 22.2.1956.

Anonymus: *Mordkommission prüft. Anhaltender Einsatz zur
Aufklärung des Verbrechens an Seiffert/Kortmann.*
Rheinische Post, 22.2.1956.

Anonymus: *Der Mörder schoß mit Kaliber 5,6 Millimeter.
Mord Seiffert/Kortmann – 250 000 Postwurfsendungen.*
Neue Ruhr Zeitung, 22.2.1956.

Anonymus: *250 000 Handzettel zwischen Neuß und Ratingen
verteilt. Großfahndung nach dem Doppelmörder.
Mordkommission lobt vorbildliche Mitarbeit der Bevölkerung –
Viele wichtige Hinweise.* Der Mittag, 22.2.1956.

Anonymus: *Liebespaar-Mörder gefaßt?* Bild, 16.6.1956.

Anonymus: *Düsseldorfer Mörder gefaßt? Verdächtiger bei Büderich
festgenommen / Eine Pistole und ein Motorrad.*
Rheinische Post, 16.6.1956.

Anonymus: *Doppelmörder gefaßt?*
Neue Ruhr Zeitung, 16.6.1956.

Anonymus: *Schlechte Zeiten für Wilddiebe. Spezialbeamte der
Kriminalpolizei ausgebildet – Einsatz auf Anforderung der
Forstverwaltungen.* Düsseldorfer Nachrichten, 19.6.1956.

Anonymus: *Noch keine Gewißheit über den angeblichen Doppelmörder. Polizei warnt vor voreiligen Schlußfolgerungen.*
Neue Ruhr Zeitung, 19.6.1956.

Anonymus: *Ist E. R. der Doppelmörder? Polizei präsentiert
gewichtige Verdachtsmomente – Der Verhaftete schweigt.*
Düsseldorfer Nachrichten, 23.6.1956.

Anonymus: *Im Büdericher Wald hatte Erwin R. ein Waffenarsenal.
Gefährliche Chemikalien und MP-Teile gefunden / Zwischenbericht der Kripo.* Neue Ruhr Zeitung, 23.6.1956.

Anonymus: *Belastende Tatsachen gegen den verhafteten*

Erwin R.: *Das Waffenlager am Parkplatz der Liebespaare. Lügen und Ausreden vor der Kripo – Polizei bekräftigt Mordverdacht.* Der Mittag, 23.6.1956.

Anonymus: *Sittlichkeitsverbrecher machte den Wald unsicher. Zwei Jahre Zuchthaus / »Noch jetzt die Angst in mir …«.* Neue Ruhr Zeitung, 29.6.1956.

Anonymus: *Das Netz wird immer enger. Liebespaar-Mörder oder nicht?* Bild, 23.6.1956.

Anonymus: *Die Spur führt nach Düsseldorf.* Bild, 24.7.1956.

Anonymus: *Düsseldorfer Liebespaar-Mörder noch nicht gefaßt. 2500 Spuren verfolgt.* Bild, 22.8.1956.

Anonymus: *Auf der Spur des Liebespaar-Mörders.* Bild, 4.1.1957.

Anonymus: *War Reichenstein der Grenzmörder?* Bild, 30.1.1957.

Anonymus: *»Liebespaar-Mörder« – Schrecken der Grenzgänger. Erwin Reichenstein unter neuem Verdacht.* Hamburger Morgenpost, 3.9.1957.

Anonymus: *Pistolenkugel überführt Reichenstein. »Liebespaar-Mörder« aus der Zone zurück.* Bild, 1.10.1957.

Anonymus: *Geschah ein Verbrechen? Wer sah Otto Brennecke und Ursula Glatzek?* Rheinische Post, 11.2.1958.

Anonymus: *Großfahndung der Polizei ohne Erfolg. Suche nach den vermißten Otto Brennecke und Ursula Glatzek.* Rheinische Post, 12.2.1958.

Anonymus: *Dritter Liebespaar-Mord in Opladen. Noch keine klaren Anhaltspunkte, jedoch starke Verdachtsmomente.* Rheinische Post, 12.2.1958.

Anonymus: *Geschoßhülsen im Trittbrett gefunden. Meinung der Kripo: Liebespaar wurde erschossen! – Heute Großfahndung.* Rheinische Post, 13.2.1958.

Anonymus: *Liebespaar wurde im Wagen erschossen. Zwei Hülsen am Trittbrett des Volkswagens gefunden.* Rheinische Post, 13.2.1958.

Anonymus: *Kein Zweifel an einem Gewaltverbrechen.*
Mordstelle bei Alkenrath gefunden – 600 Polizeibeamte
bei der Fahndung. Rheinische Post, 14.2.1958.

Anonymus: *Mordstelle liegt neben der Autobahn.*
Großfahndung mit 600 Polizisten / 2 000 Mark Belohnung.
Rheinische Post, 14.2.1958.

Anonymus: *Mordkommission fragt die Autofahrer. Fahndung*
wird fortgesetzt – Noch keine Spur von den Leichen.
Rheinische Post, 15.2.1958.

Anonymus: *Nach einer Woche.* Rheinische Post, 17.2.1958.

Anonymus: *Hemd und Rockaufschlag blutverschmiert.*
Wer sah die Träger des grauen Kleppermantels und des blauen
Regenumhanges? Rheinische Post, 19.2.1958.

Anonymus: *Mörder hat Kratzwunden im Gesicht. Mordkommission*
für den Doppelmord Brennecke/Glatzek wurde verstärkt.
Rheinische Post, 19.2.1958.

Anonymus: *Hubschrauber bei der Mordfahndung. 300 Polizei-*
beamte suchen die Leichen. Hubschrauber des Bundesgrenzschut-
zes bei der Fahndung eingesetzt. Rheinische Post, 20.2.1958.

Anonymus: *Fahndung mit Feuerwehr und Pionieren.*
Bereitschaftspolizei suchte am Donnerstag vergeblich nach
den Leichen. Rheinische Post, 21.2.1958.

Anonymus: *Interpol eingeschaltet. Regierungspräsident*
erhöhte Belohnungen in der Mordsache Brennecke/Glatzek.
Rheinische Post, 22.2.1958.

Anonymus: *Suche nach den Ermordeten hört nicht auf.*
Fahndung immer noch vergeblich – Ständig neue Hinweise.
Rheinische Post, 24.2.1958.

Anonymus: *Nichts Neues in der Mordsache Brennecke/Glatzek.*
Rheinische Post, 25.2.1958.

Anonymus: *Ohne bemerkenswertes Ergebnis.*
Die Mordkommission sucht in kleineren Gruppen weiter.
Rheinische Post, 26.2.1958.

Anonymus: *Mit Motorbooten auf der Talsperre.*

Anonymus: *Fahndung durch Wasserschutzpolizei ohne Ergebnis –
Sonderkommandos unterwegs.* Rheinische Post, 27.2.1958.
Anonymus: *Suche nach Vermißten wurde fortgesetzt.*
Rheinische Post, 5.3.1958.
Anonymus: *Schüsse kamen aus einer Walther-Pistole. Ergebnisse
der kriminaltechnischen Untersuchungen – Fragen an die
Bevölkerung.* Rheinische Post, 6.3.1958.
Anonymus: *Diebe sind nicht die Mörder.*
Rheinische Post, 11.3.1958.
Anonymus: *Auf der Suche nach dem Mörder. Fahndung im
ganzen Bundesgebiet. Lichtspieltheater und Fernsehen werden
eingeschaltet / Wo ist die »Walther«-Pistole?*
Rheinische Post, 11.3.1958.
Anonymus: *Fährtenhunde im Further Moor. Suche nach den
ermordeten Brennecke/Glatzek ergebnislos.*
Rheinische Post, 26.3.1958.
Anonymus: *Kronzeuge wollte sterben.* Bild, 4.11.1958.
Anonymus: *Liebespaarmörder oder nicht – das ist hier die Frage.
Berge von Akten, aber kein Geständnis – Werden die Indizien reichen?* Neue Ruhr Zeitung, 15.6.1959.
Anonymus: *Duell Reichenstein – Büning hat gestern vor Gericht
begonnen. Erster Tag im Düsseldorfer Doppelmordprozeß mit
widersprechenden Aussagen.* Neue Ruhr Zeitung, 4.11.1959.
Anonymus: *Vor drei Jahren hatte Reichenstein Glück.
1956 stand er vor dem Schöffengericht.*
Neue Ruhr Zeitung, 4.11.1959.
Anonymus: *Der Prozeß wird voraussichtlich zwölf Tage dauern.
Reichenstein selbstbewußt vor Gericht. Seine Angaben wirken wie
einstudiert – Er leugnet weiterhin hartnäckig.*
Münsterisches Tageblatt, 4.11.1959.
Anonymus: *Zwei grundverschiedene Angeklagte.*
Düsseldorfer Nachrichten, 4.11.1959.
Anonymus: *Reichenstein bestreitet alle Morde. Büning gibt Raubmord an Dr. Stürmann und von Reichenstein geplante Überfälle*

Anonymus: *auf Liebespaare zu – Er will sein Gewissen erleichtern.* Düsseldorfer Nachrichten, 4.11.1959.

Anonymus: *»Ich bin nicht der Mörder!« Reichenstein-Prozeß begann in Düsseldorf – Voraussichtlich zwölf Verhandlungstage.* Rheinische Post, 4.11.1959.

Anonymus: *»Man hat sich gegen mich verschworen«. Reichenstein bestreitet Mordanklagen. Mit selbstbewußtem Lächeln betrat der Angeklagte den Gerichtssaal / Büning will der Wahrheit dienen.* Münsterisches Tageblatt, 4.11.1959.

Anonymus: Richter: *»Da kann es einem kalt den Rücken runterlaufen«. Zweiter Tag im Düsseldorfer Reichenstein-Prozeß.* Die Welt, 5.11.1959.

Anonymus: *Mit verzerrtem Gesicht glich er einem wilden Tier. »Alles frei erfunden«, erklärte Reichenstein. Büning: »Mein Gedächtnis läßt mich im Stich, weil ich im Gefängnis keine Tabletten erhalte«.* Westfälische Nachrichten, 5.11.1959.

Anonymus: *Reichensteins chemische Experimente. Zweiter Tag im Düsseldorfer Mordprozeß – Büning belastet seinen Komplizen weiter.* Düsseldorfer Nachrichten, 5.11.1959.

Anonymus: *»Büning, reden Sie doch!« Zweiter Tag im Reichenstein-Prozeß – Zyankali, Pistolen und Totschläger.* Rheinische Post, 5.11.1959.

Anonymus: *»Man« ist enttäuscht...* Rheinische Post, 5.11.1959.

Anonymus: *Sollte Frau Reichenstein sterben?* Neue Ruhr Zeitung, 7.11.1959.

Anonymus: Büning: *Ich sollte Frau Reichenstein zum Schweigen bringen. Im Düsseldorfer Mordprozeß steht weiterhin Aussage gegen Aussage.* Frankfurter Allgemeine Zeitung, 7.11.1959.

Anonymus: *Kassiber aus dem Gefängnis an Büning: »Wenn Du weiter schweigst...« Er sollte Reichensteins Frau töten. Aber er half ihr und erklärte: »Wenn alle soviel erzählen wie ich, dann ergibt sich ein ganz anderes Bild!« / Weitere Verbrechenspläne.* Westfälische Nachrichten, 7.11.1959.

Anonymus: *Reichenstein machte den ersten Fehler. Der dritte Verhandlungstag – Was ist mit »Leo«? – Gutes Zeugnis für Büning.* Rheinische Post, 7.11.1959.

Anonymus: *Kleine Gangster als Zeugen im Reichenstein-Prozeß. Liebespaarmörder machte pausenlos Notizen. Schwurgericht erörterte verschiedene Straftaten der Angeklagten / Zweiter Verteidiger hinzugezogen.* Münsterisches Tageblatt, 11.11.1959.

Anonymus: *Zeugen belasten Reichenstein schwer.* Düsseldorfer Nachrichten, 11.11.1959.

Anonymus: *Zeuge: »Reichenstein hat geschossen«. Ein zweiter Rechtsanwalt für den Hauptangeklagten – weiterer Ortstermin.* Rheinische Post, 11.11.1959.

Anonymus: *Die Bluttat an Dr. Stürmann. Mordzeuge und Ehefrau belasten Erwin Reichenstein. Der Angeklagte wollte gefundene Tatwaffe zurückkaufen.*
Hannoversche Zeitung, 12.11.1959.

Anonymus: *Zeugenvernehmung im Mordfall Dr. Stürmann. Reichenstein schloß wie gelangweilt die Augen.*
Frau Reichenstein verzichtete auf Recht der Zeugnisverweigerung und belastete ihren Mann schwer.
Münsterisches Tageblatt, 12.11.1959.

Anonymus: *Zeugen erkennen Reichensteins Mordwaffe wieder. Mit ihr wurde Dr. Stürmann erschossen. Auch Frau Reichenstein machte belastende Aussagen.*
Düsseldorfer Nachrichten, 12.11.1959.

Anonymus: *Frau Reichenstein: »Ich sage aus!«*
Rheinische Post, 12.11.1959.

Anonymus: *Zeugin: »Ich dachte sofort an die Liebespaarmörder.« Die Überfallenen belasten Reichenstein und Büning – Oberjäger Spath hatte seinen großen Tag – Immer mehr Indizien.* Düsseldorfer Nachrichten, 13.11.1959.

Anonymus: *Liebespaarmorde vor dem Schwurgericht. Reichenstein: »Das sind alles Verleumdungen«.*
Münsterisches Tageblatt, 17.11.1959.

Anonymus: *Aussagen und Indizien weisen auf Reichenstein als Liebespaarmörder. Büning brachte dem Staatsanwalt wichtige Zeitangabe – Was geschah in der Allerheiligen-Nacht 1955?*
Düsseldorfer Nachrichten, 17.11.1959.

Anonymus: *Geheimnisvolle Telefonanrufe.*
Rheinische Post, 17.11.1959.

Anonymus: *Der Gerichtssaal verwandelte sich in ein chemisches Labor. »Man kann, Herr Reichenstein!« Schwerwiegende Aussagen von Frau Reichenstein / Weitere Indizien.*
Westfälische Nachrichten, 18.11.1959.

Anonymus: *Reichenstein weinte und verbarg den Kopf unter der Anklagebank. Aussagen und Indizien deuten auf den Liebespaarmörder.* Düsseldorfer Nachrichten, 18.11.1959.

Anonymus: *Pistolen, Strychnin und Zyankali. Achter Verhandlungstag im Reichenstein-Prozeß – Die Sachverständigen sagen aus.*
Rheinische Post, 18.11.1959.

Anonymus: *Vermutlicher Liebespaarmörder erschüttert. Nach Aussagen seiner Frau: Reichenstein in Tränen.* Bild, 19.11.1959.

Anonymus: *Reichenstein an den Tatorten. Immer wieder: »Ich bin es nicht gewesen« – Montag weiterer Ortstermin.*
Rheinische Post, 20.11.1959.

Anonymus: *Reichenstein-Prozeß: Lokaltermin wie in einem Kriminalfall. Streit um die Autofallen.*
Neue Ruhr Zeitung, 21.11.1959.

Anonymus: *Reichenstein mit Taschentuch als Gesichtsmaske. Auch bei der Besichtigung der Tatorte wurde der vermutliche Liebespaarmörder erneut belastet. Die Ortstermine im Liebespaarmord-Prozeß.* Düsseldorfer Nachrichten, 21.11.1959.

Anonymus: *Erwin Reichenstein an den Tatorten der Liebespaar-Morde. Reichenstein am Tatort: »Ich bin hier nie gewesen«.*
Bild, 21.11.1959.

Anonymus: *Beging Reichenstein beim Hühnerdiebstahl Mordversuch?* Hamburger Morgenpost, 24.11.1959.

Anonymus: *Schwarzer Tag für Erwin Reichenstein.*
Bild, 24.11.1959.

Anonymus: *Geständnis und Widerruf. Reichensteins Antworten wie aus der Pistole geschossen.* Bild, 24.11.1959.

Anonymus: *Der Hauptangeklagte leugnet nach wie vor. Lokaltermin im Reichenstein-Prozeß abgeschlossen. Kam nach der Mordnacht nicht zur Arbeit. Dramatischer Höhepunkt: Verteidiger des »Liebespaarmörders« stellten neue Anträge.*
Münsterisches Tageblatt, 24.11.1959.

Anonymus: *Stempelkarte belastet Reichenstein. Vor Einbruch und Liebespaarmord fehlte er im Betrieb.*
Düsseldorfer Nachrichten, 24.11.1959.

Anonymus: *Zwischenfall im Reichenstein-Prozeß. Büning-Verteidiger Lützenrath wirft Hauptangeklagtem Mord an Dr. Stürmann vor.* Rheinische Post, 24.11.1959.

Anonymus: *Vertagung im Liebespaar-Mordprozeß.*
Hamburger Abendblatt, 25.11.1959.

Anonymus: *»Reichenstein schoß verteufelt gut«. Der elfte Verhandlungstag – Prozeß für eine Woche unterbrochen.*
Rheinische Post, 26.11.1959.

Anonymus: *Reichenstein-Prozeß wurde eine Woche vertagt.*
Düsseldorfer Nachrichten, 26.11.1959.

Anonymus: *Abgründe in Erwin Reichenstein.* Revue, 2.12.1959.

Anonymus: *Neue Beweisanträge im Reichenstein-Prozeß. »Eiskalter Willensmensch ohne Gefühlsleben«. Sachverständige urteilen: »Beide Angeklagten sind für ihre Taten voll verantwortlich«.* Münsterisches Tageblatt, 08.12.1959.

Anonymus: *Reichenstein-Prozeß soll in dieser Woche noch zu Ende gehen. Sachverständigen-Gutachten erdrücken Verteidiger-Vorstoß.*
Düsseldorfer Nachrichten, 8.12.1959.

Anonymus: *Das Geständnis des Mörders im Kino. Die Behandlung von Untersuchungsgefangenen im Polizeigewahrsam – Erklärungen zum Fall Büning.*
Düsseldorfer Nachrichten, 9.12.1959.

Anonymus: *Reichenstein: Tränen und Krach mit Verteidigern.*
Hamburger Morgenpost, 9.12.1959.

Anonymus: *Strafantrag gegen Reichenstein: Dreimal lebenslänglich.*
Hamburger Abendblatt, 9.12.1959.

Anonymus: *Reichensteins Freunde im Zeugenstand.*
Bild, 9.12.1959.

Anonymus: *Lebenslänglich für Reichenstein beantragt. Staatsanwalt hält ihn des Mordes an Dr. Stürmann und dem Liebespaar Seiffert / Kortmann für schuldig.*
Düsseldorfer Nachrichten, 10.12.1959.

Anonymus: *Die Strafanträge im »Liebespaar-Mordprozeß«. Lebenslänglich Zuchthaus für E. Reichenstein. Viereinhalb Jahre Zuchthaus für Büning. Sorgfältige Rekonstruktion der Mordfälle durch den Staatsanwalt.* Westfälische Nachrichten, 10.12.1959.

Anonymus: *Reichenstein wurde bleich, als er das »Lebenslänglich« hörte. Die Urteilsverkündung im Düsseldorfer Mordprozeß.*
Düsseldorfer Nachrichten, 15.12.1959.

Anonymus: *Einer der spannendsten Indizienprozesse ging zu Ende. Lebenslang Zuchthaus für Reichenstein. Büning erhielt fünf Jahre Zuchthaus – Der Mord an Dr. Stürmann gesühnt. Freispruch von der Anklage, die Liebespaare ermordet zu haben.* Westfälische Nachrichten, 15.12.1959.

Anonymus: *Liebespaarmorde bleiben ungeklärt. Lebenslänglich für Erwin Reichenstein. Wegen Mordes, Raubes, Anstiftung zum Mord verurteilt – Büning in zwei Jahren wieder frei.*
Münsterisches Tageblatt, 15.12.1959.

Anonymus: *Der Verurteilte wirkte wie ein Gerichtsstenograf. Reichenstein verzog keine Miene. Liebespaar-Morde blieben ungeklärt – Verteidiger legen Revision ein.*
Neue Ruhr Zeitung, 15.12.1959.

Anonymus: *Der »Musterhäftling« im Untersuchungsgefängnis. Haben sich im Prozeß gegen Reichenstein die Gutachter geirrt? Der zu lebenslangem Zuchthaus Verurteilte kämpft um die Revision.* Flensburger Echo, 2.8.1960.

Anonymus: *Nur wenige Tage nach dem Rohrbach-Prozeß: Jetzt Reichenstein und Bellwinkel? Strafverteidiger Dr. Karlheinz König: »Auch meine Mandanten fielen zweifelhaften Gutachten und Indizien zum Opfer!«.* Hamburger Morgenpost, 6.7.1961.

Anonymus: *Als Handlanger Reichensteins vor Gericht. Bewiesene Besserung und offenes Eingeständnis stimmen die Richter zur Milde.* Düsseldorfer Nachrichten, 15.7.1961.

Berg, K.: *Der Sadist. Gerichtsärztliches und Kriminalpsychologisches zu den Taten des Düsseldorfer Mörders.* Zeitschrift für die gesamte Gerichtliche Medizin 1931, S. 247-347.

Berg, M.: *Erwin Reichenstein heißt der Liebespaarmörder. Der »Teufel vom Rhein«.* Das Neue Blatt, 21.2.1957.

Berg, M.: *Reichenstein war mein böser Dämon!* Das Neue Blatt, 3.7.1957.

Brech, P.: *Der Beweiswert der »stummen Zeugen«. Ein Mordversuch wird vier Jahre nach der Tat durch Indizien aufgeklärt.* Kriminalistik 1952, S. 137-138, 149-150.

Burghard, W. / Hamacher, H.-W. / Herold, H.: *Kriminalistik-Lexikon.* Heidelberg, 1996.

Camphausen, C.: *Unheimliche Funde in Düsseldorf.* Bild, 12.1.1957.

Camphausen, C.: *Pistole 08 überführt den Teufel vom Rhein. Erwin Reichenstein durch Bekannten entlarvt. Automord aufgeklärt.* Bild, 2.2.1957.

Camphausen, C.: *Sein Schatten ist stündlich da.* Bild am Sonntag, 3.2.1957.

Camphausen, C.: *Ich sah Reichenstein bei den Opfern an der Grenze. BILD-Leser hilft Düsseldorfer Kripo.* Bild, 6.2.1957.

Camphausen, C.: *Liebespaar-Mörder ist überführt.* Bild, 8.2.1957.

Camphausen, C.: *Liebespaar-Mörder war der Menschenjäger vom Rhein. Der Mitwisser gestand alles.* Bild, 14.3.1957.

Camphausen, C.: *Willenlos durch Rauschgift. So machte der Düsseldorfer Liebespaarmörder seinen Freund gefügig.* Bild am Sonntag, 17.3.1957.

Camphausen, C.: *Verhör des Liebespaar-Mörders Reichenstein abgeschlossen. Lkw voll Beweismaterial.* Bild, 4.6.1957.

Camphausen, C.: *Verrät Reichenstein den Mittäter? Seine Frau hält zu ihm.* Bild, 9.10.1957

Camphausen, C.: *Düsseldorfer »Liebespaar-Mord«. Kronzeuge muß in Heilanstalt.* Bild, 1.3.1958.

Camphausen, C.: *Reichenstein will nicht in Heilanstalt.* Bild, 24.5.1958.

Camphausen, C.: *Reichenstein-Prozeß im Januar.* Bild, 29.8.1958.

Camphausen, C.: *Reichenstein unter Anklage.* Bild, 14.11.1958.

Camphausen, C.: *Prozeß in Düsseldorf: Es geht um die Liebespaar-Morde. Pistolenheld Reichenstein streitet Verbrechen eiskalt ab.* Bild, 4.11.1959.

Camphausen, C. / Werremeier, F.: *Pistolen-Reichenstein spielte mit Blausäure und Zyankali. Düsseldorfer »Liebespaarmord«-Prozeß.* Bild, 5.11.1959.

Camphausen, C. / Werremeier, F.: *Hamburger Paß führte beinahe auf die Spur von Reichenstein.* Bild, 5.11.1959.

Camphausen, C. / Werremeier, F.: *Schlaftabletten im Gefängnis. Reichenstein: »Ich bin kein Schauspieler!«.* Bild, 7.11.1959.

Camphausen, C.: *Erstes Opfer des Liebespaar-Mörders. So starb DGB-Sekretär Dr. Stürmann.* Bild, 12.11.1959.

Camphausen, C.: *Wo hatte Reichenstein das Geld her? 7. Tag im Liebespaar-Mord-Prozeß.* Bild, 17.11.1959.

Camphausen, C.: *Reichenstein-Komplice ging mit der Polizei ins Kino. Kronzeuge Büning wurde nett behandelt.* Bild, 8.12.1959.

Camphausen, C.: Fall Reichenstein: *Mord an einem Liebespaar ohne Sühne.* Bild, 10.12.1959.

Camphausen, C.: *Lebenslang für Reichenstein – aber: Liebespaar-Morde bleiben ohne Sühne.* Bild, 15.12.1959.

Camphausen, C.: *Vor vier Jahren erhielt Erwin Reichenstein wegen Mordes lebenslänglich. Reichensteins Verteidiger läßt nicht locker*

– er will einen neuen Prozeß. Patent aus dem Zuchthaus.
Bild am Sonntag, 21.7.1963.

Canter, D.: *Offender profiles.* The Psychologist 1989, S. 12-16.

Chessman, C.: *Todeszelle 2455.* München, 1960.

Chessman, C.: *Mein Kampf ums Leben.* Wien, Stuttgart, Zürich, 1960.

Deeley, P.: *Der Düsseldorfer Liebespaarmörder,* in: Arnau, F. (Hrsg.): *Mordkommission.* Täter gesucht, S. 9-47. München, 1971.

Douglas, J. / Munn, C.: *Violent crime scene analysis: Modus operandi, signature and staging.* FBI Law Enforcement Bulletin 1992 (Heft 2), S. 1-10.

Ehrlich, C.: *Die Lüge im Auftreten. Täuschungsfaktor bei Kapitalverbrechen.* Kriminalistik 1962, S. 151-154.

Erdmann, W.: *Das Geheimnis des Baggerlochs. Tod eines jungen Brautpaares noch ungeklärt.* Die Welt, 18.12.1955.

Erdmann, W.: *Ein Mensch mordet aus Haß. Nur ein Täter für die beiden Düsseldorfer Doppelmorde / 10 000 DM Belohnung.* Die Welt, 12.2.1956.

Erdmann, W.: *Nagelbretter auf der Straße. Erwin Reichenstein stellte Autofalle / Ist er der Liebespaarmörder?* Hamburger Abendblatt, 9.1.1957.

Erdmann, W.: *Polizei hält Reichenstein für den Liebespaarmörder. Beweiskette schließt sich / Waffen und Gift im Versteck.* Hamburger Abendblatt, 12.1.1957.

Erdmann, W.: *Pistole als Beweis. Kriminalpolizei: Reichenstein ist Dr. Stürmanns Mörder.* Hamburger Abendblatt, 2.2.1957.

Erdmann, W.: *Morde nachgewiesen.* Hamburger Abendblatt, 8.2.1957.

Erdmann, W.: *Zeuge der Mordtat.* Hamburger Abendblatt, 25.2.1957.

Erdmann, W.: *Neue Rätsel um Düsseldorfer Mörder. Reichensteins teuflische Pläne. Schlossergeselle Fritz Büning legte ein ungeheuerliches Geständnis ab.* Hamburger Abendblatt, 14.3.1957.

Erdmann, W.: *Gas drang in die Autos. Bald Anzeige wegen Mordes gegen Reichenstein / Heimtückische Taten.*
Hamburger Abendblatt, 2.4.1957.

Erdmann, W.: *Kripo beendete Ermittlungen. Staatsanwalt bereitet Anklage gegen Reichenstein vor.*
Hamburger Abendblatt, 4.6.1957.

Erdmann, W.: *Prozeß im November.*
Hamburger Abendblatt, 28.5.1958.

Ernst, G.: *Der Fall Eichhorn. Ein weiterer Beitrag zur Kenntnis des Doppellebens schwerster Sittlichkeitsverbrecher.*
Inaugural Dissertation, München, 1942.

Gehlen, A.: *Liebespaar umgebracht. Geheimnisvolle Mörder töten zweites Mal.* Neue Ruhr Zeitung, 10.2.1956.

Gehlen, A.: *Erwin Reichenstein bleibt dabei: »Ich bin nicht der Liebespaar-Mörder!« Todesauto im Baggerloch nur durch Zufall entdeckt.* Neue Ruhr Zeitung, 16.6.1959.

Gehlen, A.: *»Ich bin nicht der Liebespaar-Mörder!« Förster stellte Reichenstein im Waldversteck.*
Neue Ruhr Zeitung, 17.6.1959.

Gehlen, A.: *»Ich bin nicht der Liebespaar-Mörder!« Komplice: Reichenstein hat Dr. Stürmann erschossen.*
Neue Ruhr Zeitung, 19.6.1959.

Gehlen, A.: *»Ich bin nicht der Liebespaar-Mörder!« Reichenstein probierte Gift an seinen Hühnern aus.*
Neue Ruhr Zeitung, 20.6.1959.

Gehlen, A.: *»Ich bin nicht der Liebespaar-Mörder!« Mordwaffe gehörte einmal Erwin Reichenstein.*
Neue Ruhr Zeitung, 23.6.1959.

Gehlen, A.: *»Ich bin nicht der Liebespaar-Mörder!« In Haft hörte Reichenstein von neuem Doppelmord.*
Neue Ruhr Zeitung, 24.6.1959.

Gehlen, A.: *»Ich bin nicht der Liebespaar-Mörder!« Reichenstein tröstet seine Familie mit Briefen.*
Neue Ruhr Zeitung, 25.6.1959.

Gehlen, A.: *Heute beginnt der Reichenstein-Prozeß. Der Mann mit der steinernen Maske.* Neue Ruhr Zeitung, 3.11.1959.

Gehlen, A.: *Reichenstein hat seine eigenen Akten auf dem Tisch liegen. Geschichten aus der Giftküche / Streiflichter vom Doppelmordprozeß.* Neue Ruhr Zeitung, 5.11.1959.

Gehlen, A.: *Publikum bombardiert Gericht mit Briefen. Die »Festung Reichenstein« steht immer noch eisern / Auch Büning bekommt etwas ab / Streiflichter aus dem Gerichtssaal.*
Neue Ruhr Zeitung, 7.11.1959.

Gehlen, A.: *Reichenstein erschien gestern mit zwei Anwälten vor Gericht. Verleumdungsklagen aus Untersuchungshaft / Aus dem Gerichtssaal.* Neue Ruhr Zeitung, 11.11.1959.

Gehlen, A.: *Mordwaffe lag unentdeckt drei Jahre bei der Polizei. Die abenteuerliche Geschichte von Reichensteins Pistole / Aus dem Gerichtssaal.* Neue Ruhr Zeitung, 12.11.1959.

Gehlen, A.: *»Leo« stand schon einmal unter Doppelmordverdacht. Frau Reichenstein hat noch lange nicht alles ausgepackt / Aus dem Gerichtssaal.* Neue Ruhr Zeitung, 14.11.1959.

Groß, E. / Geerds, F.: *Handbuch der Kriminalistik.* Lübeck, 1977.

Guldner, C.: *Tiefes Geheimnis um das tote Brautpaar. Düsseldorf: Doppelmord ohne Spur.* Bild, 1.12.1955.

Guldner, C.: *Neue Spuren im Düsseldorfer Mordfall. Am Steuer des Ford saß der Mörder.* Bild, 3.12.1955.

Guldner, C.: *Feuer sollte die Mordspur verwischen.* Bild, 10.2.1956.

Guldner, C.: *Der Mörder vom Rhein. Schatten über dem Karneval.* Bild, 11.2.1956.

Guldner, C.: *Tatmotiv – Haß gegen Liebende. Psychologen im Mordfall Düsseldorf eingeschaltet.* Bild, 2.3.1956.

Harbort, S.: *Kriminologie des Serienmörders – Teil 1. Forschungsergebnis einer empirischen Analyse serieller Tötungsdelikte in der Bundesrepublik Deutschland.*
Kriminalistik 1999, S. 642-650.

Harbort, S.: *Kriminologie des Serienmörders – Teil 2. Forschungsergebnis einer empirischen Analyse serieller*

Tötungsdelikte in der Bundesrepublik Deutschland.
Kriminalistik 1999, S. 713-721.
Harbort, S.: *Das Hannibal-Syndrom. Phänomen Serienmord.*
Leipzig, 2001 (4. Aufl.).
Harbort, S.: *Mörderisches Profil. Phänomen Serientäter.*
Leipzig, 2002 (3. Aufl.)
Harbort, S.: *Profiling – Auf dem Weg der Hypothesen.*
CD Sicherheits-Management 2003 (Heft 6), S. 12-34.
Harbort, S.: *»Ich musste sie kaputtmachen«. Anatomie eines Jahrhundert-Mörders.* Düsseldorf, 2004.
Harbort, S.: *Die Vorstellungs- und Erlebniswelt sadistischer Serienmörder. Phänomenologische, fallanalytische und ätiologische Bemerkungen zu bewusstseinsdominanten Gewalt- und Tötungsphantasien,* in: Robertz, F. / Thomas, A. (Hrsg.): Serienmord. Kriminologische und kulturhistorische Skizzierungen eines ungeheuerlichen Phänomens, S. 62-84. München, 2004.
Harbort, S.: *Signaturen des Serienmörders.*
Die Kriminalpolizei 2004, S. 76-81.
Harbort, S. / Mokros, A.: *Serial murderers in Germany from 1945 to 1995. A discriptive study.*
Homicide Studies 2001, S. 311-334.
Hehberger, A.: *Der Indizienbeweis im Ermittlungsverfahren.*
Kriminalistik 1964, S. 16-18.
Heindl, R.: *Polizei und Verbrechen.* Berlin, 1926.
Hesse, H.: *Unheimlicher Fund im Wald bei Opladen. Wieder ein Liebespaar im Rheinland ermordet?* Bild, 12.2.1958.
Homant, R.: *Review of offender profiling: Theory, research and practice.* Criminal justice and behavior 1998, S. 507-510.
Keppel, R. / Birnes, W.: *Signature Killers. Interpreting the calling card of the serial murderer.* New York, 1997.
Koblitz, A.: *Liebespaar-Mörder endlich gefaßt?*
Das Neue Blatt, 5.7.1956.
Köhler, W.: Büning: *»Ich sollte Reichensteins Frau zum*

Schweigen bringen«. 3. Verhandlungstag im Düsseldorfer
Mordprozeß. Die Welt, 7.11.1959.

Köhler, W.: *Angeklagter wieder schwer belastet. Reichenstein
bestreitet auch Autofallen-Plan. Weitere Zeugenaussagen im
Düsseldorfer Mordprozeß.* Die Welt, 11.11.1959.

Köhler, W.: *Nur ein Mord konnte Reichenstein nachgewiesen
werden. Zu lebenslänglich Zuchthaus verurteilt.*
Die Welt, 15.12.1959.

Kolarz, H.: *Der Liebespaar-Mörder von Düsseldorf.* Der Stern 1957
(Heft 45), S. 54-60, (Heft 46), S. 47-56, (Heft 47), S. 47-54,
(Heft 48), S. 73-83, (Heft 49), S. 51-57.

Langner, H.-J.: *Der Komplice des Liebespaarmord-Angeklagten
bleibt fest: »Ich war dabei, als Reichenstein schoß!«
Bei der Erwähnung seiner Kinder wischte Reichenstein sich
über die Augen – Ein Prozeß voller Rätsel hat begonnen.*
Neue Ruhr Zeitung, 4.11.1959.

Langner, H.-J.: *Reichenstein – ein wachsamer Gegner der Anklage.
Rettete Büning ein Liebespaar?*
Neue Ruhr Zeitung, 5.11.1959.

Langner, H.-J.: *Klara Reichenstein hat keinen Blick mehr für
ihren Mann. Pistolen-Ballade mit Widersprüchen –
Der Überlebende sagt aus.* Neue Ruhr Zeitung, 12.11.1959.

Langner, H.-J.: *Indizien geben weiter Rätsel auf. Reichenstein
gewann eine Runde.* Neue Ruhr Zeitung, 14.11.1959.

Langner, H.-J.: *Feuer und Wasser verwischten die Spuren.
Liebespaar-Mörder nachts am Telefon?*
Neue Ruhr Zeitung, 17.11.1959.

Langner, H.-J.: *Porträt eines Mordprozesses.
Im Kessel der Indizien gibt es keine Norm.*
Neue Ruhr Zeitung, 18.11.1959.

Langner, H.-J.: *Reichensteins Alibi angezweifelt.
Nach der Mordnacht kam er nicht zur Arbeit.*
Neue Ruhr Zeitung, 24.11.1959.

Langner, H.-J.: *Acht Tage Pause im Reichenstein-Prozeß.*

Langner, H.-J.: *Kripo setzt auf den Kronzeugen Büning.*
    Neue Ruhr Zeitung, 26.11.1959.
Langner, H.-J.: *Noch 27 Zeugen sollen gehört werden.*
    Verteidiger geben Reichenstein nicht auf.
    Neue Ruhr Zeitung, 8.12.1959.
Langner, H.-J.: *Reichenstein sucht die Chance der letzten*
    Minute. Neue Ruhr Zeitung, 9.12.1959.
Langner, H.-J.: *Reichenstein soll lebenslänglich ins Zuchthaus.*
    Staatsanwälte belohnen den Kronzeugen Büning.
    Neue Ruhr Zeitung, 10.12.1959.
Langner, H.-J.: *Reichenstein beteuert auch im Schlußwort:*
    Ich habe niemand ein Leid angetan!
    Neue Ruhr Zeitung, 11.12.1959.
LIMA: *Der Unheimliche von Düsseldorf. Mord im Kopf – Gift im*
    Keller – Waffen im Wald. Erwin Reichenstein: Mörder oder
    Phantast? Deutsche Illustrierte 1957 (Heft 6), S. 18-20.
LIMA: *Der Unheimliche von Düsseldorf.*
    Spießbürger und Dämon – Was weiß Frau Reichenstein? –
    Kürten der Erste – Reichenstein in der Falle.
    Deutsche Illustrierte 1957 (Heft 7), S. 9, 20-22.
LIMA: *Der Unheimliche von Düsseldorf.*
    Der geheimnisvolle Unbekannte. Frau Reichenstein
    macht Schluß. Auch Mörder im Niemandsland?
    Deutsche Illustrierte 1957 (Heft 8), S. 3, 18-21.
LIMA: *Der Unheimliche von Düsseldorf. Totmacher Pleil,*
    Reichenstein & Co. Indizien + Tatsachen = Mordanklage.
    Deutsche Illustrierte 1957 (Heft 9), S. 7, 28-29.
LIMA: *Der Unheimliche von Düsseldorf. Nachts auf den Auto-*
    straßen – Der große Fehler der Kripo – Reichenstein »studiert«.
    Deutsche Illustrierte 1957 (Heft 10), S. 5, 18-19.
Meixner, F.: *Zur Problematik der Wahrheitserforschung.*
    Kriminalistik 1957, S. 371-373.
Meyer-Wrekk, I.: *In Düsseldorf begann der Prozeß gegen*
    Reichenstein und Büning. »Mann mit der eisernen Maske«

*leugnet die Liebespaarmorde. Komplice Büning berichtet
von gemeinsamen Taten / Schießübung am Rheinufer.*
Westfälische Rundschau, 4.11.1959.

Meyer-Wrekk, I.: *»Er haßte alle Glücklichen!« Aber Reichenstein
leugnet – und schreibt. Die Giftküche im Keller /
Erster Überfall auf ein Liebespaar bei Düsseldorf.*
Westfälische Rundschau, 5.11.1959.

Meyer-Wrekk, I.: *Wollte Erwin Reichenstein auch seine Frau umbringen lassen? Anweisungen in der Giftküche / Der Schwur, nie im
Leben ein Wort zu verraten.* Westfälische Rundschau, 7.11.1959.

Meyer-Wrekk, I.: *Der Hauptangeklagte leugnet … Zwei Autofallen
bei Düsseldorf. Reichenstein erneut schwer belastet. Ehemalige
Freunde bestätigen, daß er Autofahrer überfallen und ausrauben
wollte.* Westfälische Rundschau, 11.11.1959.

Meyer-Wrekk, I.: *Der 5. Verhandlungstag im Düsseldorfer
Liebespaarmordprozeß. Frau Reichenstein belastet ihren Mann.
»Er war immer so grausam zu mir«. Der Angeklagte schenkte
ihr keinen Blick / Pistole wechselt oft den Besitzer.*
Westfälische Rundschau, 12.11.1959.

Meyer-Wrekk, I.: *Reichenstein: »Die meisten Zeugen sagen die
Unwahrheit«. Liebespaar schildert den Überfall von Reichenstein
und Büning vor Gericht. Die Morde kommen erst in der nächsten
Woche zur Sprache / Belastende neue Aussagen.*
Westfälische Rundschau, 14./15.11.1959.

Meyer-Wrekk, I.: *Der achte Tag im Liebespaarmordprozeß.
Die Giftküche des Erwin Reichenstein. Waffenarsenal
auf dem Richtertisch. Ehefrau sagt erneut gegen ihn aus /
Die Liste der Indizien wird immer größer.*
Westfälische Rundschau, 18.11.1959.

Meyer-Wrekk, I.: *Bauer schwor unter freiem Himmel.
E. Reichenstein am Ort der Mordtaten: »Ich kenne das
Gelände nicht«. Berittene Polizei bewachte das Flußufer /
Richter übernahm zeitweilig Rolle des Mörders.*
Westfälische Rundschau, 21./22.11.1959.

Meyer-Wrekk, I.: *Reichenstein weinte gestern vor Gericht bei Schilderung seiner Jugendzeit. Verteidiger versuchten vergeblich, Angeklagten zu entlasten / Hatte Büning sadistische Neigungen?* Westfälische Rundschau, 26.11.1959.

Meyer-Wrekk, I.: *Für Freispruch in einem Mordfall. Der Staatsanwalt forderte gestern: Lebenslänglich für Erwin Reichenstein. Zwei Überraschungen: geringe Strafe für Büning und eine nicht geschlossene Indizienkette.* Westfälische Rundschau, 10.12.1959.

Meyer-Wrekk, I.: *Dramatischer Appell an Richter und Geschworene. Die Plädoyers der Verteidiger. »Das Volk will ein Opfer haben«. Reichenstein weinte während der Ausführungen seiner Anwälte / Urteilsverkündung am Montag.* Westfälische Rundschau, 11.12.1959.

Meyer-Wrekk, I.: *Schwurgericht fällte gestern Urteil. Lebenslänglich für Erwin Reichenstein. Liebespaarmorde sind ungeklärt. Fritz Büning erhielt fünf Jahre Zuchthaus / Reichenstein blieb ungerührt.* Westfälische Rundschau, 15.12.1959.

Michaelis, H.: *Seit heute morgen 9.15 Uhr in Düsseldorf. Reichenstein, der Liebespaarmorde angeklagt, steht vor Gericht. Einer der erregendsten Prozesse der deutschen Kriminalgeschichte.* Hamburger Morgenpost, 3.11.1959.

Michaelis, H.: *Das Netz der Indizien ist sehr dicht. Heftige Rededuelle zwischen den beiden Angeklagten.* Hamburger Morgenpost, 4.11.1959.

Michaelis, H.: *Büning erzählt die tollsten Gruselgeschichten. Reichenstein bleibt nach wie vor dabei: »Ich war es nicht!«* Hamburger Morgenpost, 5.11.1959.

Michaelis, H.: *Zeugen belasten Reichenstein. Verhandlung gegen den vermutlichen »Liebespaarmörder« von Düsseldorf wiederaufgenommen.* Hamburger Abendblatt, 10.11.1959.

Michaelis, H.: *Bedrückende Begegnung zwischen Reichenstein*

und seiner Frau im Prozeß um die Liebespaarmorde.
»Er war grausam«. Hamburger Abendblatt, 12.11.1959.

Michaelis, H.: *Als Zeugen in Düsseldorf. Das einzige Liebespaar, das lebend davonkam. Heute wichtige Vernehmung im Prozeß gegen Reichenstein.* Hamburger Abendblatt, 13.11.1959.

Michaelis, H.: *Oberjäger Spath sah Reichenstein durch den Wald schleichen. Angeklagter vor dem Gericht: »Die meisten Zeugen sagen nicht die Wahrheit«.* Hamburger Abendblatt, 14.11.1959.

Michaelis, H.: *»Die Tote sah so jung aus«. Zeuge über den Mord am Liebespaar Mehnert-Ingensandt.* Hamburger Abendblatt, 16.11.1959.

Michaelis, H.: *Nach Lokalterminen im Liebespaar-Mordprozeß. Anklage hat beträchtlich an Boden gewonnen. Erregender Zusammenstoß der Verteidiger von Büning und Reichenstein.* Hamburger Abendblatt, 24.11.1959.

Michaelis, H.: *Indizien gegen Reichenstein wurden nicht erschüttert. Letzte Zeugen brachten Wende / Prozeß wurde vertagt.* Hamburger Abendblatt, 26.11.1959.

Michaelis, H.: *Wie Hammerschläge fallen Worte des Staatsanwalts in den Saal. Der Prozeß um die Liebespaarmorde von Düsseldorf vor der Entscheidung.* Bild, 10.12.1959.

Michaelis, H.: *Krasse Gegensätze bei den Anträgen gegen Reichenstein.* Hamburger Abendblatt, 10.12.1959.

Müller-Gast, A.: *Reichenstein kann noch lächeln. Zeugen sahen Opfer wenige Stunden vor der Tat.* Neue Ruhr Zeitung, 17.11.1959.

Müller-Gast, A.: *Reichenstein verlor seine Ruhe. Erregte Auseinandersetzungen / Gibt es noch Überraschungen in diesem Prozeß?* Neue Ruhr Zeitung, 18.11.1959.

Müller-Gast, A.: *Reichenstein bestreitet noch immer. Sechsstündige Tatortbesichtigung erbrachte nichts Neues.* Neue Ruhr Zeitung, 21.11.1959.

Müller-Gast, A.: *Weitere Zeugen in Sicht.*

Lokaltermine beendet / Fällt die Bastion Reichenstein?
Neue Ruhr Zeitung, 24.11.1959.

Müller-Gast, A.: *Büning lächelte befreit. Einzige Überraschung: Eine Geschwulst / Ein Stein plumpste.* Neue Ruhr Zeitung, 26.11.1959.

Müller-Gast, A.: *Frau Reichenstein. Kinder müssen anderen Namen bekommen. Neue Zeugen und Sachverständige hatten das Wort.* Neue Ruhr Zeitung, 8.12.1959.

Müller-Gast, A.: *Heute hören Reichenstein und Büning die Strafanträge. Der Prozeß um die Liebespaarmorde geht zu Ende.* Neue Ruhr Zeitung, 9.12.1959.

Müller-Gast, A.: *Reichenstein lächelt und schreibt. Gegen Reichenstein lebenslanges, gegen Büning viereinhalb Jahre Zuchthaus beantragt.* Neue Ruhr Zeitung, 10.12.1959.

Müller-Gast, A.: *Maske oder gutes Gewissen? Sechs Stimmen entscheiden. Urteil im Reichenstein-Prozeß am Montagnachmittag.* Neue Ruhr Zeitung, 11.12.1959.

Müller-Gast, A.: *Frage ohne Antwort: Wer ist der Liebespaarmörder? Trotz starken Verdachts: Reichenstein war nicht zu überführen.* Neue Ruhr Zeitung, 15.12.1959.

Nack. A.: *Der Indizienbeweis.* Monatsschrift für deutsches Recht 1986, S. 366-371.

Nack, A.: *Zum Beweiswert kriminaltechnischer Untersuchungsergebnisse.* Kriminalistik 1999, S. 32-39.

Naumann, B.: *Büning belastete die Hauptangeklagten noch mehr. Reichenstein nennt die Beschuldigungen unwahr / Seltsame Experimente mit Giften / Der zweite Tag des Mordprozesses.* Frankfurter Allgemeine Zeitung, 5.11.1959.

Noack, P. / Naumann, B.: *Wer waren sie wirklich? Ein Blick hinter die Kulissen der elf interessantesten Prozesse der Nachkriegszeit – Der Reichenstein-Büning Prozeß. Liebespaarmorde geklärt? S. 105-134.* Bad Homburg vor der Höhe, 1961.

Pluschke, H.: *Sechster Tag im Reichenstein-Prozeß. Zeuge »Leo« sagt aus. Der erste Überfall auf ein Liebespaar.*

Die Ereignisse im Wald bei Meererbusch.
Rheinische Post, 14.11.1959.

Remy, K.-H.: *Der Lustmörder Tripp.*
Archiv für Kriminologie 1933, S. 78-83.

Rossmo, K.: *Geographic profiling.* Boca Raton, Fl.: CRC press, 2000.

Safranski, R.: *Das Böse oder Das Drama der Freiheit.*
München und Wien, 1997.

Schaeffer, M.-P.: *Nach 34 Jahren Gefängnis. Herr R. träumt von einer Badewanne.* Bild, 5.7.1990.

Schaeffer, M.-P.: *Der Mann, der 34 Jahre saß.*
Mein Komplize ist heute Millionär. Bild, 7.7.1990.

Scheuer, A.: *Reichenstein erklärt: »Ich bin kein Mörder«.*
Sagt aber einmal: »Am Tage, als ich das Verbrechen an Stürmann beging«. Der Mittag, 4.11.1959.

Scheuer, A.: *Büning belastet Erwin Reichenstein schwer.*
Reichenstein gibt Experimente mit Gift zu – Verdächtige Fachliteratur. Der Mittag, 5.11.1959.

Scheuer, A.: *Büning: Ich sollte Reichensteins Frau umbringen.*
Weitere Belastungen Reichensteins – Beginn der Zeugenvernehmungen. Der Mittag, 7.11.1959.

Scheuer, A.: *Mordfall Stürmann stand im Mittelpunkt.*
Frau Reichenstein bezeichnet ihren Mann als grausam / War Mordwaffe eine Pistole? Der Mittag, 12.11.1959.

Scheuer, A.: *Büning gesteht, aber Reichenstein leugnet alles.*
Der Überfall auf ein Liebespaar im Wald bei Meererbusch.
Der Mittag, 16.11.1959.

Scheuer, A.: *Mysteriöser Anruf in der Mordnacht. Nur der Mörder konnte zu dieser Zeit den Tod des Brautpaares wissen.*
Der Mittag, 18.11.1959.

Scheuer, A.: *Die Indizien gegen Reichenstein mehren sich.*
Der Mittag, 19.11.1959.

Scheuer, A.: *Keine Geständnisse an den Tatorten. Zeuge erklärt, daß Reichenstein Skizzen für die Autofalle angefertigt habe.*
Der Mittag, 21.11.1959.

Scheuer, A.: *Nach Mordnacht arbeitete Reichenstein nicht. Kontroverse zwischen den Verteidigern – Letzte Zeugen am Mittwoch.* Der Mittag, 24.11.1959.

Scheuer, A.: *Der Reichenstein schoß verteufelt gut. Entlastungszeugen sagen aus – Prozeß um eine Woche vertagt.* Der Mittag, 26.11.1959.

Scheuer, A.: *Reichenstein hatte das Zeug zum Bandenchef. Sachverständige bezeichnen beide Angeklagten als voll verantwortlich.* Der Mittag, 8.12.1959.

Scheuer, A.: *Das Wort hat der Herr Staatsanwalt. Beweisaufnahme abgeschlossen – Heute Beginn der Plädoyers.* Der Mittag, 9.12.1959.

Scheuer, A.: *Lebenslänglich für Reichenstein beantragt. Anklage hält einen Liebespaarmord für erwiesen – 4 1/2 Jahre Zuchthaus für Büning gefordert.* Der Mittag, 10.12.1959.

Scheuer, A.: *»Indizien in keinem Falle schlüssig«. Die Plädoyers der Verteidigung – Urteilsverkündung am Montagnachmittag.* Der Mittag, 11.12.1959.

Scheuer, A.: *Urteil im Liebespaar-Mordprozeß: Erwin Reichenstein ist der Mörder Stürmanns. Der Liebespaar-Morde immer noch verdächtig / Freispruch mangels Beweises.* Der Mittag, 15.12.1959.

Schraepel, W.: *Der Fall Opitz. 3 Raubmorde, 54 Raubüberfälle und 64 Eisenbahnattentate ausschließlich durch naturwissenschaftliche Beweismethoden ermittelt.* Archiv für Kriminologie 1938, S. 1-18, 124-163, 181-186, 1939, S. 31-52.

Schütz, E. / Zetzsche, G.: *Ein vielfacher Lustmörder und seine Entlarvung durch medizinische Indizienbeweise.* Archiv für Kriminologie 1942, S. 201-210.

Schuster, L.: *Perseveranz – kriminalistische Methoden im Umbruch?* Kriminalistik 1983, S. 484-486.

Sofsky, W.: *Traktat über die Gewalt.* Frankfurt am Main, 1996.

Sofsky, W.: *Zeiten des Schreckens. Amok, Terror, Krieg.* Frankfurt am Main, 2002.

Turvey, B.: *Criminal profiling: An introduction to behavioral evidence analysis*. San Diego, 1999.

Ullrich, W.: *Das »größte Verbrechen dieses Jahrhunderts«*. Kriminalistik 1957, S. 439-440.

Ullrich, W.: *Der Fall Rudolf Pleil und Genossen. Ermordung von »Grenzgängern«*. Archiv für Kriminologie 1959, S. 36-44, 101-110.

Weber, F.: *Bearbeitung von Kapitalverbrechen, insbesondere Todesermittlungsverfahren*. Kriminalistik 1963, S. 564-569.

Weber, F.: *Bearbeitung von Kapitalverbrechen, insbesondere Todesermittlungsverfahren*. Kriminalistik 1964, S. 26-30.

Weber, F.: *Zum Thema »Polizei und Presse«*. Kriminalistik 1966, S. 460-462.

Wehner, B.: *Die Notwendigkeit einer zentralen Verbrechensbekämpfung*. Kriminalistik 1957, S. 164-167.

Wehner, B.: *Zum »Gutachter-Problem«*. Kriminalistik 1970, S. 156.

Wehner-Davin, W.: *Der Fall Rudolf Pleil, Totmacher a. D.* Kriminalistik 1985, S. 339-341.

Werremeier, F.: *Wie schwer ist dieser Junge?* Bild am Sonntag, 17.6.1959.

Werremeier, F.: *Wie schwer ist dieser Junge?* Bild am Sonntag, 24.6.1959.

Werremeier, F.: *Wie schwer ist dieser Junge?* Bild am Sonntag, 1.7.1959.

Werremeier, F.: Zeuge: *Reichenstein wollte Liebespaar überfallen. Neue schwere Belastung durch früheren Freund*. Bild, 11.11.1959.

Werremeier, F.: *Ein Liebespaar, das sich vor Reichenstein retten konnte. Als Zeugen vor Gericht*. Bild, 14.11.1959.

Werremeier, F.: *Nervenkrieg im Reichenstein-Prozeß. Anonyme Anklage gegen Komplicen Büning*. Bild, 26.11.1959.

Weschke, E.: *Modus operandi und Perseveranz.*
    Kriminalistik 1984, S. 264-269.
Wimmer, W.: *Triebverbrecher – Tiger im Schafspelz.*
    Dargestellt am Fall des multiplen Mörders Josef L.
    Kriminalistik 1976, S. 241-248.

Danksagung

Dieses Buch konnte nur entstehen, weil ich bei meinen Bemühungen und Recherchen auf Menschen getroffen bin, die bereit waren, mir zu helfen. Vor allen anderen gilt mein besonders herzlicher Dank meiner Verlobten Ilona Gantzek. Sie hat mich auf diesem steinigen, entbehrungsreichen Weg begleitet, unterstützt, beraten, war mir an allen Ereignisorten behilflich. Meine Entwürfe hat sie gelesen, korrigiert und kritisiert – auch wenn ihr einmal nicht danach war. Sie hat mit mir leidenschaftlich und kontrovers diskutiert, meine Fehler und Versäumnisse behutsam offengelegt. Ilona war immer da, wenn ich sie gebraucht habe. Und sie hat nicht gemurrt und nicht gemeckert, wenn ich sie notgedrungen vernachlässigen musste. Das verdient all meinen Respekt. Ich darf mich glücklich schätzen. Ich bin es – mit Dir!

Großen Dank schulde ich auch Leo Gantzek für seine Lektorentätigkeit. Er war stets dann zur Stelle, wenn ich seinen überaus geschätzten und wertvollen Rat nötig hatte. Bedanken möchte ich mich auch bei Klaus Berthold, Irmgard Hermes, Thomas Kassner, Daniela Leopold, Sabine Meisterfeld, Jens Müller-Reck und Tobias Sassen. Sie alle haben mich bei meinen Recherchen uneigennützig unterstützt. Auch den Verantwortlichen bei den Staatsanwaltschaften in Düsseldorf, Wuppertal und Magdeburg bin ich zu Dank verpflichtet. Gleiches gilt für all jene, die mir in zahlreichen Interviews zur Verfügung gestanden haben, aber aus nachvollziehbaren Gründen nicht genannt werden wollten.

Stephan Harbort